Victoria Holt

IN DER NACHT DES SIEBENTEN MONDES

Roman

BASTEI LÜBBE

1. Auflage Febr. 1978
2. Auflage Nov. 1978
3. Auflage 1979
4. Auflage 1981

Titel der Originalausgabe
On the Night of the Seventh Moon

Deutsche Übersetzung: Ursula Dotzler

Printed in Western Germany 1981
Einbandgestaltung: Studio Schob
Satz: IBV Lichtsatz KG, Berlin
Herstellung: Ebner Ulm
ISBN 3-404-00670-4

Der Preis dieses Bandes versteht sich einschließlich
der gesetzlichen Mehrwertsteuer

Inhalt

1. Teil

Die Waldromanze
1859 – 1860

1.

Wenn ich heute – im reifen Alter von siebenundzwanzig Jahren – auf das phantastische Abenteuer meiner Jugend zurückblicke, halte ich selbst kaum mehr für möglich, was ich damals so fest glaubte. Doch manchmal erwache ich noch jetzt mitten in der Nacht, weil eine Stimme im Traum nach mir ruft: Die Stimme meines Kindes. Die Leute in diesem Kirchspiel halten mich für eine alte Jungfer. Ich aber weiß im tiefsten Herzen, daß ich eine Frau bin, obwohl ich mir immer wieder die gleiche Frage stelle: Litt ich damals an einer Geistesverwirrung? Stimmte das, was sie mir einzureden versuchten – daß ich, ein romantisches und ziemlich schwaches Mädchen, wie so viele andere verführt worden war und mir eine wilde Geschichte ausgedacht hatte, weil ich der Wahrheit nicht ins Auge sehen konnte – eine Geschichte, die keinem außer mir glaubhaft erschien?

Es ist von größter Wichtigkeit für mich, zu begreifen, was in der Nacht des siebenten Vollmondes wirklich geschah. Deshalb habe ich mich entschlossen, die Ereignisse bis in alle Einzelheiten niederzuschreiben; so, wie sie mir im Gedächtnis geblieben sind.

Schwester Maria, die freundlichste der Nonnen, sagte oft kopfschüttelnd: »Helena, mein Kind, du wirst dich in acht nehmen müssen. Es ist nicht gut, so unbekümmert und leidenschaftlich zu sein, wie du es bist.«

Schwester Gudrun, die bei weitem nicht so wohlwollend war, pflegte ihre Augen zu einem Spalt zu verengen und bedeutungsvoll zu nicken, wenn sie mich betrachtete. »Eines Tages wirst du zu weit gehen, Helena Trant!« prophezeite sie.

Mit vierzehn wurde ich zur Ausbildung in das Damenstift geschickt und blieb vier Jahre dort. Während dieser Zeit war ich nur einmal zu Hause in England, als meine Mutter starb. Meine beiden Tanten kamen damals, um für meinen Vater zu sorgen. Ich konnte sie vom ersten Augenblick an nicht ausstehen, weil sie so ganz anders als meine Mutter waren. Tante Caroline hielt ich für die unangenehmere von den beiden. Sie schien kein anderes Vergnügen zu kennen, als auf die Fehler ihrer Mitmenschen hinzuweisen.

Wir lebten in Oxford, im Schatten der Akademie, die mein Vater einst besucht hatte, bis sein ungestümes, leichtsinniges Betragen ihn zwang, sein Studium aufzugeben. Vielleicht bin ich nach ihm geraten; ich glaube es jedenfalls. Unsere Abenteuer ähnelten sich in gewisser Weise, obwohl man die seinen nie anders als achtbar nennen konnte.

Er war der einzige Sohn, und seine Eltern hatten beschlossen, ihn zur Universität zu schicken. Seine Familie hatte große Opfer dafür gebracht, was Tante Caroline weder vergeben noch vergessen konnte. Während seiner Studienzeit unternahm er zusammen mit einem Freund eine Wanderung durch den Schwarzwald, und dort lernte er ein wunderschönes Mädchen kennen, in das er sich unsterblich verliebte. Von nun an gab es für die beiden kein anderes Ziel mehr, als zu heiraten. Ihre Geschichte glich fast einem der Märchen, die ihren Ursprung in jenem Teil der Welt haben. Meine Mutter war von adliger Herkunft; dieses Land war reich an kleinen Herzog- und Fürstentümern. Natürlich stieß ihre Liebe bei beiden Familien auf Widerstand. Mutters Eltern wünschten nicht, daß sie einen mittellosen englischen Studenten heiratete; seine Eltern hatten sich abgearbeitet, um ihm eine gute Ausbildung zu ermöglichen. Man hoffte, daß mein Vater auf der Universität Karriere machen würde, denn trotz seiner romantischen Natur hatte er das Zeug zu einem Gelehrten, und seine Tutoren setzten große Hoffnungen in ihn. Aber für das junge Paar gab es nun nichts Wichtigeres auf der Welt als ihre Liebe. So heirateten sie, mein Vater verließ die Universität und sah sich nach einer Möglichkeit um, seine Frau zu ernähren.

Er hatte sich mit dem alten Thomas Trebling angefreundet, dem der kleine, aber gutgehende Buchladen droben in der High Street gehörte. Thomas gab ihm eine Anstellung und überließ ihm die Wohnung über dem Laden. Das jungverheiratete Paar strafte alle düsteren Prophezeiungen der sarkastischen Tante Caroline und der kassandragleichen Tante Mathilda Lügen und war strahlend glücklich. Armut war jedoch nicht die einzige Belastung; meine Mutter hatte eine sehr zarte Gesundheit. Schon damals, als sie meinen Vater kennenlernte, weilte sie zur Erholung auf einem der Jagdsitze ihrer Familie. Sie litt an der Schwindsucht.

»Sie darf keine Kinder bekommen«, verkündete Tante Mathilda, die sich selbst für eine Sachverständige hielt, wenn es um Krankheiten ging. Und so brachte ich sie natürlich alle aus der Fassung, als ich meine Existenz schon bald nach der Heirat meiner Eltern ankündigte und genau zehn Monate später zur Welt kam.

Man verübelte es ihnen wohl, daß sie trotz allem glücklich wurden; aber so war es, und ihr Glück hielt bis zum Tod meiner Mutter an.

Ich weiß, daß meine Tanten dem Schicksal grollten, weil es eine derartige Verantwortungslosigkeit noch belohnte, statt sie zu bestrafen. Der mürrische alte Thomas Trebling, von dem nicht einmal seine Kunden ein freundliches Wort zu hören bekamen, wurde ihr guter Geist. Er starb sogar zum passenden Zeitpunkt und hinterließ meinen Eltern neben dem Laden auch noch das kleine Nachbarhaus.

Als ich sechs Jahre alt war, besaß mein Vater also eine eigene Buchhandlung. Sie war zwar nicht gerade ein schwunghaftes Unternehmen, ermöglichte uns aber doch ein angemessenes Leben. So lebte er glücklich an der Seite einer Frau, die er bis zuletzt anbetete, und die seine Hingabe erwiderte. Dazu hatte er eine Tochter, deren Lebhaftigkeit nicht immer leicht zu zügeln war. Doch sie liebten mich beide auf eine zurückhaltende Weise, wenn sie auch zu sehr ineinander aufgingen, um noch starke Gefühle für andere zu erübrigen. Mein Vater war kein Geschäftsmann, doch er hatte eine Schwäche für Bücher, besonders für antiquarische; deshalb befriedigte ihn sein Beruf. Er hatte viele Freunde an der Universität, und in unserem kleinen Speisezimmer fanden häufig Einladungen statt, bei denen geistvolle und manchmal auch sarkastische Gespräche geführt wurden.

Die Tanten besuchten uns von Zeit zu Zeit. Meine Mutter nannte sie »die Spürhunde«, weil sie stets das ganze Haus durchschnüffelten, um festzustellen, ob auch alles sauber genug war. Ich erinnere mich, daß ich sie mit drei Jahren zum erstenmal sah; damals brach ich in Tränen aus und protestierte laut, daß sie gar keine wirklichen Spürhunde wären, sondern nur zwei alte Frauen. Das war natürlich schwer zu erklären und nahm die beiden nicht gerade für mich ein. Typisch für Tante Caroline war, daß sie es meiner Mutter nie verzieh. Mir vergab sie es ebenfalls nicht, und das war wohl weniger vernünftig.
So verlebte ich meine Kindheit in jener aufregenden Stadt, in der ich mich zu Hause fühlte. Ich erinnere mich noch, wie ich mit meinem Vater am Fluß entlang spazierenging, und wie er mir von den Römern erzählte, die hier eine Stadt gebaut hatten, die später von den Dänen niedergebrannt wurde. Ich fand es herrlich, das Leben und Treiben auf den Straßen zu beobachten: die Gelehrten in scharlachroten Talaren und die Studenten mit ihren weißen Halstüchern. Nachts hörte ich, wie die Pedelle die Straßen durchstreiften, begleitet von ihren Bulldoggen. An die Hand meines Vaters geklammert, wanderte ich oft mit ihm in südliche Richtung über den Kornmarkt direkt zur Stadtmitte. Manchmal durfte ich auch mit meinen Eltern draußen auf den Wiesen ein Picknick machen, doch am liebsten war ich mit einem von beiden zusammen, denn dann wandten sie mir ihre ungeteilte Aufmerksamkeit zu. Wenn Vater und ich allein waren, sprach er über Oxford und zeigte mir Tom Tower, die große Glocke und den Turm der Kathedrale, den er stolz als einen der ältesten in England bezeichnete.
Anders meine Mutter. Sie erzählte mir von den Tannenwäldern und dem kleinen Schloß, in dem sie ihre Kindheit verbracht hatte. Sie erinnerte sich daran, wie sie vor Weihnachten in den Wald gegangen waren, um ihre eigenen Christbäume zu holen und damit die Räume zu schmücken. Im Rittersaal, den es in fast jedem kleineren oder größeren Schloß gab, hatte man am Heiligen Abend getanzt und Weihnachtslieder gesungen. Ich liebte es, wenn meine Mutter mir »Stille Nacht, Heilige Nacht« vorsang. Ihr einstiges Heim im Wald wurde in meiner Phantasie zu einem märchenhaften Ort. Ich wunderte mich, daß sie nie Heimweh hatte; doch als

ich sie einmal danach fragte und das Lächeln in ihrem Gesicht sah, begriff ich, wie tief ihre Liebe zu meinem Vater war. Damals begann ich wohl zu glauben, daß es auch in meinem Leben einst einen Mann geben würde, der mir so viel bedeutete wie ihr mein Vater. Ich dachte, diese tiefe, unerschütterliche Zuneigung wäre jedem beschieden. Vielleicht war ich deshalb eine so leichte Beute. Meine Entschuldigung ist, daß ich das Schicksal meiner Eltern vor Augen hatte und erwartete, im Wald eine ebenso märchenhafte Begegnung zu erleben. Ich glaubte, andere Männer wären ebenso zärtlich und gut wie mein Vater. Aber mein Geliebter war nicht wie er. Ich hätte das erkennen müssen. Ungestüm, überwältigend, unwiderstehlich – ja. Zärtlich, aufopfernd – nein.
Nur die Besuche meiner Tanten warfen gelegentlich einen Schatten auf meine glückliche Kindheit, und später die Tatsache, daß ich mein Heim verlassen und zur Schule gehen mußte. Doch in den Ferien durfte ich in unsere faszinierende Stadt zurückkehren, die sich nie zu verändern schien. Mein Vater behauptete, sie wäre hunderte von Jahren hindurch dieselbe geblieben, und das mache eben ihren Reiz aus.
Aus dieser Zeit ist mir vor allem das wundervolle Gefühl von Sicherheit in Erinnerung geblieben. Es kam mir nie in den Sinn, daß sich alles mit einem Schlag ändern könnte. Ich würde immer mit meinem Vater spazierengehen, und er würde mir von seiner Studienzeit erzählen. Es war ein solches Vergnügen, ihm zuzuhören, denn er sprach nur mit Stolz, aber nie mit Bedauern davon. Es gefiel mir, wenn er voll Ehrfurcht von seinen Tagen in Balliol berichtete, und bald fühlte ich mich mit der Universität ebenso vertraut wie er. Und ich konnte sein Interesse an allem, was diese Stadt betraf, seine starke Verbundenheit mit ihr gut verstehen, denn er beabsichtigte ja, den Rest seines Lebens hier zu verbringen. Von ihm wußte ich die Namen vieler berühmter Leute, die in Oxford studiert hatten.
Meine Mutter dagegen erzählte mir vom Schwarzwald. Sie sang mir Lieder vor und dachte sich zu den Melodien von Schubert und Schumann, die ich so gern hörte, selbst Texte aus. Manchmal zeichnete sie kleine Skizzen vom Wald, die eine märchenhafte Ausstrahlung besaßen und mich auf eigenartige Weise bezauber-

ten, weil ich sie mit ihren Geschichten von Trollen und Holzfällern in Verbindung brachte. Am liebsten aber hörte ich die uralten Sagen, die noch aus vorchristlicher Zeit überliefert waren, als die Menschen an nordische Gottheiten glaubten wie den Allvater Odin, Thor mit seinem Hammer und die schöne Göttin Freyja, nach der der Freitag benannt ist. Ich war wie gebannt von diesen Geschichten.
Manchmal erwähnte sie auch das Damenstift im Wald, wo sie von Nonnen erzogen worden war. Oft redete sie dabei deutsch, so daß ich mit dieser Sprache bald einigermaßen vertraut wurde, wenn ich auch nicht zweisprachig aufwuchs.
Es war ihr Herzenswunsch, daß auch ich in jenem Kloster erzogen werden sollte, in dem sie selbst einst so glücklich gewesen war. »Dort wird es dir bestimmt sehr gefallen«, sagte sie. »Die Luft hoch oben in den bewaldeten Bergen wird dich stark und gesund machen; im Sommer gibt es draußen im Freien Frühstück mit frischer Milch und Roggenbrot. Die Nonnen werden dich gut behandeln. Du wirst bei ihnen lernen, glücklich zu sein und tüchtig zu arbeiten. Das habe ich mir immer für dich gewünscht.«
Da mein Vater stets dasselbe wollte wie sie, besuchte ich also das Damenstift, und als ich mein Heimweh überwunden hatte, gefiel es mir dort bald sehr gut. Der Wald zog mich in seinen Bann – doch das war eigentlich schon der Fall gewesen, ehe ich ihn noch mit eigenen Augen sah. Und weil ich damals ein sehr unkompliziertes Mädchen war, fügte ich mich in das neue Leben mit den anderen Schülerinnen ohne große Schwierigkeiten ein. Meine Mutter hatte mich ja auf alles vorbereitet, und so war mir nichts sonderlich fremd. Mädchen aus ganz Europa wurden dort erzogen. Sechs von ihnen, mich eingerechnet, stammten aus England; dann gab es noch mehr als ein Dutzend Französinnen, und der Rest kam aus verschiedenen kleinen deutschen Staaten.
Wir verstanden uns ausgezeichnet. Wir sprachen Englisch, Französisch und Deutsch; das einfache Leben tat uns allen gut. Eigentlich sollten wir mit strenger Disziplin erzogen werden, aber natürlich gab es auch nachsichtige Nonnen, die sich leicht an der Nase herumführen ließen, und wir fanden ihre Schwächen schnell heraus.

Bald fühlte ich mich im Kloster glücklich und verbrachte zwei zufriedene Jahre dort. Auch in den Ferien fuhr ich nicht nach Hause, da die Reise zu weit und zu teuer war. Es blieben stets sechs oder sieben Schülerinnen während der Ferien im Kloster.
Besonders schön war es, wenn die anderen abreisten und wir den Saal mit Tannengrün aus dem Wald schmückten und Weihnachtslieder sangen, die Kapelle für das Osterfest dekorierten oder während der Sommerferien Picknicks im Wald abhielten.
Dies war ein neues Leben für mich, und ich gewöhnte mich völlig daran. Oxford mit seinen Kirchen und Türmen schien mir sehr fern zu sein – bis eines Tages die Nachricht kam, daß meine Mutter gefährlich erkrankt sei und ich nach Hause zurückkehren müßte. Das war im Sommer, und Mr. und Mrs. Greville – Freunde meines Vaters, die gerade Europa bereisten –, holten mich ab und nahmen mich mit nach Oxford. Meine Mutter war bereits tot, als ich dort eintraf.
Welche Veränderung erwartete mich! Mein Vater war um zehn Jahre gealtert; er schien sich nicht von der seligen Vergangenheit losreißen und der unerträglichen Gegenwart ins Auge sehen zu können. Die Tanten hatten sich unseres Haushalts bemächtigt. Tante Caroline gab mir zu verstehen, daß sie ein großes Opfer gebracht hatten, als sie ihr komfortables Haus in Somerset verließen, um für uns zu sorgen. Ich wäre jetzt sechzehn; zu alt, um meine Zeit noch länger mit dem Studium fremder Sprachen und Sitten zu vertrödeln, das mir nichts einbringen würde. Ich sollte mich im Haus nützlich machen; dort gäbe es eine Menge für mich zu tun. Junge Mädchen müßten kochen und nähen können, eine Vorratskammer halten und anderen häuslichen Pflichten nachkommen, die man ihrer Meinung nach kaum in ausländischen Klostern lernte.
Doch da erwachte Vater aus seiner Apathie. Es war der Wunsch meiner Mutter gewesen, daß ich meine Ausbildung im Damenstift vollenden und dort bleiben sollte, bis ich achtzehn Jahre alt war. So kehrte ich also zurück. Ich habe oft daran gedacht, daß jenes seltsame Abenteuer nie stattgefunden hätte, wenn die Tanten ihren Willen durchgesetzt hätten. Es geschah zwei Jahre nach dem Tod meiner Mutter. Ich hatte so vieles von meinem früheren

Leben in Oxford vergessen und dachte nur noch selten daran, wie wir über den Kornmarkt gingen, hinunter zur Folly Bridge und St. Aldate; weder an die schloßartigen Mauern der Universitätsgebäude noch an die hohle Stille der Kathedrale und den Zauber des bunten Glasfensters an der Ostseite, das die Ermordung Thomas Beckets zeigte. Meine Wirklichkeit war nun das Klosterleben; die Geheimnisse, die ich mit den anderen Mädchen teilte, während wir im Schlafsaal lagen, wo dicke steinerne Pfeiler ein Bett vom anderen trennten.
Und so kam jener frühe Herbst, der mein ganzes Leben verändern sollte.
Ich war beinahe achtzehn – noch recht unreif für meine Jahre; leichtfertig und auch in gewisser Weise verträumt und romantisch. Ich muß mir selbst die Schuld an dem geben, was geschah.

Die mildeste der Nonnen war Schwester Maria. Sie hätte selbst Kinder haben sollen; vielleicht hätte sie sie zu sehr verwöhnt, aber wie glücklich wäre sie dabei gewesen! Doch sie war eine jungfräuliche Nonne und mußte sich mit uns begnügen.
Sie zeigte mehr Verständnis für mich als alle anderen. Ja, sie wußte, daß ich nicht ungehorsam sein wollte. Ich war stolz und impulsiv; wenn ich einen Fehler beging, geschah es eher aus Gedankenlosigkeit als aus Eigensinn. Ich weiß, daß Schwester Maria der Mutter Oberin das immer wieder zu erklären versuchte.

Es war Oktober, und wir freuten uns über den Altweibersommer, denn der Herbst blieb in diesem Jahr lange im Land. Schwester Maria meinte, es wäre eine Schande, die goldenen Tage zu verschwenden; so machte sie sich daran, zwölf Mädchen auszuwählen, die es verdienten, sie zu einem Picknick zu begleiten. Wir konnten den offenen Wagen nehmen und auf die Hochebene fahren. Dort würden wir ein Feuer machen und Kaffee kochen. Schwester Gretchen hatte versprochen, uns als besonderen Lekkerbissen ein paar von ihren Gewürzkuchen zu backen.
Ich war unter den zwölf Auserwählten – wohl eher, weil man hoffte, daß ich mich bessern würde, denn meine bisherige Führung rechtfertigte diesen Vorzug kaum. Doch was auch immer der Grund gewesen sein mag, ich war jedenfalls an jenem schicksals-

haften Tag mit von der Partie. Schwester Maria kutschierte wie schon so oft den Wagen. Sie wirkte in ihren flatternden Gewändern wie eine große schwarze Krähe, während sie das Pferd auf eine meisterhafte Art lenkte, die mich immer wieder überraschte. Armes, altes Pferd, es hätte die Straße mit verbundenen Augen gefunden. Eigentlich gehörte also nicht sehr viel Geschicklichkeit dazu, es zu dirigieren. Es hatte wohl schon sehr oft in seinem Leben eine Wagenladung Mädchen zur Hochebene hinaufbefördert.
Wir kamen an, machten ein Lagerfeuer (wirklich nützlich für die Mädchen, solche Arbeiten zu lernen!), brachten das Wasser zum Kochen, brauten den Kaffee und aßen die Gewürzkuchen. Später wuschen wir das Geschirr am nahen Fluß und packten es wieder ein. Dann spazierten wir herum, bis Schwester Maria in die Hände klatschte, um uns zusammenzurufen. Sie sagte, wir würden in einer halben Stunde zurückfahren und sollten uns zu diesem Zeitpunkt wieder sammeln.
Was das bedeutete, wußten wir schon: Schwester Maria würde sich jetzt an den Baum lehnen, unter dem sie saß, und eine halbe Stunde lang ein wohlverdientes Schläfchen halten.
Und genau das tat sie auch, während wir uns zerstreuten. Ich spürte auch nun wieder die Erregung, die mich immer überkam, wenn ich in den Wäldern war. In einer solchen Umgebung verirrten sich Hänsel und Gretel und kamen zum Pfefferkuchenhaus; durch einen Wald wie diesen waren Brüderchen und Schwesterchen gewandert, hatten sich schlafen gelegt und mit Blättern zugedeckt. Am Saum des Hügels, der zum Fluß hin abfiel, entstanden in meiner Phantasie plötzlich Schlösser wie jenes, in dem Dornröschen hundert Jahre lang schlief, ehe ein Prinz sie mit seinem Kuß weckte. Dies war ein Zauberwald, voll von Trollen, verwunschenen Prinzen und Prinzessinnen, die auf ihre Erlösung warteten; hier gab es Riesen und Zwerge.
Bald hatte ich mich von den anderen entfernt; niemand war mehr zu sehen. Ich mußte auf die Zeit achten. An meiner Bluse steckte eine kleine Uhr, die mit blauem Emaille verziert war und einst meiner Mutter gehört hatte. Es wäre nicht recht gewesen, zu spät zu kommen und die gutmütige, freundliche Schwester Maria in Unruhe zu versetzen.

Dann begann ich darüber nachzugrübeln, was ich bei meinem letzten Besuch daheim vorgefunden hatte – die Tanten, die sich in unserem Haus breitmachten, und mein Vater, dem es gleichgültig war, was um ihn her vorging. Dabei fiel mir ein, daß ich bald zurückkehren mußte, denn man konnte nur bis neunzehn im Damenstift bleiben.

Der Nebel kommt in den Gebirgswäldern sehr plötzlich. Wir befanden uns hoch über dem Meeresspiegel. Fuhr man in die kleine Stadt Leichenkin, die dem Damenstift am nächsten war, so führte der Weg dauernd bergab. Und als ich so dasaß und mich fragte, was die Zukunft mir bringen würde, senkte sich der Nebel. Als ich aufstand, konnte ich nur mehr wenige Meter weit sehen.

Ich schaute auf meine Uhr. Es war Zeit, aufzubrechen. Schwester Maria würde nun schon aus ihrem Schlummer aufgewacht sein, in die Hände klatschen und nach uns Ausschau halten. Ich war ein wenig bergauf gestiegen; vielleicht war der Nebel bei ihr weniger dicht. Doch er würde sie in jedem Fall beunruhigen und sie veranlassen, sofort zurückzufahren.

Ich schlug die Richtung ein, aus der ich meiner Ansicht nach gekommen war, doch ich mußte mich geirrt haben, denn ich konnte den Pfad nicht mehr finden. Trotzdem war ich nicht besonders beunruhigt, denn ich hatte noch ungefähr fünf Minuten Zeit, und glücklicherweise war ich nicht sehr weit vom Lagerplatz weggewandert. Doch meine Besorgnis nahm zu, als ich nach einiger Zeit den Weg noch nicht gefunden hatte. Wahrscheinlich ging ich im Kreis, aber ich sagte mir dauernd vor, daß ich sicher bald auf der kleinen Lichtung eintreffen würde, wo wir unser Picknick abgehalten hatten. Gleich würde ich die Stimmen der Mädchen hören. Doch kein Laut durchdrang den Nebel um mich her.

Ich rief: »Heeeo!« wie wir es immer taten, wenn wir uns miteinander verständigen wollten. Es kam keine Antwort.

Ich war nicht sicher, wohin ich gehen sollte; dagegen wußte ich genug über den Wald, um zu begreifen, daß man sich bei derartigem Nebel leicht in der Richtung irren kann. Furcht überkam mich. Der Nebel mochte noch dichter werden und vielleicht auch die Nacht hindurch anhalten. Wie sollte ich dann zur Lichtung zurückfinden? Wieder rief ich, aber niemand antwortete mir.

Ich sah auf die Uhr. Es war schon fünf Minuten über der festgesetzten Zeit. Ich konnte mir Schwester Maria vorstellen, wie sie aufgeregt hin und herlief. »Schon wieder Helena Trant!« würde sie sagen. »Aber sie hat es bestimmt nicht mit Absicht getan. Sie hat eben nicht überlegt ...«
Wie recht sie hatte! Ich mußte zurückfinden. Ich konnte die arme Schwester Maria nicht so in Angst versetzen.
Wieder ging ich weiter und rief: »Heeeo! Ich bin's, Helena! Hier!« Doch aus dem grauen, unerbittlichen Nebel kam keine Erwiderung. Die Berge und Wälder sind wunderbar, aber sie sind auch grausam, und deshalb ist immer eine Andeutung von Grausamkeit in den Märchen, die im Wald spielen. Die böse Hexe lauert jeden Augenblick auf ihr Opfer; die verzauberten Bäume warten nur darauf, sich in Drachen zu verwandeln, wenn die Dunkelheit anbricht.
Doch ich verlor nicht die Fassung, obwohl ich wußte, daß ich mich verirrt hatte. Am besten war es wohl, wenn ich blieb, wo ich war, und nach den anderen rief.
Wieder sah ich auf die Uhr; eine halbe Stunde war vergangen. Ich war entsetzt, versuchte mich jedoch mit dem Gedanken zu beruhigen, daß sie nach mir suchten.
Ich wartete und rief. Schließlich gab ich meinen Vorsatz auf, mich nicht vom Platz zu rühren, und begann kopflos in verschiedene Richtungen zu laufen. Nun war schon eine Stunde seit dem vereinbarten Zeitpunkt verstrichen.
Ich rief, bis ich heiser war. Eine weitere halbe Stunde mochte vergangen sein, als ich vom Poltern eines Steines hochschreckte, der sich gelöst hatte, und das Knacken des Unterholzes mir verriet, daß sich jemand in meiner Nähe befand.
»Heeeo!« rief ich hoffnungsvoll. »Hier bin ich!«
Er tauchte auf seinem großen weißen Pferd wie ein Held aus dem Nebel auf. Ich ging auf ihn zu. Eine Sekunde lang saß er ruhig da und betrachtete mich; dann sagte er auf englisch: »Sie haben gerufen. Das bedeutet wohl, daß Sie sich verirrt haben.«
Ich war zu erleichtert, um Überraschung zu empfinden, daß er Englisch sprach. Schnell erwiderte ich: »Haben Sie unseren Wagen gesehen? Und Schwester Maria und die Mädchen?«

Er lächelte leicht. »Sie gehören also zum Damenstift.«
»Ja, natürlich.«
Er sprang vom Pferd. Er war groß und breitschultrig, und sofort spürte ich, daß etwas von ihm ausging, was ich nur als Autorität bezeichnen kann. Ich war entzückt, denn ich brauchte jemanden, der mich rasch zu Schwester Maria zurückbrachte, und dieser Mann machte den Eindruck von Unbesiegbarkeit.
»Wir waren auf einem Ausflug, und ich bin vom Weg abgekommen«, sagte ich.
»Ach, Sie haben sich von der Herde abgesondert.« Seine Augen glänzten. Ich hatte den Eindruck, als wären sie von sehr heller Topasfarbe, aber vielleicht kam es vom seltsamen Licht, das der Nebel verursachte. Sein wohlgeformter Mund verriet Entschlossenheit, und die Mundwinkel waren etwas nach oben gebogen; er wandte die Augen nicht von mir. Ich war ein wenig verwirrt, weil er mich so eindringlich musterte.
»Schafe, die ihre Herde verlassen, verdienen es, sich zu verirren«, sagte er.
»Ja, wahrscheinlich, aber ich habe mich nicht sehr weit entfernt. Wenn der Nebel nicht gewesen wäre, hätte ich sie leicht wiedergefunden.«
»In diesen Höhen muß man immer mit Nebel rechnen«, tadelte er.
»Ja, sicher, aber würden Sie mich vielleicht zurückbringen? Ganz bestimmt suchen sie noch alle nach mir.«
»Wenn Sie mir sagen können, wo die anderen sind, tue ich es natürlich. Aber wenn Ihnen diese wichtige Tatsache bekannt wäre, hätten Sie meine Hilfe gar nicht nötig.«
»Könnten wir nicht versuchen sie zu finden? Sie sind sicher nicht weit von hier.«
»Wie sollen wir in diesem Nebel irgend jemanden finden?«
»Es ist schon mehr als eine Stunde vergangen, seit ich mich auf der Lichtung einfinden sollte.«
»Sie sind zum Damenstift zurückgekehrt, verlassen Sie sich darauf.«
Ich warf einen Blick auf sein Pferd. »Es ist etwa fünf Meilen von hier. Könnten Sie mich hinbringen?«

Ich war ziemlich überrascht, als ich prompt hochgehoben und seitlich aufs Pferd gesetzt wurde. Er schwang sich in den Sattel. »Vorwärts, Schlem«, sagte er auf deutsch.
Das Pferd setzte sich vorsichtig in Bewegung, während der Fremde mich mit einem Arm umfaßte; in der anderen Hand hielt er die Zügel. Ich fühlte, wie mein Herz schneller schlug. Ich war so aufgeregt, daß ich fast vergaß, mir wegen Schwester Maria Sorgen zu machen.
Ich sagte: »In diesem Nebel kann sich jeder verirren.«
»Jeder«, stimmte er mir zu.
»Ich nehme an, Sie haben sich auch verirrt?« fragte ich.
Gewissermaßen«, erwiderte er. »Aber Schlem würde mich immer sicher zurückbringen.« Und er streichelte den Hals seines Pferdes.
»Sie sind kein Engländer«, sagte ich plötzlich.
»Ich bin durchschaut«, gestand er. »Woran haben Sie es denn so rasch gemerkt?«
»Ihr Akzent. Er ist zwar schwach, aber doch nicht zu überhören.«
»Ich wurde in Oxford erzogen.«
»Ach, wie herrlich! Dort bin ich zu Hause.«
»Dann haben Sie wohl jetzt eine etwas bessere Meinung von mir, nicht wahr?«
»Oh, ich hatte mir noch keine Meinung über Sie gebildet.«
»Wie weise! Nach einer so kurzen Bekanntschaft sollte man das niemals tun.«
»Ich bin Helena Trant und werde im Damenstift in der Nähe von Leichenkin ausgebildet.«
Natürlich wartete ich darauf, daß er sich jetzt ebenfalls vorstellte, doch er sagte nur: »Wie interessant.«
Ich lachte. »Als Sie aus dem Nebel auftauchten, hielt ich Sie für Siegfried oder etwas ähnliches.«
»Sie schmeicheln mir.«
»Es war Ihr Pferd, Schlem. Es ist prächtig. Und Sie wirkten darauf so groß und heldenhaft; genauso muß er ausgesehen haben – Siegfried, meine ich.«
»Mir scheint, Sie sind recht vertraut mit unseren alten Sagengestalten.«

»Ach, meine Mutter stammt von hier. Sie war früher sogar im gleichen Damenstift. Deshalb bin ich hierhergekommen.«
»Was für ein Glück!«
»Wie meinen Sie das?«
»Nun, wäre Ihre Mutter nicht in eben diesem Damenstift erzogen worden, dann wären Sie nie hierhergekommen und hätten sich nicht im Nebel verirrt. Und ich hätte nie das Vergnügen gehabt, Sie zu retten.«
Ich lachte. »Es ist Ihnen also ein Vergnügen?«
»Ein großes Vergnügen.«
»Das Pferd geht so zielbewußt weiter. Wohin bringt es uns?«
»Es kennt seinen Weg.«
»Wirklich? Zum Damenstift?«
»Ich bezweifle, daß es je dort war. Aber es wird uns zu einem Obdach bringen, wo wir uns überlegen können, was zu tun ist.«
Ich war beruhigt. Wahrscheinlich gab mir seine Ausstrahlung von Sicherheit das Gefühl, daß es ihm nicht schwerfallen würde, eine Lösung zu finden, wie sie auch immer aussehen mochte.
»Sie haben mir Ihren Namen nicht gesagt«, mahnte ich.
Er erwiderte: »Sie haben mir doch schon einen Namen gegeben: Siegfried.«
Ich brach in Lachen aus. »Heißen Sie tatsächlich so? Oh, was für ein Zufall! Wie lustig, daß ich Ihren Namen richtig getroffen habe. Aber ich nehme doch an, Sie sind Wirklichkeit, kein Trugbild. Sie werden sich nicht plötzlich in Luft auflösen.«
»Warten Sie's ab«, sagte er. Er hielt mich eng an sich gedrückt, was ein wunderliches Gefühl in mir hervorrief, das ich bisher nie empfunden hatte. Es hätte mich warnen sollen.
Wir waren ein wenig bergan geritten, und plötzlich änderte das Pferd seine Richtung. Die Umrisse eines Hauses tauchten im Nebel auf.
»Hier sind wir«, sagte Siegfried.
Er sprang vom Pferd und hob mich herunter.
»Wo bin ich?« fragte ich. »Das ist nicht das Damenstift.«
»Keine Sorge, hier sind wir in Sicherheit. Der Nebel ist kalt.« Dann rief er: »Hans!« und ein Mann kam aus den Stallungen an der einen Seite des Hauses. Er schien nicht im geringsten überrascht, mich

zu sehen; ruhig ergriff er die Zügel, die Siegfried ihm zuwarf, und führte das Pferd fort.
Siegfried schob seinen Arm unter den meinen und zog mich zu den Steinstufen, die zum Portal hinaufführten. Wir standen vor einer schweren, eisenbeschlagenen Tür, die er aufstieß; dann betraten wir eine Halle. Hinter dem Kamingitter loderte ein gewaltiges Feuer. Auf den polierten Dielenbrettern lagen Tierfelle als Teppiche.
»Ist das Ihr Zuhause?« fragte ich.
»Es ist mein Jagdsitz.«
Eine Frau kam in die Halle. »Junger Herr!« rief sie, und ich bemerkte die Bestürzung in ihrem Gesicht, als sie mich erblickte. Er erklärte ihr schnell in deutscher Sprache, daß ich eine Schülerin des Damenstifts sei und mich im Wald verirrt hätte.
Die Frau wirkte nun sogar noch beunruhigter. »Mein Gott! Mein Gott!« murmelte sie immer wieder.
»Sei doch nicht so aufgeregt, Hilde«, beruhigte er sie. »Bring uns etwas zu essen. Das Kind ist ganz durchgefroren. Suche einen Mantel oder etwas ähnliches für sie, damit sie aus ihren feuchten Kleidern herauskommt.«
Ich redete sie in ihrer eigenen Sprache an, und sie erwiderte mit scheltender Stimme: »Wir müssen Sie möglichst rasch zum Damenstift zurückbringen!«
»Könnten wir vielleicht eine Botschaft schicken, daß ich in Sicherheit bin?« fragte ich zögernd, denn ich verspürte keine Sehnsucht, mein Abenteuer so schnell zu beenden.
»Der Nebel ist zu dicht«, meinte Siegfried. »Wart noch ein wenig, Hilde. Sobald wir sie zurückbringen können, tun wir es.«
Die Frau sah ihn vorwurfsvoll an, und ich fragte mich, was dieser Blick zu bedeuten hätte. Dann schob sie mich energisch die Holztreppe hinauf und brachte mich in ein Zimmer mit einem großen weißen Bett und vielen Schränken. Einen davon öffnete sie und holte daraus einen blauen Samtmantel hervor, der mit Pelz besetzt war. Ich stieß einen entzückten Schrei aus, als ich ihn erblickte.
»Legen Sie Ihre Bluse ab«, sagte sie. »Sie ist feucht. Dann können Sie den Mantel umlegen.«
Ich tat es, und als ich einen flüchtigen Blick in den Spiegel warf,

kam ich mir völlig verwandelt vor. Der blaue Samt war herrlich – ich hatte noch nie etwas Derartiges gesehen.
Ich fragte Hildegard, ob ich mein Gesicht und meine Hände waschen könnte. Zuerst sah sie mich beinahe furchtsam an; dann nickte sie. Nach einer Weile kam sie mit heißem Wasser zurück. »Kommen Sie nach unten, wenn Sie fertig sind«, sagte sie.
Ich hörte, wie eine Uhr siebenmal schlug. Sieben Uhr! Was mochte im Damenstift vor sich gehen? Der Gedanke machte mich fast krank vor Besorgnis, doch nicht einmal das konnte die wilde Erregung zügeln, die mich erfüllte. Nachdenklich wusch ich mich. Meine Wangen waren gerötet, meine Augen leuchteten. Ich löste mein Haar, das ich wie alle anderen auf Befehl der Mutter Oberin in Zöpfen trug, und es fiel mir über die Schultern – dunkel, glatt und schwer. Dann zog ich den blauen Samtmantel enger um mich und wünschte mir brennend, daß die Mädchen im Kloster mich so sehen könnten.
Ich hörte, wie an die Tür geklopft wurde, und Hildegard trat ins Zimmer. Sie holte tief Luft, als sie mich sah. Es war, als wollte sie eine Bemerkung machen; sie unterließ es jedoch. Das berührte mich ein wenig merkwürdig, doch ich war zu überwältigt von meinem Abenteuer, um länger darüber nachzudenken.
Sie brachte mich wieder über die Treppe nach unten in einen kleinen Raum. Dort war ein Tisch gedeckt; ich sah Wein und kaltes Huhn mit Früchten, Käse und ein großes Roggenbrot mit knuspriger Rinde.
Siegfried stand vor dem Feuer.
Seine Augen glitzerten, als er mich betrachtete. Ich war entzückt, denn ich wußte, was sein Blick bedeutete: Der Mantel kleidete mich, wie er jeden zum Vorteil verändern mußte, der ihn trug. Und natürlich wirkte mein Haar gelöst schmeichelnder als in Flechten.
»Gefalle ich Ihnen so verwandelt?« fragte ich. Ich sprach immer zuviel, wenn ich aufgeregt war. Überschwenglich fuhr ich fort: »Jetzt sehe ich wohl eher wie eine passende Gefährtin für Siegfried aus als mit der Schulbluse und den Zöpfen.«
»Eine sehr passende Gefährtin«, erwiderte er. »Sind Sie hungrig?«
»Ach, ich bin am Verhungern!«
»Dann wollen wir keine Zeit verlieren.«

Er führte mich zum Tisch und wartete sehr höflich hinter meinem Stuhl, während ich mich setzte. Ich war an solche Aufmerksamkeiten nicht gewöhnt. Er füllte mein Glas mit Wein.
»Heute abend werde ich Sie bedienen«, sagte er.
Einen Augenblick lang überlegte ich, was er damit meinte, und erwiderte dann: »Ach – die Diener.«
»Sie wären bei einem solchen Anlaß ein wenig überflüssig.«
»Und eigentlich unnötig, denn wir können ja selbst zugreifen.«
»Dieser Wein«, erklärte er, »stammt aus unserem Moseltal.«
»Wir trinken im Damenstift keinen Wein – nur Wasser.«
»Wie enthaltsam!«
»Und was sie sagen würden, wenn sie mich jetzt mit offenen Haaren hier sitzen sehen könnten, kann ich mir gar nicht vorstellen.«
»Es ist also verboten, das Haar offen zu tragen?«
»Man hält es für sündig oder so etwas.«
Er stand noch immer hinter mir, umfaßte plötzlich mein Haar mit den Händen und zog es zu sich hin, so daß ich meinen Kopf mit einem Ruck zurücklegen und ihm voll ins Gesicht sehen mußte. Er beugte sich über mich, und ich war gespannt, was nun geschehen würde.
»Sie tun merkwürdige Dinge«, sagte ich. »Warum ziehen Sie mich an den Haaren?«
Er lächelte, gab mich frei und ging zu dem Stuhl auf der gegenüberliegenden Seite des Tisches. Dann setzte er sich.
»Wahrscheinlich fürchten die Schwestern, es könnte gewissenlose Leute in Versuchung führen. So würden sie es wohl mit Recht begründen.«
»Das Haar, meinen Sie?«
Er nickte. »Sie sollten es in Zöpfen tragen; es sei denn, Sie befinden sich in verläßlicher Gesellschaft.«
»Daran habe ich nicht gedacht.«
»Nein. Sie sind manchmal etwas gedankenlos, nicht wahr? Sie haben sich von der Herde abgesondert. Wissen Sie nicht, daß es im Wald wilde Eber und ebenso wilde Barone gibt? Der eine könnte ihnen nach dem Leben trachten, der andere Ihre Tugend rauben. Und jetzt verraten Sie mir, was von beidem Ihnen wertvoller erscheint.«

»Die Nonnen würden bestimmt sagen, die Tugend.«

»Aber ich hätte gern Ihre Meinung gehört.«

»Nachdem ich bisher weder das eine noch das andere verloren habe, kann ich es nur schwer beurteilen.«

»Die Nonnen vermutlich auch nicht, aber sie sind trotzdem zu einer Entscheidung gekommen.«

»Ach, sie sind schon so viel älter als ich. Wollen Sie damit sagen, daß Sie einer von den wilden Baronen sind? Wie wäre das möglich? Sie sind doch Siegfried. Kein Mann mit einem solchen Namen könnte jemals einem Mädchen die Tugend rauben. Viel eher würde ein Siegfried es vor wilden Ebern retten, oder vielleicht auch vor wilden Baronen.«

»Nun, das letztere klang nicht so ganz überzeugt. Ich nehme an, Sie hegen ein paar schlimme Befürchtungen, stimmt's?«

»Ach ja, schon. Aber das macht die Sache erst zum Abenteuer, nicht wahr? Wenn mich eine Nonne gefunden hätte, wäre das sehr langweilig.«

»Aber sicher würden Sie doch Siegfried nichts Böses zutrauen?«

»Wenn er es wirklich wäre, nicht.«

»Sie mißtrauen mir also?«

»Vielleicht sind Sie in Wirklichkeit ein ganz anderer als Sie sich den Anschein geben.«

»In welcher Beziehung?«

»Das müßte man erst herausfinden.«

Er war belustigt und sagte: »Erlauben Sie mir, daß ich Ihnen ein Stück von diesem Fleisch auf den Teller lege.«

Er tat es, und ich nahm mir ein Stück Roggenbrot, das heiß und knusprig und köstlich war. Es gab noch eine Mischung aus gewürzten Essigfrüchten und Sauerkraut, wie ich es noch nie gekostet hatte. Das war so ganz anders als der übliche eingesalzene Weißkohl; es schmeckte herrlich.

Eine Zeitlang aß ich voll Heißhunger, und er beobachtete mich mit dem echten Vergnügen eines guten Gastgebers.

»Sie waren also wirklich hungrig«, sagte er.

Ich runzelte die Stirn. »Ja, und Sie denken bestimmt, daß ich mir eigentlich Sorgen machen sollte, was jetzt im Damenstift passieren mag, statt es mir hier wohl sein zu lassen.«

»Nein. Ich bin froh, daß Sie den Augenblick zu genießen verstehen.«
»Sie meinen also, ich soll vergessen, daß ich zurückkehren und den Nonnen gegenübertreten muß?«
»Ja, genau das meine ich. So sollte man leben. Wir sind einander im Nebel begegnet; Sie sind hier bei mir, und wir können uns unterhalten, solange der Nebel anhält. Weiter wollen wir nicht denken.«
»Ich will es versuchen«, erwiderte ich. »Ehrlich gesagt finde ich es nämlich sehr bedrückend, mir all die Unannehmlichkeiten vorzustellen, die mich im Damenstift erwarten.«
»Sie sehen also, daß ich recht habe.« Er erhob sein Glas. »Auf heute abend«, sagte er. »Und der Teufel hole den morgigen Tag!«
Ich trank mit ihm. Der Wein wärmte meine Kehle, und ich spürte, wie Farbe in meine Wangen stieg.
»Obwohl das keine Lebensanschauung ist, die die Nonnen billigen würden«, fügte ich ernsthaft hinzu.
»Die Nonnen sparen wir uns für morgen auf. Heute abend sollen sie uns nicht stören.«
»Ich muß einfach an die arme Schwester Maria denken. Die Mutter Oberin wird ihr Vorwürfe machen. ›Sie hätten diese Helena Trant nicht mitnehmen dürfen‹, wird sie sagen. ›Wo sie ist, gibt es immer Schwierigkeiten.‹«
»Und stimmt das?« fragte er.
»Es hat jedenfalls immer den Anschein.«
Er lachte. »Aber ich bin sicher, daß Sie anders sind als die übrigen Mädchen. Sie haben mir erzählt, daß auch Ihre Mutter hier war?«
»Ja, es war einst eine wunderbare Geschichte, aber nun hat sie ein trauriges Ende genommen. Meine Eltern lernten sich hier im Wald kennen, verliebten sich ineinander und lebten von da an froh und glücklich – das heißt, bis meine Mutter starb. Sie hatten viele Hindernisse zu überwinden, ehe sie heiraten konnten, aber sie schafften es, und alles wurde gut. Doch jetzt ist sie tot, und mein Vater ist allein.«
»Er hat Sie, wenn Sie nicht gerade weit fort im Damenstift leben oder im Nebel den Wald durchstreifen.«
Ich schnitt eine Grimasse. »Sie waren immer mehr ein Liebespaar

als meine Eltern. Verliebte mögen keine Störenfriede, auch wenn es sich dabei um ihre eigenen Kinder handelt.«
»Unsere Unterhaltung beginnt ein wenig traurig zu werden«, sagte er. »Dabei sollten wir heute abend doch fröhlich sein.«
»Fröhlich – obwohl ich mich verirrt habe und die Nonnen wahrscheinlich vor Aufregung außer sich sind? Sie werden sich fragen, wie sie es meinem Vater beibringen sollen, daß ich im Wald verschwunden bin.«
»Sie werden wieder im Kloster sein, ehe die Nonnen Zeit gefunden haben, ihm eine Nachricht zu senden.«
»Aber ich glaube nicht, daß wir vergnügt sein sollten, wenn sie so in Sorge sind.«
»Da wir es nicht ändern können, indem wir uns ebenfalls beunruhigen, wollen wir den Abend genießen. Das ist wahre Weisheit.«
»Sie sind wohl sehr weise, Siegfried.«
»Nun – Siegfried war weise, oder nicht?«
»Ich bin nicht so sicher. Es hätte mit Brunhild alles viel besser enden können, wenn er ein wenig klüger gewesen wäre.«
»Ihre Mutter scheint Sie gut mit unseren alten Sagen vertraut gemacht zu haben.«
»Manchmal, wenn wir beisammen saßen, hat sie mir einige davon erzählt. Am liebsten hatte ich die Geschichten von Thor und seinem Hammer. Kennen Sie die Sage, in der Thor sich schlafen legte, seinen Hammer neben sich, und einer der Riesen kam, um ihm den Hammer zu rauben? Die Riesen wollten den Hammer erst zurückgeben, wenn die Göttin Freyja die Braut des Riesenprinzen würde. Da verkleidete sich Thor als Freyja, und als die Riesen ihm den Hammer in den Schoß legten, warf er seine Verkleidung ab und erschlug sie alle. Dann kehrte er mit seinem Hammer ins Reich der Götter zurück.«
Wir lachten beide. »Besonders ehrlich war das nicht, finde ich«, fuhr ich fort. »Und diese Riesen müssen ziemlich kurzsichtig gewesen sein, weil sie den gewaltigen Thor für eine schöne Göttin hielten.«
»Verkleidungen können täuschen.«
»Doch nicht in solchem Maß!«
»Nehmen Sie hiervon noch etwas. Dieses Sauerkraut ist nach Hil-

degards Geheimrezept zubereitet worden. Schmeckt es Ihnen?«
»Köstlich«, versicherte ich.
»Ich bin begeistert, daß Sie soviel gesunden Appetit entwickeln.«
»Erzählen Sie mir etwas von sich. Sie wissen nun schon eine ganze Menge über mich.«
Er spreizte die Finger. »Sie wissen, daß ich im Wald war, um Wildschweine zu jagen.«
»Ja, aber ist das hier Ihr Zuhause?«
»Es ist mein Jagdsitz.«
»Sie leben also nicht wirklich hier?«
»Wenn ich in dieser Gegend auf der Jagd bin, schon.«
»Aber wo wohnen Sie?«
»Einige Meilen von hier.«
»Und was tun Sie?«
»Ich kümmere mich um die Ländereien meines Vaters.«
»Ach, ich weiß. Dann ist er wohl eine Art Gutsbesitzer.«
Er fragte nach meinem Leben in Oxford, und bald erzählte ich ihm von Tante Caroline und Tante Mathilda.
Siegfried nannte sie »die Ungeheuer« und amüsierte sich sehr über die Spürhund-Geschichte. Dann sprach er vom Wald, und ich fühlte, daß er ebenso fasziniert von ihm war wie ich. Auch er fand, daß der Wald einen Zauber ausstrahlte, der sich in den Märchen so deutlich widerspiegelt. Seit meiner Kindheit war ich durch die Erzählungen meiner Mutter mit dem Wald vertraut, und Siegfried hatte in seinem Schatten gelebt. Es war herrlich, mit jemandem beisammen zu sein, der meine Empfindungen so offenkundig teilte.
Zweifellos gefiel es ihm, daß ich die Geschichten der Götter und Helden kannte, die uralter Sage zufolge in den Wäldern gelebt und die Nordländer regiert hatten, als sie noch ungeteilt waren. Als Christus geboren wurde und der Welt das Christentum brachte, starben die Helden der nordischen Sage – Männer wie Siegfried, Balder und Beowulf. Doch fast schien es, als lebte ihr starker Geist noch immer im Herzen des Waldes.
Ich hörte begeistert zu, als Siegfried die Sage vom schönen Balder erzählte, der so gut war, daß seine Mutter, die Göttin Freyja, jedem Tier und jeder Pflanze des Waldes den Schwur abnahm, ihm kein

Leid zuzufügen. Es gab nur eine Ausnahme – die immergrüne Pflanze mit den gelbgrünen Blüten und weißen Beeren. Die Mistel war ärgerlich und verletzt, weil die Götter sie verurteilt hatten, ein Parasit zu sein. Loki, der Gott des Unheils, machte sich das zunutze. Er schleuderte einen Zweig dieser Mistel, der so scharf wie ein Pfeil war, gegen Balder. Dieser Zweig durchbohrte sein Herz und tötete ihn. Gewaltig war das Wehklagen der Götter.

Ich saß da und hing an seinen Lippen, glühend von dem Reiz dieses Abenteuers, den Kopf ein wenig benommen vom ungewohnten Wein. Ich war aufgeregter als je zuvor in meinem Leben.

»Loki stiftete eine Menge Unheil«, erklärte er mir. »Der Göttervater mußte ihn oft bestrafen. Odin war gütig, aber furchtbar in seinem Zorn. Haben Sie den Odenwald schon besucht? Nein? Eines Tages müssen Sie das unbedingt tun. Es ist Odins Wald; hier in dieser Gegend haben wir übrigens einen Lokenwald, von dem es heißt, er sei Lokis Revier. Und nur wir feiern die Nacht des siebenten Vollmondes, wenn das Unheil die Herrschaft übernimmt und erst von der Morgendämmerung wieder vertrieben wird. Das schien den Menschen dieser Gegend Grund genug, ein Fest zu feiern. – Sie werden schläfrig.«

»Nein, nein, ich will nicht müde sein. Ich genieße diesen Abend viel zu sehr!«

»Wie ich sehe, haben Sie also glücklicherweise aufgehört, sich wegen morgen Gedanken zu machen.«

»Jetzt haben Sie mich wieder daran erinnert.«

»Tut mir leid. Wir wollen schnell das Thema wechseln. Wußten Sie, daß Ihre Queen vor kurzem den Schwarzwald besucht hat?«

»Ja, natürlich. Ich glaube, der Wald hat sie sehr beeindruckt. Dies ist ja die Heimat ihres Gatten. Sie liebt den Prinzen ebensosehr wie mein Vater meine Mutter liebte.«

»Wie können Sie das wissen – ein junges und unerfahrenes Mädchen wie Sie?«

»Es gibt Dinge, die man instinktiv weiß.«

»Sie meinen Hingabe?«

»Liebe«, sagte ich. »Die große Liebe von Tristan und Isolde, von Abelard und Heloïse, von Siegfried und Brunhild.«

»Das sind Sagen. Das wirkliche Leben könnte anders sein.«

»Und meine Eltern«, fuhr ich fort, ohne ihn zu beachten. »Und die Queen und ihr Prinzgemahl.«
»Ich nehme an, wir sollten uns geehrt fühlen, daß Ihre große Königin einen unserer deutschen Prinzen geheiratet hat.«
»Ich glaube eher, sie war es, die sich geehrt fühlte.«
»Nicht von seiner Stellung, sondern von ihm als Mann.«
»Ja, es gibt so viele deutsche Prinzen und Herzöge und kleine Königreiche.«
»Eines Tages wird alles ein mächtiges, einiges Reich sein. Die Preußen sind entschlossen, das zu erreichen«, bemerkte er. »Aber jetzt wollen wir von persönlicheren Dingen sprechen.«
»Ich habe den Wunschknochen!« rief ich. »Jetzt dürfen wir uns etwas wünschen.«
Ich war begeistert, daß er noch nichts von diesem Brauch wußte, und erklärte es ihm: »Jeder umfaßt mit dem kleinen Finger ein Ende des Brustbeines und zieht daran. Dabei wünscht man sich etwas. Wer das größere Stück des Knochens erwischt, dessen Wunsch geht in Erfüllung.«
»Wollen wir's versuchen?«
Wir versuchten es. »Jetzt wünschen Sie sich etwas!« mahnte ich. Und ich dachte mir, daß es immer so bleiben müßte wie an diesem Abend. Aber das war ein dummer Wunsch. Natürlich konnte es nicht so bleiben. Die Nacht würde vorübergehen, und ich mußte ins Kloster zurück. Doch ich wollte mir wenigstens wünschen, daß wir uns wiedersehen würden.
Er bekam das größere Stück. »Ich hab' es!« rief er triumphierend. Dann streckte er seine Hände über den Tisch und ergriff die meinen; seine Augen glänzten stark im Kerzenlicht.
»Wissen Sie, was ich mir gewünscht habe?« fragte er.
»Sagen Sie es mir nicht!« warnte ich. »Wenn Sie das tun, geht der Wunsch nicht in Erfüllung.«
Plötzlich beugte er sich vor und küßte meine Hände – nicht sacht, sondern wild und ungestüm. Mir war, als würde er sie nie wieder freigeben.
»Es muß in Erfüllung gehen!« sagte er.
Ich erwiderte: »Ich kann Ihnen verraten, was ich mir gewünscht habe. Weil ich der Verlierer bin, zählt mein Wunsch wohl nicht.«

»Ja, bitte, sagen Sie es mir!«
»Ich wünschte mir, daß wir uns wiedersehen würden, daß wir wieder an diesem Tisch sitzen und miteinander sprechen könnten, und daß ich mein Haar offen hätte wie jetzt und den blauen Samtmantel tragen würde.«
Er sagte sehr zärtlich: »Lenchen – kleines Lenchen!«
»Lenchen?« wiederholte ich. »Wer ist das?«
»Es ist mein Name für Sie. Helena klingt zu kühl, zu abweisend. Für mich sind Sie Lenchen – mein kleines Lenchen.«
»Das gefällt mir«, sagte ich. »Es gefällt mir sehr.«
Auf dem Tisch lagen Äpfel und Nüsse. Er schälte einen Apfel für mich und knackte einige von den Nüssen. Die Kerzen flackerten; Siegfried beobachtete mich über den Tisch hinweg. Plötzlich sagte er: »Sie sind heute abend erwachsen geworden, Lenchen.«
»Ich fühle mich auch erwachsen«, versicherte ich. »Nun komme ich mir nicht länger wie ein Schulmädchen vor.«
»Nach diesem Abend werden Sie nie wieder ein Schulmädchen sein.«
»Ich muß aber zurück ins Damenstift, und dort bin ich wieder eine Schülerin unter vielen anderen.«
»Ein Damenstift macht noch kein Schulmädchen. Sie sind wirklich schläfrig.«
»Das kommt vom Wein«, erwiderte ich.
»Es ist Zeit für Sie, sich zurückzuziehen.«
»Ob es draußen wohl noch neblig ist?«
»Wenn es so wäre, würde Sie das beruhigen?«
»Ja, denn dann wüßten sie im Kloster, daß ich nicht zurückkehren kann, und es wäre dumm, sich zu sorgen, weil es sich ja nicht ändern läßt.«
Er ging zum Fenster und schob den schweren Samtvorhang zur Seite. Dann spähte er hinaus. »Es ist noch schlimmer geworden«, sagte er.
»Können Sie denn überhaupt etwas sehen?«
»Seit Sie in dem blauen Mantel herunterkamen, habe ich nur Sie gesehen.«
Meine Erregung wurde fast unerträglich, doch ich lachte ziemlich albern und erwiderte: »Das ist sicherlich eine Übertreibung. Als

Sie den Wein einschenkten und das Hühnchen servierten, haben Sie beides bestimmt gesehen.«
»Genau, mein pedantisches Lenchen«, bestätigte er. »Kommen Sie, ich bringe Sie auf Ihr Zimmer. Es ist Zeit.«
Er nahm meine Hand und führte mich zur Tür.
Zu meiner Überraschung erwartete uns Hildegard dort.
»Ich werde der jungen Dame den Weg zeigen, Herr«, sagte sie.
Ich hörte ihn lachen und brummen, sie sei eine unverschämte alte Frau, die ihre Nase in Dinge stecke, die sie nichts angingen. Doch er ließ mich mit ihr gehen. Hildegard ging voraus, die Treppe zu dem Zimmer hinauf, in dem ich die Kleider gewechselt hatte. Im Kamin brannte jetzt ein Feuer.
»Die Nächte sind kühl, wenn es draußen neblig ist«, erklärte sie. Dann stellte sie ihre Kerze ab und entzündete jene, die in den Leuchtern über der Frisierkommode steckten. »Halten Sie die Fenster vor dem Nebel geschlossen«, mahnte sie.
Sie warf mir einen ernsten Blick zu, führte mich zur Tür und zeigte mir den Riegel. »Verriegeln Sie die Tür, wenn ich das Zimmer verlassen habe«, sagte sie. »Es ist hier mitten im Wald nicht immer ganz ungefährlich.«
Ich nickte.
»Vergewissern Sie sich, daß die Tür wirklich verschlossen ist«, fuhr sie eindringlich fort. »Ich wäre beunruhigt und könnte nicht einschlafen, wenn ich mich nicht darauf verlassen könnte.«
»Ich verspreche es Ihnen«, sagte ich.
»Dann gute Nacht, und schlafen Sie gut. Morgen früh hat sich der Nebel sicher gelöst, und Sie werden zurückgebracht.«
Sie ging hinaus und wartete draußen, während ich den Riegel vorschob.»
»Gute Nacht!« rief sie noch einmal.
Ich stand mit klopfendem Herzen an die Tür gelehnt. Da hörte ich Schritte auf der Holztreppe.
Hildegard sagte: »Nein, junger Herr. Ich lasse es nicht zu. Sie können mich hinauswerfen. Meinetwegen lassen Sie mich auspeitschen, aber ich gestatte es nicht.«
»Du lästige alte Hexe«, versetzte er, doch seine Stimme klang nachsichtig.

»Eine junge Engländerin – ein Schulmädchen aus dem Damenstift... Nein, ich lasse es nicht zu.«
»*Du* läßt es nicht zu, Hilde?«
»Nein. Ihre anderen Frauenzimmer, wenn es sein muß, aber kein junges und unschuldiges Mädchen vom Damenstift.«
»Du sorgst dich wegen der alten Nonnen.«
»Nein, ich sorge mich um die Unschuld.«
Es wurde still. Ich war ängstlich und zugleich voll Erwartung. Einerseits wollte ich von hier weglaufen; andererseits wünschte ich mir, zu bleiben. Nun verstand ich alles. Er war einer von den verruchten Baronen, kein Siegfried. Er hatte mir seinen richtigen Namen verschwiegen. Dies war sein Jagdsitz. Vielleicht lebte er für gewöhnlich auf einem jener Schlösser, die ich hoch über dem Fluß gesehen hatte. ›Eines Ihrer Frauenzimmer, wenn es sein muß‹, hatte Hildegard gesagt. Er hatte also Frauen hierhergebracht, und als er mich im Nebel fand, nahm er mich mit, als wäre ich eine von ihrer Sorte.
Ich zitterte. Gesetzt den Fall, Hildegard wäre nicht hier gewesen? In den Märchen hielten die Riesen die Prinzessinnen gefangen, ohne ihnen ein Leid zuzufügen, bis sie gerettet wurden. Doch dies war kein Schloß, sondern ein Jagdsitz; und der Herr dieses Hauses war kein Riese, sondern ein leidenschaftlicher Mann.
Ich legte den Samtmantel ab und sah nun wieder mehr wie ich selbst aus. Dann entkleidete ich mich und streifte das seidene Nachthemd über. Es war weich und schmiegsam, ganz anders als das Flanellzeug, das wir im Damenstift trugen. Ich ging zu Bett, konnte aber nicht schlafen. Nach einer Weile kam es mir vor, als hätte ich Schritte auf der Treppe gehört. Ich erhob mich, ging zur Tür und lauschte. Plötzlich sah ich, wie die Türklinke langsam niedergedrückt wurde. Wenn Hildegard nicht darauf bestanden hätte, daß ich den Riegel vorschob, wäre die Tür jetzt geöffnet worden.
Wie gebannt starrte ich auf den Griff und hörte, wie jemand hinter der Tür atmete. Eine Stimme – *seine Stimme* – flüsterte: »Lenchen... Lenchen, bist du da?«
Verwirrt stand ich da; mein Herz klopfte so heftig, daß ich fürchtete, er könnte es hören. Dabei kämpfte ich gegen den unerklärlichen Wunsch an, den Riegel zurückzuziehen.

Aber ich tat es nicht. Hildegards Stimme klang mir noch in den Ohren: ›Ihre Frauenzimmer, wenn es sein muß.‹ Und ich wußte, daß ich die Tür nicht aufschließen durfte.
Bebend verharrte ich auf der Stelle, bis sich seine Schritte wieder entfernten. Dann ging ich zu Bett. Ich versuchte einzuschlafen, aber es gelang mir erst viel später.
Ein Hämmern an der Tür weckte mich. Hildegard rief: »Guten Morgen!«
Langsam öffnete ich die Augen und sah, daß das Sonnenlicht ins Zimmer flutete. Als ich die Tür aufmachte, stand Hildegard vor mir. Sie trug ein Tablett mit Kaffee und Roggenbrot.
»Essen Sie das und ziehen Sie sich sofort an», befahl sie. »Sie müssen unverzüglich ins Damenstift zurückkehren.«
Ich trank den heißen Kaffee und aß das Brot; dann wusch ich mich und kleidete mich an.
Hildegard wartete bereits in Hut und Umhang, und draußen stand ein Einspänner, vor den ein Rotschimmel gespannt war.
»Wir müssen gehen«, sagte sie. »Ich habe Hans schon bei Tagesanbruch mit einer Botschaft zum Damenstift geschickt, daß Sie in Sicherheit sind.«
»Sie sind so freundlich«, erwiderte ich. Dabei dachte ich an das Gespräch, das ich letzte Nacht belauscht hatte, und wie sie mich vor dem verruchten Siegfried gerettet hatte – obwohl ich gar nicht so sicher war, ob ich wirklich gerettet werden wollte.
»Sie sind noch sehr jung«, sagte sie streng. »Und Sie sollten gut aufpassen, damit Sie sich nicht wieder verirren.«
Ich sah mich nach Siegfried um, doch er war nicht da. Ärger stieg in mir auf. Warum kam er nicht, um mir Lebewohl zu sagen?
Zögernd kletterte ich in die Kutsche.
Hildegard berührte das Pferd mit der Peitsche, und wir fuhren auf die Straße. Da der Weg oft steil war und die Straße manchmal holprig, kamen wir nur langsam vorwärts. Sie sprach nicht viel mit mir, doch wenn sie es tat, merkte ich ihre Besorgnis, ich könnte mein Abenteuer preisgeben. Sie schaffte es, mir taktvoll beizubringen, daß ich Siegfried nicht erwähnen sollte. Hans hatte schon eine Botschaft überbracht. Es mußte so aussehen, als hätte Hildegards Mann mich im Nebel gefunden und in sein Haus gebracht. Er und

Hildegard hatten sich dann um mich gekümmert, bis ich ins Damenstift zurückfahren konnte.
Ich verstand ihre Andeutungen gut: Die Nonnen durften nicht erfahren, daß einer der verruchten Barone mich gefunden und in seine Jagdhütte gelockt hatte, um mich zu verführen. Ja; nun sah ich die Wahrheit klar vor mir. Offenkundig hatte Siegfried genau das beabsichtigt. Doch Hildegard hatte mich beschützt.
Obwohl sie sein Verhalten mißbilligte, bestand kein Zweifel, daß sie ihm sehr zugetan war. Auch das konnte ich nur zu gut verstehen. Ich stimmte ihr zu, daß es klüger war, mein Abenteuer etwas vereinfacht zu schildern.
So erreichten wir das Damenstift. Welche Aufregung erwartete mich! Schwester Maria schien die ganze Nacht geweint zu haben. Schwester Gudrun triumphierte insgeheim. »Ich habe ja schon immer gesagt, daß es keinen Sinn hat, von Helena Trant gutes Benehmen zu erwarten.«
Hildegard wurde mit Dank und Segenswünschen überschüttet, und ich verbrachte lange Zeit im Privatzimmer der Mutter Oberin, ohne recht zu hören, was sie zu mir sagte. So viele Gedanken und Eindrücke schwirrten mir im Kopf herum, daß ich für nichts anderes mehr Platz hatte.
Ich konnte nicht aufhören, an ihn zu denken. Ich wußte, daß ich ihn nie vergessen würde, und sagte mir: Eines Tages werde ich in den Wald gehen, und er wird mich erwarten.
Doch nichts dergleichen geschah.
Drei öde Wochen folgten, nur von der Hoffnung erhellt, ich könnte ihn wiedersehen, doch immer wieder verdüstert von der Tatsache, daß sich meine Erwartung nicht erfüllte. Dann kamen Neuigkeiten von zu Hause. Mein Vater war ernstlich erkrankt. Ich mußte sofort nach England. Aber ehe ich noch abreisen konnte, kam die Nachricht, er sei tot.
Nun mußte ich das Damenstift für immer verlassen und heimreisen. Mr. und Mrs. Greville, die mich schon einmal begleitet hatten, erklärten sich freundlicherweise bereit, mich auch diesmal abzuholen und zurückzubringen.
In Oxford warteten Tante Caroline und Tante Mathilde auf mich.

2.

Anfang Dezember war ich wieder zu Hause in England; das Weihnachtsfest stand vor der Tür. In den Fleischerläden schmückten kleine Stechpalmenzweige die Platten mit den Leberpasteten, und den Schweinen hatte man Orangenscheiben ins Maul gesteckt, so daß sie recht munter wirkten, obwohl sie tot waren. In der Dämmerung zeigten die Budenbesitzer auf dem Markt unter dem flakkernden Licht der Naphtalinlampen ihre Waren, und an den Fenstern einiger Geschäfte hing an Fäden aufgezogene Baumwolle, die wie Schneeflocken aussehen sollte. Der Maronihändler stand mit seiner glühenden Kohlenpfanne an der Straßenecke. Ich erinnerte mich daran, wie meine Mutter nie widerstehen konnte, eine oder zwei Tüten voll heißer Kastanien zu kaufen, die unsere Hände wärmten, während wir sie nach Hause trugen. Doch am liebsten hatte sie uns am Weihnachtsabend selbst Kastanien auf dem Rost gebraten. Wir feierten das Weihnachtsfest so, wie meine Mutter es von ihrer Kindheit her gewöhnt war. Oft erzählte sie uns, wie jedes Familienmitglied einen eigenen Baum mit brennenden Kerzen bekommen hatte, und der größte Christbaum stand mitten im Rittersaal; darunter lag für jeden ein Geschenk. So hatte man das Weihnachtsfest alljährlich in ihrer Familie gefeiert, sagte sie. Wir in England schmückten ebenfalls Tannenbäume, seit dieser Brauch durch die Königinmutter aus Deutschland übernommen wurde und sich später durch die starke Verbindung der Queen mit der Heimat ihres Gatten noch vertiefte.

Früher hatte ich mich auf das Weihnachtsfest gefreut, doch in diesem Jahr hatte es keinen Reiz mehr für mich. Ich vermißte meine

Eltern weit mehr, als ich es je für möglich gehalten hatte. Natürlich war ich jahrelang von ihnen getrennt gewesen, doch ich hatte immer in dem Bewußtsein gelebt, daß sie dort in dem kleinen Haus neben der Buchhandlung wohnten, das mein Heim war. Nun hatte sich alles verändert. Es fehlte jene kaum merkbare Unordnung, die so anheimelnd gewirkt hatte. Tante Caroline wollte, daß alles blitzte. »Wie geleckt«, pflegte sie zu sagen. Als ich in meiner bedrückten Stimmung wissen wollte, weshalb das so erstrebenswert sei, nannte mich Tante Caroline »wunderlich«. Mrs. Green, die Jahre hindurch unseren Haushalt versorgte, hatte ihre Sachen gepackt und war gegangen. »Gott sei's gelobt«, sagte Tante Caroline. Nun hatten wir nur noch die junge Ellen für die grobe Arbeit. »Sehr gut«, bemerkte Tante Caroline. »Wir haben drei Paar Hände im Haus, was wollen wir mehr?«

Auch wegen des Ladens mußte etwas unternommen werden. Natürlich konnte er nach meines Vaters Tod nicht mehr in der gewohnten Art weitergeführt werden. Wir kamen zu dem Entschluß, daß er verkauft werden mußte, und gerade zur rechten Zeit tauchte ein Mr. Clees mit seiner ältlichen Tochter auf und kaufte ihn. Die Verhandlungen erstreckten sich über einige Wochen; dabei zeigte es sich, daß Laden und Warenbestand nicht besonders viel abwarfen, nachdem die Schulden meines Vaters bezahlt waren.

»Dein Vater hatte keinen Verstand«, sagte Tante Caroline verächtlich.

»Freilich hatte er einen«, erwiderte Tante Mathilda, »aber er schwebte immer in den Wolken.«

»Und das kommt dabei heraus. Schulden... Ich habe noch nie einen solchen Berg Schulden gesehen! Wenn man nur an seinen Weinkeller denkt, und dazu an die Rechnungen des Weinhändlers! Was er mit all dem Wein anfing, ist mir unerfindlich.«

»Es hat ihm Spaß gemacht, seine Freunde von der Universität zu bewirten, und sie sind gern zu ihm gekommen«, erklärte ich.

»Das wundert mich nicht, bei all dem Wein, den er ihnen in seiner Dummheit vorsetzte.«

Tante Caroline betrachtete das ganze Leben aus diesem Blickwinkel. Die Leute taten alles nur, um etwas dafür zu bekommen, nie aus einem anderen Grund. Ich glaube, sie hatte sich nur um meinen Vater gekümmert, weil sie sich davon einen guten Platz im Himmel erhoffte. Jedem unterstellte sie die schlimmsten Absichten. »Und was hat er denn davon?« war eine ihrer bevorzugten Redensarten, oder: »Was meint sie wohl, daß ihr das einbringt?«

Tante Mathilda war von sanftmütigerer Natur. Sie interessierte sich hauptsächlich für ihren eigenen Gesundheitszustand, und je schwankender er war, desto erfreuter schien sie. Es machte ihr auch Spaß, über die Leiden anderer Leute zu sprechen; schon die Erwähnung einer Krankheit heiterte sie auf. Doch nichts begeisterte sie so sehr wie ihre eigenen Unpäßlichkeiten. Ihr Herz »spielte ihr oft einen Streich«. Es »sprang«, es »flatterte«, es schaffte kaum die notwendige Anzahl von Schlägen je Minute, nach denen sie es unentwegt untersuchte. Sie hatte häufig leichtes Herzstechen oder nahm ein eisiges, betäubendes Gefühl wahr. In einem Anfall von Erbitterung sagte ich einmal zu ihr: »Du hast ein sehr bequemes Herz, Tante Mathilda«. Und einen Moment lang glaubte sie, dies wäre eine neue Art von Krankheit und war recht erfreut.

So lebte ich keineswegs zufrieden zwischen der selbstgerechten Tugend Tante Carolines und den hypochondrischen Schrullen Tante Mathildas.

Ich sehnte mich nach der einstigen Liebe und Geborgenheit, die ich so selbstverständlich hingenommen hatte; doch es war mehr als das. Seit meinem Abenteuer im Nebel war ich nicht mehr dieselbe. Unablässig dachte ich an jene Begegnung zurück. Sie schien im Laufe der Zeit in meiner Vorstellung immer unwirklicher zu werden, war aber deshalb nicht weniger lebendig. Jede Einzelheit ließ ich an mir vorüberziehen: sein Gesicht und seine leuchtenden Augen im Kerzenschein; der Griff, mit dem er meine Hand umfaßte; das Gefühl seiner Finger in meinem Haar. Ich dachte daran, wie der Türgriff sich langsam bewegt hatte, und überlegte, was wohl geschehen wäre, wenn Hildegard mir nicht geraten hätte, den Riegel vorzuschieben.

Manchmal, wenn ich morgens erwachte, glaubte ich im Jagdhaus zu sein und war bitter enttäuscht, wenn ich mich in meinem Zimmer wiederfand, die Tapete mit den blauen Rosen sah, das weiße

Waschgeschirr, den steiflehnigen Holzstuhl und den Spruch an der Wand: *Denke nicht an dich selbst, lebe für andere.* Tante Caroline hatte ihn dort aufgehängt. Das Bild über meinem Bett war noch immer da – ein goldhaariges Mädchen im fließenden weißen Gewand sprang einen schmalen Klippenpfad entlang, der zu den Felsen hin steil abfiel. Neben dem Kind stand ein Engel, und das Bild hieß: *Der Schutzengel.* Das Kleid des Mädchens hatte eine gewisse Ähnlichkeit mit dem Nachthemd, das ich damals im Jagdhaus trug; und obwohl ich nicht die hübschen Gesichtszüge und das goldene Haar des Kindes besaß, und Hildegard dem Engel nicht im mindesten glich, verband sich das Bild in meiner Vorstellung doch mit uns beiden. Hildegard hatte sich ja wirklich als mein Schutzengel erwiesen, als ich nahe daran war, mich ins Unglück zu stürzen – kräftig unterstützt von meinem verruchten Baron, der sich hinter der Maske Siegfrieds verbarg, um mich zu täuschen. Es war wie eines der Märchen aus dem Wald. Ich würde ihn nie vergessen und wollte ihn wiedersehen. Wenn ich einen Wunschknochen gehabt hätte, würde ich mir noch immer das eine wünschen: ihn wiederzusehen – meinem Schutzengel zum Trotz.

Das war der Hauptgrund für meine Unzufriedenheit. Dieser Mann besaß eine Ausstrahlung wie kein anderer. Er hatte mich so sehr in seinen Bann gezogen, daß ich bereit gewesen wäre, jede Gefahr auf mich zu nehmen, um alles noch einmal zu erleben.

Wie konnte ich mich also in dieses trübselige Leben fügen?

Mr. Clees hatte mit seiner Tochter Amelia das Nachbarhaus bezogen. Beide waren liebenswürdig und nett, und ich ging oft in die Buchhandlung, um sie zu besuchen. Miss Clees wußte eine Menge über Bücher. Ihr Vater hatte den Laden um ihretwillen gekauft. »So kann ich mir meinen Lebensunterhalt verdienen, wenn er einmal nicht mehr da ist«, sagte sie zu mir. Manchmal kamen sie zum Essen zu uns, und Tante Mathilda interessierte sich sehr für Mr. Clees, weil er ihr anvertraut hatte, daß er nur mehr eine Niere besaß.

Dieses Weihnachtsfest verlief traurig. Mr. und Miss Clees hatten den Laden noch nicht übernommen, und ich mußte meine Zeit mit Tante Caroline und Tante Mathilda zusammen verbringen. Einen Christbaum hielten die Tanten für unnötig, und unsere

Geschenke mußten praktisch sein. Es gab keine gerösteten Kastanien, keine Spukgeschichten vor dem Kamin, keine Sagen aus dem Wald, keine Erzählungen aus der Studentenzeit meines Vaters – nichts als einen Bericht von den Mildtätigkeiten, die Tante Caroline den Armen in Somerset erwiesen hatte, und eine Belehrung von seiten Tante Mathildas über die Auswirkungen zu üppigen Essens auf die Verdauungsorgane. Ich erkannte nun auch den Grund, weshalb sie sich so gut vertrugen: Sie hörten einander nie zu und führten ihre Gespräche unabhängig voneinander. Träge lauschte ich ihren Monologen.

»Wir haben wirklich für sie getan, was wir konnten, aber es ist sinnlos, solchen Leuten zu helfen.«

»Blutstauung in der Leber. Sie wurde ganz gelb.«

»Der Vater war ununterbrochen betrunken. Ich sagte ihr, sie sollte das Kind nicht in zerrissenen Kleidern herumlaufen lassen. ›Wir haben doch keine Sicherheitsnadeln, Gnädigste‹, jammerte sie. ›Sicherheitsnadeln!‹ rief ich. ›Wie wär's mit Nähnadel und Faden?‹«

»Der Arzt hatte sie schon aufgegeben. Es führte zur Lungenembolie. Sie lag da wie eine Tote.«

Und so verfolgten sie ihre jeweiligen Gedankengänge munter weiter.

Ich war zuerst belustigt und dann erbittert, nahm Mutters Buch mit den nordischen Götter- und Heldensagen zur Hand und las von den unerhörten Abenteuern Thors und Odins, Siegfrieds und Beowulfs. Dabei stellte ich mir vor, ich wäre wieder im Schwarzwald, umgeben von dem unverkennbaren Duft der Tannen und Fichten, dem Rauschen der kleinen Gebirgsbäche; dort, wo sich der Nebel so plötzlich senkte.

»Es ist Zeit, daß du das Buch beiseite legst und etwas Nützliches tust«, bemerkte Tante Caroline.

»Wenn du dich dauernd über ein Buch beugst, wirst du krank«, warnte Tante Mathilda. »Der Brustkorb wird dabei so zusammengedrückt.«

Mein größter Trost waren in dieser Zeit die Grevilles. Mit ihnen konnte ich über die Wälder sprechen, denn sie kannten und liebten sie ebenfalls. Vor einigen Jahren hatten sie im Schwarzwald ihren

Urlaub verbracht und waren seitdem wiederholt dort gewesen. Sie hatten mich auch – als enge Freunde meiner Eltern – auf den Reisen zwischen England und Deutschland begleitet. Ihr Sohn Anthony studierte; er wollte Vikar werden. Anthony war ein guter Sohn – der Stolz und die Freude seiner Eltern. Die Grevilles hatten mich gern und sorgten sich um mich. Ich verbrachte den zweiten Weihnachtsfeiertag bei ihnen und empfand es als große Erleichterung, den Tanten zu entfliehen. Sie hatten verschiedene kleine Weihnachtsbäume geschmückt, genau wie meine Mutter es immer tat, und gaben sich Mühe, mir den Tag so angenehm wie möglich zu machen.
Auch Anthony war da, und wenn er sprach, verharrten seine Eltern in andächtigem Schweigen, was sie mir besonders liebenswert machte, wenn es mich auch ein wenig belustigte. Wir veranstalteten Rate- und Schreibspiele, doch Anthony war so viel gebildeter als wir anderen, daß er uns in allem überflügelte.
Ich fühlte mich wohl bei ihnen; abends begleitete Anthony mich heim und sagte ziemlich schüchtern, er hoffe, daß ich ins Haus seiner Eltern käme, so oft ich Lust dazu hätte.
»Ist das Ihr Wunsch?« fragte ich ihn.
Er versicherte mir, daß es so sei.
»Dann wünschen Ihre Eltern es auch«, sagte ich, »denn sie wollen immer das gleiche wie Sie.«
Er lächelte. Anthony hatte einen raschen Verstand und war sehr sympathisch, wenn auch nicht im geringsten aufregend; jetzt verglich ich unwillkürlich jeden Mann mit Siegfried. Wenn Anthony ein Mädchen im Nebel fände, würde er sie bestimmt sofort dorthin zurückbringen, wohin sie gehörte. Und wenn das nicht möglich war, hätte sie weder eine Warnung noch einen Schutzengel nötig.
Ich ging gern zu den Grevilles, um sie und ihren Sohn zu besuchen; doch die Sehnsucht, meinem verruchten Baron wieder im Jagdhaus gegenüberzusitzen, war so stark, daß sie mich manchmal wie ein körperlicher Schmerz überfiel.
Endlich übernahmen die Clees' den Laden, und ich erfuhr, daß mir nach Begleichung der Schulden fünfzehnhundert Pfund blieben.
»Ein Notgroschen«, sagte Tante Caroline. Klug angelegt, könnte mir das Geld ein kleines Einkommen sichern, das es mir ermög-

lichte, wie eine Dame zu leben. Die Tanten würden mich weiterhin unter ihre Obhut nehmen und zu einer guten Hausfrau erziehen – eine Kunst, in der ich ihrer Meinung nach keineswegs vollkommen war.
Ich sah mich selbst den Tanten ähnlich werden: Ich würde lernen, einen Haushalt zu führen und so mit Ellen zu sprechen, daß sie zusammenfuhr; ich würde Unmengen von Marmelade, Eingemachtem und Gelee herstellen, die Gläser in chronologischer Reihenfolge aufstellen und feinsäuberlich mit Etiketten versehen, auf denen stand, daß dies Brombeergelee, Himbeermarmelade und Orangenmarmelade aus dem Jahr 1859 oder 1860 sei. Ja, so würde es jahrzehntelang weitergehen, während ich mich zu einer guten Hausfrau entwickelte – mit Treppengeländern, auf denen kein Staubkörnchen lag, und Tischplatten, in denen ich mich spiegeln konnte. Ich würde mein eigenes Bohnerwachs und mein eigenes Terpentin herstellen, mein Schweinefleisch selbst einpökeln, schwarze Johannisbeeren für das Gelee sammeln und über der Qualität meines Ingwerweines brüten.
Und irgendwo in der Welt würde Siegfried weiterhin seine Abenteuer erleben, und wenn wir uns vielleicht einmal wiedersehen sollten – nach vielen Reihen von Einmachgläsern in meiner Vorratskammer –, dann würde er mich nicht mehr erkennen. Ich jedoch würde ihn stets wiedererkennen.
Eine Zuflucht bedeutete mir das Haus der Grevilles, in dem ich immer willkommen war. Manchmal fand ich auch Anthony dort vor, der gern über die Vergangenheit sprach. Ihn faszinierte die Geschichte ebensosehr wie mich die Wälder. Ich fand es interessant, zu erfahren, was die Heirat der Queen für unser Land bedeutete, wie der Prinzgemahl Lord Melbourne seines Amtes enthoben und was er für das Land geleistet hatte. Er erzählte von der großen Ausstellung im Hyde Park und beschrieb sie so lebendig, daß ich den Kristallpalast vor mir sehen konnte und die kleine Queen, wie sie so stolz an der Seite ihres Gatten stand. Anthony sprach vom Krimkrieg, dem großen Staatsmann Palmerston, und wie unser Land sich zu einem mächtigen Weltreich entwickelte.
Ohne die Grevilles wäre ich in dieser Zeit sehr unglücklich gewesen.

Doch Anthony war nicht immer da, und ich fand es ermüdend, immer wieder eine Aufzählung seiner Tugenden zu hören, die seine Eltern mir nie zu geben versäumten. Ich war rastlos und unzufrieden; manchmal hatte ich das Gefühl, in einer Vorhölle zu sein und zu warten – worauf, wußte ich nicht so recht.

Ich sagte Mrs. Greville, daß ich etwas tun wollte.

»Junge Mädchen haben wirklich genug Beschäftigung im Haus«, erwiderte sie. »Sie müssen sich für die Ehe vorbereiten.«

»Das scheint mir recht wenig zu sein«, bemerkte ich.

»Aber nein, Hausfrau ist einer der wichtigsten Berufe im Leben – für eine Frau.«

Ich hatte kein Talent dafür. Meine Marmelade brannte im Topf an; die Etiketten lösten sich von den Gläsern.

Tante Caroline drohte mit dem Zeigefinger. »Das kommt davon, wenn man auf ausländische Schulen geht.«

»Ausländisch« war ein bevorzugtes Wort, das sie für alles anwandte, was sie nicht billigte. Mein Vater hatte diese »ausländische« Ehe geschlossen. Ich hatte »ausländische« Vorstellungen von dem, was ich aus meinem Leben machen wollte. »Was willst du denn tun? Eine Gouvernante werden – Kinder unterrichten? Miss Grace, die Tochter des Vikars in unserem früheren Wohnort, wurde Gesellschafterin, als ihr Vater starb.«

»Und bald darauf bekam sie die Schwindsucht«, fügte Tante Mathilda düster hinzu.

»Gesellschafterin bei dieser Lady Ogilvy. Sie war es, die den Armen keine Suppe mehr gab, weil sie behauptete, die würden sie den Schweinen vorwerfen, sobald sie ihnen den Rücken drehte.«

»Ich wußte schon lange vorher, was ihr fehlte«, warf Tante Mathilda ein. »Sie hatte diese durchscheinende Hautfarbe. Das ist ein sicheres Zeichen. ›Du wirst die Schwindsucht bekommen, mein Mädchen‹, dachte ich oft bei mir. ›Und es wird gar nicht mehr sehr lange dauern.‹«

Ich wurde nachdenklich. Eigentlich konnte ich keinen Gefallen an der Vorstellung finden, Kinder zu beaufsichtigen oder einer nörgelnden alten Dame Gesellschaft zu leisten, die vielleicht sogar noch schlimmer als Tante Caroline und Tante Mathilda war. Der Widersinn ihrer Gespräche und die Tatsache, daß man ihre

Ansichten stets im voraus wußte, reizte mich wenigstens manchmal zum Lachen.
Ich ließ mich treiben. Es war, als wartete ich auf etwas. Meine Lebhaftigkeit verwandelte sich in Gereiztheit, weil ich mich enttäuscht fühlte. Ich ärgerte die Tanten, indem ich nichts von dem lernte, was Tante Caroline mir unbedingt beibringen wollte, und mich leichtfertig über körperliches Leiden äußerte. Ja, ich war enttäuscht. Ich sehnte mich nach etwas und wußte nicht, wonach. Dabei fühlte ich, daß ich ohne jenes Abenteuer im Wald zufriedener gewesen wäre. Wenn Siegfried mir schon nicht die Tugend geraubt hatte, wie er sich ausdrückte, so hatte er mir doch meine Ruhe genommen. Ich hatte einen flüchtigen Blick auf etwas erhascht, von dessen Existenz ich ohne ihn nichts gewußt hätte. Und nun konnte ich nie mehr völlig zufrieden sein.
Mit dem Einzug der Familie Clees wurde der Frühling erträglicher. Sie waren ebenso ernsthaft wie Anthony Greville. Ich ging oft in den Laden und freundete mich bald mit Vater und Tochter an. Auch die Tanten mochten sie recht gern. Ich war beinahe neunzehn – noch nicht mündig. Tante Caroline und Tante Mathilda waren meine Vormünder, und das Leben schien nur wenig für mich bereitzuhalten.
Und dann tauchten die Gleibergs in Oxford auf.

Ich half Tante Caroline gerade beim Einkochen der Erdbeermarmelade, als sie ankamen. Wir hörten ein Klopfen an der Tür, und Tante Caroline rief: »Um Himmels willen, wer kommt denn da so früh am Morgen?«
Es war ungefähr elf Uhr vormittags, und später überraschte es mich, daß ich nicht ahnte, wie wichtig diese Begegnung für mich werden sollte.
Tante Caroline stand mit schiefgelegtem Kopf da. Sie horchte auf die Stimmen, die aus der Halle drangen, um festzustellen, ob Ellen die erforderlichen Fragen nach der Identität der Besucher in korrekter Weise stellte.
Sie kam in die Küche. »Oh, Mum –«
»Madam«, verbesserte Tante Caroline.
»Madam, ein Herr und eine Dame sind da. Die Dame hat gesagt,

sie wäre Ihre Cousine, deshalb habe ich sie in den Salon gebracht.«
»Unsere Cousine?« rief Tante Caroline unwillig. »Was für eine Cousine? Wir haben keine Cousine.«
Tante Mathilda kam in die Küche. Unerwartete Besucher waren immer ein Ereignis, und sie hatte sie ankommen sehen.
»Cousine!« wiederholte Tante Caroline. »Sie sagt, sie wäre unsere Cousine.«
»Unser einziger Vetter war Albert. Er ist an einem Leberschaden gestorben«, sagte Tante Mathilda. »Er trank. Wir haben nie gehört, was aus seiner Frau geworden ist. Sie liebte den Likör ebenso wie er. Manchmal greift es auch das Herz an, und sie hatte immer eine merkwürdige Gesichtsfarbe.«
»Warum seht ihr sie euch nicht an?« schlug ich vor. »Wahrscheinlich sind es lang vermißte Verwandte, die schon alle Krankheiten durchgemacht haben, die einen Menschen nur heimsuchen können.«
Tante Caroline warf mir einen Blick zu, der mir zu verstehen gab, daß ich schon wieder Anzeichen meiner ausländischen Erziehung zeigte. Tante Mathilda, die arglosere von beiden, versuchte nie meine Gedankengänge zu erforschen, obwohl sie meinen Gesundheitszustand genau beobachtete.
Ich folgte ihnen in den Salon. Wenn es ihre Cousine war, bestand immerhin die Möglichkeit, daß sie auch mit mir verwandt war. Doch auf diese Art von Besuchern war ich nicht unvorbereitet. Sie wirkten nicht englisch. Ich konnte mir vorstellen, wie Tante Caroline sie insgeheim einstufte: »ausländisch!«
Es waren ein Mann und eine Frau. Die Frau war mittelgroß und von aufrechter Haltung. Der Mann, etwa von der gleichen Größe wie sie, neigte zur Rundlichkeit. Sie trug ein schwarzes Kleid; auf ihrem blonden Haar saß ein eleganter Hut. Der Mann schlug die Hacken zusammen und verbeugte sich, als wir eintraten.
Sie betrachteten mich beide, und die Dame sagte auf englisch: »Das muß Helena sein.« Mein Herz begann vor Aufregung heftig zu schlagen, denn ich erkannte ihren Akzent – im Damenstift hatte ich ihn oft genug gehört.
Erwartungsvoll ging ich auf sie zu. Sie nahm meine Hand in die ihre und sah mir ernst ins Gesicht. »Du gleichst deiner Mutter«,

sagte sie. Dann wandte sie sich an den Mann: »Das stimmt doch, findest du nicht, Ernst?«
»Ja, ich glaube, du hast recht«, erwiderte er langsam.
Tante Caroline sagte: »Wollen Sie sich nicht setzen?«
»Vielen Dank.«
Sie nahmen Platz. »Wir sind nur zu einem kurzen Besuch hier in England«, erklärte die Frau in recht mühsamem Englisch. »Ungefähr für drei Wochen. Mein Mann mußte in London einen Arzt aufsuchen.«
»Einen Arzt?« Tante Mathildas Augen glänzten.
»Er hat Herzbeschwerden, deshalb sind wir nach London gekommen. Und ich dachte, während wir in England sind, sollten wir auch nach Oxford fahren und Lilli besuchen. Wir sind in die Buchhandlung gegangen, und dort haben wir die traurigen Neuigkeiten erfahren. Wissen Sie, wir hatten keine Ahnung, daß Lilli tot ist. Aber wenigstens lernen wir Helena endlich kennen.«
»Oh«, sagte Tante Caroline kühl. »Sie sind also Verwandte von Helenas Mutter.«
»Sind es die Herzklappen?« erkundigte sich Tante Mathilda. »Ich kenne jemanden, der mit einem Herzklappenfehler geboren wurde.«
Doch niemand hörte auf sie. »Schon bald nachdem Lilli sich in England verheiratete, haben wir die Verbindung verloren«, erklärte die Dame. »Wir wechselten noch ein paar Briefe, und dann hörten wir nichts mehr voneinander. Doch ich wußte, daß sie eine Tochter hatte – Helena.« Sie lächelte mich an. »Wir mußten einfach vorbeikommen, da wir nun schon einmal so nahe waren.«
»Wie schön, daß Sie es getan haben«, erwiderte ich. »Wo leben Sie denn? In der Nähe des Schlosses, in dem meine Mutter aufgewachsen ist? Sie hat viel davon erzählt.«
»Hat sie mich jemals erwähnt?«
»Sagen Sie mir bitte Ihren Namen.«
»Ilse... Ilse Gleiberg heiße ich jetzt, aber damals trug ich noch meinen Mädchennamen.«
»Ilse«, wiederholte ich. »Ich weiß, daß Mutter mehrere Vettern und Cousinen hatte.«
»Ja, das stimmt. Du liebe Zeit, es liegt so lange zurück. Und nach

ihrer Heirat hat sich alles geändert. Man sollte die Verbindung wirklich nicht so abreißen lassen.«

»In welcher Gegend leben Sie?«

»Wir haben gerade für den Sommer ein Haus gemietet. Es steht im Lokenwald.«

»Im Lokenwald?« Meine Stimme überschlug sich fast vor Freude. Tante Caroline würde es bestimmt merken und für unschicklich halten. Tante Mathilda dagegen würde meine lebhafte Gesichtsfarbe sehen und denken, ich litte an zu hohem Blutdruck. Plötzlich war mein Herz leicht, und ich hätte lachen mögen.

»Ich bin im Damenstift bei Leichenkin erzogen worden.«

»Tatsächlich? Ach, das ist ja ganz dicht beim Lokenwald.«

»Lokis Wald!« sagte ich munter.

»Mir scheint, du kennst unsere alten Sagen.«

Tante Caroline wurde unruhig. Diese Leute schienen zu vergessen, daß sie die Hausherrin war. Um die Aufmerksamkeit von mir abzulenken, fragte Tante Caroline unsere Besucher, ob sie ein Glas von ihrem Holunderwein trinken wollten. Die Gleibergs nahmen das Angebot an, und Tante Caroline rief Ellen herbei. Dann fürchtete sie jedoch wohl, Ellen könnte die Gläser nicht richtig polieren oder den Auftrag nicht zu ihrer Zufriedenheit ausführen. Deshalb verschwand sie, um das Zeremoniell zu überwachen.

Tante Mathilda stürzte sich auf Ernst Gleiberg und sprach mit ihm über Herzkrankheiten, aber sein Englisch war schlechter als das seiner Frau. Das machte Tante Mathilda jedoch nichts aus, denn sie legte weniger Wert auf Erwiderungen als auf Zuhörer.

Währenddessen wandte ich mich mit mehr Lebhaftigkeit an Ilse, als ich seit meiner Heimkehr nach England je gezeigt hatte. Sie mochte etwa in dem Alter sein, in dem meine Mutter jetzt gewesen wäre, und sie erzählte vom Leben im Damenstift und ihren Spielen in dem kleinen Schloß, auf dem sie einst lebte. Oft hatte die Familie meiner Mutter die ihre besucht, und sie waren auf ihren Ponys durch den Wald geritten.

Ich spürte, wie heftiges Heimweh mich überkam.

Der Wein wurde serviert; er stammte aus der Lese vom letzten Jahr, und Tante Caroline meinte, nun wäre er gerade recht zum Trinken. Dazu gab es frisches Käsegebäck, das sie gestern gebak-

ken hatte. Sie warf mir einen bedeutungsvollen Blick zu. Nun begriff ich hoffentlich, wie wichtig es war, immer mit Wein und Gebäck auf unerwartete Besucher vorbereitet zu sein!
Ilse wandte ihre Aufmerksamkeit Tante Caroline zu, lobte den Wein und fragte nach dem Rezept für das Käsegebäck.
So waren wir alle drei erfreut über den Besuch.
Das war nur ein Anfang. Die Gleibergs hatten sich eine Unterkunft in der Stadt gesucht, und die Tanten und ich wurden bald eingeladen, mit ihnen zu essen. Das war natürlich eine Abwechslung für uns. Auch die Tanten genossen es, obwohl Tante Caroline der Meinung war, die Gleibergs hätten ein etwas ausländisches Benehmen.
Am schönsten fand ich die Stunden, die ich allein mit Ilse und Ernst verbrachte. Ich sprach dauernd über meine Mutter, und wie sie meinen Vater kennenlernte, als er auf Wanderschaft war. Sie zeigten sich sehr interessiert. Dann erzählte ich ihnen vom Damenstift und beschrieb die verschiedenen Nonnen. Tatsächlich redete ich sehr viel über mich selbst – weit mehr als sie über ihr Leben berichteten. Trotzdem erweckten sie in mir die lebendige Erinnerung an den Zauber des Waldes, und ich fühlte, wie ich mich wandelte. Nun glich ich wieder mehr dem Mädchen, das ich gewesen war, ehe ich nach Hause zurückkehrte und mich in ein so traurig verändertes Leben fügen mußte. Von meinem Abenteuer im Nebel verriet ich nicht ein Wort, doch ich dachte immer wieder daran, und in der Nacht nach Ilses erstem Besuch träumte ich so eindringlich davon, daß mir war, als würde ich es von neuem erleben.
Die Tage verstrichen viel zu schnell, und keiner verging ohne ein Treffen mit den Gleibergs. Ich sagte ihnen, wie unglücklich ich sei, daß sie mich bald wieder verließen, und Ilse erwiderte, auch sie würde mich vermissen. Gerade an Ilse hatte ich mich besonders angeschlossen, weil ich sie mit meiner Mutter in Verbindung brachte. Bald erzählte sie mir Geschichten aus ihrer gemeinsam verlebten Kinderzeit, von all den Ausflügen und Bräuchen, die meine Mutter schon erwähnt hatte, und von kleinen, mir unbekannten Zwischenfällen im Zusammenhang mit Lilli, wie sie sie nannte.

Ungefähr eine Woche vor ihrer geplanten Abreise sagte sie zu mir: »Ach, ich wünschte, du könntest für einige Zeit mit uns nach Deutschland kommen.«
Das Entzücken in meinem Gesicht schien sie zu überraschen. »Würdest du wirklich so gern mit uns reisen?« fragte sie mich erfreut.
»Lieber als alles andere«, sagte ich nachdrücklich.
»Vielleicht ließe es sich einrichten.«
»Die Tanten –«, begann ich.
Sie stemmte eine Hand in die Seite und hob die Schultern – eine Haltung, die sie häufig einnahm.
»Ich könnte mein Fahrgeld selbst bezahlen«, versicherte ich eifrig. »Ich habe etwas Geld.«
Sie legte einen Finger an die Lippen, als hätte sie einen Einfall. »Ernst«, sagte sie. »Sein Gesundheitszustand beunruhigt mich. Wenn ich eine Reisebegleitung hätte ...«
Das war eine Idee.
Ich brachte wie zufällig während des Mittagessens das Gespräch darauf. »Cousine Ilse macht sich Sorgen um Ernst«, eröffnete ich den Tanten.
»Das wundert mich nicht. Herzen sind unberechenbar«, sagte Tante Mathilda.
»Es ist wegen der Reise. Sie sagt, es wäre für sie allein eine Last.«
»Daran hätte sie denken sollen, ehe sie von zu Hause wegfuhr«, verkündete Tante Caroline. Ihrer Meinung nach war jeder, der in Schwierigkeiten geriet, selbst schuld daran. Nur wenn es sie betraf, handelte es sich um ein unvermeidliches Geschick.
»Sie hat ihn doch hierhergebracht, um einen Arzt zu konsultieren.«
»Die besten Ärzte sind in England«, sagte Tante Mathilda stolz. »Ich erinnere mich noch, wie Mrs. Corsair nach London fuhr, um einen Spezialisten aufzusuchen. Ich will ja nicht erwähnen, was ihr fehlte, aber ...« Sie streifte mich mit einem bedeutsamen Seitenblick.
»Cousine Ilse bräuchte jemanden, der ihr während der Reise zur Seite steht. Sie hat mir vorgeschlagen, sie zu begleiten.«
»Du?!«

»Nun ja, es wäre eine wirkliche Erleichterung für sie, und im Hinblick auf Ernsts Herzschwäche...«

»Herzen sind unberechenbar.« Das kam wieder von Tante Mathilda. »Man muß immer mit dem Schlimmsten rechnen – mehr noch als bei den Lungen, obwohl man auch bei Lungen nie sicher sein kann.«

»Ich bezweifle nicht, daß es ihr eine Hilfe wäre, aber warum solltest du im Ausland herumfahren?«

»Vielleicht weil ich es gern möchte. Ich würde Ilse gern helfen. Schließlich ist sie die Cousine meiner Mutter.«

»Das kommt davon, wenn man Ausländer heiratet«, bemerkte Tante Caroline.

»Jetzt wäre jemand recht, der etwas von Herzen versteht«, sagte Tante Mathilda nachdenklich. – Du lieber Himmel, dachte ich. Sie wird doch nicht in Erwägung ziehen, selbst mitzukommen?

Sie tat es; ihre Liebe zur Krankheit nahm sogar derartige Ausmaße an. Tante Caroline war entsetzt, und das war mein Glück, denn nach diesem versteckten Vorschlag ihrer Schwester betrachtete sie meine Abreise mit etwas milderen Augen.

»Und wie willst du zurückkommen?« fragte sie triumphierend.

»Mit dem Zug und dem Schiff.«

»Allein! Ein junges Mädchen, das allein reist!«

»Warum nicht? Und schließlich ist es nicht meine erste Reise nach Deutschland. Möglicherweise verbringen auch die Grevilles wieder ihren Urlaub dort. Ich könnte auf sie warten und vielleicht mit ihnen zurückfahren.«

»Das kommt mir alles sehr ausländisch vor«, sagte Tante Caroline.

Doch ich war entschlossen, mich durchzusetzen. Wahrscheinlich erkannte Tante Caroline, daß ich den festen Willen meiner Mutter geerbt hatte – »Eigensinn« nannte sie es. Und da ich mir einmal vorgenommen hatte, mitzufahren, ließ ich mich nicht mehr davon abbringen. Tante Mathilda war in gewisser Beziehung auf meiner Seite, denn sie vertrat die Meinung, daß man mehr als ein Paar Hände nötig hatte, wenn man »mit einem Herzen« reiste und etwas passierte. So kam es also, daß ich die Gleibergs begleitete, als sie England Ende Juni verließen.

3.

Ich befand mich in einem Zustand seligen Überschwangs. In jener Nacht im Jagdhaus war eine seltsame Verwandlung mit mir vorgegangen, und seitdem war ich nicht mehr dieselbe. Manchmal glaubte ich, ich hätte mit den Göttern selbst gespeist – oder wenigstens mit einem von ihnen. Er war mein Held und gehörte nach Asgard, an die Seite von Odin und Thor; er mochte ebenso mutig und tapfer und genauso böse und unbarmherzig sein wie sie. Er hatte von meinem Geist und Gemüt Besitz ergriffen; so glich ich dem Ritter, der seiner *belle dame sans merci* begegnet war: Einsam und unglücklich würde ich durch die Welt wandern, bis ich ihn wiederfand.

Welch ein Narr konnte man sein! Doch andererseits wäre es vielleicht gut für mich gewesen, ihn wiederzusehen, Dann hätte ich mir selbst beweisen können, daß ich damals nicht einem Gott begegnete, sondern nur einem Mann, der ziemlich gewissenlos war und mich zu etwas verführen wollte.

Wir reisten durch das vertraute Land, und als ich den Tannenduft roch, hoben sich meine Lebensgeister. Endlich erreichten wir den kleinen Bahnhof in Lokenburg. Eine Kutsche brachte uns und unser Gepäck zum Haus der Gleibergs.

Lokenburg entzückte mich. Vor kurzem waren einige neue Häuser in der Vorstadt gebaut worden, doch die Altstadt schien mit ihren Bogengängen und den mittelalterlichen Bauten einem Märchen entstiegen zu sein.

»Wie wunderschön!« rief ich und bestaunte die hohen Dächer, die Häuser mit den spitzen Giebeln, die kleinen Kuppeltürmchen und

die Fensterkästen mit dem üppigen Blumenschmuck. In der Mitte des Marktplatzes war ein kleiner Teich, in dem ein Springbrunnen plätscherte. Vor den Läden hingen eiserne Schilder, die im Wind quietschten und deren Bilder die verschiedenen Zünfte anzeigten.
»Du mußt die Pfarrkirche besichtigen«, meinte Ilse. »Das Prozessionskreuz ist in einem verschlossenen Schrein, aber wenn du danach fragst, wird man es dir bestimmt zeigen.«
»Ach, es ist so herrlich, wieder hier zu sein!« rief ich.
»Wir sind gerade zur rechten Zeit zurückgekommen, um die siebente Vollmondnacht zu erleben«, sagte sie.
Plötzlich konnte ich Siegfrieds Stimme deutlich hören.
»Die siebente Vollmondnacht!« wiederholte ich. »Wenn Loki, der Gott des Unheils, sein Unwesen treibt und vom Göttervater Odin verfolgt wird.«
Ilse lachte erfreut. »Deine Mutter hat dich gut mit unseren Sagen vertraut gemacht, wie ich sehe«, sagte sie. »Diese ist allerdings auf unsere Gegend beschränkt.«
Wir hatten den Stadtkern hinter uns gelassen und die Vorstadt erreicht. Das Haus, das die Gleibergs gemietet hatten, war etwa eine Meile von der Altstadt entfernt. Wir bogen in die Auffahrt ein, die bis zur Veranda hin von dicken, buschigen Tannen gesäumt war.
Das Haus war ungefähr von derselben Größe wie Siegfrieds Jagdsitz; überhaupt ähnelten sich die beiden Gebäude etwas. In der Halle hingen Speere und Flinten an der Wand, und eine Holztreppe führte zu einem Absatz hinauf, von dem man die Schlafzimmer erreichte. Ich wurde in mein Zimmer geführt, und man brachte mir heißes Wasser. Als ich mich gewaschen hatte, ging ich wieder nach unten und nahm mit Ilse zusammen eine Mahlzeit aus Fleisch, Sauerkraut und Roggenbrot ein. Ernst ruhte sich aus. Ilse erklärte, die Reise hätte ihn sehr angestrengt. Ich sei wohl ebenfalls ein wenig müde, auch wenn ich es nicht merkte.
Ich hatte mich nie weniger müde gefühlt.
Ilse lächelte nachsichtig. Meine Begeisterung freute sie. Ich fragte mich, was sie wohl gedacht hätte, wenn sie den wahren Grund für meine Erregung gekannt hätte: daß ich hoffte, Siegfried wiederzusehen.

Am Nachmittag unternahmen wir in der Kutsche eine Fahrt durch den Wald, und ich war entzückt über die Unmengen von Wiesenenzian und Knabenkraut. Gern hätte ich einen Strauß davon gepflückt, doch Ilse meinte, daß die Blumen in der Vase nur zu schnell verblühen würden. So ließ ich sie stehen.
In dieser Nacht schlief ich vor Aufregung nur wenig. Ich war überzeugt, daß ich ihn wiedersehen würde. Er würde auf der Jagd sein, und wir würden uns im Wald treffen. Ja, es war unmöglich, daß wir uns nie wieder begegneten; und da ich nicht für immer hierbleiben konnte, mußte bald etwas geschehen.
Während der Spazierfahrt hatte ich mich eifrig umgesehen, doch wir trafen nur eine alte Frau, die Feuerholz sammelte, und sahen eine Herde von Kühen, deren Glocken bei jeder Bewegung melodisch bimmelten.
Am nächsten Tag gingen wir zum Marktplatz, der mit Fähnchen geschmückt war. Die Vollmondnacht stand bevor – die siebente des Jahres. Die Nacht fröhlicher Ausgelassenheit, in der Loki frei war und sein Unwesen trieb.
»Du wirst die Mädchen in ihren Trachten sehen«, sagte Ilse. »Sie tragen rote Röcke, bestickte weiße Blusen und Schürzen mit gelben Quasten. Einige der Männer werden sich als Götter verkleiden und im Wams, langen Strümpfen und leichten Umhängen erscheinen. Sie tragen Masken und binden sich Hörner auf die Stirn. Vielleicht hast du schon in einem der Bücher deiner Mutter Bilder von den Göttern gesehen. Die Männer werden tanzen und sich allerlei Listen ausdenken. Es geht darum, daß keiner wissen wird, wer von ihnen Loki verkörpert und wer den Göttervater. Das mußt du unbedingt erleben. Wir werden uns auf dem Stadtplatz einfinden, sobald der Mond aufgeht.«
Ich hatte Ernst den ganzen Tag lang nicht gesehen. Er hielt sich immer sehr im Hintergrund und war so ruhig, daß man seine Anwesenheit oft vergaß. »Seit seiner Krankheit hat er sich sehr verändert«, erklärte Ilse. »Er leidet mehr, als er zugibt.«
Ernst blieb also auf seinem Zimmer, und Ilse und ich verbrachten den größten Teil dieses Tages zusammen. Wir unterhielten uns angeregt – das heißt, ich sprach mehr als sie. Wahrscheinlich hatte Tante Caroline recht, wenn sie behauptete, ich rede zuviel. Ilse

war eine gute Zuhörerin; so merkte ich kaum, daß sie sich weniger mit mir unterhielt als mir zuhörte.
Nach dem Tee kam sie mit ernstem Gesicht in mein Zimmer. »Ich kann nicht zugeben, daß Ernst das Bett verläßt«, sagte sie. »Er fühlt sich zu schlecht.«
»Dann werden wir also nur zu zweit sein.«
»Ich glaube nicht, daß wir ausgehen sollten.«
»O nein – warum nicht?«
»Nun, bei einem solchen Anlaß ... Zwei Frauen allein –«
»Ach, aber wir müssen einfach gehen!«
Sie zögerte. »Gut, doch wir dürfen nicht lange ausbleiben. Wir werden uns möglichst unbemerkt auf den Stadtplatz schleichen und uns den Beginn des Festes ansehen. Wie schade, daß wir dort kein Haus haben, dann könnten wir alles vom Fenster aus beobachten. Ernst wird sich Sorgen machen. Er wird nicht einschlafen können, bis wir wieder zurück sind.«
»Kann uns denn nicht irgendein Mann begleiten, wenn wir schon unbedingt männlichen Schutz brauchen?«
Sie schüttelte den Kopf. »Wir sind hier ziemlich fremd. Du weißt ja, daß wir das Haus nur für den Sommer gemietet haben. Natürlich waren wir früher schon in Lokenburg, aber wir haben keine Freunde in der Nachbarschaft, verstehst du?«
»Natürlich«, erwiderte ich. »Gut, also werden wir bald wieder nach Hause gehen, um Ernst nicht aufzuregen.«
So kam es, daß wir etwas später auf dem Stadtplatz standen, umringt von den ausgelassenen Bewohnern des Städtchens. Es war ungefähr acht Uhr abends. Am Himmel hing der Vollmond – der siebente des Jahres. Und er schien wirklich von einem Geheimnis umgeben zu sein. Es war eine seltsame Szene: Die Naphtalinlampen baumelten von eisernen Stangen herab und beleuchteten die Gesichter der Umstehenden. Eine Menschenmenge drängte sich auf dem Platz; die Leute sangen und riefen einander zu. Ich sah einen maskierten Mann, der eine gehörnte Kopfbedeckung trug, wie Ilse sie mir beschrieben hatte, und erinnerte mich sofort an die Bilder, die meine Mutter mir gezeigt hatte. Dann sah ich einen zweiten und dritten.
Ilse preßte meine Hand. »Wie findest du es?«

»Wunderbar!« sagte ich.
»Bleib nahe bei mir. Die Menge wird immer dichter, und die Leute könnten zu übermütig werden.«
»Es ist ja noch früh«, erwiderte ich.
Ich beobachtete, wie ein gehörnter Mann eines der Mädchen um die Mitte nahm und mit ihr davontanzte.
»Der Übermut nimmt zu, du wirst es sehen.«
»Was passiert, wenn der Himmel bedeckt ist und der Mond sich hinter den Wolken verbirgt?«
»Dann sagen manche, daß Loki übler Laune ist und nicht erscheint; andere behaupten, es sei eine seiner bösen Listen, und man müßte sich besonders in acht nehmen.«
Ein paar Geiger erschienen, begannen zu spielen und leiteten damit den Tanz ein.
Ich weiß nicht, wie es geschah; in einer Menschenmenge passieren solche Dinge wohl leicht, nehme ich an. In der einen Minute stand ich noch an Ilses Seite und beobachtete den lachenden, tanzenden Wirbel, und im nächsten Augenblick entstand ein entsetzliches Durcheinander.
Es begann mit einem überraschenden Platschen. Jemand war ins Wasser geworfen worden. Alles drängte zum Teich, und in der allgemeinen Verwirrung verlor ich Ilse aus den Augen.
Plötzlich wurde ich fest an der Hand gepackt, und ein Arm legte sich um meine Taille. Eine Stimme, die mein Herz hämmern ließ, wisperte mir ins Ohr.
»Lenchen!«
Ich drehte mich um und schaute ihm ins Gesicht – sah die maskierten Augen und den lachenden Mund. Ich hätte ihn stets wiedererkannt.
»Siegfried!« flüsterte ich.
»In eigener Person«, erwiderte er. »Komm mit, weg von der Menschenmenge.«
Er hielt mich noch immer umfaßt, und bald hatten wir den Rand des Stadtplatzes erreicht. Dann hob er mein Kinn und betrachtete mich. »Noch immer das gleiche Lenchen.«
»Was tun Sie hier?«
»Ich feiere die siebente Vollmondnacht«, erwiderte er. »Aber jetzt

habe ich einen viel wichtigeren Anlaß zum Feiern: Lenchens Rückkehr.«
Er zog mich immer weiter fort von der Menschenmenge, und wir befanden uns nun in einer schmalen Gasse, in der nur noch wenige Leute standen.
Ich fragte: »Wohin bringen Sie mich?«
»Laß uns wieder zum Jagdhaus gehen«, drängte er. »Dort erwartet uns ein Abendessen. Du wirst wieder den blauen Samtmantel tragen und dein Haar lösen.«
»Ich muß Ilse finden.«
»Wen?«
»Meine Cousine, die mich hierhergebracht hat. Sie wird sich Sorgen machen.«
»Du bist so kostbar, daß es immer jemanden gibt, der sich um dich sorgt. Zuerst die Nonnen, und jetzt diese... Ilse.«
»Ich muß sie sofort wiederfinden!«
»Meinst du, daß dir das in diesem Gewühl gelingen wird?«
»Bestimmt.« Ich versuchte meine Hand zu befreien.
»Wir werden zurückgehen, vielleicht finden wir sie.«
»Ja, bitte! Ilse wollte ursprünglich nicht in die Stadt kommen, weil ihr Mann sich nicht wohl genug fühlte, um uns zu begleiten. Wahrscheinlich hat sie geahnt, daß etwas Derartiges passieren würde.«
»Nun, sie hat dich verloren, und ich habe dich gefunden. Dafür müßte ich doch eigentlich eine Belohnung bekommen.«
»Eine Belohnung?« wiederholte ich. Er lachte und schlang einen Arm um mich.
Ich sagte ernst: »Wie soll ich Sie Ilse vorstellen?«
»Wenn es soweit ist, werde ich es selbst tun.«
»Es kommt mir vor, als wären Sie von einem großen Geheimnis umgeben. Zuerst erscheinen Sie als Siegfried und nun als Odin – oder als Loki?«
»Das mußt du herausfinden. Es gehört mit zum Spiel.«
Eine Art Zauber ging von ihm aus, der mich bannte; schon jetzt hörte ich auf, mich wegen Ilse zu beunruhigen. Doch ich dachte daran, wie sehr sie gezögert hatte, mit mir zum Fest zu gehen. Nun würde sie sicherlich voller Angst sein.

Wir erreichten den Stadtplatz. Die Tanzerei schien inzwischen fast in eine Art Raserei ausgeartet zu sein, und von Ilse war weit und breit nichts zu sehen. Jemand trat mir auf die Ferse, und ich verlor meinen Schuh. Ich blieb stehen und sah mich um. Siegfried war direkt hinter mir. Ich sagte ihm, was geschehen war.

»Ich suche den Schuh.«

Er bückte sich, doch mein Schuh war nicht zu sehen, und die Menge schob uns weiter.

»Jetzt hast du sowohl eine Cousine als auch einen Schuh verloren«, bemerkte er. Plötzlich leuchteten seine Augen auf. »Und was wirst du als nächstes verlieren?«

Schnell erwiderte ich: »Ich muß zum Haus meiner Verwandten zurück.«

»Erlaube, daß ich dich begleite.«

»Sie sind doch hierhergekommen, um sich beim Fest zu vergnügen. Ich möchte nicht, daß Sie meinetwegen etwas versäumen.«

»O nein – das Vergnügen dieser Nacht ist da, wo du bist.«

Nun hatte ich wirklich Angst. Mein gesunder Menschenverstand warnte mich.

»Ich muß zurück.«

»Wenn du das wirklich wünschst, dann mußt du es wohl. Komm mit mir.«

Ich hinkte neben ihm her.

»Ist das Haus weit von hier?« fragte er.

»Ungefähr eine Meile von der Stadtmitte entfernt.«

»Die Straße ist in schlechtem Zustand, glaube ich. In dieser Gegend gibt es keine guten Straßen. Man müßte etwas dagegen tun. Im Hof dieses Gasthauses steht mein Pferd. Du kannst mit mir reiten, wie du es schon einmal getan hast.«

Ich machte mir klar, daß es sehr schwierig sein würde, eine längere Strecke mit nur einem Schuh zurückzulegen; so ging ich mit ihm zum Gasthof und wartete, bis er sein Pferd aus dem Hof führte. Wie damals hob er mich hinauf, und wir ritten los.

Eine Zeitlang sprach er nicht, sondern hielt mich nur dicht an sich gedrückt, und meine Erregung stieg immer mehr. Mir war, als träumte ich das alles nur. Plötzlich schöpfte ich jedoch Verdacht, daß wir uns nicht auf dem Weg zum Haus der Gleibergs befanden.

Ich rückte von ihm ab. »Wohin reiten wir?«
»Du wirst es bald wissen.«
»Sie sagten, Sie würden mich zu Ilse zurückbringen.«
»Ich habe nichts Derartiges gesagt.«
»Sie sagten, Sie würden mich hinbringen, wenn ich es wünschte.«
»Genau, aber du wünschst es nicht wirklich. Du willst nicht, daß ich dich dort abliefere und sage: ›Hier bringe ich Ihnen Ihre junge Cousine zurück; so, wie Sie sie verlassen haben – abgesehen vom Verlust eines Schuhes, natürlich.‹«
»Lassen Sie mich hinunter!« befahl ich.
»Hier? Wir sind im Wald. Du würdest dich nie zurechtfinden. Dies ist keine Nacht, in der junge Damen allein herumspazieren sollten.«
»Was haben Sie vor?«
»Überraschungen sind immer amüsanter als das Erwartete.«
»Sie bringen mich fort – irgendwohin.«
»Wir sind nicht weit von meinem Jagdsitz entfernt.«
»Nein«, sagte ich nachdrücklich. »*Nein!*«
»Nein? Aber dein letzter Besuch dort hat dir doch gefallen.«
»Ich will direkt zurück zum Haus meiner Cousine. Wie können Sie es wagen, mich gegen meinen Willen wegzubringen?«
»Sei ehrlich, Lenchen. Es ist nicht gegen deinen Willen. Erinnerst du dich an den Wunschknochen? Du hast dir gewünscht, daß wir uns wiedersehen würden, nicht wahr?«
»Nein – nicht so.«
»Wie sonst?«
»Das ist so – unrecht.«
»Du sprichst wie eine deiner Tanten.«
»Woher wollen Sie das wissen? Sie haben sie nie kennengelernt.«
»Mein liebes kleines Lenchen, du hast mir an jenem Abend so vieles erzählt. Weißt du noch? Du hast im blauen Samtmantel am Tisch gesessen und unaufhörlich geredet. Du warst so enttäuscht, als wir uns Gute Nacht wünschten.«
»Und Sie sind nicht einmal gekommen, um mir Lebewohl zu sagen.«
»Es war ja kein Abschied für immer.«
»Woher konnten Sie das wissen?«

»Ich wußte es eben. Ich war fest entschlossen, dich wiederzusehen. Es wäre unerträglich gewesen, wenn wir uns nie mehr begegnet wären.«
»Sie wollen mich nur in Sicherheit wiegen. Ich möchte zurück. Ich muß zu meiner Cousine zurück.«
Er brachte das Pferd zum Stehen, und plötzlich küßte er mich. Es war der seltsamste Kuß, den ich je bekommen hatte. Aber wer hatte mich denn bisher schon geküßt? Mein Vater auf die Stirn, meine Mutter auf beide Wangen; ich erinnerte mich auch an einen unwilligen Kuß Tante Carolines bei meiner Heimkehr. Tante Mathilda küßte nie jemanden; sie hatte gehört, daß man diese Sitte möglichst einschränken sollte, da auf diesem Wege Bazillen übertragen würden. Dieser Kuß jedoch schien meinen Widerstand zu besiegen, und er versetzte mich zugleich in einen Zustand der Erwartung und der Verzückung. Er war brutal und doch zärtlich, leidenschaftlich und liebkosend.
Ich entzog mich ihm und sagte bebend: »Bringen Sie mich zurück – sofort!«
»Du hättest dich in der siebenten Vollmondnacht nicht aus dem Haus wagen dürfen«, erwiderte er und lachte. Mir schien sein Lachen ziemlich grausam; seine Augen glitzerten unter der Maske, und die Hörner gaben ihm das Aussehen eines kriegerischen Wikingers.
Böse sagte ich: »Wen stellen Sie denn heute abend dar?«
»Mich selbst«, versetzte er einfach.
»Sie scheinen sich als Eroberer zu fühlen, der jede Frau packen und wegschleppen kann, wie es ihm gerade gefällt.«
»Und meinst du nicht, daß ich das tun kann?« Sein lachendes Gesicht war dem meinen sehr nahe.
»Nein!« rief ich wütend. »Nicht mit mir. Vielleicht mit anderen, aber mit mir nicht.«
»Lenchen«, sagte er. »Schwörst du mir, daß du es nicht willst?«
»Ich verstehe Sie nicht!«
»Schwöre beim Mond – beim siebenten Vollmond –, daß es dein größter Wunsch ist, zum Haus deiner Cousine zurückgebracht zu werden.«
»Aber selbstverständlich müssen Sie mich –«

Er schob sein Gesicht noch dichter an das meine heran.
»Es ist gefährlich, beim siebenten Vollmond zu schwören.«
»Denken Sie, ich hätte vor diesen Schauermärchen oder vor Ihnen Angst?«
»Mir scheint, du fürchtest dich vor dir selbst.«
»Würden Sie sich bitte deutlicher ausdrücken?«
»Lenchen, ich habe immer an dich denken müssen – seit jener Nacht, die so harmlos endete.«
»Sie haben doch wohl nicht erwartet, daß sie anders enden würde?«
»Natürlich. Und du ebenfalls.«
»Ich ... ich gestatte mir keine solchen Abenteuer, das versichere ich Ihnen.«
»Diese Versicherung ist unnötig. Ich weiß es.«
»Doch Sie können das bestimmt nicht von sich behaupten. Für Sie sind solche Abenteuer alltäglich.«
»Ein Abenteuer wie dieses hat es nie für mich gegeben. Du hast es einzigartig und unvergeßlich gemacht, und nun sind wir wieder beisammen. Lenchen, bleib bei mir. Bitte mich nicht, dich zum Haus deiner Cousine zurückzubringen.«
»Ich muß. Sie wird vor Angst außer sich sein.«
»Ist das der Grund – der einzige Grund?«
»Nein. Ich möchte dorthin zurück, weil –«
»Weil du von den Nonnen erzogen worden bist. Wenn ich dein Ehemann wäre, würdest du nur zu gern mit mir allein davonreiten.«
Ich antwortete nicht. »Es ist wahr, Lenchen!« rief er. »Sie haben dir diese Moralvorstellungen eingeflößt. Du hast den Pfad der Tugend gewählt – oder vielmehr, man hat ihn für dich gewählt. Und gleichgültig, welche Seligkeit und welches Glück du durch mich erleben könntest, es wäre immer unvollständig, solange du nicht meine Frau bist.«
»Sie reden Unsinn«, sagte ich. »Bitte bringen Sie mich nach Hause.«
»Es hätte so vollkommen sein können«, murmelte er. »Ich weiß es, und es darf nicht anders als vollkommen sein. – Lenchen«, fuhr er traurig fort, »ich habe nie zuvor einen solchen Abend erlebt wie

damals, als wir uns trafen. Ich habe davon geträumt; jedesmal, wenn sich der Nebel senkte, wünschte ich mir, auszureiten und dich zu suchen. Das war unvernünftig, nicht wahr? – Aber wenn du nach Hause willst, werde ich dich hinbringen.«

Er wendete sein Pferd, und wir ritten schweigend vorwärts. Noch immer hielt er mich umfaßt, und ich war glücklich. Jetzt wußte ich, daß ich ihn liebte. Er hatte Gefühle in mir geweckt wie nie ein Mensch vor ihm; Gefühle, die ich auch nach ihm keinem Menschen mehr entgegenbringen würde, dessen war ich sicher. Und als er das Pferd wieder zur Stadt lenkte, liebte ich ihn, denn trotz meiner Unerfahrenheit spürte ich sein überwältigendes Verlangen, das er um meinetwillen in Zaum hielt.

Als wir uns der Stadt näherten, hörte ich Lärm und ausgelassene Rufe. Schon von weitem sah man den Schein der Lampen; einige Leute begegneten uns, meist Paare. Sie gingen auf den Wald zu. Wir vermieden die Altstadt und ritten statt dessen durch verlassene Straßen; dann wies ich ihm den Weg zum Haus der Gleibergs.

Er sprang aus dem Sattel und hob mich herunter. Dabei hielt er mich sekundenlang in seinen Armen und küßte mich – diesmal sehr zart.

»Gute Nacht, kleines Lenchen.«

Es drängte mich, ihm zu sagen, daß wir uns wiedersehen mußten, daß ich nur Ilses wegen ins Haus gehen wollte. Doch es war mehr als das. Ich kannte seinen richtigen Namen noch immer nicht. Dafür wußte ich sehr gut, daß ich nicht die einzige Frau war, die er in sein Jagdhaus gebracht hatte. Das seidene Nachthemd und der blaue Samtmantel wurden bestimmt nicht zufällig dort aufbewahrt. Ich bezweifelte auch nicht, daß er bei mir das gleiche kurze Vergnügen zu finden gehofft hatte wie bei den anderen.

Doch mein Schutzengel hatte mich davor bewahrt, und nun hatte ich mich selbst gerettet – unwillig und widerstrebend, das stimmte. Aber ich wußte, daß ich richtig gehandelt hatte.

Er schlug mir kein weiteres Treffen vor. Er ließ mich gehen, und ehe ich die Veranda erreichte, hörte ich schon den Hufschlag seines Pferdes auf der Straße.

Ilse kam aus dem Haus gestürzt.

»Helena! Was ist nur passiert?«

Ich erzählte ihr die Geschichte. Zuerst hatte ich sie verloren und dann meinen Schuh. Einer der Festteilnehmer hatte mich heimgebracht.
»Ich war ganz außer mir!« rief sie. »Ich wußte einfach nicht, was ich tun sollte. Zuerst lief ich durch die Straßen und hielt Ausschau nach dir, aber dann schien es mir besser, hierher zurückzukehren und einen Suchtrupp auszuschicken.«
»Jetzt ist alles in Ordnung, Ilse. Ich habe mir deinetwegen Sorgen gemacht und bin hergekommen, so schnell ich konnte.«
»Du mußt ganz erschöpft sein.«
Erschöpft! Ich war zugleich verzückt und traurig, hoffnungsvoll und enttäuscht. Ich befand mich in einem Strudel widerstreitender Empfindungen.
Ilse warf mir einen seltsamen Blick zu. »Geh zu Bett«, sagte sie. »Ich bringe dir etwas heiße Milch, damit du schlafen kannst.«
Nichts würde mir in dieser Nacht helfen, Schlaf zu finden.
Ich lag in meinem Bett und überdachte alles noch einmal – jedes seiner Worte und ihre Bedeutung. Er hatte mich in sein Jagdhaus bringen wollen. Ich fragte mich, ob Hildegard auch diesmal dort war.
Und während ich jede Einzelheit an mir vorüberziehen ließ, sagte ich mir: Jetzt hast du ihn verloren. Das war das zweitemal. Du wirst ihn nie wiedersehen.
Doch eines wußte ich: daß sein Bild mich mein ganzes Leben lang verfolgen würde. Ich würde ihn nie vergessen.

Ich schlief am nächsten Morgen lange, da ich während der Nacht nur wenig Ruhe gefunden hatte und erst beim Morgengrauen in tiefen Schlummer fiel. Die Sonne strömte in mein Zimmer, als ich erwachte, und sofort überkam mich tiefe Traurigkeit. Er war fort; deutlich genug hatte er mir zu verstehen gegeben, daß wir uns trennen mußten, da ich nicht seine Gefährtin für eine Nacht sein wollte.
Teilnahmslos zog ich mich an und frühstückte auf der kleinen Terrasse hinter dem Haus, doch ich hatte kaum Appetit. Ich nahm mir vor, im Laufe des Vormittags einen kleinen Spaziergang in die Stadt zu machen und einige Einkäufe für Ilse zu erledigen.

Als ich zurückkehrte, kam Ilse mir an der Tür entgegen. Ein merkwürdiger Ausdruck lag auf ihrem Gesicht. So aufgeregt hatte ich sie nie zuvor gesehen.
Sie sagte: »Ein Besucher wartet auf dich.«
»Ein Besucher?«
»Graf Lokenburg.«
Ich starrte sie an. »Himmel, wer ist das?«
»Komm und sieh selbst.« Sie drängte mich zum Salon und schob mich hinein. Dann schloß sie die Tür hinter uns, so daß wir allein blieben, und diese Handlungsweise berührte mich eigenartig. In England hätte ich nicht mit einem Mann alleinbleiben dürfen, und hier waren die Anstandsregeln vielleicht sogar noch strenger als bei uns.
Da stand er. In dem kleinen Raum wirkte er irgendwie unpassend. Der Salon schien ganz von seiner Gegenwart erfüllt zu sein.
»Ich habe meine Kopfbedeckung abgenommen«, sagte er. »Hoffentlich erkennst du mich auch ohne sie wieder.«
»Sie – Graf Lokenburg? Was tun Sie hier?«
»Ich bin sicher, daß deine Tante Caroline schockiert darüber wäre, wie du einen Besucher begrüßt. Und für gewöhnlich legst du doch so großen Wert darauf, sie nicht zu schockieren.«
Ich fühlte, wie Farbe in meine Wangen stieg und wußte, daß meine Augen leuchteten. Ich war überglücklich.
»Ich kann mir nicht vorstellen, wo Ilse ist«, stammelte ich.
»Sie führt Befehle aus.« Er ergriff meine Hand. »Lenchen«, sagte er, »ich mußte die ganze Nacht an dich denken. Und du – ging es dir ebenso? Hast du an mich gedacht?«
»Fast die ganze Nacht«, gab ich zu. »Ich habe bis zum Morgengrauen kaum ein Auge zugetan.«
»Du wärst gern mit mir gekommen, nicht wahr? Du hast nach mir gerufen. Ich sollte dich entführen und zum Jagdhaus bringen. Gestehe es!«
»Wenn man es dann wieder hätte ungeschehen machen können – wenn es nur eine Art Traum gewesen wäre...«
»Das kann nicht sein, Liebste. Du hattest Angst, und das war das letzte, was ich wollte. Ich will dich – mehr als ich mir je zuvor etwas gewünscht habe. Doch du mußt dich ebenso danach sehnen,

zu mir zu kommen, wie ich mich nach dir sehne, sonst hat es keinen Sinn.«

»Ist das eine Ihrer Bedingungen?«

Er nickte.

Ich sagte: »Sie haben mir nicht verraten, wer Sie sind.«

»Siegfried schien dir so gut zu gefallen.«

»Und dann Odin oder Loki. Dabei waren Sie die ganze Zeit hindurch dieser Graf.«

»Ein Held oder ein Gott ist natürlich beeindruckender als ein Graf.«

»Aber ein Graf ist wirklicher.«

»Und du ziehst die Wirklichkeit vor?«

»Wenn etwas von Dauer sein soll, muß es wirklich sein.«

»Mein praktisches Lenchen – du weißt, daß ich ganz besessen von dir bin.«

»Sind Sie das tatsächlich?«

»Du lächelst mich so strahlend an – ja, du weißt, daß ich es bin; so wie du von mir besessen bist. Doch ich mache keine Einschränkungen.«

»Einschränkungen?«

»Du verstehst mich schon, Lenchen. Wenn wir uns vor einem Priester das Jawort gegeben hätten, hättest du mich nicht gebeten, umzukehren. Im Gegenteil, du wärst ebenso darauf bedacht gewesen, weiterzureiten, wie ich selbst. Du kannst deine Gefühle nicht verbergen. Ich weiß immer, was du denkst. Dein schönes junges Gesicht spiegelt deine Empfindungen wider. Ich kenne jede Einzelheit. Jede Nacht habe ich davon geträumt und es jeden Tag vor mir gesehen, seit ich dich damals im Wald fand. Ich liebe dich, Lenchen, und du liebst mich. Eine Liebe wie die unsere muß in Erfüllung gehen. Deshalb werden wir uns vor einem Priester ewige Treue geloben, und dann brauchen wir nichts mehr zu fürchten. Du wirst frei sein, mich zu lieben. Dann wirst du Tante Caroline nicht länger mit entsetzt erhobenen Händen vor deinem geistigen Auge sehen; du wirst dich nicht länger um Nonnen oder Cousinen kümmern müssen. Es wird nur dich und mich geben, und so wünsche ich es mir.«

»Du bittest mich, dich zu heiraten?«

»Und wie ist deine Antwort?«
Ich brauchte nicht zu antworten. Mein Gesicht verriet wie immer, was ich fühlte.

»Morgen?« sagte ich. »Wie kann es schon morgen sein? Man heiratet doch nicht so schnell.«
Hier könne man das, erklärte er mir. Er würde schon alles regeln. Wenn er einem Priester befahl, uns zu trauen, dann würde dieser seinen Anordnungen gehorchen. Es sollte ein einfaches Zeremoniell werden. Der Priester würde ins Haus kommen – entweder hierher oder zum Jagdsitz. Das alles sei nicht weiter ungewöhnlich. Ich könne alles ihm überlassen.
Ich war verwirrt und konnte die Vorstellung nicht loswerden, mich in Gesellschaft eines übernatürlichen Wesens zu befinden. Vielleicht ist das immer so, wenn man verliebt ist. Der Geliebte ist natürlich einzigartig; mehr als das – vollkommen. Alles hatte sich verändert, und die ganze Welt schien in einem Freudentaumel. Die Vögel sangen heller, das Gras war grüner, die Blumen blühten schöner. Die Sonne schien mit neuer Wärme, und der honigfarbene Mond – noch immer fast voll, weise und ein Freund der Liebenden – schien zu lachen, weil Helena Trant Graf Lokenburg liebte und alle Hindernisse angesichts eines Priesters beseitigt werden sollten, vor dem sie beide das Gelübde ablegen würden, sich zu lieben und zu ehren bis der Tod sie schied.
»Aber wie ist es nur möglich?« fragte ich Ilse und Ernst, als wir an diesem Abend gemeinsam speisten. »Auf diese Art kann man doch keine Hochzeit ausrichten.«
»Unsere Trauungen bestehen nur aus einem einfachen Zeremoniell«, erklärte Ilse. »Sie werden oft im Haus der Braut abgehalten; manchmal auch in dem des Bräutigams, wenn es sich besser eignet, und der Graf ist ein mächtiger Mann in dieser Gegend.«
Ein mächtiger Mann! Das wußte ich nur zu genau. Ilse nannte seinen Namen mit Ehrerbietung.
»Es kommt mir so überstürzt vor«, sagte ich, doch ich wollte nicht wirklich in die Hintergründe dieser Sache eindringen. Es ging mir nur darum, sicher zu sein, daß die Heirat wirklich stattfinden konnte.

Als ich im Bett lag, brachte Ilse mir heiße Milch. Sie schien es für nötig zu halten, mich ein wenig zu verwöhnen. Doch ich wollte nichts weiter als allein sein und darüber nachdenken, welches Glück mir widerfahren war.
Am frühen Morgen traf eine Nachricht Graf Lokenburgs ein. Die Hochzeit sollte im Jagdhaus stattfinden. Er würde dort mit dem Priester auf mich warten. Ilse und Ernst sollten mich mit der Kutsche zu ihm bringen. Es war eine dreistündige Fahrt, aber sie sträubten sich nicht; mir kam es fast vor, als hätte er eine gewisse Macht über sie. Sein Name war in Wirklichkeit nicht Siegfried, sondern Maximilian. Ich mußte lachen, als er es mir sagte.
»Es klingt wie der Name eines heiligen römischen Kaisers.«
»Warum nicht?« fragte er. »Glaubst du, ich bin es nicht wert, nach solchen Männern benannt zu sein?«
»Er paßt bewunderungswürdig gut zu dir«, versicherte ich ihm. »Max könnte ich dich nie nennen. Maximilian dagegen klingt ähnlich wie Siegfried. Man denkt dabei an einen starken Menschen.«
»Maximilian!« Wohl hundertmal an diesem Tag sagte ich seinen Namen vor mich hin. Immer wieder erklärte ich Ilse, ich käme mir wie in einem Traum vor. Ich fürchtete, aufzuwachen und zu entdecken, daß das alles nur eine Ausgeburt meiner Phantasie war. Ilse lachte mich aus.
»Du bist ganz durcheinander«, sagte sie.
Dann erzählte ich ihr, wie ich mich damals im Nebel verirrt hatte, und daß Maximilian mir bei unserer ersten Begegnung irgendwie unwirklich vorgekommen war, fast wie eine Sagengestalt. Doch ich vertraute ihr keine Einzelheiten über jene Nacht im Wald an. Sie erfuhr nichts darüber, wie die Türklinke sich bewegt hatte und wie entscheidend die Anwesenheit Hildegards war.
Ich packte meinen Koffer, und wir fuhren zu Maximilians Jagdsitz. Es war etwa vier Uhr nachmittags, als wir dort eintrafen. Voll Freude erkannte ich das Tannengehölz wieder. Es war mir von jenem Morgen, an dem Hildegard mich ins Damenstift zurückgebracht hatte, schwach in Erinnerung geblieben. Wir kamen zum Tor, das von zwei steinernen Pfosten gesäumt war, und als wir es passierten, sah ich Maximilian auf den Stufen des Vorplatzes.

Eilig kam er uns entgegen. Mein Herz tat bei seinem Anblick einen Freudensprung, und ich glaubte, daß das immer so sein würde, bis ans Ende meiner Tage.
»Ich habe Sie schon vor einer halben Stunde erwartet«, sagte er vorwurfsvoll zu Ilse und Ernst.
Ilse erwiderte bescheiden, daß wir rechtzeitig abgefahren seien.
Er ergriff meine Hand, und seine Augen leuchteten auf, als sein Blick mich streifte. Ich war glücklich über seine Ungeduld.
Was nun folgte, erschien mir wie ein Traum. Das mochte auch der Grund sein, weshalb ich später nie so ganz sicher sein konnte, ob es auch wirklich geschehen war.
Die Halle war so geschmückt, daß sie fast wie eine Kapelle wirkte, und im Hintergrund wartete ein Mann, dessen schwarzes Gewand ihn als Priester auswies.
»Wir wollen keine Zeit versäumen«, sagte Maximilian.
Ich erklärte ihm, daß ich gern mein Haar kämmen und meine Kleider wechseln würde, ehe wir heirateten.
Maximilian sah mich mit zärtlicher Ungeduld an, doch ich bekam meinen Willen. Hildegard begleitete mich in das Zimmer hinauf, in dem ich vor so langer Zeit eine Nacht voller zwiespältiger Gefühle verbracht hatte.
Ich sagte: »Hildegard, wie schön, Sie wiederzusehen.«
Sie lächelte, schien jedoch nicht besonders begeistert über unser neuerliches Zusammentreffen. Sie hatte die Gewohnheit, den Kopf zu schütteln, was ihr etwas Unheilverkündendes verlieh – wenigstens kam es mir so vor. Doch ich war viel zu aufgeregt, um länger über sie nachzudenken. Wieder befand ich mich in dem Zimmer, dessen Fenster sich zum Tannenwald öffnete. Es war von dem schwachen Harzgeruch erfüllt, den ich stets mit diesem Raum im Jagdhaus in Verbindung gebracht hatte. Wieder spürte ich die fast unerträgliche Erregung, die mich hier schon einmal überfallen hatte, und von der ich wußte, daß sie nur ein einziger Mann in meinem Leben hervorrufen konnte.
Alleingeblieben, wusch ich mich und holte mein bestes Kleid aus dem Koffer. Die grüne Seide war ein wenig verknittert; es hatte einen Mönchskragen aus Samt in etwas dunkler schattiertem Grün. Natürlich war es kein ausgesprochenes Hochzeitskleid,

paßte aber doch besser für diesen Anlaß als Rock und Bluse, in denen ich angekommen war.
Ich sah in den Schrank, und da hing noch immer der blaue Samtmantel, den ich an jenem Abend getragen hatte.
Ich ging nach unten, wo man mich schon erwartete.
Maximilian ergriff meine Hand und führte mich zum Priester, der vor einem Tisch stand. Über den Tisch war ein besticktes Tuch gebreitet, und rechts und links standen Kerzen in hohen Alabasterleuchtern.
Die Trauung wurde in deutscher Sprache abgehalten und war sehr kurz. Maximilian schwor, mich zu lieben und zu ehren wie ich ihn. Dann streifte er mir einen glatten goldenen Ring über den Finger, der mir ein wenig zu weit war.
Es war vorüber. Ich war die Gattin von Maximilian Graf Lokenburg.

Am Abend saßen wir gemeinsam am Tisch, genau wie damals. Und doch, welch ein Unterschied zu unserem ersten Beisammensein! Ich trug wieder den blauen Samtmantel, und mein Haar war offen. Ich kann ohne Vorbehalt sagen, daß ich nie zuvor eine so vollkommene Seligkeit empfunden hatte wie an diesem Abend. Ich konnte mich ganz meinem Glück hingeben, ohne Furcht vor den Folgen. Alles schien so richtig und natürlich, und so kam es mir nicht in den Sinn, daß etwas merkwürdig sein könnte – erst sehr viel später.
Wir unterhielten uns, und unsere Hände berührten sich über den Tisch hinweg. Seine Augen hingen ständig an mir; ich erglühte von der Leidenschaft seines Blickes. Ich war verwirrt und unwissend, doch ich fühlte, daß ich an der Schwelle des größten Abenteuers meines Lebens stand.
Zusammen gingen wir über die Treppe hinauf ins Brautgemach, das man für uns vorbereitet hatte.
Es wird mir immer im Gedächtnis bleiben. Keinen Moment dieser Nacht werde ich je vergessen. Ich glaube, daß die Erinnerung daran mir half, nicht an meinem Verstand zu zweifeln. Ein unerfahrenes Mädchen hätte sich eine solche Nacht wirklich niemals einbilden können.

Wie hätte ich mir Maximilian als Liebenden vorstellen können, da ich doch nie zuvor geliebt worden war?

Als ich erwachte und ihn an meiner Seite fand, blieb ich lange Zeit ganz ruhig liegen und dachte an das Glück, das mir widerfahren war, während die Tränen mir langsam über die Wangen liefen.
Er schlug die Augen auf und sah mich weinen. Doch ich sagte ihm, es seien Freudentränen, weil ich nie gewußt hatte, daß es etwas so Herrliches wie unsere Liebe auf der Welt geben könnte.
Er küßte mir die Tränen vom Gesicht, und wir lagen einen Weile schweigend nebeneinander; dann waren wir wieder fröhlich.
Was soll ich über diese Tage sagen – Sommertage, in denen so vieles geschah, und die mir so kurz erschienen? Maximilian wollte mir Reitunterricht geben, denn bisher war ich nur manchmal auf einem Pony durch die Gegend geritten. Die Nonnen hatten es nie für nötig gehalten, uns in der Kunst des Reitens zu unterrichten. Ich war eine gute Schülerin, entschlossen, in seinen Augen nur die besten Leistungen zu vollbringen. An den Nachmittagen unternahmen wir Spaziergänge durch den Wald, ruhten unter den Bäumen und hielten uns in den Armen. Er sprach von seiner Liebe zu mir, und ich von der meinen zu ihm – dieses Thema schien uns beide vollkommen auszufüllen.
Doch ich sagte ihm, daß ich mehr über ihn wissen müßte. Unsere Flitterwochen würden bald vorüber sein, und ich wollte ihn begleiten, wenn er nach Hause zurückkehrte. Ich mußte wissen, was man dort von mir erwartete.
»Ich bin der einzige, der das Recht hat, etwas von dir zu erwarten«, wehrte er ab.
»Natürlich, Herr Graf. Doch du hast vermutlich eine Familie.«
»Ja, ich habe eine Familie«, sagte er.
»Und was ist mit ihr?«
»Ich werde sie auf dich vorbereiten müssen.«
»Wollten sie dir selbst eine Frau auswählen?«
»Natürlich. Bei Familien ist das eben so.«
»Und sie werden nicht gerade erfreut über deine Heirat mit einem Mädchen sein, das du im Nebel gefunden hast.«
»Wichtig ist nur, daß ich erfreut bin – und das bin ich.«

»Vielen Dank«, sagte ich leichthin. »Ich bin froh, daß du mit mir zufrieden bist.«
»Voll und ganz zufrieden.«
»Du bedauerst es also nicht?«
Er hielt mich voll Verlangen an sich gepreßt, und seine Umarmung war schmerzhaft wie schon so oft – doch dieser Schmerz barg stets auch Entzücken für mich.
»Ich werde es nie bereuen.«
»Aber ich muß mich auf deine Familie vorbereiten.«
»Wenn die Zeit dafür reif ist, wirst du sie kennenlernen.«
»Ist sie jetzt noch nicht reif?«
»Wohl kaum. Sie wissen nichts von dir.«
»Und wen müssen wir versöhnlich stimmen?«
»Zu viele. Ich kann sie nicht alle aufzählen.«
»Es ist also eine große Familie, und dein Vater ist vermutlich ein Oger. Oder ist es deine Mutter?«
»Hm – sie wäre dann ein ... Nein, es gibt auf deutsch keine weibliche Form von Oger. In deiner Sprache schon: Ogre, der Menschenfresser, und Ogress, die Menschenfresserin, nicht wahr? Jetzt, wo ich eine Engländerin zur Frau habe, muß ich die Sprache meistern.«
»Du bist schon ein Meister.«
»In mancher Hinsicht, ja, aber auf diesem Gebiet nicht ganz.«
Ich fand bald heraus, daß er dem Gespräch stets rasch eine andere Wendung gab, wenn ich es auf seine Familie brachte. Er wollte also nicht darüber reden. Und da ich während dieser ersten Tage unserer Ehe vollkommen sein wollte, bestand ich nicht darauf.
Ich wußte, daß er aus einer adligen Familie kam. Sein Vater, den er kurz erwähnte, plante für ihn wohl eine jener passenden Verbindungen, wie sie bei Adelsfamilien Sitte waren. Deshalb würde unsere Heirat einen Schock für ihn bedeuten. Natürlich mußten wir warten, bis er darauf vorbereitet war, und – wie Maximilian sich ausdrückte – die Zeit dafür reif war.
So lachten und scherzten wir und liebten uns, und das genügte mir. Er erzählte mir Geschichten vom Wald, in denen die Sagen der Vergangenheit eine große Rolle spielten. Ich erfuhr mehr von den unheilvollen Ränken Lokis und den erstaunlichen Heldentaten

Thors mit seinem Hammer. Nur Hildegard war da, um uns zu bedienen, und Hans, der sich um die Pferde kümmerte. Abgesehen von den beiden lebten wir allein in unserer verzauberten Welt.
Am zweiten Tag ging ich in eines der Zimmer, öffnete den Schrank und fand darin eine Menge Kleider. Ich wußte nun, woher das seidene Nachthemd stammte, das Hildegard mir bei meinem ersten Besuch im Jagdhaus überlassen hatte. Natürlich zerbrach ich mir den Kopf darüber, weshalb die Kleider hier aufbewahrt wurden. Ich fragte Hildegard, wem die Kleidungsstücke gehörten, doch sie zuckte nur mit den Schultern und tat so, als könnte sie mein Deutsch nicht verstehen. Doch das war natürlich nur ein Vorwand, da ich ihre Sprache fließend beherrschte.
Als wir in dieser Nacht beisammen in dem großen Bett lagen, sagte ich: »Wem gehören die Kleider, die in dem Schrank im blauen Zimmer hängen?«
Er nahm eine Strähne meines Haares und wickelte sie um seinen Finger.
»Möchtest du sie haben?« fragte er.
»Wieso – sie müssen jemand anderem gehören.«
Er lachte. »Eine Dame, die ich kannte, hat sie dort aufbewahrt«, sagte er.
»Weil sie oft hierherkam?«
»Es ersparte ihr, sie dauernd mitnehmen und wieder herbringen zu müssen.«
»Eine Freundin von dir...?«
»Eine Freundin, ja.«
»Eine gute Freundin?«
»Jetzt habe ich keine derartigen Freundinnen mehr.«
»Das bedeutet wohl, daß sie deine Geliebte war.«
»Das ist jetzt vorbei, Liebste. Ich habe ein neues Leben begonnen.«
»Aber warum sind ihre Kleider noch hier?«
»Weil jemand vergessen hat, sie wegzubringen.«
»Ich wollte, sie wären nicht hiergewesen. Ich werde Angst davor haben, Schranktüren zu öffnen, weil ich nicht weiß, was ich dahinter entdecke.«
»Zuerst war ich Siegfried, der Held«, sagte er. »Anschließend der boshafte Loki, gefolgt von Odin. Und jetzt sieht es ganz so aus, als

wäre ich Blaubart geworden. Das war wohl der Ritter, dessen Frau eine Tür öffnete, die sie besser zugelassen hätte. Ich habe vergessen, was mit der neugierigen Dame geschah, aber wahrscheinlich war es aus ihrer Sicht etwas Bedauerliches.«

»Willst du mir damit zu verstehen geben, daß ich keine Fragen stellen soll?«

»Das ist immer ratsam, wenn man ahnt, daß die Antwort nicht besonders erfreulich ausfallen wird.«

»Wahrscheinlich hast du viele solcher Freundinnen gehabt. Du hast ihnen im Wald aufgelauert und sie hierhergebracht.«

»Das ist nur einmal geschehen, und auch dabei habe ich niemandem aufgelauert. Statt dessen habe ich meine einzige wahre Liebe gefunden.«

»Aber es sind viele hiergewesen.«

»Es ist ein angenehmer Treffplatz.«

»Und du hast ihnen gesagt, daß du sie ewig lieben wirst.«

»Ohne wirkliche Überzeugung.«

»Und wie ist es diesmal?«

»Mit voller Überzeugung, denn wenn es nicht so wäre, müßte ich der unglücklichste statt der glücklichste Mann auf Erden sein.«

»Es gab also andere Frauen – zahllose andere.«

»Es gab keine anderen.«

»Das kann ich nicht glauben.«

»Du läßt mich nicht ausreden. Es gab keine andere wie dich. Es wird nie jemanden wie dich für mich geben. Ja, es waren Frauen hier; nicht eine, sondern mehrere, und es war – angenehm. Aber es gibt nur ein Lenchen.«

»Deshalb hast du mich geheiratet.«

Er küßte mich heiß. »Eines Tages«, sagte er ernst, »wirst du wissen, wie sehr ich dich liebe.«

»Ich weiß so wenig.«

»Was mußt du mehr wissen als daß ich dich liebe?«

»In unserem Alltag wird mehr von mir verlangt werden.«

»Es wird nie etwas Wichtigeres geben.«

»Aber ich muß mich auf unser gemeinsames Leben vorbereiten. Bin ich jetzt eine richtige Gräfin? Das kommt mir ziemlich großartig vor.«

»Wir sind ein kleines Land«, erwiderte er. »Denke nicht, wir könnten uns mit eurem großen Reich messen.«
»Aber ein Graf ist ein Graf und eine Gräfin ist eine Gräfin.«
»Einige sind mächtig, andere wieder weniger. Vergiß nicht, daß es in diesem Land viele Fürsten- und Herzogtümer gibt. Deshalb haben wir auch eine Menge Leute mit klingenden Titeln, die nicht sehr viel bedeuten. Einige Herzogtümer bestehen aus einem Stammsitz und ein oder zwei Dorfstraßen, und das ist das ganze Herrschaftsgebiet. Vor nicht allzulanger Zeit waren manche der Güter so klein und arm, daß bei fünf oder sechs Söhnen für jeden oft nur ein winziger Anteil übrigblieb. Sie ließen häufig das Los darüber entscheiden – oder vielmehr einen Strohhalm. Der Vater hielt die Strohhalme in der Hand; einer davon war kurz, die anderen alle von derselben Länge. Der Sohn, der den kurzen Strohhalm zog, erbte alles.«
»Hast du viele Brüder?«
»Ich bin der einzige Sohn.«
»Dann werden sie besonders großen Wert darauf legen, daß du eine Frau heiratest, die sie für dich auswählen.«
»Sie werden von meiner Wahl entzückt sein.«
»Ich wollte, ich könnte das glauben.«
»Du mußt dich nur auf mich verlassen – jetzt und immer.«
Als ich weiter Fragen stellen wollte, küßte er mich wieder und wieder. Ich überlegte insgeheim, ob er es tat, um mich zum Schweigen zu bringen.

Drei Tage waren vergangen, und unser Glück hielt an. Ich hatte das seltsame Gefühl, als müßte ich jeden Augenblick festhalten, ihn auskosten und wie einen Schatz hüten, damit ich in den kommenden Jahren davon zehren konnte. Hatte ich wirklich eine Vorahnung? Oder war das alles nur Teil eines Traumes?
Jene Sommertage waren voll Erregung und Vergnügen. Die Sonne schien von früh bis spät; wir verbrachten die Nachmittage im Wald und begegneten kaum einem Menschen. Jeden Abend speisten wir gemeinsam, und ich trug den blauen Mantel, von dem er mir erzählte, er hätte ihn einem plötzlichen Impuls folgend gekauft.

»Um ihn einer deiner Freundinnen zu schenken, die du hierhergebracht hast?« fragte ich.
»Ich habe ihn nie jemandem geschenkt. Er hing im Schrank und wartete auf dich.«
»Das klingt, als hättest du gewußt, daß du mich im Nebel finden würdest.«
Er beugte sich über den Tisch und sagte: »Träumt nicht jeder von dem Tag, an dem er seiner wahren Liebe begegnen wird?«
Das war eine der Antworten, die er so überzeugend vorbringen konnte. Er war wirklich ein vollkommener und einfühlsamer Geliebter. Zuerst war er zärtlich und sanft – fast als hielte er eine Leidenschaft im Zaum, von der er wußte, daß sie mich erschrekken würde. Meine Erfahrungen in diesen drei Tagen und Nächten waren vielfältig und unterschiedlich, und jede schien mir noch erregender zu sein und enthüllte mir mehr als die vorhergehende. Es war ein kleines Wunder, daß ich es vorzog, die Wirklichkeit zu vergessen. Wenigstens eine kurze Zeitspanne wollte ich in dieser Verzauberung weiterleben.
Am frühen Morgen des vierten Tages nach meiner Hochzeit wurden wir von Hufschlag und Stimmen vor dem Haus geweckt. Maximilian ging nach unten, während ich lauschend dalag und auf seine Rückkehr wartete.
Als er kam, wußte ich, daß etwas vorgefallen war. Ich setzte mich auf, und er nahm meine Hände in die seinen und küßte mich.
»Schlechte Nachrichten, Lenchen«, sagte er. »Ich muß zu meinem Vater.«
»Ist er krank?«
»Er hat Schwierigkeiten. In spätestens einer Stunde muß ich von hier fort.«
»Wohin?« rief ich. »Wohin gehst du?«
»Alles wird gut werden«, versicherte er. »Jetzt ist keine Zeit für Erklärungen. Ich muß mich fertigmachen.«
Ich lief durchs Zimmer und brachte ihm seine Kleider. Dann zog ich den blauen Samtmantel über mein Nachthemd, den ich neuerdings als Morgenmantel benutzte, und ging hinunter, um Hildegard zu rufen.
Sie kochte gerade Kaffee, und sein Duft erfüllte die ganze Küche.

Maximilian, angekleidet und fertig zur Abreise, war offensichtlich sehr unglücklich. »Es ist unerträglich, dich so zu verlassen, Lenchen – während unserer Flitterwochen.«

»Kann ich nicht mit dir kommen?«

Er nahm meine Hand und sah mich an. »Wenn das nur möglich wäre!«

»Warum nicht?«

Er schüttelte nur den Kopf und preßte mich an sich. »Bleib hier, Liebste, bis ich zurückkehre. Ich komme, sobald ich kann.«

»Ich werde unglücklich ohne dich sein.«

»Und ich ohne dich. Oh, Lenchen, ich bereue nichts, gar nichts – weder jetzt noch in Zukunft.«

Zahlreiche Fragen lagen mir auf der Zunge: ›Ich weiß gar nichts. Wo ist dein Vater? Wohin gehst du? Wie soll ich dir schreiben?‹ Es gab so vieles, was ich wissen wollte. Doch er sagte mir, wie sehr er mich liebe, wie wichtig ich für ihn sei, wie es ihm schon bei unserem ersten Zusammentreffen klargeworden sei, daß wir füreinander bestimmt waren.

Er murmelte: »Liebling, ich werde sehr bald wieder bei dir sein.«

»Wohin kann ich dir schreiben?«

»Tu es nicht!« erwiderte er. »Ich komme zurück. Bleib hier und warte auf mich. Das ist alles, was du tun sollst, Lenchen.«

Dann war er fort, und ich blieb allein.

Wie trostlos und verlassen kam mir das Jagdhaus vor! Es war still, beinahe unheimlich. Ich wußte nicht, wie ich mir die Zeit vertreiben sollte. Rastlos ging ich von Zimmer zu Zimmer. Da war das eine, in dem ich einst die unruhige Nacht verbracht hatte. Ich berührte den Türgriff und erinnerte mich daran, wie er auf dem Flur stand und hoffte, ich würde den Riegel zurückschieben. Dann betrat ich das Nebenzimmer, in dem die Kleider einer anderen Frau hingen, und fragte mich, wie sie wohl sein mochte. Plötzlich dachte ich an all die Frauen, die er geliebt oder zu lieben vorgegeben hatte. Sie waren sicher schön, erfahren und heiter gewesen, und vielleicht auch klug. Wilde Eifersucht stieg in mir auf, und mit einemmal war ich mir meiner eigenen Unzulänglichkeit schmerzlich bewußt. Doch er hatte mich geheiratet.

Ich würde sehr viel lernen müssen. Gräfin Lokenburg – trug ich wirklich diesen eindrucksvollen Titel? Ich drehte den Ring an meinem Finger, und das Dokument fiel mir ein, das ich sorgsam in meiner Tasche aufbewahrte. Es bescheinigte, daß Helena Trant am 20. Juli des Jahres 1860 Maximilian Graf Lokenburg geheiratet hatte, und daß Ernst und Ilse Gleiberg die Trauzeugen waren.
Ich mußte den Tag irgendwie herumbringen. Wie verlassen war doch das Haus, und wie einsam fühlte ich mich!
Ich ging in den Wald und wanderte hinunter zum Tannengehölz. Dort setzte ich mich unter einen Baum und ließ alles wieder an mir vorüberziehen, was ich in einer so kurzen Zeitspanne erlebt hatte.
Was würden die Tanten sagen, wenn sie erfuhren, daß ich einen Grafen geheiratet hatte? Wie würden die Grevilles und die Clees' es aufnehmen? Meine Heirat mutete so unwahrscheinlich an, wenn ich im Zusammenhang mit diesen Leuten darüber nachdachte. Tatsächlich schien sie mir eines jener Wunder, die nur in einem Zauberwald geschehen können.
Als ich zum Jagdhaus zurückkehrte, waren zu meiner Überraschung Ilse und Ernst dort eingetroffen.
»Der Graf hat kurz bei uns haltgemacht«, erklärte Ilse. »Er hat sich plötzlich entschlossen, dich während seiner Abwesenheit nicht allein im Jagdhaus zu lassen. Er sagte, es wäre zu einsam für dich und er möchte, daß du inzwischen bei uns bleibst. Bei seiner Rückkehr wird er direkt zu uns kommen.«
Ich war nur zu froh darüber. Schnell packte ich meine Sachen, und am späten Nachmittag fuhren wir ab. Es erleichterte mich irgendwie, das Jagdhaus zu verlassen, in dem ich so glücklich gewesen war. Sicher würde es angenehmer sein, in Ilses Gesellschaft auf Maximilian zu warten.
Als wir das Haus der Gleibergs erreichten, war es schon dunkel. Ilse meinte, ich müsse müde sein. Sie bestand darauf, daß ich sofort zu Bett ging. Dann kam sie mit dem unvermeidlichen Glas Milch zu mir herauf. Ich trank es aus und fiel rasch in tiefen Schlaf.
Als ich wieder erwachte, war die Waldromanze vorüber. Der Alptraum hatte begonnen.

2. Teil

Der Alptraum 1860 – 1861

1.

Als ich erwachte, schien es spät am Nachmittag zu sein. Zuerst wußte ich nicht, wo ich war; dann erinnerte ich mich daran, daß Ilse und Ernst mich gestern vom Jagdhaus hierhergebracht hatten. Ich warf einen Blick auf die Uhr, die auf dem Nachttisch stand. Sie zeigte ein Viertel vor fünf.

Ich setzte mich auf, und ein bohrender Schmerz durchzuckte meinen Kopf. Was war mit mir los? Die Zimmerwände schienen auf mich zuzukommen, mir schwindelte und ich fühlte mich elend. Ich bin krank, dachte ich. Schlimmer noch – mein Verstand schien in Verwirrung geraten zu sein! Erst gestern war ich neben Maximilian aufgewacht, strotzend vor Gesundheit. Ich mußte mich irgendwo angesteckt haben.

Ich versuchte aufzustehen, doch ich konnte mich nicht auf den Beinen halten. Hilflos sank ich auf mein Bett zurück und rief schwach nach Ilse.

Sie kam ins Zimmer und sah sehr besorgt aus.

»Ilse, was ist mit mir?«

Sie beobachtete mich gespannt. »Kannst du dich nicht erinnern?«

»Aber ich war doch ganz gesund, als wir gestern abend hier ankamen.«

Ilse biß sich auf die Lippen und machte ein zweifelndes Gesicht.

»Sorge dich nicht, wir kümmern uns um dich.«

»Aber –«

»Du fühlst dich schlecht. Ruhe dich aus, schlaf jetzt wieder.«

»Schlafen! Wie kann ich das? Was ist passiert? Warum bist du plötzlich so geheimnisvoll?«

»Es ist alles in Ordnung, Helena. Sei ganz ruhig. Du mußt versuchen zu schlafen – und zu vergessen...«
»Vergessen? Was soll das heißen? Vergessen – was vergessen?«
Ilse sagte: »Ich werde Ernst holen.«
Als sie zur Tür ging, überkam mich eine schreckliche Vorahnung. Maximilian ist tot, dachte ich. Wollen sie mir das schonend beibringen?
Ernst kam ins Zimmer. Er sah sehr beunruhigt aus, nahm mein Handgelenk und fühlte mir den Puls wie ein Arzt. Dann warf er Ilse einen bedeutungsvollen Blick zu.
»Soll das heißen, daß ich krank bin?« fragte ich.
»Du sagst es ihr wohl besser, Ilse«, murmelte er.
»Helena, du hast im Bett gelegen, seit du in jener Nacht zurückkamst. Es ist nun sechs Tage her.«
»Ich war sechs Tage im Bett? Hat man Maximilian benachrichtigt?«
Ilse legte mir die Hand auf die Stirn. »Helena, du warst ganz außer dir. Etwas Furchtbares ist dir zugestoßen, und ich gebe mir die Schuld daran. Es war unverzeihlich, daß ich einwilligte, zu gehen, und dich dann aus den Augen verlor.«
»Ich verstehe dich nicht.«
»Es ist vielleicht besser, wenn sie die Wahrheit erfährt«, sagte Ernst.
»In der siebenten Vollmondnacht«, erklärte Ilse, »gingen wir aus. Erinnerst du dich?«
»Natürlich.«
»Weißt du auch noch, wie wir auf dem Stadtplatz standen und den Beginn des Festes beobachteten?«
Ich nickte.
»Wir wurden getrennt, und ich war entsetzlich besorgt. Obwohl ich überall nach dir suchte, konnte ich dich nicht finden. Ich lief durch die ganze Stadt, und dann dachte ich, du wärst vielleicht nach Hause zurückgekehrt, aber du warst nicht da. Gemeinsam gingen Ernst und ich in die Stadt, um dich zu suchen, konnten dich jedoch nirgends finden und waren ganz verzweifelt. Als wir uns erneut aufmachen wollten, kamst du zurück. Oh, Helena – ich werde den Anblick, den du damals botest, nie vergessen! Und

ich werde mir nie verzeihen, daß ich mit dir zum Fest ging.«
»Aber als ich wiederkam, wußtet ihr doch, daß Maximilian mich zurückgebracht hatte!«
Ilse sah mich an und schüttelte den Kopf. »Du warst in bemitleidenswertem Zustand. Die Kleider hingen dir zerrissen vom Leib, und du warst vor Schreck wie betäubt. Du hast phantasiert und wirres Zeug geredet, aber wir wußten, was geschehen war. In solchen Nächten ist es auch anderen Mädchen schon zugestoßen... Doch daß es ausgerechnet dir widerfuhr, Helena, unter unserer Obhut – dir, einem sorgsam behüteten, unerfahrenen Mädchen! Ich könnte deinen Tanten nicht mehr gegenübertreten. Ach, Helena, Ernst und ich waren ganz verzweifelt.«
Ich rief: »Das ist nicht wahr! Maximilian hat mich hierher zurückgebracht. Am nächsten Tag kam er wieder und bat mich, seine Frau zu werden. Wir wurden im Jagdhaus von einem Priester getraut.«
Ilse bedeckte ihre Augen mit der Hand, und Ernst wandte sich ab, als könnte er seine Gefühle nicht länger verbergen. Schließlich setzte sich Ilse auf die Bettkante und nahm meine Hand. »Mein liebes Kind«, sagte sie, »sorge dich nicht. Wir werden uns um dich kümmern. Sobald du der Wahrheit ins Auge siehst, wirst du darüber wegkommen. Ich werde dir ohne Beschönigung erzählen, was in der siebenten Vollmondnacht geschah: Wir wurden getrennt; jemand muß dich in den Wald gebracht und dir dort Gewalt angetan haben. Du hast irgendwie hierher zurückgefunden, warst aber so verstört, daß du offenbar kaum mehr wußtest, was dir widerfahren war. Wir brachten dich zu Bett und riefen einen Arzt, einen alten Freund Ernsts. Sein Vorschlag war, dir Beruhigungsmittel zu geben, bis sich dein Geist und dein Körper vom Schock erholt hätten. Er kam jeden Tag, um nach dir zu sehen.«
»Jeden Tag? Aber ich war doch gar nicht hier!«
»Doch, Helena, du warst seit jener furchtbaren Nacht, als du ins Haus gewankt kamst, hier in diesem Bett.«
»Das ist unmöglich!«
»Nein, nein.« Ilse streichelte meine Hand. »Es war ein Alptraum, aber du wirst ihn vergessen. Das ist die einzige Möglichkeit.«
»Aber er ist hiergewesen!« rief ich. »Du weißt, daß er hier war. Wir

haben geheiratet. Ihr beide wart unsere Trauzeugen.« Ich tastete nach dem Ring, den er mir an den Finger gesteckt hatte. Als ich merkte, daß er nicht mehr da war, wurde mir kalt vor Entsetzen.
»Mein Ring!« rief ich. »Wo ist mein Ring? Jemand hat ihn mir genommen.«
»Ein Ring, Helena? Was für ein Ring?«
»Mein Ehering!«
Wieder wechselten sie vielsagende Blicke.
»Helena, bitte versuche dich auszuruhen«, sagte Ilse. »Wir können morgen darüber sprechen.«
»Morgen?« versetzte ich erregt. »Wie kann ich mich bis morgen ausruhen?«
Ilse erwiderte: »Ich sehe schon, wir müssen gleich alles klären. Du wirst keine Ruhe finden, ehe du diese Wahnvorstellung losgeworden bist.«
»Wahnvorstellung?«
»Vielleicht hatten wir unrecht, Ernst. Aber wir hielten es für das beste. Dr. Carlsberg ist ein hervorragender Arzt und seiner Zeit weit voraus. Er war der Meinung, man müßte alles tun, um diese gräßliche Erinnerung zu verdrängen und deinem Geist und Gemüt Zeit zu geben, sich darauf einzustellen.«
»Bitte, sag mir, was passiert ist!«
»Du kamst in schrecklicher Verfassung nach Hause. Irgendein Rohling hat dich in der Menschenmenge entdeckt und dich in den Wald nahe der Altstadt gebracht. Dort hat er dir Gewalt angetan. Dem Himmel sei Dank, daß du zu uns zurückgefunden hast.«
»Ich glaube es nicht. Es war ganz anders. Maximilian Graf Lokenburg hat mich heimgebracht. Wir wurden im Jagdhaus getraut, das wißt ihr genau. Du und Ernst, ihr wart unsere Trauzeugen.«
Ilse schüttelte den Kopf. Langsam und deutlich wiederholte sie alles: »Als du wieder bei uns warst, riefen wir Dr. Carlsberg. Wir wußten, was passiert war. Es war nur zu offensichtlich. Er gab dir eine Medizin, damit du ruhiger wurdest und einschlafen konntest. Er sagte, du hättest einen schlimmen Schock erlitten. In Anbetracht dessen, was wir ihm von deiner Familie erzählten, hielt er es für klüger, dich unter seiner Obhut zu lassen. Er wollte warten, bis du dich wieder wohl genug fühltest, um zu begreifen, was dir

zugestoßen war. Während der letzten Tage hast du dauernd unter dem Einfluß von Beruhigungsmitteln gestanden. Dr. Carlsberg bereitete uns schon darauf vor, daß diese Mittel Wahnvorstellungen erzeugen könnten. Tatsächlich hoffte er das sogar.«

Zum zweiten Mal hatte sie dieses Wort benutzt. Nun war ich wirklich zutiefst erschrocken.

Sie fügte hinzu: »Helena, du mußt mir glauben. Seit du in dieser furchtbaren Nacht zurückkamst, hast du dieses Bett nicht verlassen.«

»Das ist unmöglich!«

»Es ist wahr. Ernst wird es dir bestätigen, und Dr. Carlsberg ebenfalls, wenn du ihn siehst. Du hast in deinen Phantasien von einem Maximilian gesprochen, doch du warst die ganze Zeit hier in diesem Bett.«

»Aber ... ich bin verheiratet!«

»Versuch jetzt, dich auszuruhen, Liebste. Morgen werden wir alles klären.«

Ich sah von einem zum anderen. Sie beobachteten mich voll Mitleid. Ilse murmelte: »Ach, wenn wir nur ... wir hätten niemals ohne dich ausgehen dürfen, Ernst. Wären wir nur zu Hause geblieben. O Gott, wären wir nur hiergeblieben!«

Ich dachte: Ich träume nur. Im nächsten Augenblick werde ich aufwachen und merken, daß das alles ein Alptraum war.

»Ernst«, sagte Ilse, »vielleicht ist es besser, wenn du Dr. Carlsberg rufen läßt, damit er sofort nach Helena sieht.«

Ich legte mich in mein Kissen zurück. Obwohl ich mich sehr erschöpft fühlte, war ich überzeugt, daß ich in Kürze erwachen würde und alles wieder so wäre wie vorher.

Erneut berührte ich meinen Finger in der Hoffnung, der Ring wäre auf geheimnisvolle Weise plötzlich wieder an seinem Platz. Als Maximilian ihn mir ansteckte, hatte ich mir gelobt, ihn nie wieder abzulegen.

Als ich die Augen wieder öffnete, war ich allein.

Ich fühlte mich nun ein wenig besser. Die Betäubung ließ langsam nach. Natürlich besaß ich Beweise. Die Sache mit meinem Ring war natürlich seltsam. Konnte er mir vom Finger geglitten sein? Er hatte sehr locker gesessen – vielleicht lag er irgendwo im Bett.

Doch weshalb sollte Ilse mir einreden, ich hätte sechs Tage hier gelegen, wenn es gar nicht stimmte? Sechs Tage! Das war unmöglich. Man konne nicht sechs Tage bewußtlos sein. Unter Beruhigungsmitteln, hatte sie gesagt – das klang unheilvoll. Und warum sollten Ilse und Ernst, die immer so gut zu mir gewesen waren, mir eine solche Geschichte erzählen? Was konnte ihr Beweggrund sein? Ich hatte bisher nichts als Freundlichkeit von ihnen erfahren, und auch jetzt schienen sie mir nur helfen zu wollen.
Aber nein – ich konnte nicht glauben, was sie mir erzählten. Ich würde mich dagegen wehren. Sie behaupteten, ich wäre nicht mit dem Mann meiner Liebe, Maximilian, zusammengewesen, der für mich den Inbegriff der Leidenschaft bedeutete und mein Gatte war, sondern mit einem Mann, der Frauen überfiel, sie zwang, ihm zu Willen zu sein, und sie dann verließ. Das wollte ich nicht glauben. Und doch sagten sie, ich wäre sechs Tage lang hiergewesen. Wenn ich nur den Ring finden könnte, um es ihnen zu beweisen... Er *mußte* im Bett sein. Sicherlich war er mir vom Finger geglitten. Aber wenn das wirklich der Fall war, dann hatte Ilse mich belogen. Warum?
Ich stieg aus dem Bett. Das Zimmer schien zu schwanken, doch ich achtete nicht darauf. Sorgfältig durchsuchte ich das Bett, ohne den Ring zu finden. Vielleicht war er auf den Fußboden gerollt? Ich fand ihn nirgends. Ich fühlte mich schwach und elend, aber die ungeheure Notwendigkeit, dieses Symbol meiner Ehe wiederzubekommen, trieb mich vorwärts.
Was konnte mit dem Ring geschehen sein?
Ich war froh, als ich wieder im Bett lag, denn die Suche hatte mich erschöpft. Schwer atmend lag ich da und versuchte gegen die Müdigkeit anzukämpfen, die sich nicht vertreiben ließ. Doch ich schaffte es nicht... Als ich wieder erwachte, saß Ilse mit einem Fremden an meinem Bett. Er war in mittleren Jahren und hatte durchdringende blaue Augen.
»Das ist Dr. Carlsberg«, sagte Ilse.
Ich richtete mich ein wenig auf. »Ich muß Sie so vieles fragen!«
Er nickte. »Das verstehe ich.«
»Sicher möchten Sie, daß ich Sie mit Helena alleinlasse«, sagte Ilse, und er nickte wieder.

Als sie aus dem Zimmer gegangen war, setzte er sich an meine Bettkante und fragte: »Wie fühlen Sie sich?«
»Mir kommt es vor, als stünde ich am Rand des Wahnsinns.«
»Sie waren tagelang unter dem Einfluß bestimmter Beruhigungsmittel«, erwiderte er.
»Das hat man mir gesagt. Aber ich glaube nicht –«
Er lächelte. »Sie hielten Ihre Träume für Wirklichkeit«, sagte er.
»Das habe ich nicht anders erwartet. Es waren angenehme Träume.«
»Ich glaube nicht, daß es ein Traum war. Nein, das kann ich nicht glauben!«
»Aber die Träume waren angenehm. Sie gaukelten Ihnen genau das vor, was Sie sich erhofften, nicht wahr?«
»Ich war sehr glücklich.«
Er nickte. »Das war notwendig. Sie befanden sich in beklagenswertem Zustand, als man mich rief.«
»Sie meinen, in der siebenten Vollmondnacht?«
»So nennt man das hier, ja. Sie waren mit unter den Festteilnehmern und wurden von Ihrer Cousine getrennt. Dann passierte diese Geschichte. Es hat Ihnen vielleicht einen größeren Schock versetzt als man es bei einem jungen Mädchen für gewöhnlich unter solchen Umständen erwarten würde. Immerhin muß man noch dankbar sein, daß Sie nicht umgebracht wurden.«
Ich schauderte. »So war es nicht! Ich wurde nach Hause begleitet.«
»Das entspricht genau unserer Absicht. Wir wollten die unangenehmen Erinnerungen auslöschen, und es scheint uns gelungen zu sein.«
»Ich kann es nicht glauben. Ich will es nicht glauben!«
»Sie haben noch immer den Wunsch, das Böse aus Ihrem Bewußtsein zu verdrängen. Das ist nur natürlich, aber ich kann nicht zulassen, daß Sie weiterhin in diesem Zustand verharren. Es könnte gefährlich werden. Sie dürfen sich nun nicht länger etwas vormachen, sondern Sie müssen denTatsachen ins Auge sehen.«
»Aber ich glaube es nicht!«
Er lächelte. »Wir haben Sie vor dem geistigen Zusammenbruch bewahrt. Als Sie in jener Nacht zurückkamen, waren Sie so entsetzlich verstört, daß Ihre Cousine um Ihren Verstand fürchtete.

Deshalb hat sie mich rufen lassen. Aber ich glaube, meine Behandlungsmethode war erfolgreich. Und wenn wir Ihnen klarmachen können, daß dies ein Unfall war, der natürlich tief bedauerlich ist, den Sie jedoch hinnehmen müssen, da er nun einmal geschehen ist – dann können Sie wieder völlig gesund werden. Es gibt Menschen, die schon Ähnliches erlebt haben. Einige von ihnen konnten es überwinden und wieder ein normales Leben aufnehmen; manche aber erholten sich nie davon. Wenn Sie versuchen, alles zu vergessen, wird es bald nur mehr eine winzige Narbe hinterlassen – vielleicht sogar nicht einmal das. Deshalb habe ich in der siebenten Vollmondnacht eine sehr drastische Behandlungsmethode angewandt.«

Obwohl er so ruhig und sachlich wirkte, konnte ich meinen Protest nicht zurückhalten: »Es kann nicht sein! Es ist unvorstellbar, daß alles nur in meiner Phantasie existiert haben soll. Ich will und kann es nicht glauben. Sie wollen mich nur täuschen.«

Er lächelte mich sanft und traurig an. »Ich werde Ihnen für heute abend eine leichte Medizin verordnen«, sagte er beruhigend. »Sie werden fest schlafen, und morgen wird das Schwindelgefühl vorüber sein. Morgen früh wachen Sie erfrischt auf, und dann können Sie die Sache klarer überdenken.«

»Ich werde Ihre unwahrscheinliche Geschichte nie glauben!« erwiderte ich trotzig, doch er drückte nur meine Hand und ging.

Bald kam Ilse mit einem Tablett zurück, auf dem ein kleiner, gekochter Fisch lag. Trotz meines verwirrten Zustandes konnte ich ihn essen. Ich trank auch die Milch, die sie mir brachte, und ehe sie das Tablett wieder holen konnte, war ich schon eingeschlafen.

Am nächsten Morgen fühlte ich mich etwas besser, wie Dr. Carlsberg es vorausgesagt hatte. Doch das steigerte nur meine entsetzlichen Befürchtungen. Ich sah Maximilian so deutlich vor mir – den lohfarbenen Glanz in seinen Augen und seinem Haar, hörte den tiefen Klang seiner Stimme, den Ton seines Lachens. Und doch behaupteten sie, daß es ihn nicht gab.

Ilse kam mit dem Frühstückstablett und betrachtete mich besorgt. »Wie fühlst du dich, Helena?«

»Das Schwindelgefühl ist vorüber, aber ich finde mich nicht zurecht.«

»Glaubst du noch immer, daß dein Traum Wirklichkeit war?«
»Ja, das tue ich. Natürlich glaube ich es.«
Sie streichelte meine Hand. »Denk nicht mehr darüber nach. Wenn du zu dir selbst zurückgefunden hast, wirst du alles klarer sehen.«
»Ilse – es muß einfach geschehen sein!«
Sie schüttelte den Kopf. »Du warst die ganze Zeit hier.«
»Wenn ich nur meinen Ehering finden würde, könnte ich es beweisen. Er muß mir vom Finger geglitten sein.«
»Meine Liebe, du hattest nie einen Ehering.«
Ich konnte nichts erwidern. Sie war so überzeugt – und leider auch so überzeugend.
»Iß das«, sagte sie. »Es wird dich stärken. Dr. Carlsberg hat gestern abend noch lange mit uns gesprochen, nachdem er dich verließ. Er sorgt sich genauso um dich wie wir. Ja, er ist ein sehr begabter Arzt und seiner Zeit weit voraus. Seine Behandlungsmethoden werden nicht immer anerkannt. Die meisten Leute sind so altmodisch. Seiner Meinung nach beeinflußt der Geist in hohem Maß den Körper, und er hat sich immer bemüht, das zu beweisen. Ernst und ich glauben an Dr. Carlsberg.«
»Deshalb habt ihr ihn zu mir gerufen.«
»Ja.«
»Und du behauptest, er hätte mir ein Mittel gegeben, das diese Träume hervorrief?«
»Ja. Weißt du, er glaubt an folgendes: Wenn ein Mensch ein schreckliches Unglück erlebt, haben Geist und Körper bessere Aussichten, wieder gesund zu werden, wenn diese Person in einen Zustand der Euphorie versetzt werden kann, und sei es auch nur für kurze Zeit. Das ist – einfach ausgedrückt – seine Theorie.«
»So ... Nachdem das geschehen war, was du mich glauben machen willst, gab er mir also diese Droge, um mich für einige Tage in eine Traumwelt zu versetzen. Ist es das, was du meinst? Es klingt verrückt.«
»›Es gibt mehr Ding' im Himmel und auf Erden, als eure Schulweisheit sich träumen läßt‹ – hat nicht Hamlet das gesagt? Es stimmt. O Helena, wenn du dich bei deiner Rückkehr hättest sehen können! Dein Blick war verstört; du hast geweint und unge-

reimtes Zeug geredet. Ich war zu Tode erschrocken. Ich mußte an meine Cousine Luise denken – sie war eine Cousine zweiten Grades deiner Mutter. Einmal wurde sie versehentlich in die Familiengruft eingeschlossen und mußte dort eine Nacht zubringen. Am nächsten Morgen hatte sie den Verstand verloren. Sie glich dir sehr; sie war ebenso heiter und abenteuerlustig wie du. Und ich fürchtete, du könntest ein ähnliches Schicksal erleiden. Deshalb waren Ernst und ich entschlossen, alles zu versuchen, um dich davor zu bewahren. Dr. Carlsberg fiel uns ein, und wir holten ihn. Nur er schien uns in der Lage, einen Fall wie den deinen erfolgreich zu behandeln.«

»Ilse«, sagte ich flehend, »ich sehe die Ereignisse der letzten Tage so deutlich vor mir. Ich wurde wirklich im Jagdhaus getraut! Jede Einzelheit ist mir so lebendig im Gedächtnis geblieben!«

»Ich weiß. Träume, die durch solche Drogen hervorgerufen werden, pflegen unglaublich intensiv zu sein. Dr. Carlsberg hat es uns gesagt. Das ist auch notwendig, denn sie sollen den Patienten von den tragischen Ereignissen ablenken.«

»Ich will es nicht glauben. Ich kann es nicht.«

»Meine Liebe, weshalb sollten wir, die wir nichts als dein Glück wünschen, dir das alles erzählen, wenn es nicht stimmt?«

»Ich habe keine Ahnung. Es ist ein furchtbares Rätsel, aber ich weiß, daß ich Gräfin Lokenburg bin.«

»Das ist unmöglich. Es gibt keinen Graf Lokenburg.«

»Er ... er hat es also nur erfunden?«

»Es gibt ihn nicht, Helena. Er ist eine Ausgeburt deiner Phantasie, des Rauschzustandes, in den Dr. Carlsberg dich versetzte.«

»Aber ich habe ihn schon früher getroffen!« Ich erzählte ihr von unserer ersten Begegnung im Nebel, meinem Besuch im Jagdhaus, und wie Hildegard mich zum Damenstift zurückbrachte. Ilse benahm sich, als hörte sie das alles zum erstenmal.

»Das kann doch kein Traum gewesen sein, nicht wahr? Damals stand ich jedenfalls bestimmt nicht unter Dr. Carlsbergs Beruhigungsmitteln.«

»Aber es war wohl der Ursprung deines Traumes. Für dich war es ein romantisches Abenteuer – merkst du nicht, daß alles, was du später in deiner Phantasie erlebt hast, auf diesem Vorfall beruhte?

Er brachte dich in sein Jagdhaus – vielleicht in der Absicht, dich zu verführen. Schließlich hast du eingewilligt, mit ihm zu kommen, und er mag geglaubt haben, er hätte deinen Widerstand überwunden. Dann erfuhr er, wie jung du warst; eine Schülerin des Damenstifts –«

»Das wußte er von Anfang an.«

»Sein besseres Ich gewann die Oberhand; außerdem war noch diese Bedienstete im Haus. Du wurdest früh am nächsten Morgen unbeschadet ins Kloster zurückgebracht, und dieses Abenteuer hat einen starken Eindruck bei dir hinterlassen. Das wird Dr. Carlsberg sehr interessieren. Sicherlich bestätigt es seine Theorien. – Dann kam die siebente Vollmondnacht; wir wurden getrennt, und ein Mann sprach dich an. Er war maskiert, wie du uns erzählt hast. So glaubtest du wohl, daß sich hinter seiner Maske jener Mann verbarg, dem du schon damals im Nebel begegnet bist.«

»Er war es wirklich! Er nannte mich ›Lenchen‹ wie beim erstenmal. Keiner sonst hat mich je so genannt. Es gab keinen Zweifel, daß er es war.«

»Wahrscheinlich hast du dir das später so vorgestellt. Oder vielleicht war es sogar wirklich derselbe Mann. Wenn diese Vermutung stimmt, dann hat wohl bei diesem zweiten Zusammentreffen sein besseres Ich nicht den Sieg davongetragen. Ich muß Dr. Carlsberg von dieser Begegnung im Nebel erzählen. Aber vielleicht wäre es sogar besser, wenn du es tun würdest.«

Ich rief: »Du hast unrecht! Du hast mit allem unrecht!«

Sie nickte. »Es ist wohl besser, wenn du noch eine Weile an deinen Traum glaubst.«

Ich aß eine Kleinigkeit zum Frühstück, und als die körperliche Unpäßlichkeit überwunden war, stand ich auf.

Immer wieder dachte ich daran, wie ich die Tür zum Salon im Erdgeschoß geöffnet hatte und ihn dort stehen sah. Ich konnte die bebende Freude nachempfinden, die mich bei seinem Anblick erfüllte.

»Wir werden heiraten«, hatte er gesagt. Und ich erwiderte, daß man doch nicht so schnell heiraten könne. Hier wäre es möglich, hatte er mir versichert. Außerdem war er ein Graf und wußte, wie man so etwas bewerkstelligte.

Die Heiratsurkunde! Sie war jedenfalls in meinem Besitz. Ich hatte sie sorgfältig aufbewahrt. Sie mußte in der obersten Schublade der Frisierkommode liegen. Ich wußte, daß ich sie zusammen mit den wenigen Schmuckstücken, die ich besaß, dort verwahrt hatte – in der kleinen Sandelholzschachtel, die einst meiner Mutter gehörte. Da war die Schatulle. Freudig erregt nahm ich sie heraus und hob den Deckel. Der Schmuck war da, aber nicht die Heiratsurkunde. Bestürzt starrte ich darauf nieder. Kein Ring. Keine Heiratsurkunde. Nicht ein einziger Beweis. Es begann mehr und mehr so auszusehen, als hätten sie recht – als seien meine Liebesromanze und meine Heirat wirklich nur ein Produkt der Drogen gewesen, die Dr. Carlsberg mir gab, um die Erinnerung an das schreckliche Ereignis in meinem Leben auszumerzen.

Ich weiß nicht, wie ich den Tag überstand. Wenn ich mich im Spiegel betrachtete, kam es mir vor, als blicke mir eine Fremde entgegen. Meine Backenknochen standen stärker vor denn je, und unter meinen Augen lagen leichte Schatten. Doch es war die Verzweiflung in meinen Zügen, die mich so erschreckte. Das Gesicht, das mich ansah, war von einer unbestimmten Hoffnungslosigkeit erfüllt und verriet mir, daß ich ihnen zu glauben begann.
Dr. Carlsberg kam im Laufe des Vormittags, um nach mir zu sehen. Er sagte, er sei sehr froh darüber, daß ich aufgestanden war. Nun müsse man besonders darauf achten, daß meine Besserung durch nichts gefährdet wurde.
Er setzte sich neben mich und forderte mich auf, mit ihm zu sprechen und ihm alles zu sagen, was mir gerade in den Sinn kam. Ich erzählte ihm also, was ich schon Ilse anvertraut hatte: von meiner Begegnung im Nebel und der Nacht, die ich im Jagdhaus verbracht hatte. Dr. Carlsberg machte keinen Versuch, mich davon zu überzeugen, daß ich auch das nur geträumt hätte.
»Wenn es möglich wäre, würde ich gern alles aus Ihrem Gedächtnis löschen, was in der siebenten Vollmondnacht geschah«, sagte er. »Doch das kann ich leider nicht. Die Erinnerung ist kein Dokument, dessen Schriftzüge sich ausradieren lassen. Doch nun ist alles vorüber. Es hat keinen Sinn, länger darüber nachzugrübeln. Wir müssen also dem Vergessen möglichst nahe kommen. Ich bin froh,

daß Sie hier in Deutschland sind, fern von zu Hause. Wenn Sie nach England zurückkehren – was Sie hoffentlich wenigstens für die nächsten zwei Monate nicht beabsichtigen –, werden Sie wieder unter Menschen kommen, die nicht wissen, was passiert ist. Das wird Ihnen helfen, diese Begebenheit aus Ihrem Gedächtnis zu streichen. Niemand wird Sie mehr daran erinnern können, weil keiner weiß, daß es geschah.«

Ich sagte: »Dr. Carlsberg, ich kann Ihnen nicht glauben – weder Ihnen noch meinen Verwandten. Eine innere Stimme sagt mir, daß ich verheiratet bin, und daß das alles kein Traum war.«

Er lächelte recht erfreut. »Mir scheint, Sie müssen noch immer daran glauben, und vielleicht ist es noch für eine Weile besser so. Bald werden Sie sich wieder stark genug fühlen, um darauf verzichten zu können. Die Wahrheit wird Ihnen wichtiger sein als diese Krücke, die der Traum Ihnen im Moment noch bietet.«

»Die Zeitfolge stimmt genau«, sagte ich beharrlich. »Am zweiten Tag nach der siebenten Vollmondnacht heirateten wir, und am Morgen des vierten Tages überbrachte man Maximilian die Nachricht, sein Vater sei in Schwierigkeiten; deshalb mußte er fort. Am nächsten Tag erwachte ich hier oben im Zimmer. Es ist einfach unmöglich, daß ich dauernd dort gewesen sein soll!«

»Und doch werden Sie es anerkennen, sobald Sie stark genug sind, um diese Illusion zu entbehren.«

»Ich kann nicht glauben, daß Maximilian nur eine Illusion war.«

»Sie haben ihn mit jenem Abenteurer in Verbindung gebracht, den Sie im Nebel trafen. Wie Sie mir schon sagten, hat Ihnen Ihre Mutter viele Märchen und Sagen aus dem Wald erzählt. Sie sind in einer empfänglichen Stimmung hierhergekommen und glaubten wohl halbwegs an unsere Götter und Helden. Sie nannten ihn anfangs Siegfried, nicht wahr? Deshalb haben Sie also auf mein Experiment so gut angesprochen. Es tut mir leid, daß wir so einfach über Sie verfügten, aber glauben Sie mir bitte, daß es Sie vielleicht vor dem Wahnsinn bewahrt hat.«

»Warum hätte ich mir diese Heirat einbilden sollen?«

»Weil Sie nicht länger eine Jungfrau waren und als wohlerzogenes junges Mädchen nicht glauben wollten, daß dies ohne Heirat der Fall sein sollte. Das ist eine einfache Schlußfolgerung. Ihr Entset-

zen über das, was Ihnen widerfahren war, mußte ins Gegenteil verkehrt werden; deshalb schufen Sie sich im Traum diese wunderbare Liebesehe.«
»Warum hätte ich ihn mir als Grafen vorstellen sollen? Ich habe nie damit gerechnet, einen Adligen zu heiraten.«
»Er kam Ihnen reich und mächtig vor – wie ein Edelmann. Das ist leicht zu erklären.«
»Aber sein Name – Lokenburg.«
»Nun, wir sind im Lokenwald. Diese Stadt heißt Lokenburg. Ach, jetzt habe ich des Rätsels Lösung: Es gibt wirklich einen Grafen Lokenburg.«
Mein Herz tat einen Freudensprung. Ich rief: »Dann bringen Sie mich zu ihm! Ich bin ganz sicher, daß es Maximilian ist. Ich weiß, daß er mich nicht belogen hat!«
Dr. Carlsberg erhob sich. Er führte mich aus dem Zimmer und brachte mich zu einem Bild, das im Flur an der Wand hing. Ich hatte es bei meiner Ankunft flüchtig bemerkt, ohne es jedoch näher zu betrachten. Es zeigte einen bärtigen Mann über Vierzig, der eine Uniform trug.
»Das ist unser regierender Fürst«, sagte er. »Sie können dieses Bild in vielen loyalen Familien finden. Lesen Sie die Inschrift.«
Ich las: »Karl VIII. Karl Friedrich Ludwig Maximilian Herzog von Rochenstein und Dorrenig, Graf von Lokenburg.«
»Karl Friedrich Ludwig *Maximilian*«, wiederholte ich dumpf. »Herzog von Rochenstein und Graf von Lokenburg!«
»Graf von Lokenburg, das ist einer von Herzog Karls Titeln«, erklärte Dr. Carlsberg.
»Warum hat er dann ...?«
»Das Bild ist Ihnen im Gedächtnis haften geblieben.«
»Ich habe es nie genau angesehen.«
»Sie haben es angesehen, ohne es zu bemerken. Unwillkürlich haben Sie sich die Namen eingeprägt, in Ihren Träumen einen davon ausgewählt – Maximilian – und ihn mit einem der Titel dieser Inschrift in Verbindung gebracht.«
Ich bedeckte die Augen mit der Hand. Ach, ich sah ihn so deutlich vor mir: sein geliebtes Gesicht mit dem leidenschaftlichen, hochmütigen Ausdruck in den Augen, die aufleuchteten, wenn ihr

Blick mich traf. Ich konnte nicht glauben, daß ich das alles nur geträumt haben sollte. Doch sie verfügten über greifbare Beweise. Zum erstenmal spürte ich, wie sich ein Zweifel in mir regte.

Dieser furchtbare Tag schien kein Ende zu nehmen. Müßig saß ich da, die Hände im Schoß gefaltet, und dachte an Maximilian. Ich wartete auf das Geräusch von Hufschlägen, denn noch immer hoffte ich, daß er plötzlich durch die Tür treten würde. ›Was wollten sie dir einreden, Lenchen?‹ würde er fragen und sie dann zornig zur Rechenschaft ziehen. Und sie würden sich vor ihm ducken, wie sie es schon einmal getan hatten – oder wenigstens waren sie doch eifrig darauf bedacht gewesen, ihn milde zu stimmen.

Doch wenn es stimmte, was sie behaupteten, waren sie einander nie begegnet. Wie konnten lebendige Menschen einem Phantom begegnen? In meinen Träumen hatten sie Respekt gezeigt, weil ich das von ihnen erwartete. Sie versicherten jedoch, daß nichts davon je wirklich geschehen war.

Doch es war geschehen: Ich erinnerte mich an so viele leidenschaftliche und zärtliche Augenblicke.

Ich wußte, was Ilse dachte: Glaubte ich wirklich, daß sich ein Graf plötzlich entschloß, ein unbekanntes Mädchen in solcher Eile zu heiraten, daß er sich innerhalb kürzester Zeit vor einem Priester mit ihr trauen ließ?

O ja, sie hatten die Vernunft auf ihrer Seite, und mir blieben nichts als Träume. Ich konnte meinen Ehering und meine Heiratsurkunde nicht vorzeigen. Wenn ich sie je besessen hatte, wo waren sie jetzt?

Plötzlich dachte ich an das Jagdhaus. Ich mußte dorthin zurückkehren! Dort würde ich Hildegard und Hans finden.

Ich war voll freudiger Erwartung. Wenn ich zum Jagdhaus kam, konnte Hildegard meine Geschichte von der Heirat bestätigen. Falls sie es aber tat, bedeutete es, daß Ilse log – sie, Ernst und der Arzt. Warum sollten sie das tun? Was hätte sie dazu veranlassen können?

Wenn ich das glaubte, mußte ich so schnell wie möglich fort von ihnen, denn dann waren sie meine Feinde. Sie versuchten zu beweisen... Was versuchten sie zu beweisen?

Manchmal dachte ich: Ich werde wahnsinnig.
Versuchten sie mich für verrückt zu erklären? Aus welchem Grund? Angeblich wollten sie mich vor dem geistigen Zusammenbruch retten, dem ich nahe war, als ich in der siebenten Vollmondnacht zurückkehrte – als Opfer eines brutalen Überfalles im Wald, wie sie versicherten.
Maximilian brutal? Leidenschaftlich war er und manchmal auch ungestüm, aber er liebte mich, denn er war einfühlsam und zärtlich zu mir gewesen. Und er hatte mir gesagt, daß er nach mir verlangte; doch ich müsse freiwillig zu ihm kommen.
Meine Gedanken liefen im Kreis. Ich mußte die Wahrheit herausfinden. Ich mußte versuchen, ruhig zu bleiben und den Tatsachen ins Auge zu sehen. Wo waren mein Ring und meine Heiratsurkunde? Ich konnte beides so deutlich vor mir sehen – den glatten Goldreif, die Schriftzüge auf dem Papier. Aber die Beweisstücke waren verschwunden.
Ich mußte die Wahrheit wissen. So rasch wie möglich mußte ich zum Jagdhaus zurück.

Ilse zog Dr. Carlsberg zu Rate, und auch er war der Meinung, daß ich meinen Willen haben sollte.
»Und wie finden wir das Haus?« fragte Ernst.
»Es ist nicht weit von Leichenkin – ungefähr acht Meilen, glaube ich. Du erinnerst dich doch, Ilse? Als du mich zur Hochzeit hinbrachtest –«
Sie sah mich bestürzt und traurig an.
»Nun – wir wollen versuchen es zu finden«, sagte sie.
Ernst lenkte die Pferde; Ilse und ich saßen nebeneinander im Wagen. Sie hatte meine Hand in die ihre genommen und drückte sie leicht. »Wir werden das Haus finden, in dem du übernachtet hast, als du dich im Nebel verirrtest. Sicherlich hilft es dir, wenn du diese Dienerin wiedersiehst.«
Ich dachte an Hildegard. Wenn sie mir sagte, daß ich nur ein einziges Mal im Jagdhaus gewesen war, mußte ich ihr Glauben schenken. Furcht stieg in mir auf, und diese Furcht war ein Zeichen dafür, daß ich zu zweifeln begann. Wie konnte ich unerschütterlich an etwas glauben, was alle anderen nur als einen Traum abtaten?

Es gab so viele Gegenbeweise.
Ich fragte mich, ob es wirklich möglich war, solche Träume hervorzurufen. Dabei dachte ich an Dr. Carlsbergs ruhiges, intelligentes und freundliches Gesicht. Welchen Grund konnten sie haben, mich so zu täuschen? Und andererseits – was wußte ich von Maximilian? Er hatte mir nie wirklich etwas über sein Leben erzählt. Ich hatte nicht einmal die geringste Ahnung, wo er lebte. Je mehr ich mir alles vergegenwärtigte, was geschehen war, desto unglaubwürdiger erschien es mir selbst.
Ich konnte mich nicht mehr an die Straße erinnern. Das erstemal, als wir sie in meinem Traum entlangfuhren – wenn es ein Traum war –, bemerkte ich keine markanten Punkte. Das war mein Hochzeitstag gewesen. Ich befand mich in einem Zustand schwindelnder Freude und Erregung; und als wir nach Maximilians Abreise zurückfuhren, dachte ich nur an ihn; fragte mich, wann er wiederkommen würde und schenkte der Straße ebensowenig Aufmerksamkeit.
Ernst fuhr zuerst nach Leichenkin, und als wir die Stadt mit ihren spitzgiebeligen Häusern erreichten, die sich rund um die Pfarrkirche scharten, waren wir nicht weit vom Damenstift entfernt.
Ich spürte, wie der Anblick des Klosters Erinnerungen in mir wachrief – doch nicht an meine Schulzeit, sondern an den Morgen, als Hildegard mich vom Jagdhaus dorthin zurückbrachte. Wie trostlos war mir damals ums Herz gewesen; ich hatte befürchtet, ihn nie wiederzusehen. Nun war es hundertmal schlimmer; trotzdem erwachten meine Lebensgeister wieder. Wenn wir das Jagdhaus fanden, würde ich Hildegard treffen. Sie konnte bestätigen, daß ich dort drei Tage und drei Nächte als Maximilians Frau verbracht hatte. Doch da waren Ilse und Ernst – es konnte doch unmöglich sein, daß sie an Wahnvorstellungen litten?
»Von hier aus müßten wir den richtigen Weg finden«, sagte Ernst.
»Du meinst, es war etwa acht Meilen vom Damenstift entfernt?«
»Ja, ich bin ganz sicher.«
»Aber in welcher Richtung?«
Ich deutete nach Süden. »Soviel ich mich erinnern kann, bin ich mit Hildegard von dort aus zum Damenstift hinaufgefahren.«
Ernst lenkte die Pferde auf die Straße, die einige Meilen geradeaus

führen mußte, wenn ich mich nicht täuschte. Wir kamen an eine Straßenkreuzung, und er sah mich unschlüssig an.
»Das ist ein nutzloses Unterfangen«, sagte er.
Ilse schüttelte den Kopf. »Nein, wir müssen das Jagdhaus finden. Es ist das einzige, was Helena weiterhelfen kann.«
Die Straße zur Linken schien mir die richtige zu sein. Das graue Bauernhaus an der Böschung kam mir bekannt vor. Wir fuhren wieder weiter.
Diesen Weg hatte Schwester Maria an jenem schicksalshaften Nachmittag eingeschlagen. Wir holperten bergan, und bald umgab uns Tannenwald. An diesem Platz hatten wir unser Picknick eingenommen. Dort unter dem Baum hatte Schwester Maria gesessen und ein Schläfchen gehalten. Und ich war weggewandert – in einen Traum hinein, der jetzt zum Alptraum wurde.
»Wenn du die Entfernung damals richtig geschätzt hast, dürfte das Jagdhaus nicht mehr allzuweit von hier sein«, meinte Ernst schließlich.
Unglücklicherweise konnte ich ihm den Weg nicht weisen. Wir wendeten und fuhren einige Zeit geradeaus. Dann sahen wir einen Mann, der Holz sammelte. Ernst hielt an und fragte ihn, ob ihm hier in der Nähe ein Jagdsitz bekannt sei.
Der Mann setzte sein Bündel ab, richtete sich auf und kratzte sich den Kopf. Ja, da wäre ein Jagdsitz ; ein hübsches Haus, das einem hohen Herrn oder einem Grafen oder sonst irgendeinem Edelmann gehörte.
Ich fühlte mein Herz schneller schlagen. O Gott, betete ich, hilf mir. Mach, daß ich Hildegard finde und es schaffe, mich aus dieser quälenden Ungewißheit zu befreien!
Der Holzsammler konnte uns den Weg zeigen. Wenn wir geradeaus bis zum Ende der Straße fuhren, dann den Pfad einschlugen, der ein wenig bergan führte, und eine scharfe Wendung nach links machten, würden wir auf ein Jagdhaus stoßen.
»In der Jagdsaison kommen sie hierher«, sagte er. »Herren und auch Damen. Im Wald gibt's Eber und Hirsche.«
Ernst bedankte sich bei ihm, und wir kutschierten schweigend weiter. Mir kam es vor, als führte die Straße lange Zeit bergauf, und ich war voller Ungeduld, weil wir das Tempo verringern mußten.

Endlich erreichten wir die Spitze des Hügels. Ich stieß einen entzückten Schrei aus, denn vor uns lag das Tannengehölz, an das ich mich so lebhaft erinnerte. Das Jagdhaus befand sich direkt jenseits der Bäume.
Ernst trieb die Pferde an; wir waren nun im Gehölz, denn die Straße führte zwischen den Tannen durch, genau wie ich es in Erinnerung hatte. Dort standen die beiden steinernen Pfosten, und dahinter ragten die grauen Steinmauern auf, die ich so gut kannte.
Ich rief voll Freude: »Wir sind da!«
Schon wollte ich aus der Kutsche springen, doch Ilse hielt mich zurück. »Sei vorsichtig, Helena«, sagte sie. »Du bist noch nicht sehr kräftig.«
Ernst band die Zügel an einem der Pfosten fest, und wir stiegen aus. Ich lief voraus. Überall herrschte seltsame Stille. Ich bemerkte, daß die Ställe verschwunden waren. Sie hätten auf der linken Seite des Hauses sein müssen. Von dort war Hans immer gekommen, um unsere Pferde zu übernehmen, wenn wir von einem Ausritt zurückkamen.
Alles war verändert. Dies war das Haus; dort standen die steinernen Pfosten, und vor mir erhoben sich die Mauern. Doch das Haus hatte keine Tür. Ich starrte durch das Loch, das einst die Tür gewesen war, ins Leere.
Ja – ich stand vor der Ruine des Jagdhauses, in dem ich Maximilian zu heiraten geglaubt hatte. Ich war dessen so sicher gewesen – bis zu diesem Augenblick.
Ilse war schon neben mir. Sie schob ihren Arm unter den meinen und sah mich mitleidig an. »O Helena«, sagte sie. »Komm fort von hier.«
Doch ich wollte nicht. Ich rannte durch die Öffnung, in der sich einst eine eisenbeschlagene Tür befunden hatte. Dann stand ich inmitten der rußgeschwärzten Mauern. Nichts war mehr da – weder der Raum, in dem wir gegessen, noch das Schlafzimmer, das wir geteilt hatten; nichts war übriggeblieben von dem kleinen Zimmer, in dem ich die erste Nacht verbrachte oder dem blauen Gemach mit dem Schrank, in dem die Kleider einer anderen Frau hingen. Und wo war die Halle mit den ausgestopften Tierköpfen und den Waffen an der Wand – wo waren Hildegard und Hans?

Alles, alles war verschwunden.
»Das ist das Haus!« rief ich.
»Helena, mein armes Kind«, murmelte Ilse.
»Aber was ist damit geschehen?« stöhnte ich.
»Es sieht so aus, als wäre es vor einiger Zeit ausgebrannt. Komm jetzt weg von hier. Komm nach Hause. Es war schon fast zuviel für dich.«
Ich wollte nicht gehen. Ich wollte in dieser Ruine bleiben und noch einmal an alles denken. Wie konnte ich mich so lebhaft an einen Traum erinnern? Das war unmöglich. Mein Elend war kaum zu ertragen, denn sie überzeugten mich von Minute zu Minute mehr davon, daß alles nur eine Illusion war.
Ilse führte mich zur Kutsche zurück.
Schweigend fuhren wir nach Hause. Ich wollte nicht mehr nachdenken. Die Beweise gegen meine Heirat waren jedoch unwiderlegbar.

Als wir wieder im Haus der Gleibergs eintrafen, versank ich in tiefe Schwermut. Ilse versuchte mein Interesse am Sticken und Kochen zu wecken, doch ich war zu teilnahmslos. Manchmal gestattete ich mir die Vorstellung, daß Maximilian zu mir zurückkäme; doch ich war immer darauf bedacht, diese Wünsche in Grenzen zu halten, um mich nicht wieder ins gefährliche Reich der Phantasie zu verirren.
Ich war nicht nur freudlos und elend, sondern ich fürchtete mich auch vor mir selbst. Man sprach viel von der Kraft der Einbildung und der Hypnose. Vor ungefähr zehn Jahren hatte sich der Ruhm der Geschwister Fox von Amerika nach England ausgebreitet; sie glaubten an die Möglichkeit, mit den Toten Verbindung aufzunehmen. Und obwohl man dieser Theorie voller Zweifel begegnete, waren inzwischen doch viele Menschen geneigt, etwas anzuerkennen, was einst völlig unglaublich erschien. Manche Leute, so meinte man, hätten die Gabe, ungeheuerliche Geheimnisse ans Licht zu bringen. Dr. Carlsberg experimentierte zweifellos mit neuen Behandlungsmethoden,und in meiner Lage war ich bestimmt ein geeignetes Objekt für seine Versuche.
Ich war nicht länger die lebensfrohe Helena Trant von einst. Allem

Anschein nach hatte ich ein entsetzliches Erlebnis hinter mir, von dem viele glaubten, daß es das schlimmste sei, was einem unschuldigen jungen Mädchen widerfahren konnte. Oder ich hatte all das Entzücken erlebt, das eine vollkommene Liebesbindung zwischen zwei Menschen mit sich bringt. Ich war nicht sicher, was von beidem zutraf. Wenn ihre Behauptung stimmte, hatte ich sechs Tage meines Lebens ohne Bewußtsein verbracht und in diesen Tagen einen Zustand kennengelernt, der nicht wieder Macht über mich gewinnen durfte. Ich hatte mit tiefer, ausdauernder Leidenschaft einen Mann geliebt, der angeblich nur eine Phantasiegestalt war. Niemals konnte ich wieder so lieben. Deshalb hatte ich einen unersetzlichen Verlust erlitten.
Ich kam mir selbst wie eine Fremde vor. Oft warf ich einen forschenden Blick in den Spiegel und hatte das Gefühl, das Gesicht nicht zu erkennen, das mir daraus entgegensah. Wie konnte es auch anders sein, da ich nicht einmal sicher wußte, ob ich nicht selbst mit in jenes Komplott verwickelt war – angezettelt, um die Erinnerung an ein schreckliches Erlebnis auszulöschen und einen vollkommenen Traum an seine Stelle zu setzen.
Manchmal schrak ich nachts aus dem Schlaf, weil ich träumte, daß ich im Wald von einem Ungeheuer verfolgt wurde, das sich als Maximilian verkleidet hatte. Und beim Erwachen fragte ich mich, ob es sich so zugetragen hatte. Wir waren durch den Wald geritten. Einen Moment lang hatte er gezögert. Begann ich in jenem Augenblick, mir eine Traumwelt zu schaffen?
Furchtsam beobachtete ich jede meiner spontanen Regungen. Ich hatte Angst, in einen Zwiespalt zu geraten. Luisa, die Cousine meiner Mutter, von der sie allerdings nie gesprochen hatte, war verrückt geworden. Konnte mir das gleiche geschehen?
Ich schloß mich eng an Ilse an. Sie strahlte soviel Freundlichkeit und Mitgefühl aus. Es war rührend, wie sie sich um mich kümmerte und sich bemühte, mich von meinem tragischen Erlebnis abzulenken. Ich wußte, daß sie mir helfen wollte.
Die Tage vergingen. Ich verbrachte sie untätig; nur das Geräusch von Hufschlag riß mich aus meiner Apathie. Dann sprang ich jedesmal erwartungsvoll auf, denn ich konnte mich noch immer nicht von der Hoffnung freimachen, daß Maximilian eines Tages

kommen würde, um seinen Anspruch auf mich geltend zu machen.
Dr. Carlsberg besuchte mich täglich. Er sorgte sich sehr um mein Wohlergehen.
Ich glaube, es muß ungefähr eine Woche nach meinem schrecklichen Erwachen gewesen sein, als Ilse mir mitteilte, daß wir Lokenburg verlassen müßten. Ernsts Urlaub war vorüber. Er mußte nach Denkendorf zurück.
Ich lauschte den Gesprächen zwischen Ilse und Ernst ohne besonderes Interesse. Man hatte eine Verschwörung gegen Herzog Karl angezettelt, um seinen Bruder Ludwig an die Regierung zu bringen. Aufgeregt unterhielten sie sich darüber und waren offensichtlich froh, daß Ludwig mit seiner Intrige keinen Erfolg gehabt hatte. Sie schienen dem Herzog sehr ergeben zu sein.
So verabschiedeten wir uns von Dr. Carlsberg, der mir versicherte, daß ich meine frühere Lebhaftigkeit mit der Zeit wiedererlangen würde. Ich müsse nur aufhören, darüber nachzugrübeln, was mir widerfahren war, und alles als einen bedauerlichen Unfall hinnehmen. Die Grübeleien würden mir nicht weiterhelfen – im Gegenteil, sie könnten mir nur schaden.
Als wir abreisten, fragte ich Ilse: »Was ist, wenn Maximilian hierherkommt und mich sucht? Er sagte, er würde zum Jagdhaus zurückkehren, aber dann wollte er, daß ich hier bei euch auf ihn warte. Er wird also wissen –«
Ich verstummte. Sie sah so traurig aus.
Dann erwiderte sie: »Wir haben das Haus früher schon gemietet. Die Eigentümer wissen, daß wir in Denkendorf leben. Wenn irgendwelche Leute hier nach uns fragen sollten, wird man ihnen sagen, wohin wir gefahren sind.«
Es tat mir leid, sie mit einem neuen Beweis meines Unglaubens zu verletzen, aber sie verstand mich wohl.
Sie wußte, daß ich noch immer an dem Traum festhalten mußte.

Denkendorf war wie so viele Kleinstädte, die ich in diesem Teil der Welt schon gesehen hatte. Die Geschäfte in der Stadtmitte befanden sich unter Bogengängen; Katzenkopfpflaster bedeckte die Straßen, und alles wirkte mittelalterlich. Da Denkendorf ein Kurort war und die Leute aus dem ganzen Land kamen, um von der Mineralquelle zu trinken, gab es viele Gasthöfe in der Stadt. Die Läden waren gut sortiert und die Straßen belebter als in Lokenburg. Wir wohnten in der Nähe des Flusses. Man konnte am Ufer spazierengehen. Von dort hatte man einen schönen Blick auf die Ruine eines Schlosses aus silbergrauem Stein hoch oben auf dem Berg jenseits des Flusses.

Als wir ankamen, merkte ich, daß ich meinen Alptraum bereits ein wenig überwunden hatte. Ich begann das anzuerkennen, was ich nie für möglich gehalten hatte. Ich wußte, daß man Menschen unter den Einfluß von Drogen setzen konnte, so daß sie ganze Tage ihres Lebens ohne Bewußtsein verbrachten. Man konnte Träume hervorrufen, die Wirklichkeit zu sein schienen. Wie durfte ich bezweifeln, daß Ilse, die sich so liebevoll um mich sorgte, die Wahrheit sprach? Ich hätte wissen müssen, daß meine Träume zu vollendet schön gewesen waren, um wahr zu sein.

Wir waren kaum in Denkendorf angekommen, als Ernst uns verließ und nach Rochenberg fuhr, der Hauptstadt des Herzogtums Rochenstein. Die Staatskrise hatte zur Folge, daß Ernst trotz seiner schwankenden Gesundheit seine Arbeit in der Regierung wieder aufnehmen mußte. So blieben Ilse und ich allein zurück.

Wir wurden sehr vertraut miteinander. Ilse ließ mich nicht allein ausgehen; jeden Vormittag kauften wir gemeinsam auf dem Markt ein. Manchmal begegneten wir Leuten, die Ilse flüchtig kannte. Dann stellte sie mich als ihre englische Cousine vor, und dabei ergaben sich stets automatisch dieselben Fragen: Wie mir das Land gefiele? Wie lange ich hierbleiben wollte? Darauf antwortete ich immer, daß ich das Land interessant fände und nicht genau wüßte, wie lange ich bleiben wollte. Ich merkte, daß ich ihnen ein wenig langweilig vorkam, vielleicht sogar wunderlich. Wenn ich daran dachte, wie ich noch vor wenigen Wochen gewesen war, erschrak ich. Niemals wieder würde ich jenes sorglose, impulsive Mädchen sein, das Maximilian bezaubert hatte ... Aber wie konnte man ein Trugbild bezaubern? Doch anfangs, dachte ich, hatte ich ihn wirklich gefesselt. Es konnte nichts Schlimmes daran sein, wenn ich mich an den Zwischenfall erinnerte, der im Nebel begann. Das war wirklich geschehen.

Ich schrieb an meine Tanten und erhielt in regelmäßigen Abständen Briefe von ihnen.
Bald waren sechs Wochen seit unserer Ankunft in Denkendorf vergangen. Ein Tag glich dem anderen. Ernst stattete uns gelegentlich Besuche ab; ich lernte Gobelins in sehr feinem petit point besticken – eine Arbeit, die wir nur bei Tageslicht ausführen konnten. An den Abenden beschäftigten wir uns mit gewöhnlicher Stickerei und Näharbeiten. Ich las viele Bücher über deutsche Geschichte und interessierte mich besonders für die Vorfahren Herzog Carls von Rochenstein. Es war kaum zu glauben, wie rasch die Zeit verging.
Tante Caroline schrieb über die Angelegenheiten, die sie am meisten bewegten – wieviel Erdbeermarmelade und schwarzes Johannisbeergelee sie eingemacht hatte. Sie setzte es als selbstverständlich voraus, daß ich bald zurückkehrte. Ja, sie hatte von Anfang an nicht verstanden, weshalb ich so nutzlos durch die Gegend reiste. Tante Mathilda berichtete von der seltsamen Atemnot, die Tante Caroline seit kurzem befallen hatte. Auch Mr. Clees' eine Niere wurde erwähnt, die die Arbeit von zweien tun mußte; Amalie Clees sei ein wenig kränklich. Tante Mathilda hoffte, sie bekäme nicht dasselbe Leiden wie einst ihre Mutter. Mr. Clees kam in Tante Mathildas Briefen ziemlich oft vor. Es schien fast, als übte ein Mann, der eine leidende Frau gehabt hatte und nur eine Niere besaß, besondere Anziehung auf sie aus. Auch von Mrs. Greville bekam ich Nachricht. Sie vermißten mich und wollten wissen, wann ich beabsichtigte, die Heimreise anzutreten. Sie und ihr Mann würden versuchen, ihren Urlaub in Deutschland so einzurichten, daß sie mich wieder mit nach England nehmen konnten. Anthony hätte erst gestern gesagt, daß es ohne mich nicht mehr das selbe sei.
Ich las die Briefe nochmals durch. Das alles schien mir so fern. Die Vorstellung, nach Hause zurückzukehren und dort so zu leben, als wäre alles wie früher, gefiel mir nicht.
Plötzlich kam Ilse ins Zimmer. Sie hatte es sich angewöhnt, auf Zehenspitzen zu gehen, als wollte sie mich nicht stören.
»Was ist los, Helena?« fragte sie. »Du siehst so nachdenklich – so verloren aus.«

»Briefe von zu Hause«, erklärte ich. »Ich habe an meine Heimreise gedacht.«
»Aber du bist doch jetzt noch nicht dazu bereit, oder?«
»Ich glaube nicht, daß ich ihnen gegenübertreten könnte.«
»Nein, jetzt noch nicht. Es wird sich ändern. Aber du brauchst dir keine Sorgen zu machen. Du bleibst hier bei uns, bis du dich wieder ganz erholt hast.«
»Ach Ilse«, sagte ich. »Was hätte ich nur ohne dich angefangen?«
Sie wandte sich ab, um ihre Bewegung zu verbergen. Sie achtete immer darauf, ihre Gefühle unter Kontrolle zu halten.

Wieder vergingen einige Wochen. Vielleicht fand ich mich in zunehmendem Maße mit allem ab, doch ich wurde immer apathischer. Meine Persönlichkeit schien sich verändert zu haben. Ich lächelte nur noch selten, und voll Staunen dachte ich an frühere Zeiten zurück, als ich oft unfähig gewesen war, das Lachen zurückzuhalten. Doch das, was ich durchgemacht hatte – wie die Wahrheit auch immer aussehen mochte –, hätte wohl jeden anderen Menschen ebenfalls verändert.
Im Laufe der Zeit schien alles darauf hinzudeuten, daß ich jene sechs Tage im Bett verbracht hatte. Trotzdem hoffte ich noch immer, Maximilian würde kommen und mich holen. Ich hatte die Gewohnheit, den Leuten auf der Straße ins Gesicht zu sehen; und jedesmal, wenn ich in der Ferne einen großen Mann entdeckte, tat mein Herz vor lauter Hoffnung einen jähen Sprung. Aber jeder Tag, der verstrich, ließ diese Hoffnung mehr und mehr schwinden. Wenn ich wirklich geheiratet hatte, wo war dann mein Mann? Er wäre doch sicherlich gekommen, um seine Ansprüche auf mich geltend zu machen.
Ich glaube, daß ich beim Anblick des ausgebrannten Jagdhauses angefangen hatte, alles zu glauben – all das, was Ilse, Ernst und Dr. Carlsberg mir erzählten. Aber mir war, als wäre damit auch ein Teil von mir gestorben. Ich würde nie wieder das unbeschwerte Mädchen von einst sein.
Ilse schien hier in der Stadt keine Freunde zu haben, und deshalb hatten wir nie Besuch. Sie erklärte mir, daß sie und Ernst erst vor kurzem nach Denkendorf gezogen wären. Da die Leute hier sehr

förmlich seien, würde es noch einige Zeit dauern, bis man sie in die Gesellschaft aufnahm.
Ich versuchte mich für das Gemüse zu interessieren, das sie auf dem Markt kaufte, oder für das Seidengarn zu unseren Stickereien – doch es war mir einfach gleichgültig, ob wir Karotten oder Zwiebeln aßen oder ob wir statt dem purpurroten Garn ein azurblaues für die Blumen wählten, an denen wir stickten. Unbeteiligt, fast mechanisch verbrachte ich meine Tage. Wieder fühlte ich mich wie in einer Vorhölle und wartete... worauf, wußte ich nicht.
In den Geschäften, die wir aufsuchten, erwähnten die Leute oft Graf Ludwigs Intrige gegen seinen Bruder. Sie schienen alle sehr erfreut darüber zu sein, daß der Anschlag gescheitert war. Oft sah ich auch Bilder, die dem ähnelte, das mir Dr. Carlsberg in unserem Haus in Lokenburg gezeigt hatte, Bilder mit demselben Gesicht und der gleichen Inschrift: Karl Ludwig *Maximilian,* achter Herzog von Rochenstein und Dorrenig, *Graf von Lokenburg.*
Maximilian, Graf von Lokenburg. Das waren die Worte, die meinen Blick fesselten.
Es ist ein seltsames Gefühl für jemanden, zu wissen, daß ein Teil seines Lebens von einem Geheimnis umgeben ist; daß alles, was während dieser Zeitspanne geschah, dem Bewußtsein entzogen war. Man fühlt sich von seinen Mitmenschen isoliert.
Ich versuchte es Ilse zu erklären, denn nun konnte ich sehr frei und vertrauensvoll mit ihr sprechen. Sie erwiderte, daß sie mich verstehen könne und sicher sei, daß ich dies alles mit der Zeit überwinden werde.
»Du kannst mir immer alles sagen«, fügte sie hinzu. »Das heißt natürlich, wenn du es wünschst. Es liegt mir fern, dein Vertrauen erzwingen zu wollen; aber du sollst wissen, daß ich für dich da bin, wenn du mich brauchst.«
»Ich werde bald an meine Heimreise denken müssen«, sagte ich.
»Noch nicht!« bat sie mich. »Bitte warte, bis du völlig wiederhergestellt bist, ehe du uns verläßt.«
»Ich glaube nicht, daß ich das je sein werde.«
»Das denkst du jetzt, weil noch alles so frisch ist. Eines Tages wirst du sehen, daß ich recht hatte.«
O ja, sie war mir ein großer Trost.

Jeden Morgen sagte ich mir: Ich muß nach Hause. Es sollte nur ein kurzer Besuch sein, und nun sind schon zwei Monate vergangen, seit ich England verließ.

Eines Tages wachte ich auf und fühlte mich krank. Das flößte mir Angst ein, denn dieser Zustand erinnerte mich an ein anderes Erwachen, das mein Leben so schrecklich verändert hatte.

Als ich mich erhob, überkam mich ein Schwindelgefühl. Rasch setzte ich mich auf die Bettkante und überlegte, ob ich vielleicht wieder sechs Tage lang bewußtlos gewesen war. Diesmal hatte ich jedoch keine angenehmen Erinnerungen.

Ich saß noch immer da, als an die Tür geklopft wurde. Ilse sah zu mir herein.

»Geht es dir gut, Helena?« fragte sie besorgt.

»Ja, ich glaube schon. Ich fühle mich nur ein bißchen schwindlig.«

»Soll ich den Arzt rufen?«

»Nein, danke. Es geht schon vorüber. Du willst doch nicht sagen, daß ich wieder tagelang im Bett lag und gestern nicht mit dir in der Stadt war?«

Sie schüttelte den Kopf. »Nein, nein. Dr. Carlsberg hat dich nicht behandelt, seit wir hier sind. Aber es tut mir leid, daß du dich schwindlig fühlst. Vielleicht wäre es wirklich besser, wenn ich einen Arzt holen würde.«

»Nein!« sagte ich beharrlich. »Es ist schon fast vorbei.«

Sie sah mich aufmerksam an, doch ich erklärte, jetzt aufstehen zu wollen.

Später gingen wir in die Stadt, und der Tag verlief genauso wie alle anderen.

Plötzlich kam mir der Einfall, daß ich über alles besser nachdenken könnte, wenn ich wieder zu Hause in England war. Inmitten der vertrauten Umgebung würde ich sicher in der Lage sein, mein Abenteuer richtig einzuschätzen. Hier spürte ich immer noch einen Hauch der alten Verzauberung. Die buckligen Straßen und die Häuser mit ihren Giebeldächern und den quietschenden Zunftzeichen wirkten wie die Kulisse zu einem der alten Märchen. Noch immer konnte ich die Überzeugung nicht loswerden, daß hier in der Heimat der Trolle, Elfen und Kobolde und der alten Götter nichts zu phantastisch war, um zu geschehen. Zu Hause,

unter den Türmen von Oxford, würde ich wieder den prosaischen Gesprächen der Tanten zuhören, die freundliche Atmosphäre im Haus der Grevilles genießen und klarer urteilen können. Ich würde begreifen, was mir widerfahren war.
Eines Morgens sagte ich zu Ilse: »Ich glaube, ich muß mich für die Abreise vorbereiten.«
Sie sah mich ängstlich an: »Willst du das wirklich?«
Unsicher erwiderte ich ihren Blick. »Es ist wohl besser so.«
»Diese Entscheidung bedeutet sicher, daß du langsam alles so hinnimmst, wie es geschehen ist. Du überwindest also den Schock.«
»Vielleicht. Ich weiß, daß ich mich aus dem seltsamen Zustand befreien muß, in dem ich mich befinde. Ich muß weiterleben. Wahrscheinlich werde ich das am besten dort schaffen, wo ich hingehöre.«
Sanft berührte sie meine Hand. »Mein liebes Kind, du kannst hierbleiben, solange du willst, das weißt du. Aber ich glaube, du hast recht. In Oxford wirst du deinen gewohnten Alltag wieder aufnehmen und dir über alles klar werden. Du wirst erkennen, daß du nicht das erste Mädchen bist, das die Schattenseite des Lebens auf so grausame Weise kennenlernen mußte.«
»Aber ich bin vielleicht das erste Mädchen, das sich für verheiratet hielt und statt dessen erfuhr, daß es sechs Tage seines Lebens in einer Scheinwelt verbrachte.«
»Da bin ich nicht so sicher. Doch ich glaube noch immer, daß Dr. Carlsberg recht hatte und unter diesen Umständen das einzig Richtige tat. Er hat ein schreckliches Erlebnis durch ein schönes ersetzt.«
»Aber ihr habt mir doch alle gesagt, daß das Schreckliche Wirklichkeit war und das Schöne ein Traum.«
»Leider – doch die Erinnerung an das Böse wurde aus deinem Bewußtsein verdrängt. Und nachdem du all das ertragen hast, tröstet dich vielleicht die Gewißheit, daß du Dr. Carlsberg ein großes Stück weitergeholfen hast. Sein Experiment war so erfolgreich, daß du dich nicht einmal an den rohen Überfall erinnerst, sondern noch immer an deinen Traum glaubst.«
Wie gut sie meine Gefühle ausgedrückt hatte!
»Ich war also eine Art Versuchskaninchen für Dr. Carlsberg?«

»Nur weil es für beide Teile die beste Lösung war. Aber sag mir, Helena – glaubst du wirklich noch an diese Heirat?«
»Ich weiß, daß alles dagegen spricht, aber ich sehe es unverändert klar vor mir. Und so wird es sicherlich immer sein.«
Sie nickte. »Wahrscheinlich hat Dr. Carlsberg das so gewollt.« Einen Moment lang schwieg sie. »Helena, ich bringe dich nach England zurück, sobald du nur willst. Aber möchtest du Dr. Carlsberg noch einmal aufsuchen? Es wäre mir lieb, wenn du es vor deiner Abreise noch tun würdest.«
Ich zögerte. Plötzlich spürte ich eine Abneigung gegen diesen Mann, die ich nie zuvor empfunden hatte. Natürlich war das falsch von mir. Er war gut zu mir gewesen und hatte mich – nach allem, was man mir sagte – davor bewahrt, den Verstand zu verlieren. Und doch wollte ich ihn nicht wiedersehen. Ich fragte mich, ob ich es wirklich nicht ertragen hätte, damals sofort die Wahrheit zu erfahren. Ich war auf die brutalste und grausamste Weise überfallen worden. Wenn ich in jener Nacht zurückgekehrt wäre und es gewußt hätte, wie hätte ich reagiert? Es war mir nicht klar. Aber eines wußte ich sicher: Der gleiche Mann, den ich in der siebenten Vollmondnacht traf, hatte mich auch im Nebel gefunden. Wenn er wirklich der grausame Rohling jener Nacht war, hätte er dann gezögert, als ich in seinem Jagdhaus übernachtete?
Wenn sie mir die Chance gegeben hätten, der Wahrheit ins Auge zu sehen, dann hätte ich es mutig getan. Ich konnte nicht glauben, daß ich beinahe den Verstand verloren hatte. Ich war leichtsinnig und impulsiv gewesen, aber niemals hysterisch. Doch woher konnte ich wissen, wie sich eine solche Gewalttat auf mich auswirkte? Keiner kennt sich wirklich selbst, und nur wer eine Krise durchmacht, entdeckt völlig neue Wesenszüge an sich selbst.
Ilse fuhr fort: »Ich wäre so erleichtert, wenn er dich diesmal nur als gewöhnlicher Arzt untersuchen würde. Ich nehme an, daß er darauf großen Wert legen würde, und ich wüßte auch gern, was er von deiner Heimreise hält.«
So stimmte ich also zu, Dr. Carlsberg zu konsultieren, und sie schrieb ihm noch am selben Tag. Bald bekamen wir Antwort von ihm. Er wollte innerhalb von zwei Tagen bei uns sein.
Ich hatte noch einige Schwindelanfälle während des Aufstehens

und fragte mich, ob ich eine Krankheit ausbrütete. Ilse erkundigte sich jeden Morgen ängstlich nach meinem Befinden. Sie schien sich große Sorgen um mich zu machen.

»Ich glaube, ich sollte nach Hause fahren«, sagte ich. »Dann wird alles anders werden.« Dabei dachte ich wieder an Maximilian. Wenn er mich wirklich geheiratet hatte, hätte er längst kommen und mich holen müssen. Jeder Tag, der verstrich, war ein neuer Beweis dafür, daß die Heirat nie stattgefunden hatte.

Wenn ich von hier fort konnte, würde ich vielleicht alles vergessen. Oxford schien mir so fern von allem, was geschehen war; möglicherweise würde ich mich dort auch selbst innerlich von allem entfernen.

Ich konnte wieder neu beginnen.

Ich schrieb an Tante Caroline und Mrs. Greville, daß ich bald heimkommen würde.

Dr. Carlsberg kam wie vereinbart. Als er eintraf, saß ich in unserem kleinen Garten und hörte ihn nicht kommen. Er mußte schon etwa eine Viertelstunde mit Ilse gesprochen haben, ehe ich ins Haus ging und ihn dort vorfand.

Als er mich sah, erhellte sich sein Gesicht. Er erhob sich und nahm meine beiden Hände in die seinen. »Wie geht es Ihnen?« fragte er.

Ich sagte ihm, daß ich langsam wieder in mein normales Leben zurückfände, und er lächelte voll Freude und Befriedigung. Ilse ließ uns allein. Dr. Carlsberg wollte, daß ich ihm genau berichtete, was seit unserer Ankunft in Denkendorf vorgefallen war. Was hatte ich geträumt? Litt ich unter Alpträumen? Sogar Kleinigkeiten schienen von großer Wichtigkeit für ihn zu sein.

Dann erkundigte er sich nach meiner körperlichen Verfassung, und ich erzählte ihm, daß ich mich beim Aufstehen oft schwindlig fühle.

Er fragte, ob ich damit einverstanden sei, daß er mich untersuche, und ich hatte nichts dagegen einzuwenden.

Was nun folgte, werde ich nie vergessen. Es war einer der dramatischsten Augenblicke in meinem Leben.

»Ich muß Ihnen mitteilen, daß Sie ein Kind erwarten«, sagte er.

2.

Ich war tief beeindruckt von Ilses Reaktion auf die Neuigkeit. Sie war vor Entsetzen und Bestürzung ganz außer sich.
»O Gott!« rief sie. »Das ist fürchterlich!«
Ich war es, die sie tröstete, denn offen gestanden erfüllte mich freudige Erwartung. Ich würde ein Kind haben – sein Kind! Und ich war nicht verrückt. Es gab ihn wirklich. Als mir dies klar wurde, begann ich aus dem Abgrund meiner Verzweiflung aufzutauchen. Mein Kind! Ich dachte nicht an die unvermeidlichen Schwierigkeiten, die auf mich zukamen, denn ich sah nichts als das Wunder, daß ich sein und mein Kind erwartete.
Tief im Herzen mußte ich wohl immer daran geglaubt haben, daß Maximilian mich geliebt hatte. Ich konnte ihn nicht mit einem Verbrecher in Verbindung bringen. Die Aussicht, seinem Kind das Leben zu schenken, rief in mir nichts als Entzücken hervor.
Als Dr. Carlsberg uns verlassen hatte, sagte Ilse zu mir: »Helena, weißt du, was das bedeutet?«
»Ja, ich weiß.« Ich konnte es nicht ändern, wenn meine Seligkeit zu offenkundig war. Mein Vater und meine Mutter hatten immer behauptet, ich hätte ein sehr schwankendes Temperament. »Himmelhoch jauchzend, zu Tode betrübt«, pflegte meine Mutter zu sagen.
»Unzuverlässig«, nannte es Tante Caroline. Und ganz bestimmt fand Ilse mich nun wunderlich und unlogisch. Ich war in tiefe Schwermut versunken, als ich die Möglichkeit gehabt hätte, ein häßliches Erlebnis hinter mir zu lassen und ein neues Leben zu beginnen. Und jetzt, da dies unmöglich geworden war, weil jenes

Erlebnis einen lebendigen Zeugen bekommen sollte, freute ich mich. Ich konnte nichts dagegen tun. Das Glück, ein Kind zu bekommen, drängte alles andere in den Hintergrund.
»Das macht alles zunichte«, sagte Ilse endlich. »Warum hat auch das noch passieren müssen? Was sollen wir jetzt tun? Du kannst nicht nach England zurück. Helena, hast du begriffen, was das bedeutet?«
Doch ich konnte an nichts anderes denken, als daß ich ein Kind erwartete.
»Wir müssen praktisch denken«, warnte sie mich. »Kannst du zu deinen Tanten fahren und ihnen sagen, daß du ein Kind bekommst? Was werden sie sagen? Sie werden dich mit Schimpf und Schande empfangen – vielleicht würden sie dich nicht einmal vorlassen. Wenn ich an sie schreibe und ihnen erkläre, was geschehen ist... Nein, sie würden es nie verstehen. Du mußt hierbleiben, bis das Kind zur Welt gekommen ist. Das ist die einzige Möglichkeit. Ja, so müssen wir es machen.«
Ich muß zugeben, daß ich kaum einen Gedanken auf die Monate bis zur Geburt meines Kindes verschwendet hatte. Ich wünschte mir einen Jungen, doch ich wollte mich nicht festlegen. Denn wenn ich ein Mädchen bekam, sollte es nicht das Gefühl haben, daß ich nicht völlig glücklich über seine Ankunft sei.
Doch Ilse hatte recht. Ich mußte praktisch denken. Was sollte ich tun? Wie konnte ich für das Kind sorgen und ihm eine gute Ausbildung ermöglichen? Es würde ohne Vater aufwachsen. Wie sollte ich die kommenden Monate verbringen?
Die erste Begeisterung war vorüber.
Ilse schien inzwischen einen Entschluß gefaßt zu haben. »Du mußt bei uns bleiben, Helena«, sagte sie, »und ich werde mich um dich kümmern. Ich werde es mir nie verzeihen, daß ich in jener Nacht ohne Ernst mit dir ausgegangen bin und dich dann aus den Augen verlor. Ja, wir werden es schon irgendwie einrichten. Du brauchst dir keine Sorgen zu machen. Du kannst uns vertrauen.«
Sie schien nun wieder ruhiger zu sein und plante bereits für die Zukunft, wie es ihre Art war.

Die anfängliche Aufwallung triumphierender Freude legte sich;

ich hatte einen kurzen Vorgeschmack des Glücks erhascht, das mich erwartet hätte, wenn ich wirklich mit Maximilian verheiratet gewesen wäre; dann hätten wir uns gemeinsam gefreut. Ich fragte mich, ob ich nicht irgend etwas unternehmen konnte, um ihn zu finden. Er war der Vater meines Kindes. Doch was sollte ich tun? Wenn ich mit Ilse darüber sprach, würde sie wieder ihre geduldige Miene aufsetzen. Ich hatte es aufgegeben, sie davon überzeugen zu wollen, daß ich an eine Heirat mit Maximilian glaubte – gleichgültig, wie schlüssig sie mir auch das Gegenteil bewies. Ich begann wilde Pläne zu schmieden. Ich würde durch das Land reisen, um ihn zu finden. Vor jedem Haus würde ich haltmachen und nach ihm fragen. Jetzt, wo ich ein Kind erwartete, mußte ich ihn wiederfinden.

Ich sagte zu Ilse: »Meinst du, daß ich eine Anzeige in die Zeitung setzen und ihn bitten sollte, zu mir zurückzukommen?«

Sie machte ein erschrockenes Gesicht. »Glaubst du wirklich, daß ein Mann, der das getan hat, auf eine solche Anzeige antworten würde?«

»Ich dachte –«, begann ich und verstummte, denn ich merkte, wie hoffnungslos es war, mit Ilse darüber zu sprechen. Sie bestand ja darauf, daß Maximilian, den ich liebte, nie existiert hatte.

Sie bewies sehr viel Geduld mit mir. »Angenommen, du erwähnst Graf Lokenburg. Man würde dich einfach für verrückt halten. Es könnte uns sogar in Schwierigkeiten bringen.«

So schien jeder Weg, den ich einschlagen wollte, in einer Sackgasse zu enden.

Ich wußte, daß Ilse recht hatte; ich durfte nicht heimreisen. Die Tanten würden über die Aussicht entsetzt sein, eine unverheiratete, schwangere Nichte zu beherbergen. Ich konnte mir den Skandal gut vorstellen. Keiner würde der Geschichte vom Überfall im Wald Glauben schenken, und ebensowenig der Version von meiner ungewöhnlichen Eheschließung.

In meiner schwierigen Lage hatte ich Ilses Freundlichkeit und Umsicht bitter nötig. Ich wußte, daß ich mich auf sie verlassen konnte. Bald war sie wieder die Alte – gelassen und vernünftig.

»Du wirst in jedem Fall hierbleiben müssen, bis das Kind geboren ist«, sagte sie. »Dann können wir weitersehen.«

»Ich habe ein wenig Geld, aber es wird nicht für uns beide reichen.«
»Darüber zerbrechen wir uns später den Kopf«, beruhigte sie mich.
Ernst kam nach Denkendorf zurück. Sein Gesundheitszustand schien sich gebessert zu haben. Als er die Neuigkeit erfuhr, teilte er Ilses Entsetzen und Mitgefühl. Sie waren beide sehr gut zu mir und sorgten sich um mich, denn sie gaben sich noch immer die Schuld an dem Vorgefallenen.
Ich wußte, daß die beiden dauernd über meine schwierige Lage sprachen, doch ich freute mich auch jetzt noch, und häufig vergaß ich meine Sorgen und dachte nur an mein Kind. Manchmal fragte ich mich, ob Dr. Carlsberg Ilse nicht ein Mittel gegeben hatte, das sie unter mein Essen mischte, um meine Stimmung zu heben. Einmal überfiel mich der schreckliche Verdacht, daß ich gar kein Kind erwartete, sondern daß Dr. Carlsberg es mir nur eingeredet hatte. Doch dann verwarf ich diesen Gedanken wieder; Ilses und Ernsts Aufregung bewiesen das Gegenteil. Aber wenn man einmal das Opfer eines Experiments gewesen ist, wird man argwöhnisch. Wir beschlossen, den Tanten noch nichts mitzuteilen und während der kommenden Monate genau zu überlegen, was zu tun sei. In der Zwischenzeit mußten wir eine Ausrede für meinen weiteren Aufenthalt in Deutschland ersinnen. Ich schrieb an Tante Caroline, daß ich nicht abreisen könne, weil Ernsts Zustand sich verschlimmert hätte und Ilse auf meine Hilfe angewiesen sei.
»Eine kleine Notlüge«, sagte Ilse mit einer Grimasse.
So blieb ich also wirklich in Denkendorf, und die Wochen verstrichen. Nun fühlte ich beim Erwachen keine Übelkeit mehr. Ununterbrochen dachte ich an das Baby. Ich kaufte Stoff und nähte jeden Tag stundenlang an einer Babyausstattung.
Dr. Carlsberg kam wieder ins Haus. Er wollte mich nun an Dr. Kleine überweisen, einen befreundeten Arzt, der nicht weit von hier in Klarengen eine kleine Privatklinik hatte. Er versprach, bald mit mir dorthin zu fahren und mich seinem Kollegen vorzustellen. In Dr. Kleines Klinik sollte ich mein Kind zur Welt bringen.
Ich machte mir Gedanken wegen der Kosten, doch sie wollten nicht mit mir darüber sprechen, und in meinem gegenwärtigen

Zustand gab ich mich damit zufrieden, den Dingen ihren Lauf zu lassen.
Eines Tages sagte Ilse: »Wenn das Baby da ist, kannst du noch einige Zeit bei uns bleiben, und später könntest du versuchen in einer unserer Schulen eine Stellung als Englischlehrerin zu bekommen. Vielleicht würde man dir dann sogar erlauben, das Kind bei dir zu haben.«
»Glaubst du, daß ich so eine Arbeit finden könnte?«
»Dr. Carlsberg wird uns helfen. Er und seine Kollegen haben weitreichende Beziehungen. Er könnte sich ein wenig umhören, und wenn er etwas weiß, wird er dir sicher nur zu gern behilflich sein.«
»Ihr seid alle so gut zu mir!« rief ich voll Dankbarkeit.
»Wir fühlen uns verantwortlich für dich«, erwiderte Ilse. »Ernst und ich werden nie vergessen, daß dir das alles in unserem Land und unter unserer Obhut widerfahren ist.«
Ich ließ gern zu, daß sie für mich Pläne machten, obwohl das eigentlich nicht meine Art war. Früher war ich stets so unabhängig gewesen. Es schien fast, als hätte der siebente Vollmond mich in seinen Bann geschlagen, als wären alle meine Handlungen unberechenbar geworden.
So erlaubte ich Ilse, mich zu verwöhnen. Ich merkte kaum, was um mich her vorging. Eifrig nähte ich an den winzigen Kleidungsstücken, faltete sie voll Entzücken zusammen, wenn sie fertig waren, und legte sie in die Schublade, die ich dafür vorgesehen hatte. Blau wäre für einen Jungen die richtige Farbe, sagten sie. Deshalb wollte ich die Babyausstattung sowohl in Blau als auch in Rosa haben, um auf alles vorbereitet zu sein. Ich strickte und nähte und las. Der Sommer verging, und der Herbst kam ins Land.
Tante Caroline schrieb mir und äußerte ihr Erstaunen darüber, daß ich es vorzog, mit Fremden an einem »ausländischen« Ort zu leben statt in meiner eigenen Heimat. Doch Tante Mathilda vergegenwärtigte sich, daß Ernst »ein Herz« hatte. Und da Herzen ihrer Ansicht nach ja immer unberechenbar waren, verstand sie völlig, daß Ilse meine Hilfe brauchte.
Auch von Mrs. Greville kam ein Brief. Sie hatte erfahren, daß ich noch immer in Deutschland war, um meiner Cousine bei der Pflege ihres Mannes beizustehen. Ihrer Meinung nach war das eine

nützliche Erfahrung für mich, aber sowohl sie und ihr Gatte als auch Anthony hofften, daß ich bald zurückkäme.
Sie schienen mir alle so fern, dort, wo das Leben unverändert weiterging. Durch die phantastischen Abenteuer der letzten Monate war mir, als trennten mich Welten von ihnen.

Eines Tages brachte mir Ilse Neuigkeiten von Dr. Carlsberg. »Er sagt, die Nonnen im Damenstift würden dich als Englischlehrerin anstellen. Du könntest das Kind mitbringen.«
»Ihr tut so viel für mich!« sagte ich bewegt.
»Das ist unsere Pflicht«, erwiderte Ilse ernst. »Und wir haben dich doch gern. Wir müssen an die Zukunft denken, weißt du.«
Mein Leibesumfang nahm sichtbar zu. Ich fühlte die Bewegungen meines Kindes, und jedesmal tat mein Herz einen Freudensprung. Wie wäre eine solche Reaktion möglich gewesen, wenn dieses Leben in mir wirklich die Folge eines brutalen Überfalles war? Ich würde nie aufhören, an jene glücklichen, leidenschaftlichen Tage zu glauben, was man auch immer vorbringen mochte, um mir das Gegenteil zu beweisen.
Wenn es nötig war, stellte mich Ilse den Leuten in der Stadt als Mrs. Trant vor, die erst vor kurzem ihren Gatten verloren hatte und nun auf die Geburt ihres Kindes wartete. Ich erschien den Leuten wohl als tragische Figur, denn sie waren sehr liebenswürdig zu mir. Wenn ich auf den Markt kam, erkundigten sie sich nach meinem Befinden; die Frauen erzählten mir von ihrer Niederkunft und die Männer von durchwachten Nächten, während ihre Frauen im Kindbett lagen.
Bald kam Dr. Carlsberg und fuhr mit mir nach Klarengen, wo sein Freund die Privatklinik besaß. Seiner Meinung nach war es besser für mich, jetzt einen Spezialisten aufzusuchen.
Dr. Kleine bat mich, Anfang April in seine Klinik zu kommen, um mich für die Geburt vorzubereiten. Er nannte mich Mrs. Trant; offensichtlich hatte man ihm das Märchen von meinem schmerzlichen Verlust aufgetischt. Als wir wieder abfuhren, sagte Dr. Carlsberg: »Sie können Dr. Kleine vertrauen. Er ist auf seinem Gebiet der beste Arzt weit und breit.«
»Hoffentlich kann ich sein Honorar bezahlen.«

»Darum kümmern wir uns schon«, sagte er.
»Das kann ich nicht annehmen!«
Er lächelte. »Geben ist seliger denn Nehmen. Sie müssen uns erlauben, Ihnen in Ihrer schwierigen Lage zu helfen. Ich weiß, daß Ihre Cousine sich noch immer Vorwürfe macht. Sie und ihr Mann werden ihren Seelenfrieden erst wiedererlangen, wenn sie alles Menschenmögliche für Sie getan haben. Und was mich betrifft, so haben Sie mir bei meiner Arbeit ein ungeheures Stück weitergeholfen. Durch Sie war es mir möglich, eine Theorie zu beweisen. Ich kann Ihnen nicht genug dafür danken. Bitte sagen Sie mir eines – haben Sie sich jetzt mit der Wahrheit abgefunden?«
Ich zögerte, und er fuhr fort: »Ich sehe schon, daß Sie Ihren Glauben an den Traum nicht aufgeben können.«
»Ich habe es erlebt«, erwiderte ich. »An das andere erinnere ich mich nicht.«
Er nickte. »Es ist sogar noch besser, als ich dachte. Und das Kind, das Sie erwarten, ist für Sie ein Ergebnis Ihrer Ehe. Deshalb freuen Sie sich darauf. Haben Sie sich überlegt...? Nein, es ist nicht wichtig. Das ist gut so. Seien Sie versichert, daß wir alles für Sie tun werden, was in unserer Macht steht.«

Wenn ich daran zurückdenke, frage ich mich manchmal: Warum hast du dieses oder jenes einfach hingenommen? Warum hast du dich nicht kritischer mit den seltsamen Vorkommnissen auseinandergesetzt? Ich glaube, die Antwort darauf ist, daß ich noch sehr jung war. Ich hatte das Gefühl, in eine Welt zu kommen, in der merkwürdige Ereignisse zum natürlichen Lauf der Dinge gehörten.
An einem Tag im Februar fühlte ich mich mit einem Ruck in die Wirklichkeit zurückversetzt. Ich suchte Dr. Kleine alle drei Wochen einmal auf. Ilse fuhr mich jedesmal nach Klarengen, ließ die Kutsche in einem Gasthof stehen und erledigte ihre Einkäufe, während ich in die Klinik ging.
Dr. Kleine war mit meinem Gesundheitszustand zufrieden und widmete mir auf Dr. Carlsbergs Geheiß besondere Aufmerksamkeit. Er wußte, daß ich einen Schock erlitten hatte und führte ihn auf den angeblichen Tod meines Mannes zurück. Unter den gege-

benen Umständen befürchtete er wohl eine schwierige Niederkunft.
An diesem Februartag schien die Sonne hell, und die Luft war frostig. Als ich aus der Klinik trat, wurde ich angerufen. Die Stimme erschreckte mich, denn plötzlich fühlte ich mich wieder nach Oxford zurückversetzt.
»Das ist doch Helena Trant!«
Ich drehte mich um und stand vor den Schwestern Elkington, die einen kleinen Teeladen in der Nähe des Schloßbergs besaßen, der nur während der Sommermonate geöffnet war. Sie verkauften dort Tee, Kaffee und hausgebackene Kuchen; dazu Tee- und Eierwärmer und bestickte Tischtücher, die sie in Heimarbeit herstellten. Ich hatte sie nie gemocht. Sie entschuldigten sich unablässig dafür, daß sie ihre Waren verkauften, und ließen jeden wissen, daß ihnen das nicht an der Wiege gesungen wurde, denn sie waren die Töchter eines Generals.
»Ach, Miss Edith und Miss Rose, Sie sind's«, sagte ich.
»Wie lustig, Ihnen gerade hier zu begegnen!«
Ihre kleinen Augen unterzogen mich einer genauen Prüfung. Sie hatten mich bestimmt aus Dr. Kleines Privatklinik kommen sehen und fragten sich, was ich dort zu tun hatte. Doch sie blieben sicher nicht lange im Ungewissen. Obwohl ich einen weiten Mantel trug, ließ sich mein Zustand kaum verbergen.
»Und was tun Sie hier, Helena?« tadelte die ältere Miss Elkington schelmisch.
»Ich lebe bei meiner Cousine.«
»Ach ja, Sie haben Oxford ja schon vor Monaten verlassen.«
»Ich glaube, ich werde bald zurückfahren.«
»Nun, die Welt ist klein. Sie wohnen also wirklich hier?«
»Nicht direkt. Ich bin mit meiner Cousine nach Klarengen gekommen. Ich treffe mich gleich mit ihr.«
»Wie schön, daß wir Sie getroffen haben«, sagte Miss Edith.
»Man freut sich so, jemanden von zu Hause zu sehen«, fügte ihre Schwester hinzu.
»Ich muß mich beeilen. Meine Cousine wartet.«
Ich war sehr erleichtert, von ihnen wegzukommen.
Als ich mein Spiegelbild in einer Schaufensterscheibe betrachtete,

wußte ich, daß an meinem Zustand kaum ein Zweifel bestehen konnte.

Die Wochen vergingen; meine Zeit kam heran. Ilse machte viel Aufhebens um mich. Oft fand ich sie still in einem Sessel sitzend, die Stirn sorgenvoll gerunzelt, und wußte, daß sie sich meinetwegen Gedanken machte.

Sie hatte sowohl Dr. Carlsberg als auch Dr. Kleine zu Rate gezogen, und es war vereinbart worden, daß ich mich ungefähr eine Woche vor der zu erwartenden Geburt meines Kindes in Dr. Kleines Klinik einfinden sollte. Ich selbst war noch immer gelassen und glücklich und konnte an nichts anderes denken als an mein Baby.

»Du mußt warten, bis das Kind etwa ein Jahr alt ist, ehe du im Damenstift unterrichten kannst«, sagte Ilse. »Dr. Carlsberg hat deinen Namen dort nicht erwähnt, aber auf seine Empfehlung hin wird man dich gut aufnehmen.«

Wie seltsam würde das sein, dachte ich. Ich erinnerte mich an die alten Zeiten – zwei Jahre waren nun schon vergangen, seit ich im Kloster als Schülerin gelebt hatte. Helena Trant, die durch ihr ungezügeltes Temperament und ihre Abenteuerlust ständig in Schwierigkeiten geriet. Und nun kehrte ich als junge Mutter dorthin zurück.

Ich stellte mir Schwester Maria vor, wie sie dem Baby etwas vorzwitscherte und es zu verwöhnen versuchte, und wie Schwester Gudrun sagte: »Mit Helena Trant gab es immer Schwierigkeiten.«

Dann dachte ich wieder an jene drei Tage, und meine Liebe war so stark wie eh und je, und die Sehnsucht, Maximilian wiederzusehen, fast unerträglich. Nur der Gedanke an unser Kind tröstete mich. Voll Ungeduld wartete ich auf den Augenblick, da ich es in meinen Armen halten würde.

An einem sonnigen Apriltag fuhr Ilse mich zum Krankenhaus. Ich wurde in ein Privatzimmer gebracht, fern von den anderen Patientinnen. Dr. Carlsberg hatte in Anbetracht meiner besonderen Lage darauf bestanden. Es war ein hübsches Zimmer; alles leuchtete weiß und mutete fast ein wenig übertrieben sauber an. Vom Fenster aus konnte ich auf eine Rasenfläche hinuntersehen, die von Blumenbeeten eingefaßt war.

Dr. Kleine stellte mich seiner Frau vor; sie drückte die Hoffnung aus, daß ich mich in der Klinik wohl fühlen werde. Als ich mich erkundigte, wie viele andere Mütter im Krankenhaus wären, erfuhr ich nur, daß außer mir noch einige Frauen auf ihre Niederkunft warteten – es sei ein ständiges Kommen und Gehen.
Am ersten Tag schaute ich aus dem Fenster und sah fünf oder sechs Frauen über den Rasen spazieren; sie waren alle hochschwanger. Sie plauderten miteinander, und zwei von ihnen saßen Seite an Seite auf einer der Holzbänke bei den Blumenbeeten. Die eine strickte, die andere häkelte. Nun setzte sich eine dritte Frau zu ihnen, die ihre Näharbeit aus dem Beutel holte, und sie unterhielten sich angeregt.
Es tat mir leid, daß man beschlossen hatte, mich von den anderen abzusondern. Wie gern wäre ich mit ihnen zusammen gewesen! Dr. Kleine hatte mir angeboten, sein Privatgärtchen zu benutzen, wenn ich frische Luft schöpfen wollte. Ich ging hinunter, doch es lag ganz verlassen. Ich saß eine Zeitlang allein auf einem Gartenstuhl; niemand gesellte sich zu mir, mit dem ich bei einer Handarbeit über Babys sprechen konnte.
Bald darauf kam Frau Kleine zu mir heraus. Ich sagte ihr, daß ich von meinem Fenster aus einen anderen Garten gesehen hatte. »Dort ist eine Wiese, auf der sich mehrere Frauen trafen. Ich würde so gern mit ihnen plaudern.«
Sie machte ein beunruhigtes Gesicht. »Ich glaube, mein Mann würde das nicht für ratsam halten.«
»Warum nicht?«
»Wahrscheinlich fürchtet er, es könnte Sie aufregen.«
»Weshalb sollte es das?«
»Sie haben alle Ehemänner und ein Heim. Sicher meint er, es könnte Sie bedrücken.«
»Nein, bestimmt nicht!« rief ich heftig. Und ich dachte bei mir, daß ich den Vater meines Kindes gegen keinen der sicher sehr respektablen Ehemänner dieser Frauen eintauschen würde. Dann wußte ich den Grund, weshalb ich mich trotz allem so glücklich fühlte: Ich wartete auch jetzt noch darauf, daß Maximilian eines Tages zu mir zurückkam, und dann würde ich ihm stolz unser Kind zeigen. Und tief im Herzen hegte ich den naiven Glauben,

daß wir dann bis an unser Lebensende glücklich sein würden. Als ich in mein Zimmer kam, sah ich sogleich aus dem Fenster. Die Rasenfläche lag nun verlassen da – sie waren alle wieder ins Haus gegangen. Doch ich hatte mich entschlossen, ebenfalls hinunterzugehen.

Dr. Kleine kannte inzwischen meine Geschichte, denn Dr. Carlsberg hatte es für richtig gehalten, ihm alles zu erzählen. Doch man war übereingekommen, daß ich weiterhin als Mrs. Trant gelten sollte; eine Witwe, die ihren Mann vor wenigen Monaten verloren hatte. Damit wollte man vermeiden, daß Klatsch entstand.

Es war zur Ruhestunde am frühen Nachmittag, als ich mich aufmachte, um den Weg zur Rasenfläche zu suchen. Das Haus schien rund um den Garten mit der Rasenfläche gebaut zu sein. Die Frauen, die ich dort gesehen hatte, waren aus einer Tür im gegenüberliegenden Flügel des Krankenhauses gekommen. Nun mußte ich mich in den vielen Gängen zurechtfinden, bis ich zu dieser Pforte gelangte.

Leise öffnete ich meine Zimmertür; auf dem Flur war kein Geräusch zu hören. Ich ging schnell zur Treppe, stieg nach unten und erreichte einen Treppenabsatz. Dort bog ich in einen Gang ein, der in die gewünschte Richtung zu führen schien, und kam wieder an ein paar Stufen. Sie endeten vor einer Tür. Im Näherkommen hörte ich, wie dahinter jemand schluchzte. Lauschend blieb ich stehen.

Ohne Zweifel war hier ein Mensch in großer Verzweiflung.

Ich zögerte; sollte ich vielleicht erst versuchen, herauszufinden, ob ich wirklich helfen konnte? Oder war es besser, einfach weiterzugehen? Dann gehorchte ich einem plötzlichen Impuls, stieg drei oder vier Stufen hinunter und klopfte an die Tür. Das Schluchzen verstummte. Ich klopfte noch einmal.

»Wer ist da?« fragte eine hohe, ängstliche Stimme.

»Darf ich hereinkommen?« erwiderte ich und hörte ein Geräusch, das Zustimmung bedeuten konnte. So öffnete ich also die Tür und betrat ein Zimmer, das dem meinen glich, jedoch kleiner war. Auf dem Bett kauerte ein Mädchen. Sie mochte etwa im selben Alter wie ich sein. Wirres Haar umrahmte ihr vom Weinen geschwollenes Gesicht. Wir starrten uns an.

»Ist etwas nicht in Ordnung?« fragte ich.
»Alles – alles ist nicht in Ordnung«, stammelte sie kläglich.
Ich trat an ihr Bett und setzte mich auf die Kante.
»Mir ist so furchtbar elend zumute«, sagte sie.
»Soll ich jemanden rufen?«
Sie schüttelte den Kopf. »Das ist es nicht. Ich wollte, es wäre endlich soweit. Aber es ist schon längst über der Zeit. Ich weiß, daß ich sterben muß.«
»Natürlich müssen Sie nicht sterben! Es wird Ihnen wieder besser gehen, wenn das Baby da ist.«
Wieder schüttelte sie den Kopf. »Ich weiß nicht, was ich tun soll. Heute nacht wollte ich beinahe aus dem Fenster springen.«
»O nein!«
»Bei Ihnen ist das anders. Sie haben einen Mann und ein Heim, und alles ist, wie es sein soll.«
Eine Zeitlang schwieg ich; dann fragte ich: »Und Sie sind allein?«
»Wir wollten heiraten«, sagte sie. »Vor sechs Monaten wurde er getötet. Er gehörte zur herzoglichen Wache, und die Bombe war für den Herzog bestimmt. Er hätte mich geheiratet.«
»Er war also ein Soldat?«
Sie nickte. »Wenn er noch am Leben wäre, hätten wir geheiratet«, wiederholte sie.
Die Wache des Herzogs, dachte ich. Herzog Karl von Rochenstein und Dorrenig, Graf von Lokenburg.
»Ihre Familie wird sich um Sie kümmern«, beruhigte ich sie.
Erneut jenes kummervolle Kopfschütteln. »Nein, das werden sie nicht. Ich darf nicht nach Hause zurück. Sie haben mich zu Dr. Kleine gebracht, und wenn alles vorüber ist, wollen sie mich nicht mehr sehen. Ich habe schon einmal versucht, mich umzubringen. Ich bin in den Fluß gegangen, aber dann bekam ich Angst, und sie haben mich gerettet und hierhergebracht.«
Sie war zierlich und sehr jung und voller Angst. Ich hätte ihr so gern geholfen. Ich wollte ihr sagen, daß auch mich keine leichte Zukunft erwartete, doch meine Geschichte war zu phantastisch, zu verschieden von der einer Soldatenbraut, deren Liebe ein vorzeitiges Ende genommen hatte.
Ich erfuhr, daß sie erst sechzehn war. Ich fühlte mich um so vieles

älter und hatte den Wunsch, sie zu beschützen. »Es ist immer falsch, die Hoffnung aufzugeben«, sagte ich. Vielleicht konnte ich ihr wirklich helfen, weil ich selbst soviel durchgemacht hatte. Ich verstand sie so gut, denn die furchtbare Verzweiflung, die mich überkam, als ich die Wahrheit über meine Heirat erfuhr, war mir noch frisch im Gedächtnis.

Wenigstens hatte dieses Mädchen eine glaubhafte Tragödie zu erzählen.

Ich ermunterte sie, mir alles zu sagen. Sie lebte mit ihrer Großmutter in Rochenberg, der Hauptstadt von Rochenstein. Ihre Großmutter erinnerte sich noch an den Tag, als der Vater des jetzigen Herzogs starb und Karl seine Nachfolge antrat. Er war ein gütiger und verständnisvoller Herr, ganz anders als sein Sohn, Prinz Karl, der für seine Zügellosigkeit berüchtigt war. Eine treue Untertanin wie ihre Großmutter hätte einen Soldaten aus der Wache des Herzogs in der Familie willkommen geheißen; wäre er einer von Ludwigs Männern gewesen, würde sie ihn niemals anerkannt haben. So aber hätte alles gut werden können. Wenn sie ihre Heirat nicht aufgeschoben hätten, wäre sie jetzt eine achtbare Witwe gewesen. Doch das Schicksal war gegen sie. Sie hatte ihr Kind empfangen, kurz bevor die Bombe, die für den Herzog bestimmt war, ihren Liebsten tötete und sie ins Unglück stürzte. Nun hatte sie eine doppelte Last zu tragen, denn zu ihrem Kummer war noch die Schande gekommen. Sie konnte es nicht ertragen – ebensowenig wie ihre Großmutter. Da sie keine Ahnung hatte, wie sie sich und das Kind fortbringen sollte, schien ihr der Fluß der einzige Ausweg zu sein.

»Das dürfen Sie nie wieder tun!« sagte ich. »Sie werden schon zurechtkommen. Wir alle schaffen es.«

»Sie können leicht reden –«

»Ich ... ich habe auch keinen Mann, der mich und mein Kind erwartet.«

»Oh, Sie sind also Witwe? Das ist traurig. Aber Sie haben sicherlich Geld. Fast alle Leute, die sich von Dr. Kleine behandeln lassen, sind vermögend. Ich weiß nicht, weshalb er mich aufgenommen hat. Als ich halb ertrunken in seine Klinik gebracht wurde, hielten sie mir vor, daß ich meinem Kind geschadet hätte. Da sagte

Dr. Kleine, sie könnten mich hierlassen, er würde sich um mich kümmern.«
»Das war sehr gut von ihm. Aber ich bin nicht vermögend. Ich werde mich und mein Kind selbst durchbringen müssen. Wahrscheinlich werde ich in einem Kloster Englischunterricht geben.«
»Sie sind gebildet. Ich habe nichts, womit ich mich durchschlagen könnte. Ich bin nur ein einfaches Mädchen.«
»Wie heißen Sie denn?«
»Lisbeth«, sagte sie. »Lisbeth Schwarz.«
»Ich werde Sie wieder besuchen, Lisbeth«, versprach ich. »Wir werden uns weiter unterhalten. Vielleicht fällt uns ein, was Sie tun könnten, wenn Ihr Kind da ist. Ganz bestimmt gibt es einen Ausweg.«
»Werden Sie wirklich wiederkommen?« fragte sie.
Ich versprach es. Wir redeten noch einige Zeit miteinander, und als ich sie verließ, hatte ich die Frauen auf dem Rasen vergessen.

Später am Tag kam Dr. Kleine zu mir. Er sagte, er sei erfreut, daß alles so zufriedenstellend verlief. Wir müßten darauf vorbereitet sein, daß die Geburtswehen bald einsetzten.
Ich schlief gut und fühlte mich am nächsten Morgen verhältnismäßig wohl. Nachdem ich auf meinem Zimmer gefrühstückt hatte, zog ich meinen weiten Schlafrock über und ging zum Fenster.
Wieder sah ich die Frauen auf dem Rasen spazierengehen, erinnerte mich sofort an Lisbeth Schwarz und beschloß, sie aufzusuchen.
Es war nicht schwer, ihr Zimmer wiederzufinden. Als ich klopfte, kam keine Antwort; also öffnete ich die Tür und schaute hinein. Niemand war im Zimmer. Das Bett war frisch überzogen, und der ganze Raum wirkte irgendwie unpersönlich. Der Boden war auf Hochglanz poliert; das Fenster stand ein wenig offen, und es sah ganz so aus, als hätte man das Krankenzimmer schon für den nächsten Patienten vorbereitet.
Enttäuscht ging ich den Weg zurück. Dann fiel mir ein, daß man Lisbeth wahrscheinlich in den Kreißsaal gebracht hatte. Vielleicht wurde in diesem Augenblick sogar ihr Baby geboren.

Eine Zeitlang saß ich am Fenster und beobachtete die Frauen im Garten, während mir die arme Lisbeth nicht aus dem Sinn ging.

An diesem Nachmittag setzten die ersten Wehen ein, und zum zweitenmal innerhalb kurzer Zeit litt ich; diesmal jedoch körperliche Pein. Ich erinnere mich an den Zustand betäubender Schmerzen, und daß ich nur den einen Gedanken hatte: Ich ertrage es für mein Kind. Es war nicht umsonst – nichts.

Dann verlor ich das Bewußtsein, und als ich wieder zu mir kam, hatte ich keine Schmerzen mehr.

»Wie geht es ihr?« hörte ich eine Stimme fragen.

Niemand antwortete.

Mein erster Gedanke galt meinem Kind, und ich streckte die Arme aus. Jemand beugte sich über mich.

Ich sagte: »Mein Baby?«

Ich bekam keine Antwort. Dann hörte ich wie aus weiter Ferne eine Stimme murmeln: »Soll man es ihr sagen?«

Jemand erwiderte: »Später.«

Entsetzliche Furcht überfiel mich. Ich versuchte zu mir zu kommen, doch es gelang mir nicht.

Dr. Kleine beugte sich über mein Bett. Ilse stand neben ihm. Auch Dr. Carlsberg war da – sie wirkten alle sehr bedrückt.

Ilse nahm meine Hand. »Es ist besser so«, sagte sie. »Unter diesen Umständen ist es wohl am besten.«

»Was?« rief ich.

»Meine liebe Helena, in Anbetracht deiner ganzen Lage wirst du bald einsehen ... Es wird leichter für dich sein.«

Ich konnte die Angst kaum ertragen. Ich mußte die Wahrheit wissen.

»Wo ist mein Kind?« rief ich verzweifelt.

»Das Kind«, sagte Dr. Kleine, »wurde tot geboren.«

»Nein!«

»Ja, meine Liebe«, sagte Ilse zärtlich. »Es war unvermeidlich nach allem, was du durchmachen mußtest.«

»Aber ich habe mir das Kind so gewünscht! Mein Kleines – war es ein Junge?«

»Ein Mädchen«, sagte Ilse.
Ich sah sie so klar vor mir, meine kleine Tochter. Ich konnte sie mir in einem seidenen Kleidchen vorstellen – einjährig, zweijährig – und dann sah ich sie größer werden und zur Schule gehen. Die Tränen liefen mir über die Wangen.
»Sie lebte doch!« klagte ich. »Ich habe mich immer gefreut, weil sie so munter war. Hier habe ich sie gespürt. O nein, das muß ein Irrtum sein!«
Dr. Carlsberg beugte sich wieder über mich. »Sie haben einen schweren Schock erlitten. Wir vermuteten schon, daß es so kommen würde. Bitte, grämen Sie sich nicht. Denken Sie daran, daß Sie jetzt frei sind und wieder ein glückliches Leben beginnen können.«
Ein glückliches Leben! Ich wollte ihnen ins Gesicht schreien: ›Ihr habt mir gesagt, daß mein Liebster und meine Heirat nur ein schöner Traum waren. Aber das Kind war Wirklichkeit, ein lebendiges Wesen – und nun wollt ihr mir einreden, daß es tot ist!‹
Ich hörte Ilse sagen: »Wir kümmern uns um dich, Helena.«
Wieder fühlte ich den Wunsch zu schreien: ›Ich will nicht, daß man sich um mich kümmert. Ich will mein Kind. Wie könnt ihr es wagen, Versuche mit mir anzustellen? Wer hat euch erlaubt, mich in eine Scheinwelt zu versetzen? Wenn ich mißbraucht wurde, hätte man es mir sagen müssen. Nichts ist schlimmer als Ungewißheit!‹ Oder doch – es gab etwas Schlimmeres: diesen furchtbaren Verlust. Das Baby, das mein Trost gewesen war, hatte man mir genommen.
Schwach lag ich da und starrte vor mich hin. Seit jenem Tag, als sie mir eröffneten, daß Maximilian nur eine Traumgestalt war, hatte ich keine derartige Verzweiflung mehr gefühlt.

Sie sagten, ich sei sehr schonungsbedürftig. Ich durfte mein Bett nicht verlassen. Doch ich fühlte mich nicht körperlich krank, nur seelisch erschöpft und tief unglücklich.
All diese Monate hindurch hatte ich für mein Kind gelebt. Ich hatte mir erträumt, daß Maximilian zurückkommen würde und ich ihn stolz mit dem Kind auf den Armen empfing. Daran hatte ich geglaubt – ebenso wie ich meinen Glauben an jene drei Tage

vollkommener Seligkeit nie verloren hatte. Nur wenn Ilse mich mit ihrer Güte fast erdrückte, war ich schwankend geworden. Doch wirklich überzeugt war ich nie gewesen. Sie konnten mich nicht überzeugen.

»Ich muß mein Kind sehen«, sagte ich.

Dr. Kleine war entsetzt. »Es würde Ihren Kummer noch vergrößern!«

Hartnäckig bestand ich darauf, daß ich mein Baby sehen wollte.

»Wir werden es heute begraben.«

»Ich muß dabei sein!«

»Es ist nur eine einfache kleine Trauerfeier, und Sie dürfen Ihr Bett nicht verlassen. Sie sollten sich jetzt nur darauf konzentrieren, wieder gesund zu werden.«

Ich stützte mich auf die Ellenbogen und rief: »Ich lasse mir nicht vorschreiben, was ich zu tun habe.

Sie setzten mich in einen Rollstuhl, weil Dr. Kleine mir nicht gestattete, selbst zu gehen. Dann wurde ich in einen Raum gebracht, in dessen Mitte etwas erhöht ein kleiner Sarg stand. Man hatte die Jalousien so heruntergelassen, daß sie nur einen schwachen Lichtschimmer durchließen. Und da lag es – mein kleines Mädchen – mit magerem, besorgtem Gesichtchen, eingerahmt von einer weißen Haube. Ich wollte es aus dem Sarg nehmen und an mich pressen, diesem schlaffen kleinen Körper Leben einhauchen.

Meine Augen füllten sich mit heißen Tränen, und in meinem Herzen stieg bittere Verzweiflung auf.

Schweigend rollten sie mich in mein Zimmer zurück. Sie brachten mich zu Bett, glätteten meine Kissen und richteten das Bettzeug. Ja, sie taten alles, um mich zu trösten, aber es gab keinen Trost für mich.

Ich lag im Bett und hörte die Stimmen der Frauen vom Rasen zu mir heraufdringen.

Alles war vorüber – der Alptraum und meine Hoffnung. Ich war noch nicht neunzehn und fühlte, daß ich schon mehr Erfahrungen gesammelt hatte als manch einer in einem ganzen Leben.

Zwei Wochen lang blieb ich in Dr. Kleines Privatklinik und war

so in mein eigenes Unglück versunken, daß ich erst kurz vor meiner Entlassung wieder an Lisbeth Schwarz dachte. Ich erzählte Ilse davon, wie ich sie schluchzend in ihrem Zimmer vorgefunden hatte, und sie versprach, den Arzt nach Lisbeth zu fragen.
Dr. Kleine selbst brachte noch am selben Tag das Gespräch darauf.
»Sie haben sich nach Lisbeth Schwarz erkundigt. Offensichtlich haben Sie sich mit ihr unterhalten – hat sie Ihnen ihre Geschichte erzählt?«
»Ja, das arme Ding. Sie war schrecklich verstört.«
»Sie hat es nicht überlebt. Ja, sie ist gestorben, aber ihr Kind kam durch. Ein hübscher Junge.«
»Und was ist aus ihm geworden?«
»Ihre Familie hat ihn geholt. Die alte Großmutter wird sich die erste Zeit um ihn kümmern, und dann will ihn ein Onkel zu sich nehmen.«
»Die arme Lisbeth! Sie hat mir so leid getan.«
»Denken Sie nicht mehr daran. Sie werden sich jetzt noch völlig erholen.
Er wirkte beinahe vergnügt. Mir kam es vor, als hätte Dr. Kleine meinen Namen bereits auf einer Liste abgehakt: Ein schwieriger Fall, der zufriedenstellend gelöst worden war.
Und dann fühlte ich, wie Tränen unter meinen Lidern hervorquollen – sie kamen in letzter Zeit so leicht –, und ich weinte, weil ich meinen Liebsten und mein Kind verloren hatte.

3. Teil

Die Jahre dazwischen 1861–1869

1.

Einen Monat nachdem ich in das tote Gesichtchen geblickt hatte, brachte Ilse mich nach England zurück.
Wie unverändert fand ich alles vor! Wenn ich es je schaffte, zu glauben, daß alles nur ein Traum gewesen war, dann hier. Während der Reise hatte Ilse mit mir über die Zukunft gesprochen, und immer wieder gab sie mir den Rat, alles zu vergessen. Je eher ich es tat, desto früher konnte ich ein neues Leben beginnen. Sie betrachtete es aus einem anderen Blickwinkel als ich. Für sie war es ein schreckliches Mißgeschick gewesen, dessen Ausgang sie nur für glücklich halten konnte. Der Tod hatte ihrer Ansicht nach meine Probleme gelöst. Sie wußte nicht, daß die leidenschaftliche Erinnerung an meine drei Tage mit Maximilian in mir weiterlebte; sie verstand nicht, daß die Liebe erwacht, während ein Kind im Mutterleib wächst.
Doch ich begriff, daß sie damit recht hatte, wenn sie sagte, ich müsse alles hinter mir lassen. Ich mußte weiterleben und mein altes Dasein wieder aufnehmen.
Ilse blieb nur ein paar Tage bei uns in Oxford; dann verabschiedete sie sich. Mir kam es vor, als verriete ihr Benehmen eine gewisse Erleichterung. Vielleicht bedauerte sie es längst, daß sie mich damals gebeten hatte, sie und Ernst nach Deutschland zu begleiten. Doch als ich sie zum Bahnhof brachte, nahm sie mir das Versprechen ab, ihr zu schreiben, wie es mir ging, und sie schien ebenso besorgt um mich zu sein wie früher.
Alle waren der Meinung, daß ich mich verändert hatte. Ich wußte, daß das stimmte. Das fröhliche, aufbrausende Mädchen gab es

nicht mehr – eine ziemlich zurückhaltende Frau war an ihre Stelle getreten. Ich sah auch älter aus, älter als eine Neunzehnjährige, während ich früher für meine Jahre immer zu jung gewirkt hatte. Doch schon nach kurzer Zeit merkte ich, daß auch zu Hause nicht alles beim alten war. Tante Caroline hatte sich verändert. Sie war ihren Mitmenschen gegenüber immer sehr kritisch gewesen, doch nun begann sie richtig boshaft zu werden. Niemand konnte es ihr recht machen. Tante Mathilda hatte eine Menge Tadel über sich ergehen lassen müssen, jetzt aber wurde ich zur Zielscheibe ihrer Mißbilligung. Was ich mir dabei gedacht hatte, mich fast ein Jahr lang in der Fremde herumzutreiben, wußte sie nicht. Meine Deutschkenntnisse verbessern! Ha, Englisch war gut genug für sie und sollte auch für andere gut genug sein. Ihrer Meinung nach war ich fauler wieder zurückgekommen als ich weggegangen war. Konnte ich irgendwelche neuen Rezepte vorweisen? Dabei hätte sie niemals ausländische Kochsitten in ihrer Küche geduldet. Ich entwickelte ein besonderes Talent dafür, so zu tun, als hörte ich ihr zu, ohne auch nur ein Wort aufzunehmen.

Auch Tante Mathilda war nicht ganz wie früher. Ihr größtes Interesse und Vergnügen galt zwar noch immer allen körperlichen Gebrechen, doch sie hatte sich sehr mit den Clees' im Buchladen angefreundet.

»Ich wundere mich nur«, sagte Tante Caroline bissig, »warum du nicht gleich zu ihnen ziehst.«

»Weißt du, Helena«, vertraute Tante Mathilda mir an, »wenn man bedenkt, was es in so einem Laden alles zu tun gibt, dann bleibt nicht mehr viel Zeit, sich um die Wohnung zu kümmern. Amelias Lunge ist nicht ganz so wie sie sein sollte, und wenn man Mr. Clees' eine Niere in Betracht zieht, die die Arbeit für zwei tun muß, gibt einem das zu denken.«

Sie war glücklicher als damals, als ich Oxford verließ, und begann mir plötzlich sympathisch zu werden. Dauernd schmuggelte sie Flickwäsche der Clees' in unser Haus, die Tante Caroline nicht sehen durfte. Dann saß sie heimlich in ihrem Zimmer und besserte sie aus.

Die Grevilles freuten sich, mich wiederzusehen. Schon kurze Zeit nach meiner Rückkehr luden sie mich zum Essen ein.

Mrs. Greville umarmte mich herzlich. »Meine liebe Helena!« sagte sie. »Du bist mager geworden!« Und sie nahm mein Gesicht in ihre Hände und sah mich so prüfend an, daß ich sogleich errötete.

»Ist alles in Ordnung, Helena?«

»Wieso? Ja, natürlich.«

»Du hast dich verändert.«

»Ich bin ein Jahr älter geworden.«

»Es ist nicht nur das.« Sie sah sehr beunruhigt aus; so küßte ich sie und sagte: »Ich habe mich noch nicht wieder richtig eingelebt.«

»Ach, deine Tanten«, erwiderte sie mit einer kleinen Grimasse. Dann fügte sie hinzu: »Anthony freut sich so, daß du wieder da bist – wir alle freuen uns.«

Es war ein angenehmer Abend, und ich spürte ihre herzliche Zuneigung. Natürlich stellten sie mir viele Fragen über meinen Aufenthalt in Deutschland, und ich versuchte ihnen auszuweichen, wenn sie meinen persönlichen Erlebnissen zu nahe kamen. Um sie abzulenken, erzählte ich ihnen einige Sagen aus dem Wald. Anthony wußte sehr viel über den Ursprung dieser alten Erzählungen. »Sie sind noch aus vorchristlicher Zeit überliefert«, sagte er. »Wahrscheinlich steckt noch immer etwas von dem heidnischen Glauben in den Leuten.«

»Ganz bestimmt«, erwiderte ich und fühlte mich plötzlich auf den Stadtplatz zurückversetzt, sah die Tanzenden und unter ihnen eine Gestalt mit gehörnter Kopfbedeckung, hörte eine Stimme flüstern: »Lenchen!«

Anthony betrachtete mich mit seltsamem Blick. Mein Gesichtsausdruck schien wohl etwas von meinen Gedanken verraten zu haben. Ich mußte vorsichtig sein. Deshalb bemühte ich mich, besonders fröhlich zu wirken, und beschrieb die Mädchen, wie sie sich an Festtagen mit ihren seidenen Schürzen und den leuchtenden Kopftüchern herausputzten. Auch das war Anthony nicht fremd, denn er hatte mit seinen Eltern eine Reise in den Schwarzwald unternommen, ehe er zur Universität ging. Der Aufenthalt hatte ihn ebenso beeindruckt wie mich.

Ja, es war ein angenehmer Abend, aber in dieser Nacht wurde ich wieder von Träumen heimgesucht. Ich träumte von Maximilian

und meinem Kind; doch seltsamerweise war es nicht ein totes Baby in einem Sarg, sondern es lebte.
Die Träume waren so lebhaft und eindringlich, daß ich in tiefe Melancholie versank, als ich am nächsten Morgen erwachte.
So wird es mein ganzes Leben lang sein, dachte ich.
Anfangs verstrichen die Tage nur langsam, doch da eine Woche wie die andere zu sein schien, begann mir die Zeit bald wie im Flug zu vergehen. Da mußten die häuslichen Pflichten unter Tante Carolines strengen Augen verrichtet werden; gelegentlich besuchten uns Freunde, und manchmal ging ich in die Buchhandlung und half den Clees', wenn sie besonders viel zu tun hatten. Mit der Zeit erwarb ich mir gewisse Kenntnisse über Bücher. Tante Mathilda, die es irgendwie fertigbrachte, ebenfalls sehr oft dort zu sein, freute sich über meine Anwesenheit. Ich war eine so große Hilfe für Amelia mit ihrer Lunge und Albert mit seiner einen Niere!
Tante Caroline zeigte sich weniger begeistert über diese Freundschaft. »Was ihr an diesem Buchladen findet, ist mir schleierhaft«, brummte sie. »Wenn sie etwas Vernünftiges verkaufen würden, könnte ich es noch verstehen. Bücher! Man verschwendet bloß seine Zeit damit.«
Während des ersten Jahres nach meiner Rückkehr hatte Ilse mir mehrmals geschrieben. Dann erhielt ich einen Brief, in dem sie mir mitteilte, daß Ernst gestorben sei und sie Denkendorf verlassen müßte. Ich sprach ihr mein Beileid aus und erwartete, ihre neue Adresse zu erfahren, doch ich bekam keinen weiteren Brief mehr von ihr. Ich wartete und wartete, aber die Jahre vergingen, und Ilse ließ nichts von sich hören. Das erschien mir sehr merkwürdig, wenn ich daran dachte, wie nahe wir uns gestanden hatten.

Noch immer störten jene Träume meinen Schlaf und verfolgten mich bis in den Tag hinein. Die Zeit konnte meine Erinnerungen nicht auslöschen. Im Traum lebte mein Kind – ein kleines Mädchen, das Maximilian so ähnlich sah, daß kein Zweifel an seiner Vaterschaft bestehen konnte. Ich sehnte mich nach dem Kind, und wenn ich nach einer solchen Nacht erwachte, verspürte ich den schmerzlichen Verlust meines Babys von neuem.

Wir lebten dauernd unter dem Druck von Tante Carolines Launen, und eines Tages – ich war schon über ein Jahr wieder zu Hause – stand sie nicht zur gewohnten Zeit auf. Als ich in ihr Zimmer kam, lag sie noch im Bett, unfähig, sich zu bewegen. Sie hatte einen Schlaganfall erlitten. Glücklicherweise erholte sie sich wieder ein wenig, und ich pflegte sie drei Jahre lang, unterstützt von Tante Mathilda. Es waren drei trübe Jahre, in denen ich jeden Abend erschöpft auf mein Bett sank und in Schlaf fiel, um zu träumen. Und wie ich träumte! Meine Erinnerungen waren unverändert stark und lebendig.
Ich erinnere mich noch gut an den Tag, an dem Tante Mathilda mir zuflüsterte, daß sie Albert Clees heiraten würde.
»Weißt du«, sagte sie und errötete sittsam, »es hat doch keinen Sinn, wenn ich dauernd dort ein und aus gehe. Ich kann ebensogut gleich bei ihnen leben.«
»Es ist ja nur ein paar Schritte von hier«, erinnerte ich sie.
»Oh, aber das ist nicht dasselbe!« Sie sprudelte vor Erregung fast über wie eine junge Braut. Ich freute mich für sie, weil sie sich so verändert hatte. Tante Mathilda war hübscher geworden, seit sie glücklich war.
»Und wann ist der große Tag?« fragte ich.
»Nun ja – ich hab' Caroline noch nichts gesagt.«
Als Tante Caroline es erfuhr, war sie furchtbar wütend. Sie ließ sich unaufhörlich über närrische alte Frauen aus, die den Männern nachliefen, ihnen die Socken stopften und die Kragen und Manschetten ihrer Hemden wendeten. Was glaubte sie denn, daß ihr das einbringen würde?
»Vielleicht die Befriedigung, jemandem zu helfen?« schlug ich vor.
»Helena, misch du dich nicht ein! Wenn Mathilda unbedingt einen Narren aus sich machen will, dann laß sie doch.«
»Ich sehe nicht ein, weshalb sie einen Narren aus sich macht, wenn sie Mr. Clees hilft.«
»Du vielleicht nicht, aber ich schon. Du bist zu jung, um solche Dinge zu verstehen.«
Zu jung! Neben Tante Caroline fühlte ich mich alt an Erfahrung. Wenn sie wüßte, dachte ich. Ich hätte zu ihr sagen können: ›Aber ich war schon Frau und Mutter!‹ Wie würde sie meine unglaubli-

che Geschichte aufnehmen? Über eines war ich mir im klaren: Sie durfte es nie erfahren.
Als Tante Mathilda Mr. Clees feierlich in unser Haus brachte, rümpfte Tante Caroline nur die Nase und begnügte sich mit verächtlichen Blicken, aber ich bemerkte die hochrote Farbe ihrer Wangen und die Art, wie die Adern an ihren Schläfen hervortraten. Ich sagte, wir müßten auf das Glück und die Gesundheit des verlobten Paares trinken, holte ohne Tante Carolines Erlaubnis eine Flasche ihres besten Holunderweines aus dem Keller und servierte ihn.
Es war rührend, Tante Mathilda um zehn Jahre verjüngt zu sehen, und ich fragte mich in einer Anwandlung meiner alten Leichtfertigkeit, ob sie sich wohl in Albert Clees auch dann verliebt hätte, wenn er noch zwei Nieren besessen hätte. Amelia freute sich ebenso wie ich. Sie flüsterte mir zu, daß sie es schon seit langem hätte kommen sehen und daß es das Beste wäre, was ihrem Vater passieren konnte.
Die Hochzeit sollte bald stattfinden. »Es hat doch keinen Sinn, noch lange zu warten«, meinte Tante Mathilda. Mr. Clees fügte galant hinzu, daß er schon lange genug gewartet hätte, worauf Tante Mathilda hold errötete.
Als die Clees' gegangen waren, machte sich Tante Caroline mit einem Schwall von verächtlichen Bemerkungen Luft.
»Manche Leute benehmen sich, als wären sie siebzehn statt siebenundvierzig.«
»Fünfundvierzig«, sagte Tante Mathilda.
»Und was ist da für ein Unterschied?«
»Zwei Jahre«, versetzte Tante Mathilda mutig.
»Wie kann man nur so einen Narren aus sich machen! Wahrscheinlich willst du auch noch eine weiße Hochzeit mit rosenbekränzten Brautjungfern.«
»Nein, Albert wünscht sich eine stille Trauung.«
»Scheinbar hat er Verstand genug, um sich nicht mit einer weißen Hochzeit lächerlich zu machen.«
»Albert hat eine Menge Verstand – mehr als andere Leute, deren Namen ich jetzt nicht nennen möchte.«
Und so ging es weiter.

Tante Mathilda, die inzwischen von ihrem ergebenen Albert den Kosenamen »Matty« erhalten hatte, brütete aufgeregt über ihrem Brautkleid. »Weicher brauner Samt«, sagte sie. »Jenny Withers wird es für mich nähen. Und Albert wird den Stoff aussuchen. Dazu einen braunen Hut mit rosa Rosen.«
»Rosa Rosen in deinem Alter!« ereiferte sich Tante Caroline. »Wenn du diesen Mann heiratest, wirst du dir einen Sack voll Sorgen einhandeln.«
Amelia kam zu uns herüber, und wir steckten die Köpfe über den neuesten Modejournalen zusammen. Tante Mathildas Brautkleid mußte ausgewählt werden und ein Schnitt, nach dem Amelias graue Seide verarbeitet werden konnte. Amelia sollte bei der Trauung die Ehrenjungfer sein.
Wir lachten gerade, als wir draußen vor der Tür Tante Carolines Stock hörten. (Seit ihrem Schlaganfall war eines ihrer beiden Beine gelähmt, und deshalb mußte sie beim Gehen einen Stock benutzen.) Sie kam zu uns herein und sagte nichts, sondern setzte sich nur auf einen Stuhl und betrachtete uns geringschätzig.
Doch sie konnte Tante Mathildas Glück nicht trüben, obwohl sie sich am Hochzeitstag weigerte, bei der Trauung anwesend zu sein. »Ihr könnt alle hingehen und euch lächerlich machen«, sagte sie. »Ich tue es jedenfalls nicht.«
So heiratete Tante Mathilda, und das Hochzeitsfrühstück fand in kleinem Kreis in der Wohnung über der Buchhandlung statt. Tante Caroline blieb zu Hause und brummte und knurrte über Schafe, die sich als Lämmer verkleideten, und Leute in ihrer zweiten Jugend.
Zwei Tage nach der Hochzeit erlitt sie einen weiteren Schlaganfall, der sie fast bewegungsunfähig machte. Immerhin verlor sie dabei ihre Sprache nicht. Ihre Bemerkungen waren giftiger als je zuvor.
Nun folgte eine sehr trübe Zeit, in der ich mich fast ausschließlich der Pflege von Tante Caroline widmete. Tante Mathilda half mir, doch ihre erste Pflicht galt nun Albert, und sie war eine glückliche Frau, entschlossen, es ihm an nichts fehlen zu lassen.
Wenn ich das Essen für Tante Caroline zubereitete, träumte ich oft von dem Leben, das ich drei selige Tage lang kennenlernen durfte.

Ich malte mir aus, in einem Schloß hoch oben auf einem Berg zu wohnen, ähnlich jenen, die ich gesehen hatte. Ich dachte an ein wunderbares Dasein an der Seite eines Mannes, den ich anbetete und der meine Gefühle erwiderte. Auch an Kinder dachte ich – an meine kleine Tochter und einen Sohn. Ja, vielleicht hätte ich einen Sohn bekommen. Und all das kam mir oft wirklicher vor als die Küche mit den aufgereihten Gläsern, die von Tante Caroline so sauber etikettiert worden waren und nun oft an den falschen Platz gestellt wurden. Ich träumte vor mich hin, bis die Milch überkochte oder etwas im Ofen anbrannte und mich in die rauhe Wirklichkeit zurückrief.

In diesen Monaten herrschte große Freude in der Familie Greville, denn Anthony war Vikar geworden – nicht in unserer Kirche, sondern in einer anderen Pfarrgemeinde am Rand der Stadt. Mrs. Greville war hingerissen von ihrem klugen Sohn. Ich wußte, daß sie ihn bereits im Geist als Bischof sah.

Ich hatte es mir angewöhnt, jeden Sonntag mit den Grevilles zur Kirche zu gehen und Anthony die Messe lesen zu hören, und das bedeutete mir mehr als ich es für möglich gehalten hatte. Die Tatsache, daß Ilse sich nicht mehr meldete, verstärkte das Gefühl der Unwirklichkeit, und langsam kam es mir vor, als hätte ich in einer fremden Welt gelebt, in der sich Dinge ereigneten, die in einem normalen Dasein unmöglich schienen. Doch in den Nächten verfolgten mich noch immer die alten Träume.

Am Sonntag nach dem Abendgottesdienst wurde ich regelmäßig von den Grevilles zum Essen eingeladen, während Tante Mathilda sich um Tante Caroline kümmerte, die man nun kaum mehr allein lassen konnte. Es war an einem jener Sommersonntage, als der Eßtisch abgeräumt wurde, daß Anthony mich bat, mit ihm einen Spaziergang zu machen. Der Abend war schön, und wir schlenderten zu den Feldern außerhalb der Stadt. Anthony sprach über sein Lieblingsthema, den Ruhm Oxfords. Er interessierte sich sehr für die Geschichte unserer Stadt, und genau wie mein Vater kannte er die Gründungsgeschichte aller Universitäten. An jenem Sonntag erzählte er mir die Legende von St. Frideswyde, die seiner Meinung nach zum Teil auf Wahrheit beruhte. Frideswyde hatte tatsächlich gelebt und im Jahre 727 ein Nonnenkloster gegründet. Als der König von Leicester sich unsterblich in sie verliebte und sie zu entführen versuchte, erblindete er. Sie lebte so fromm, daß man ihr nach ihrem Tode eine Kirche weihte. Um diese Kirche herum entstand zuerst ein Weiler und dann ein Dorf, aus dem sich das alte Oxford entwickelte. Dort trieben die Bauern ihr Vieh über die Furt, wo die Flüsse Thames und Cherwell sich trafen, und somit erhielt der Ort seinen Namen Oxford, also Ochsenfurt.

Anthony begeisterte sich so für dieses Thema, daß er lebhafter wurde, als ich es sonst von ihm gewöhnt war, und es traf mich völlig überraschend, als er plötzlich sagte: »Helena, willst du meine Frau werden?«

Ich war stumm vor Bestürzung. Wenn ich je daran gezweifelt hatte, so wußte ich es in diesem Augenblick mit Sicherheit: daß ich mich für eine verheiratete Frau hielt. Es war so lange her, seit ich Ilses freundliches Gesicht zuletzt sah. So lange hatte ich nichts von ihr gehört, daß ihr Bild verblaßt war und damit auch meine Angst, sie, Ernst und Dr. Carlsberg hätten die Wahrheit gesagt. Je länger diese Zeit zurücklag, desto lebendiger erschien mir mein Abenteuer im Wald und um so weniger glaubhaft ihre Version über jene sechs Tage.

Aber heiraten? Ich war bereits verheiratet.

»Helena, erscheint dir der Gedanke so abstoßend?«

»O nein«, erwiderte ich. »Nein, nein. Ich habe einfach nie darüber nachgedacht.« Dann verstummte ich. Wie dumm mußte ich ihm vorkommen! Natürlich waren Anthonys Absichten schon seit einiger Zeit kaum zu übersehen. Allein das Benehmen von Mr. und Mrs. Greville hätten es mir verraten müssen. Sie erwarteten vielleicht sogar, daß wir von diesem Spaziergang verlobt zurückkehrten, erkannte ich plötzlich bestürzt.

Schnell sagte ich: »Natürlich habe ich dich gern, Anthony!«

Ja, ich hatte ihn gern. Ich hatte Anthony Greville so gern wie jeder andere, der ihn kannte. Ich fand seine Unterhaltung interessant und war gern in seiner Gesellschaft. Ich wäre sehr einsam gewesen, wenn er plötzlich aus meinem Leben verschwunden wäre. Aber ich wünschte mir, daß alles so weitergehen sollte wie bisher. Ich wollte nichts als seine Freundschaft. Es gab nur einen Mann, den ich als meinen Gatten betrachten konnte, und ich glaubte daran,

daß er es wirklich war – trotz aller Bemühungen, mich vom Gegenteil zu überzeugen.
»Ich habe einfach nicht an eine Heirat gedacht«, vollendete ich nicht sehr glaubwürdig.
»Ich hätte dich wahrscheinlich nicht so damit überfallen dürfen«, sagte er reumütig. »Ich weiß, daß meine Eltern es längst erwartet haben. Sie haben dich so liebgewonnen, genau wie ich.«
Ich erwiderte: »Natürlich wäre es eine sehr passende Verbindung, aber –«
»O Helena«, sagte er, »vielleicht erscheint es dir bald nicht mehr so unmöglich. Überleg es dir bitte.«
»Aber Tante Caroline«, wandte ich ein. »Ich kann sie nicht allein lassen. Sie braucht jemanden, der sich um sie kümmert.«
»Wir könnten sie ins Pfarrhaus bringen. Meine Mutter würde dir bei der Pflege helfen.«
»Ich kann euch Tante Caroline nicht zumuten. Sie würde den ganzen Haushalt durcheinanderbringen.«
So ersann ich lauter Ausflüchte, nur um nicht die Wahrheit sagen zu müssen. Ich war tatsächlich beunruhigt, denn das Gespräch über die Heirat hatte das Jagdhaus so deutlich wieder vor meinen Augen erstehen lassen, den Priester mit seinem Buch, den Ring – und Maximilian, der ungeduldig neben mir stand und auf den Augenblick wartete, in dem wir allein waren.
Ich zwang mich, an Anthony zu denken. Er wäre mir ein guter Mann gewesen, und wir hätten ein angenehmes Leben miteinander führen können. Vielleicht hätten wir auch Kinder gehabt. Wieder fühlte ich mich schmerzlich an das kleine Gesicht erinnert, umrahmt von dem weißen Häubchen. Ich hätte niemals heiraten können, ohne zu sagen, was mir widerfahren war. Sechs Jahre lag es nun schon zurück.
Rasch bat ich: »Du mußt mir Zeit geben.«
Er nahm meine Hand und drückte sie kurz. »Natürlich«, erwiderte er.
Wir waren beide in Gedanken versunken, als wir zum Haus zurückgingen. Ich konnte mich nicht von der Vergangenheit lösen. Immer noch sah ich Maximilian vor mir, die drängende Leidenschaft in seinen Augen. Wäre er an Anthonys Stelle gewesen, hätte

ich weder gezweifelt noch Ausflüchte ersonnen. Und mein Kind... Ich konnte es nicht ertragen. Ich mußte meine Gefühle unter Kontrolle halten.
Als wir das Haus betraten, fiel mir sofort der erwartungsvolle Ausdruck in Mrs. Grevilles Gesicht auf. Sie war enttäuscht.

Anthony war nun in seine neue Pfarrei übersiedelt, ein bezauberndes Haus im Queen-Anne-Stil, umgeben von weiten, anmutigen Rasenflächen. Auf der Rückseite befand sich eine Südmauer, die älter war als das Haus selbst. Sie stammte noch aus der Tudorzeit. Ein Pfirsichspalier rankte sich an der Mauer empor. Im Garten waren Äpfel- und Birnbäume und eine Sonnenuhr, auf der ein alter Spruch eingemeißelt stand: *Ich zähle nur die Sonnenstunden.*
»Das«, sagte Anthony, »sind wirklich die einzigen Stunden, die man zählen sollte.« Seine Eltern waren mit ihm ins Pfarrhaus gezogen.
»Damit er seine Bequemlichkeit hat«, erklärte Mrs. Greville. »Wenn Anthony heiratet, wären wir natürlich jederzeit bereit, uns zurückzuziehen.«
Das klang bedeutungsvoll. Ich wußte, daß sie trotz meines Zögerns noch immer damit rechnete, daß ich Anthony vielleicht doch heiraten würde. Denn was hatte ich im Grunde sonst vom Leben zu erwarten?
Mrs. Greville sagte, es sei nicht richtig für junge Frauen, so eingesperrt zu leben und sich nur um alte Leute zu kümmern. Sie ließ durchblicken, daß Tante Caroline in einem Zimmer des Pfarrhauses nicht schlechter untergebracht sein würde, wo wir uns in die Pflege teilen konnten.
Sie waren so freundlich und gut zu mir, und ich liebte sie alle von Herzen. Warum konnte ich mich nicht entschließen? Die Antwort war, daß ich mich immer noch an einen Traum klammerte.
Entweder in meinen Träumen oder in Wirklichkeit hatte ich die vollkommene Liebe kennengelernt, und ich sehnte mich danach. Ich wußte, daß Anthony ein guter Mensch war; es konnte durchaus möglich sein, daß er Maximilian charakterlich sogar überlegen war, aber man liebt die Leute nicht immer wegen ihrer Tugenden. Eines Tages, als ich allein mit Anthony in dem umfriedeten Gar-

ten saß, konnte ich es nicht länger verheimlichen: »Anthony, ich will dir gegenüber ganz ehrlich sein. Ich hatte bereits ein Kind.« Er war völlig überrascht und schien mir nicht zu glauben.
»Du weißt doch, daß ich fast ein Jahr lang in Deutschland war. Dort erlebte ich eine höchst merkwürdige Geschichte, und das Seltsamste daran ist, daß ich nicht einmal weiß, ob es wirklich geschah.«
So erzählte ich ihm alles; angefangen bei meinem Abenteuer im Nebel und dem starken Gefühl, das an jenem Abend von mir Besitz ergriffen hatte. Ich wollte ihm nichts verheimlichen. Und dann berichtete ich ihm von meinen Erlebnissen in der siebenten Vollmondnacht.
»Bis dahin war alles ganz normal, doch was dann folgte... Anthony, ich bin mir einfach nicht im klaren darüber.«
Er hörte mir aufmerksam zu. »Es klingt unglaublich«, sagte er. »Ich würde gern einmal deine Cousine treffen.«
»Ilse war so gut zu mir. Sie gab sich selbst die Schuld an allem und konnte nicht genug für mich tun. Monatelang hat sie sich um mich gekümmert. Und dann schrieb sie mir plötzlich nicht mehr.«
»Manche Leute sind schlechte Briefschreiber.«
»Aber sie hätte mir doch wenigstens ihre neue Adresse mitteilen können! Anthony, was hältst du von der ganzen Sache?«
»Ich weiß, daß die Ärzte große Fortschritte auf diesem Gebiet machen«, erwiderte er. »Und es sind schon viele Experimente durchgeführt worden. Es ist wohl wirklich so, daß dieser Dr. Carlsberg einen Versuch mit dir gemacht hat.
»Kann man wirklich sechs Tage seines Lebens völlig aus dem Gedächtnis verlieren?«
»Ja, das glaube ich schon.«
»Und dabei... widerfuhr mir so etwas Schreckliches, und ich erinnere mich nicht einmal daran!«
»Vielleicht ist es besser so. Das alles scheint wirklich notwendig gewesen zu sein, um dich vor Kummer, Demütigung und vielleicht sogar vor starkem seelischem Druck zu bewahren, der möglicherweise gefährliche Auswirkungen gehabt hätte.«
»Ich sehe schon, daß auch du die Heirat für einen Wunschtraum hältst.«

»Wenn es nicht so wäre, wo ist dann dieser Mann geblieben? Warum ist er nicht wieder aufgetaucht? Warum hat er einen falschen Namen benutzt – einen Namen, von dem du später erfahren hast, daß er einer der Titel des Herzogs ist? Und überdies, warum hätte deine Cousine dich belügen sollen? Auch der Arzt hat ja ihre Angaben bestätigt.«

»Ja, warum? Alles deutet darauf hin. Du bist ein vernünftiger Mann und mußt es natürlich so sehen.«

»Meine arme Helena«, sagte er. »Es war eine erschütternde Erfahrung für dich. Aber das alles ist jetzt vorbei. Das Kind ist gestorben; somit sind alle Schwierigkeiten beseitigt, die sich vielleicht aus seiner Geburt ergeben hätten.«

Ich schloß die Augen, denn ich konnte es nicht ertragen, wenn irgend jemand vom Tod meines Kindes wie von einer glücklichen Erlösung sprach.

»Ich habe mir das Kind gewünscht!« sagte ich heftig. »Ich hätte mich über alle Schwierigkeiten hinweggesetzt!«

»Du wirst wieder Kinder haben, Helena. Das ist die beste Art diese Wunde zu heilen.«

Wie ruhig er war, wie freundlich und unerschütterlich in seiner Liebe zu mir!

Ich wußte, daß ich ihm all das erzählt hatte, weil es mir nicht völlig unmöglich erschien, ihn zu heiraten. Und ich war froh, daß ich es ihm gesagt hatte. Es war eine große Erleichterung für mich. Langsam begann ich mir vorzustellen, wie angenehm es sein würde, meine Sorgen in Zukunft mit ihm zu teilen.

2.

Je länger ich über eine Ehe mit Anthony nachdachte, desto vernünftiger erschien mir dieser Schritt. Die Ruhe, mit der er meine Enthüllung aufgenommen hatte, bewies mir, welch besänftigenden Einfluß er auf mein Leben ausüben würde. Er war ein Mann, auf den ich mich voll verlassen konnte. Er war wie ein sicherer Hafen im Sturm. Am folgenden Sonntag hielt er eine eindrucksvolle Predigt über die Notwendigkeit, vergangenes Unglück zu überwinden, sich in das Unvermeidliche zu schicken und daraus klug zu werden, statt es zu bedauern. Er zitierte dabei das Gleichnis von den beiden Häusern; das eine war auf Sand gebaut, das andere auf Fels. Und das Haus auf dem lockeren Sand romantischer Träume war zur Zerstörung verdammt, während jenes, das auf dem sicheren Fels der Wirklichkeit gründete, bestehen konnte.
Ich war von dieser Predigt so bewegt, daß ich mich beinahe entschloß, ihm mein Jawort zu geben – doch in dieser Nacht waren meine Träume eindringlicher als sonst, und ich erwachte davon, daß ich nach Maximilian rief.
Es zeigte sich, daß ich mit Anthony über meine Erlebnisse freier sprechen konnte als ich je geglaubt hatte. Ich empfand es als wohltuend, sie nicht länger für mich behalten zu müssen. Wir besprachen alles ausführlich und beschäftigten uns mit jeder Einzelheit. Er ließ nichts außer acht; trotzdem beharrte er auf seiner Ansicht, daß Dr. Carlsberg einen Versuch mit mir angestellt hatte und daß seine Behandlungsmethode richtig gewesen sei.
Mrs. Greville war vollauf damit beschäftigt, Anthony bei seiner Arbeit im Kirchspiel beizustehen. »Du lieber Himmel!« pflegte sie

zu sagen, »ein Mann in Anthonys Stellung kann unmöglich ohne eine Frau auskommen, die ihm hilft, seine Pflichten zu erfüllen.« Sie war ein wenig ungeduldig mit mir. Einmal erinnerte sie mich daran, daß ich kein junges Mädchen mehr sei. Ich war nun beinahe sechsundzwanzig – also wirklich nicht mehr jung. Bald würden die Leute sagen, ich wäre sitzengeblieben.

Wie gern hätte ich ihre Hoffnungen erfüllt! So tat ich wenigstens alles, um Mrs. Greville zu helfen. Unermüdlich organisierte ich den Verkauf von Handarbeiten für wohltätige Zwecke, bereitete gesellige Abende vor und kochte Tee, der bei den Zusammenkünften der Müttervereinigung verabreicht wurde.

»Du hast Talent für diese Arbeit«, bemerkte Mrs. Greville vielsagend.

Über meinen regelmäßigen Besuchen im Pfarrhaus, der freiwilligen Hilfe in der Buchhandlung und Tante Carolines Pflege flog die Zeit nur so dahin. Tante Caroline grollte mir wegen jeder Minute, die ich nicht zu Hause verbrachte. »Hinter dem Vikar herlaufen«, nannte sie meine Ausflüge zu den Grevilles. »Ich verstehe das nicht. Manche Frauen sind mannstoll.«

Sie haßte es, wenn ich fortging, doch Tante Matty bestand darauf. Sie war entzückt über meine Freundschaft mit Anthony. Da sie selbst so glücklich verheiratet war, wünschte sie jeder Frau diesen seligen Zustand – Amelia, mir und sogar Tante Caroline.

Sie kam immer zu uns herüber, um mich zu vertreten. »Geh jetzt und amüsiere dich gut!« sagte sie stets. Außerdem hatte sie es auch gern, wenn ich in der Buchhandlung aushalf. »Albert sagt, du bist in der fremdsprachlichen Abteilung besser als jeder andere. Es ist kaum zu glauben, wie viele Ausländer zu uns kommen.«

So verging Monat um Monat. Nie hatte ich eine freie Minute, und stets war im Hintergrund meines Denkens – oder auch im Vordergrund – die Frage: Konnte ich glücklich werden, wenn ich Anthony heiratete? Konnte ich ihn glücklich machen? Würde ich, wenn ich verheiratet war, nicht mehr von Sehnsuchtsträumen heimgesucht werden?

Ich sah ein sehr schönes und zufriedenes Leben vor mir liegen. Anthonys ruhiger Charme würde sich an der Seite einer Frau verstärken, die so begeisterungsfähig war wie ich. Und wenn meine alte Lebhaftigkeit erst zurückkehrte, würde ich bestimmt die richtige Ergänzung für ihn sein. O ja, bestätigte ich mir selbst immer wieder, es würde eine ideale Ehe werden.

Tante Caroline hörte nicht auf zu zetern. »Du könntest deine Zeit nützlicher verbringen! Dauernd läufst du hinter Anthony Greville her. Hoffst wahrscheinlich, daß er dich heiraten wird. Du wirfst dich doch nur weg!« Am liebsten hätte ich sie angeschrien: ›Er hat mich gebeten, ihn zu heiraten, aber ich habe nicht ja gesagt! Stets hat mich etwas davon abgehalten, seinen Antrag anzunehmen.‹

Ich sollte einen Stand auf dem Wohltätigkeitsbasar übernehmen und war schon Wochen vorher damit beschäftigt, Gegenstände für den Verkauf zusammenzutragen. Mitglieder der Pfarrgemeinde hatten uns ihre Spenden zugeschickt. Ein Päckchen kam auch von den Schwestern Edith und Rose Elkington. Es enthielt ein Dutzend Eierwärmer.

Ich starrte einige Sekunden lang auf den Namen nieder und fühlte mich in die schmale Gasse mit dem Katzenkopfpflaster und den Zunftzeichen zurückversetzt. Im Geiste stand ich vor Dr. Kleines Klinik, und mein Leib war schwer von meinem ungeborenen Kind. Damals hatten mich zwei Frauen angesprochen. Ja, es waren die Schwestern Elkington gewesen. Sie verkauften Tee und Kaffee, hausgebackenen Kuchen und allerlei selbstgemachte Kleinigkeiten wie Teewärmer, Decken und Eierwärmer.

Ich schauderte unwillkürlich und spürte leichte Besorgnis in mir aufkommen.

Mein Vorgefühl hatte mich nicht getrogen. Schon am ersten Nachmittag, als das Wohltätigkeitsfest eröffnet wurde, tauchten sie auf. Zwei Paar durchdringende Augen betrachteten mich. Sie glichen Affenaugen – dunkel, lebhaft, neugierig.

»Ach, das ist doch *Miss* Helena Trant!«

»Ja«, sagte ich.

»Wir haben die Eierwärmer geschickt.«

»Vielen Dank. Wir können sie gut gebrauchen.«

»Hoffentlich gefällt Ihnen die Farbenzusammenstellung von Rot und Grün«, meinte die jüngere.

Ich sagte, ich fände sie sehr wirkungsvoll.

Die ältere der beiden fragte: »Haben wir uns nicht in Deutschland getroffen?«
»O . . . ja, ich glaube schon.«
»Soviel ich mich erinnern kann, waren Sie mit ihrer Cousine unterwegs. Sie sind ziemlich lange in Deutschland geblieben.«
»Ja, das stimmt.«
»Interessant«, sagte die ältere, und das Leuchten in ihren Augen gefiel mir nicht besonders.
Es verstärkte meine Unruhe.

An diesem Abend steigerte sich Tante Caroline in maßlose Wut hinein. Mathilda war zu ihr herübergekommen und rasch wieder gegangen, weil sie sich um Albert sorgte. Mit einer Niere müsse man vorsichtig sein, pflegte sie zu sagen.
Ich kam erst abends zurück. Mein Verkaufsstand war ein richtiger Erfolg gewesen, und als ich endlich die Einnahmen gezählt und die unverkauften Waren weggepackt hatte und mit Mrs. Greville den Basar verließ, war es schon spät.
Tante Caroline schrie mich an, als ich heimkam. Sie sah verstört aus – ihr Haar war wirr, ihr Gesicht rot vor Zorn. Während der letzten halben Stunde hatte sie mit ihrem Stock auf den Boden geklopft, doch niemand war gekommen. Sie bezeichnete Ellen, unser Mädchen, als faulen Nichtsnutz; Tante Mathilda sei dem Mann von nebenan hörig, Amelia wäre in irgendein Konzert gegangen, und ich sei natürlich damit beschäftigt gewesen, Anthony Greville nachzulaufen. Keiner hatte einen Gedanken an sie verschwendet, aber so war das eben, wenn man krank war. Die Menschen dachten nur an sich selbst.
In dieser Tonart ging es immer weiter, und ich war in Angst um sie, denn der Arzt hatte gesagt, daß sie sich nicht aufregen dürfe. Er hatte mir Tabletten gegeben, die eine beruhigende Wirkung ausübten; als ich ihr jedoch vorschlug, eine davon zu nehmen, rief sie: »So ist's recht, schiebe die Schuld nur auf mich ab! Ich muß mich beruhigen. Ich soll still sein. Ich darf kein Wort sagen. Ihr alle treibt euch herum und vergnügt euch beim Männerfang. Zuerst Mathilda – Matty nennt sie sich jetzt. Matty, ha, in der Tat! Sie ist in ihrer zweiten Jugend. Und was dich betrifft – du bist scham-

los, ja, das bist du. Ich wundere mich nur, daß der Vikar dich nicht durchschaut. Nun, du bist kein junges Mädchen mehr, stimmt's? Und das beunruhigt dich langsam. Du wirst sitzenbleiben, wenn du nicht aufpaßt. Aber keiner könnte behaupten, daß du nicht aufpaßt. Du liegst auf der Lauer, würde ich sagen.«
Ich erwiderte laut: »Sei still, Tante Caroline. Du redest Unsinn.«
»Unsinn. Unsinn, der ebenso wahr ist wie die Nase in deinem Gesicht. Unsinn, tatsächlich! Jeder Blinde könnte sehen, worauf du aus bist!«
Sie hatte mich über das erträgliche Maß hinaus gereizt, und ich sagte: »Tatsächlich hat Anthony mich längst gebeten, ihn zu heiraten!«
Ich sah, wie ihr Gesichtsausdruck wechselte und wußte, daß sie genau das befürchtet hatte. Plötzlich wurde mir klar, was für ein Leben sie geführt hatte. Sie hatte nicht Tante Mathildas einfaches Gemüt, die sich für Kranke interessierte und ihnen Mitgefühl entgegenbrachte. In Tante Carolines Wesen war kein Mitgefühl. Sie war die weniger hübsche von den beiden Schwestern gewesen, die älteste der Familie. Als zweites Kind war mein Vater gekommen. Sie mußte beiseitestehen, und der Neid hatte sich in ihre Seele gefressen. Ich sah ihn in ihrem Gesicht – Neid auf meinen Vater, für den Opfer gebracht werden mußten, auf Mathilda, die sich für anderer Leute Krankheiten interessierte und nun in der Ehe neuen Inhalt gefunden hatte, auf mich, deren Heirat sie ebenfalls bevorstehen sah. Arme Tante Caroline, der man alles vorenthalten hatte – die Ausbildung, die mein Vater genoß, den Ehemann, den Tante Mathilda fand. Und zu allem übrigen war sie nun ein Pflegefall. Sie tat mir von Herzen leid. Neid – die schlimmste der sieben Todsünden – hatte jene bitteren Linien um ihren Mund eingegraben, hatte ihre Lippen schmal gemacht und das spöttische Glitzern in ihren Augen geweckt. Arme, arme Tante Caroline.
Ich dachte: Ich muß mich um sie kümmern. Ich muß Geduld mit ihr haben.
»Tante Caroline«, begann ich. »Ich –«
Doch sie tastete nach ihren Tabletten. Ich nahm eine davon und steckte sie ihr in den Mund. Dann sagte ich: »Du mußt dich jetzt ausruhen. Ich bin da, wenn du etwas brauchst.«

Sie nickte müde. – In dieser Nacht starb Tante Caroline. Sie war erlöst.
Niemand konnte um sie trauern. Ihr Dahinscheiden war das, was man üblicherweise als »glückliche Erlösung« bezeichnet.
»Ihr Zustand hätte sich nur verschlimmern können«, sagte der Arzt.
Tante Mathilda verfiel wieder ihrer alten Leidenschaft und ließ sich endlos über Herzen aus, die unberechenbar waren und einen am Ende doch bezwangen. Sie meinte, ich sollte bis nach der Beerdigung in ihrer Wohnung über der Buchhandlung schlafen. Auch Mrs. Greville lud mich sofort ins Pfarrhaus ein, doch ich hatte Tante Mathildas Angebot bereits angenommen. So schlief ich wieder in dem Raum, der einst mein Kinderzimmer war, ehe mein Vater das Haus nebenan erbte.
Wie jede Beerdigung brachte auch diese eine Menge Aufregung und Arbeit mit sich. Tante Mathilda war in ihrem Element. Beerdigungen als der letzte Höhepunkt einer Krankheit waren eine hochinteressante Angelegenheit für sie. Alles mußte auf schickliche Weise erledigt werden. In aller Eile wurde schwarze Kleidung bestellt; als Hauptleidtragende sah sich Tante Mathilda ins Licht der Öffentlichkeit gerückt. Ich war die zweitwichtigste Hinterbliebene, und wir beide sollten im Trauerzug nebeneinander gehen; sie würde sich auf meinen Arm lehnen, und ich mußte sie stützen. Sie meinte, bei einem solchen Anlaß seien Tränen angebracht, und fand es seltsam, daß es manchen Leuten schwerfiel, sie zu vergießen. Man sollte ja nicht schlecht von den Toten sprechen (bei Trauerfällen gehörte das zum guten Ton), aber Tante Caroline wäre sehr krank gewesen, und es sei nicht leicht, ihren Tod zu bedauern. Tante Mathilda wußte, daß ich nur selten in Tränen ausbrach. »Wahrscheinlich hängt das damit zusammen, daß du in so jungen Jahren von zu Hause fortgeschickt wurdest«, sagte sie. Für den Fall also, daß ich nicht weinen konnte, hätte sie gehört, daß eine im Taschentuch verborgene, geschälte Zwiebel gute Ergebnisse erziele.
Ich lauschte ihrem Geplauder und überlegte, wie sehr sich ihr Leben verändert hatte, seit Mr. Clees aufgetaucht war. Nun war sie ein liebenswerterer Mensch geworden als unter Tante Caroli-

nes Herrschaft, als die beiden noch in dauernden Streit verwickelt waren, der unvermeidlich schien.
Die Heirat war ein Segen für sie gewesen.
Und was war mit mir? Ich nahm an, daß dasselbe für mich galt.
Die Trauerkleidung wurde rechtzeitig fertig. Tante Mathilda war unzufrieden mit Amelias Hut; ihr eigener dagegen, mit einer Jettbrosche und tiefschwarzen Satinschleifen verziert, war ein Triumph. Die Kränze verursachten Aufregung, da man befürchtete, sie könnten zu spät eintreffen. In unserem kleinen Salon stand der Sarg auf einem schwarz verhüllten Brettergestell. Das Haus roch nach Beerdigung. In allen Räumen waren die Jalousien heruntergelassen, und unser Mädchen Ellen war zu ihrer Mutter heimgefahren, weil sie es nicht ertragen konnte, eine Nacht allein in einem Haus zu verbringen, in dem eine Tote lag.
Schließlich kam der Tag heran. Die ernsten, schwarzgekleideten Leichenbitter mit ihren Zylindern gingen neben den mit schwarzem Samt aufgeputzten Pferden her und sorgten für das notwendige Maß an feierlicher Trauer, das selbst Tante Mathildas hohen Ansprüchen genügte.
Dann ging es zurück zur Wohnung über der Buchhandlung, zum Leichenschmaus. Kalter Schinken wäre dabei unerläßlich, meinte Tante Mathilda. Einst hatte man ihr bei einer Beerdigung kaltes Hühnerfleisch vorgesetzt, was ihrer Ansicht nach bei einem solchen Anlaß eine gewisse Leichtfertigkeit verriet.
Am Abend schlug Tante Mathilda mir vor, ich könnte noch eine Nacht bei ihr bleiben. Ich nahm ihr Angebot an und übernachtete noch einmal in meinem kleinen Zimmer. Dabei dachte ich: Ich sollte Anthony heiraten.

Ich hatte meinen Entschluß beinahe gefaßt, als etwas geschah, was mich wieder unsicher machte.
Ellen kam nach der Beerdigung zurück und wirkte sehr nachdenklich. Als sie am zweiten Tag nach ihrer Rückkehr noch immer seltsam geistesabwesend war, fragte ich sie, ob etwas nicht in Ordnung sei.
»Oh, Miss Helena«, sagte sie, »ich weiß nicht, ob ich es Ihnen erzählen soll.«

»Nun, wenn Sie glauben, daß es Ihnen helfen könnte –«

»Es geht nicht um mich, Miss. Es – es geht um Sie.«

»Was meinen Sie damit, Ellen?«

»Es ist wegen Ihnen und dem Vikar, und ich glaube es einfach nicht. Wahrscheinlich sollte ich es Ihnen besser nicht sagen. Aber andererseits sollten Sie es vielleicht doch wissen. Natürlich ist es nur gemeiner Klatsch.«

»Sagen Sie es mir!«

»Na ja, meine Ma hat es von jemandem erfahren, der dort im Laden war. Sie erzählte, es wären eine Menge Leute dagewesen, und alle hätten gesagt, daß es eine Schande wäre und daß der Vikar es erfahren müßte.«

»Aber was denn, Ellen?«

»Ich möchte es lieber nicht sagen, Miss. Sie behaupten, daß Sie so lange fort waren, weil Sie in Schwierigkeiten waren, und daß Sie ein Baby gehabt hätten.«

Ich starrte sie an. »Wer sagt das, Ellen?«

»Angefangen hat es mit den Elkington-Schwestern. Sie haben behauptet, sie hätten Sie dort getroffen. Man hätte es nicht übersehen können, und Sie wären aus einer Klinik gekommen.«

Ich erinnerte mich so deutlich an alles; an die schmale Straße, meine Vorfreude auf das Kind und vier neugierige, affenartige Augen, die mich genau musterten.

»Ich weiß natürlich, daß es Unsinn ist, Miss. Aber ich dachte, Sie müßten es erfahren.«

»O ja«, erwiderte ich. »Ich muß es wissen. Sie hatten recht, es mir zu sagen.«

»Nun, es ist nichts als Tratsch. Ich weiß das auch, Miss. Jeder, der Sie kennt, weiß es. Und diese Elkington-Schwestern sind furchtbare Klatschbasen. Meine Ma sagt, deshalb hätten sie sich auch einen Laden angeschafft. Miss, wenn Sie heiraten, werden Sie bestimmt eine Hilfe brauchen. Und ich weiß doch, wie Sie alles haben wollen...«

Ich sagte: »Ich werde daran denken, Ellen.«

Ich mußte in mein Zimmer gehen und nachdenken.

Natürlich kann ich Anthony nicht heiraten, sagte ich mir. Die

Elkingtons würden immer weiter klatschen. Was für eine schrecklich gemeine Geschichte! Ich war ins Ausland gegangen, um ein Kind zur Welt zu bringen. Nein, wir konnten uns nicht einfach darüber wegsetzen. Wie Cäsars Frau, so mußte auch die Frau eines Vikars über jeden Zweifel erhaben sein.

Ich erzählte Anthony, was Ellen mir gesagt hatte. Er schob es einfach beiseite. »Meine Liebe, wir kümmern uns gar nicht darum.«

»Aber es ist die Wahrheit. Als sie mich trafen, war ich in anderen Umständen, und man konnte es nicht übersehen. Ich bekam ja wirklich ein Kind.«

»Liebe Helena, das gehört der Vergangenheit an.«

»Ich weiß, und mit dir zusammen sollte ich jetzt ein Haus auf Fels bauen. Aber es ist dir gegenüber nicht gerecht. Ein solcher Skandal könnte deine Karriere zerstören oder zumindest deine Beförderung verhindern.«

»Eine Frau ist mir wichtiger als ein Bistum.«

»Ich würde dich vielleicht enttäuschen.« Ich runzelte die Stirn und dachte an die Gefühle, die Maximilian in jener nebligen Nacht in mir wachgerufen hatte. Wieder erinnerte ich mich daran, wie die Türklinke im Jagdhaus sich sacht bewegte. Wenn die Tür sich geöffnet hätte, was wäre dann geschehen? Wahrscheinlich hätte ich ihm nicht widerstehen können. Und wenn irgendein Wunder ihn mir wieder über den Weg führte? Ich fürchtete, daß meine Liebe zu ihm so stark sein würde, daß sie sogar die Macht hatte, dieses Haus zu zerstören – auch wenn es auf Fels gebaut war.

Wieder suchte ich Zuflucht in einer Ausrede.

»Ich muß darüber nachdenken«, sagte ich. »Das hat wieder alles verändert.«

Er wollte es nicht zulassen, doch ich bestand darauf.

In dieser Zeit faßte ich den Entschluß, meine Geschichte aufzuschreiben. Ich hoffte, so Klarheit darüber zu erlangen, was in der siebenten Vollmondnacht wirklich geschehen war. Doch ich muß gestehen, daß ich bis zu diesem Punkt der Wahrheit keinen Schritt nähergekommen war.

Ich legte den Bericht in eine Schublade; so konnte ich mir in späte-

ren Jahren diesen Abschnitt meines Lebens in allen Einzelheiten wieder ins Gedächtnis rufen.
Doch bald darauf befand ich mich erneut mitten in jener phantastischen Welt; und da entschloß ich mich, meine Erlebnisse fortlaufend niederzuschreiben und sie genau festzuhalten. Ich wollte die volle Wahrheit finden, und die Zeit sollte nichts davon auslöschen oder verzerren.
Als ich wieder in den Lokenwald kam, begann ich also meine Abenteuer schriftlich festzuhalten, ausgehend von dem Ereignis, das die Wendung für mich brachte.

4. Teil

Die Wirklichkeit 1870

1.

Als Tante Caroline tot war, wurde das Leben ruhiger und ließ mir mehr Zeit zur Besinnung. Wie friedlich war mein Dasein nun geworden! Ich konnte Ellen bei der Arbeit singen hören. Meine Tage waren ausgefüllt. Ich half nun regelmäßig in der Buchhandlung, denn diese Beschäftigung machte mir Spaß. In der übrigen Zeit unterstützte ich Mrs. Greville im Kirchspiel, doch die Schwestern Elkington hatten mir die Freude daran verdorben, und ich fürchtete immer, ihnen zu begegnen. So widmete ich meine ganze Aufmerksamkeit der Buchhandlung, und dort begegnete ich auch Frau Graben.

Eines Tages kam sie in den Laden – eine behäbige, plumpe Frau mittleren Alters mit grauen Strähnen in ihrem Kraushaar, das unter einem flachen Filzhut hervorquoll. Sie trug einen ziemlich altmodischen braun und grau karierten Reisemantel über einem Rock aus dem gleichen Stoff. Ich unterhielt mich gerade mit Amelia, und sie steuerte direkt auf mich zu.

Sie sprach ein sehr langsames Englisch; ihr Akzent ließ mein Herz schneller schlagen. »Würden Sie mir helfen? Ich hätte gern...«

Sofort antwortete ich ihr deutsch, und die Wirkung war verblüffend. Ihr grobes Gesicht hellte sich auf, ihre Augen leuchteten, und sie erwiderte redselig in ihrer eigenen Sprache. Innerhalb weniger Minuten erfuhr ich, daß sie England bereiste und nur sehr wenig Englisch konnte – beides war nur zu offenkundig –, und daß sie ein kleines Buch kaufen wollte, das ihr helfen sollte, unsere Sprache besser zu verstehen.

Ich brachte sie zum Regal mit den deutschsprachigen Büchern und

schlug ihr vor, einen Band mit englischen Redewendungen zu nehmen und dazu ein Wörterbuch. Beides würde ihr bestimmt nützlich sein.
Sie kaufte die Bände, zu denen ich ihr riet, und bedankte sich, schien jedoch noch immer nicht geneigt, die Buchhandlung zu verlassen. Da wir im Moment nicht viel zu tun hatten, unterhielt ich mich gern mit ihr.
Sie war erst vor einigen Tagen in England eingetroffen und nach Oxford gekommen, weil einer ihrer Freunde früher hier studierte. Sie wollte den Ort kennenlernen, von dem sie schon so viel gehört hatte. Ich fragte sie, ob ihr England gefiele. Ja, antwortete sie, doch die Sprachschwierigkeiten wären so groß. Sie fühlte sich einsam; ich könnte mir kaum vorstellen, wie herrlich es sei, jemandem zu begegnen, der sich so wie ich mit ihr unterhalten konnte.
Unwillkürlich erzählte ich ihr, daß meine Mutter aus dem Schwarzwald stammte und oft deutsch mit mir gesprochen hatte; auch, daß ich im Damenstift in der Nähe von Leichenkin erzogen worden war.
Ihre Freude war unverkennbar. Oh, das wäre wunderbar! Sie selbst kannte das Damenstift gut.
Nach einer halben Stunde ging sie, doch schon am nächsten Tag erschien sie wieder im Laden und kaufte noch ein Buch. Auch diesmal blieb sie, um sich mit mir zu unterhalten. Sie sah mich so erwartungsvoll an, als sie sich zum Gehen wandte, daß ich sie für den nächsten Tag zum Tee einlud.
Sie kam zur verabredeten Zeit, und ich bat sie in den kleinen Salon, der seit Tante Carolines Tod so viel freundlicher wirkte. Ellen brachte uns Tee und Kuchen, den sie selbst gebacken hatte. Er hätte Tante Carolines Ansprüchen zwar bestimmt nicht genügt, doch das störte keinen von uns.
Das Gespräch faszinierte mich, denn Frau Graben kannte die Gegend gut. Sie erzählte mir, daß sie als Hausdame in einem kleinen Schloß auf einem Berg lebte. Sie stand dem Haushalt vor und war für die Erziehung der Kinder verantwortlich. Stolz berichtete sie, daß sie das Schloß selbst verwaltete.
Die Kinder, die sie mit großer Zuneigung erwähnte, hießen Dagobert, Fritz und Liesel.

»Wessen Kinder sind das?« erkundigte ich mich.
»Die Kinder des Grafen.«
Mir war ganz schwindlig vor Erregung; eine Erregung, die immer stärker geworden war, seit ich Frau Graben kennengelernt hatte.
»Graf...?« wiederholte ich.
»Nun ja«, sagte sie. »Er ist der Neffe des Herzogs, und fürwahr ein junger Draufgänger. Manche Leute glauben, daß er an der Verschwörung seines Vaters beteiligt war. Aber jetzt, wo Graf Ludwig gestorben ist, bleibt immer noch mein junger Graf, und keiner weiß, was er ausheckt.«
»Und was ist mit der Gräfin?«
»Sie ist eine passende Frau für ihn. Die beiden haben einen Sohn.«
»Ich dachte, Sie sprachen von drei Kindern?«
»Ich bin nicht im Haushalt des Grafen selbst. Mit diesem Sohn habe ich nichts zu tun.« Sie zuckte mit den Schultern. »Sie wissen ja, wie das ist; hm, aber vielleicht wissen Sie's gar nicht. Mein Herr war immer hinter den Frauen her; Ludwig ebenso. Es hieß, Ludwig hätte eine ganze Menge mehr Kinder gehabt, als er zugab. Du lieber Himmel, man findet die typischen Familienzüge ja bei vielen Kleinen, die in den Dörfern herumlaufen.«
»Und diese drei?«
»Der Graf hat sich zu ihnen bekannt. Ihre Mütter müssen sich seiner besonderen Gunst erfreut haben. Und der Graf will, daß es den Seinen an nichts fehlt. Er hat die Kinder auf seine Art gern und besucht sie auch ab und zu. Auch für ihre Zukunft interessiert er sich. Und nachdem unser Haus Sachsen-Coburg eine Verbindung mit der englischen Königsfamilie eingegangen ist, wünscht er, daß sie alle in Englisch unterrichtet werden.«
»Wie sieht dieser Graf aus?« fragte ich.
»Er ist wie alle Männer der Familie – groß und gutaussehend, und natürlich ebenso selbstbewußt. Keine Frau ist vor ihm sicher, wenn er einmal ein Auge auf sie geworfen hat. Ja, er ist ganz wie alle anderen. Ich bin in dieser Familie schon seit langem als Erzieherin tätig und habe zwei von ihren Sprößlingen großgezogen, deshalb weiß ich Bescheid. Auf mein Wort, dieses Kinderzimmer war so schwer zu beaufsichtigen wie ein ganzes Herzogtum. Was die beiden Burschen alles angestellt haben! Ich hatte alle Hände voll

zu tun. Und kaum waren sie fünfzehn, da ging's mit den Mädchen los. Aber eines muß ich sagen: Der Graf hat sich um seine Kinder gekümmert. Bestimmt sind eine ganze Menge Mädel mit ihren Sorgen zu ihm gekommen. Er ist leichtfertig, aber er hilft ihnen immer. Er sagt, er liebt sein Vergnügen und es macht ihm nichts aus, dafür zu bezahlen. Die Kinder hängen sehr an ihm. Der kleine Dagobert gerät ihm nach. Bei Fritz weiß ich es nicht so genau. Fritz schlägt ein bißchen aus der Art. Er macht mir Sorgen. Meiner Meinung nach braucht er eine Mutter, und genau das fehlt im leider.«

»Wo ist seine Mutter?«

»Tot, glaube ich. Aber in jedem Fall kommen die Mütter der Kinder nie ins Schloß. Wenn der Graf einmal einer Frau überdrüssig ist, ist die Sache aus und vorbei. Doch die Kinder liegen ihm am Herzen. Es gefiel ihm gar nicht, daß einige Mitglieder seiner Familie nicht Englisch konnten – damals, als die Queen mit ihrem Hofstaat uns nach dem Tod ihres Gatten einen Besuch abstattete. »Ich möchte, daß die Kinder Englisch lernen«, sagte er. Und deshalb sind wir jetzt auf der Suche nach einem Lehrer für sie. »Ein Engländer soll es sein«, meinte er. Er will nicht, daß sie mit deutschem Akzent Englisch sprechen.«

»Und der Graf – spricht er Englisch?«

»Er hat hier studiert, hier in Oxford. Er spricht es so gut wie Sie. Und ebenso perfekt sollen es die Kinder lernen.«

»Dann werden Sie wirklich einen Engländer als Lehrer brauchen.«

»Ja, genau das beabsichtigt er auch.«

Sie fuhr fort, mir von den Kindern zu erzählen. Dagobert war mit seinen zwölf Jahren der Älteste – und Jungen in diesem Alter konnten einen ganz schön in Atem halten. Dann kam Fritz; er war zehn, und er vermißte seine Mutter. Ich dachte: Meine Tochter wäre ein Jahr jünger als er. Und wieder erfüllte mich schmerzliche Sehnsucht.

»Und Liesel, die ist ein hochmütiges kleines Ding. Erst fünf Jahre alt, aber schon mächtig stolz auf ihre noble Abstammung, obwohl ihre Mutter nur eine kleine Näherin war, die vorübergehend im Schloß arbeitete.«

Aufs neue fühlte ich mich wie im Märchen. Mit aller Macht war die Verzauberung wieder über mich gekommen. Ich hätte ihr ewig zuhören können, wie sie da vom Schloß hoch oben auf dem Berg erzählte, das auf das Tal niedersah. Das Tal, in dem Rochenberg lag, die Hauptstadt von Rochenstein, regiert von Herzog Carl, der auch Graf von Lokenburg war.

Es schien mir ein bemerkenswerter Zufall, daß Frau Graben in unseren Laden gekommen war, daß ich gerade dort bedient hatte und sie so versessen darauf war, sich in ihrer eigenen Sprache zu unterhalten. Und nun saß sie hier bei mir im Salon, trank Tee mit mir und rief mir jenes romantische Abenteuer, das vor elf Jahren im Nebel begann, wieder so lebhaft ins Gedächtnis zurück.

Als sie sich von mir verabschiedete, sagte sie plötzlich: »Jemand wie Sie müßte unsere Kinder in Englisch unterrichten.«

Ich fühlte, wie mich eine plötzliche Schwäche überkam, und stammelte: »Aber ich bin keine Lehrerin.«

Sie fuhr fort: »Es müßte jemand sein, dessen Muttersprache Englisch ist. Der Graf hat an einen Lehrer gedacht. Aber warum sollte eine Frau dafür nicht in Betracht kommen? Sie wäre vielleicht sogar geeigneter, glaube ich. Frauen haben mehr Verständnis für Kinder. Ich frage mich...«

»Ich hatte nicht die Absicht, zu unterrichten«, erwiderte ich. »Und Sie brauchen jemanden, der die nötige Ausbildung hat.«

»Der Graf will natürlich eine Person von Bildung. In erster Linie müßte ein solcher Lehrer aber Verständnis für Kinder haben und die deutsche Sprache perfekt beherrschen. Ja, ich glaube, Sie wären genau die Richtige dafür.«

»Wenn ich nach einer solchen Stellung gesucht hätte –«, begann ich.

Sie unterbrach mich: »Es wäre natürlich nur für verhältnismäßig kurze Zeit. Ich weiß nicht, wie lange die Kinder unterrichtet werden müßten. Sie lieben die Berge und die Wälder, nicht wahr? Und Sie könnten bei uns im Schloß leben, wo ich als Hausdame arbeite. Ich kümmere mich um die Kinder. Sie sind so – sympathisch, ja, das ist das richtige Wort. Als der Graf davon sprach, daß er einen Englischlehrer für die Kinder anstellen wollte, war ich überhaupt nicht begeistert. Ich wollte nicht, daß ein Mann sich in meine Angelegenheiten mischt. Damals dachte ich, daß mir eine nette junge Frau viel lieber wäre. Aber nicht eine von diesen steifen, scharfzüngigen englischen Gouvernanten. O nein – das wäre mir nicht recht. Ich habe es dem Grafen auch gesagt. Aber ich schwatze schon wieder zuviel. Wenn er einen Lehrer anstellt, muß ich mich eben damit abfinden. Vielleicht hat er es schon getan. Nun, es war wirklich interessant, mich mit Ihnen zu unterhalten.«

Ich sagte: »Sie müssen wiederkommen.«

Sie drückte meine Hand zum Abschied, und Tränen traten ihr in die Augen, als sie mir für die Freundlichkeit dankte, einer »Fremden meine Tür zu öffnen«.

In dieser Nacht konnte ich kaum Schlaf finden. Ich war so erregt – dauernd mußte ich an das Schloß auf dem Berg denken, das auf die Hauptstadt von Rochenstein hinuntersah, und ich sehnte mich danach, dort zu sein. Ich wußte, daß ich niemals mit Anthony glücklich werden konnte, ohne vorher wenigstens den Versuch zu machen, die wahren Ereignisse der siebenten Vollmondnacht aufzudecken.

Kurz bevor Frau Graben Oxford verließ, lud ich sie noch einmal zum Tee ein. Wieder sprach sie über ihr Zuhause, von den Kindern, von den Bräuchen und Festtagen in Rochenstein und vom gütigen Herzog Carl, der ernst und ruhig war – ganz im Gegensatz zu den früheren Mitgliedern und Herrschern seiner Familie. Sie erzählte mir vom Besuch des Kronprinzen und der Prinzessin von Preußen; ich wüßte doch, daß Viktoria Kronprinzessin war, und daß man sie nach ihrer Mutter, der Queen von England, benannt hatte?

Ich war in großer Unruhe, denn sie schien ihre Anspielung auf den gesuchten Englischlehrer für die Kinder des Grafen völlig vergessen zu haben. Ich wünschte mir, die Stellung zu bekommen, da es mir eine Chance zu sein schien. Eine schwache Möglichkeit, die sich ebenso unerwartet bot wie ... wie damals der Besuch von Ilse und Ernst.

Ich selbst brachte das Gespräch darauf. »Würden Sie mir schreiben, ob Sie gut zu Hause angekommen sind?« sagte ich. »Wir sind in kurzer Zeit so gute Freunde geworden, und ich wüßte auch gern, ob sich inzwischen ein Englischlehrer für die Kinder gefunden hat.«

»Oh, der Lehrer!« rief sie. »Ich hoffe, er kommt überhaupt nicht.« Sie sah mich an, und ihr grobes Gesicht nahm einen ernsten Ausdruck an. »Gesetzt den Fall, ich würde unsere Begegnung erwähnen. Der Graf hält viel von meinem Urteil. Hätten Sie Lust zu uns zu kommen? Angenommen, mein Vorschlag gefällt ihm.« Sie erwärmte sich immer mehr für dieses Thema. »Es würde alles so viel einfacher machen. Wir hätten eine Engländerin, und Sie müßten sich gar nicht erst vorstellen. Ich habe Sie ja schon kennengelernt. In meinen Augen wäre das die beste Lösung. Ich werde mit dem Grafen sprechen –«

»Ich … ich möchte es mir noch überlegen.«

Sie nickte. »Ja, so ist es am besten. Ich erzähle ihm von Ihnen, und wenn er noch nichts unternommen hat und seine Zustimmung gibt –«

»Gut«, sagte ich und zwang meine Stimme zur Ruhe. »Sprechen Sie mit ihm.«

Ich konnte an nichts anderes mehr denken als an diese Möglichkeit.

Neun Jahre lag es nun schon zurück – neun Jahre! Ich hätte größere Anstrengungen machen sollen, der Wahrheit auf die Spur zu kommen. Ich hatte die Erklärung, die Ilse und Ernst mir gaben, einfach hingenommen. Doch nun gehörten sie beide der Vergangenheit an und kamen mir unwirklicher vor als Maximilian es je sein konnte. Wenn ich in den Schwarzwald zurückkehrte, fand ich vielleicht die Antwort auf alle meine Fragen.

Ich mußte wieder dorthin zurück. Vielleicht konnte ich mit Anthony zusammen einen Urlaub im Schwarzwald verbringen. Aber nein, das war nicht das Richtige. Ich hätte nur als seine Frau mit ihm reisen können, und ich mußte frei sein – frei für das, was mich erwartete; gleichgültig, was es auch immer sein mochte.

Fiebrige Erwartung erfüllte mich. In der Buchhandlung war ich geistesabwesend, und dem Pfarrhaus blieb ich möglichst fern.

»Du läßt dich vom Geschwätz dieser Elkington-Frauenzimmer beeindrucken«, sagte Anthony. »Du weißt doch, daß das unsinnig ist. Wir werden diesem Klatsch gemeinsam die Stirn bieten.«

Doch das war es nicht. Ich war wie besessen von dem Gedanken, daß ich Maximilian wiederfinden könnte. So würde es mein ganzes Leben lang sein. Wenn es mir je klargeworden war, daß eine

Ehe mit Anthony unfair gegen ihn und vielleicht auch falsch für mich war, dann jetzt.

Und endlich kam der Brief.

Ich zitterte so, daß ich ihn kaum öffnen konnte. Die Buchstaben tanzten vor meinen Augen.

Sie hatte mit dem Grafen gesprochen. Er fand die Idee ausgezeichnet, und weil Frau Graben mich bereits kennengelernt hatte, waren keine weiteren Empfehlungen notwendig. Ich sollte ihnen Bescheid geben, wann ich ankommen würde – je eher ich käme, desto besser wäre es, soweit es sie betraf.

Ich war so aufgeregt, daß ich in den Laden stürmte und Amelia alles erzählte.

»Was – du willst von hier weggehen und unterrichten? Bist du verrückt geworden? Und was ist mit Anthony?«

»Wir haben noch nichts entschieden.«

Tante Mathilda war außer sich. Gerade jetzt, wo sie geglaubt hatte, daß ich heiraten und eine Familie gründen wollte!

»Vielleicht komme ich bald wieder«, sagte ich. »Vielleicht gefällt es mir nicht.«

»Mach doch Ferien«, riet mir Amelia. »Bleib ungefähr einen Monat in Deutschland, und wenn du zurückkommst, wirst du dich bestimmt entschlossen haben, Anthony zu heiraten.«

Doch was wußten sie von meiner übermächtigen Sehnsucht?

Mr. und Mrs. Greville waren zweifellos verletzt, doch Anthony verstand mich. »Geh nur«, sagte er. »Dieses Land hat dir einmal etwas bedeutet, als du jung und empfänglich warst. Jetzt, als erwachsene Frau, wirst du alles mit anderen Augen betrachten. Du wirst zurückkommen, und ich werde auf dich warten.«

Er verstand mich so gut wie kein anderer.

Ich liebte ihn, aber nicht auf die wilde, unmäßige Art, in der ich früher geliebt hatte. Ich wußte, daß ich dem besten aller Männer Lebewohl sagte – er aber sagte mir nur Auf Wiedersehen.

Doch als der Tag meiner Abreise heranrückte, fühlte ich mich seit neun langen, trüben Jahren endlich wieder wie das junge Mädchen von einst.

2.

Es war schon dunkel, als ich auf Schloß Klocksburg eintraf; so konnte ich mich erst am nächsten Morgen richtig umsehen. Ich erwachte im Sonnenlicht des frühen Sommermorgens, das durch zwei schmale Fensterschlitze in mein Zimmer drang. Freude überwältigte mich, und einige Minuten lag ich ganz ruhig da und dachte: Ich bin hier. Ich bin zurückgekehrt.

Dann stieg ich aus dem Bett und ging zum Fenster. Von hier konnte man zum Felsvorsprung hinuntersehen, auf den das Schloß gebaut war. Der mühsame Aufstieg der Pferde am vergangenen Abend hatte mir verraten, daß wir uns in ziemlicher Höhe befanden. Das Schloß mußte im zwölften oder dreizehnten Jahrhundert als Festung erbaut worden sein, wie so viele, die ich in diesem Teil der Welt gesehen hatte. Im Laufe der Zeit hatte man es erweitert. Meiner Meinung nach war die Festung, in der sich mein Zimmer befand, älter als jene Gebäude, auf die ich nun hinuntersah. Sie wurden Randhausburg genannt und beherbergten den größten Teil der Wohnräume.

Jenseits dieser Gebäude öffnete sich der Blick auf das Tal und Rochenberg, die Hauptstadt von Herzog Karls Herrschaftsgebiet. Wie hübsch war die Stadt im Morgenlicht, mit ihren sanft geschwungenen Dächern, ihren Türmen und Türmchen! Rauch stieg aus den Kaminen. Hoch droben auf einem Felsen stand ein zweites Schloß von imponierender Größe. Wie Klocksburg hatte es eine Festung mit starken Wehrtürmen, die es uneinnehmbar erscheinen ließen. Ich konnte die mit Pechnasen versehenen Simse erkennen, die den Wachturm schmückten, und den Rundturm mit dem spitzen Dach und den Zinnen, von denen man einst kochendes Öl und Wasser auf die Angreifer goß. Es war das eindrucksvollste von all den vielen Schlössern, die ich je gesehen hatte.

Auf ein Klopfen an der Tür wandte ich mich vom Fenster ab. Ein Stubenmädchen brachte mir heißes Wasser. Sie erklärte, daß das Frühstück in zehn Minuten serviert würde. In freudiger Erwartung wusch ich mich und kleidete mich an. Ich ließ mein Haar lose herabfallen; so hatte es Maximilian damals im Jagdhaus besonders gern gesehen. Wieder fühlte ich mich wie verzaubert, und ich wäre wohl kaum überrascht gewesen, wenn sich plötzlich die Tür aufgetan hätte und Maximilian eingetreten wäre. Doch als wirklich angeklopft wurde, war es nur das Mädchen mit dem Frühstückstablett. Sie brachte Kaffee, Roggenbrot und frische, ungesalzene Butter. Es schmeckte wunderbar, und während ich meine zweite Tasse Kaffee trank, erklang wieder ein Klopfen. Frau Graben kam zu mir ins Zimmer.

Sie strahlte über das ganze Gesicht und schien sehr stolz auf sich zu sein.

»Sie sind also wirklich hier«, sagte sie.

Ich fand es angenehm, daß sie sich über meine Anwesenheit so freute. »Oh, ich hoffe so sehr, daß Sie hier glücklich sein werden!« fuhr sie fort. »Ich habe Dagobert schon ermahnt, brav zu sein. ›Es ist eine große Ehre, daß eine englische Dame den weiten Weg hierhergekommen ist, um dich zu unterrichten‹, habe ich gesagt. Wenn er Ihnen Schwierigkeiten machen sollte, sagen Sie ihm einfach, daß sein Vater darüber gar nicht erfreut wäre; das wird ihn einschüchtern. Es wirkt immer.«

»Wann werde ich die Kinder kennenlernen?«

»Sobald Sie fertig sind. Vielleicht sollten Sie zuerst ein bißchen mit ihnen darüber sprechen, was sie lernen werden. Sie wollen heute bestimmt noch keinen Unterricht erteilen. Und später, wenn Sie die Kinder gesehen haben, führe ich Sie durchs Schloß.«

»Vielen Dank. Es interessiert mich wirklich sehr. Übrigens – das Schloß, das ich von meinem Fenster aus sehen kann, ist sehr beeindruckend.«

Sie lächelte. »Das ist die Residenz des Herzogs«, sagte sie. »O ja, es ist viel größer als unser kleines Klocksburg. Unser Schloß ist gerade richtig für unsere Bedürfnisse. Als junges Mädchen war ich im herzoglichen Schloß und kümmerte mich um die Jungen. Es war ein richtiges Zuhause für mich. Aber dann brauchte mich der Graf hier – damals, als Dagobert geboren wurde. Er wußte nicht, wem er das Kind anvertrauen sollte. Und später kamen noch Fritz und Liesel dazu. Aber trinken Sie jetzt Ihren Kaffee, sonst wird er kalt. Schmeckt er Ihnen?«

Ich sagte, er wäre ausgezeichnet.

»Sie finden es wohl sehr aufregend, hier zu sein, stimmt's? Ich sehe schon, daß es Ihnen gut getan hat, zu uns zu kommen.«

Ich erwiderte, daß ich hoffe, die Erwartungen des Grafen erfüllen zu können. Ich hatte ja nie zuvor unterrichtet.

»Das ist kein gewöhnlicher Unterricht«, sagte sie mit jener tröstlichen Gemütlichkeit, die ich schon bei unserer ersten Begegnung so liebenswert gefunden hatte. »Es ist wichtig, daß Sie sich mit den Kindern unterhalten, damit sie die richtige Aussprache lernen. Darauf wird der Graf achten.«

»Ich bin schon sehr gespannt auf die Kinder.«

»Sie haben wohl gerade gefrühstückt. Man wird sie dann ins Schulzimmer bringen.«

Wir verließen mein Zimmer und stiegen eine Wendeltreppe hinunter, die in eine Halle führte. »Hier ist das Schulzimmer«, sagte sie.

»Sind wir in der Randhausburg?«

»Nein, wir befinden uns noch immer in der Festung. Die Kinder haben ihre Räume ein Stockwerk tiefer, direkt unter Ihrem Zimmer, aber alle anderen leben in der Randhausburg.«

Sie öffnete eine Tür. »Das ist das Schulzimmer. Der Pfarrer kommt täglich, um sie zu unterrichten. Wegen der Englischstunden werden Sie sich mit ihm absprechen müssen.«

»Ich glaube, ich sollte jeden Tag eine Stunde mit Ihnen arbeiten«, schlug ich vor. »Meiner Meinung nach ist eine gewisse Regelmäßigkeit notwendig. Ja, möglichst eine Stunde täglich, und dann werde ich mich hoffentlich bald in englisch mit ihnen unterhalten können. Vielleicht kann ich später mit den Kindern Spaziergänge unternehmen und sie dabei unterrichten.«

»Das klingt großartig.«

Wir betraten das Schulzimmer. Es war ein ziemlich großer Raum mit Fensternischen im Mauerwerk. Man hatte von hier aus eine atemberaubende Sicht auf die Stadt und das herzogliche Schloß. Ein langer Tisch mit zerkratzter Holzplatte stand mitten im Zimmer; die Tischbeine waren angeschlagen. An diesem Tisch hatten wohl schon viele Generationen von Kindern gesessen. In den Mauernischen waren Fensterbänke, auf denen Bücher lagen.
Ich sagte, dies sei ein sehr angenehmer Raum für den Unterricht.
Frau Graben warf einen Blick auf die Uhr, die an ihrer Bluse festgesteckt war. »Sie werden gleich hier sein«, meinte sie. »Hoffentlich machen sie Ihnen keine Schwierigkeiten.«
Jemand klopfte an die Tür, und eines der Dienstmädchen trat ein. Sie hielt ein kleines Mädchen an der Hand; hinter ihr folgten zwei Jungen.
»Das sind Dagobert, Fritz und Liesel«, sagte Frau Graben.
Dagobert schlug die Hacken zusammen und verbeugte sich tief. Fritz, der ihn beobachtet hatte, tat es ihm nach, während Liesel einen Knicks machte.
»Das ist Miss Trant, die euch Englischunterricht geben wird.«
»Good morning«, sagte Dagobert in kehligem Englisch.
»Good morning«, erwiderte ich. Dagobert warf seinem Bruder und seiner Schwester einen Blick zu, als erwartete er Applaus.
Ich lächelte ihnen zu. »Ihr werdet bald alle Englisch sprechen«, sagte ich.
»Ist es leicht?« fragte Fritz.
»Wenn ihr fleißig lernt, ja«, versicherte ich ihm.
»Werde ich Englisch sprechen können?« erkundigte sich Liesel.
»Ihr werdet es alle lernen.«
Frau Graben sagte: »Ich lasse Sie mit den Kindern allein, dann lernen Sie sie schneller kennen. Vielleicht sollten sie Ihnen das Schloß zeigen. Dabei können Sie sich gleich mit den dreien anfreunden.«
Ich dankte ihr. Sie war taktvoll, und ich glaubte, daß ich allein mit meinen Schülern rascher vertraut werden würde.
Als die Tür sich hinter Frau Graben schloß, rannte Liesel hinterher. Ich sagte: »Komm zurück, Liesel, wir wollen uns jetzt näher kennenlernen.«

Liesel drehte sich um und streckte mir frech die Zunge heraus. Dagobert bemerkte: »Sie ist nur die Tochter einer Näherin. Sie weiß nicht, wie man sich benimmt.«
Liesel begann zu schreien: »Weiß ich schon! Mein Papa ist der Graf. Er wird dich verhauen. Mein Papa liebt mich.«
»Unser Vater wäre über deine schlechten Manieren sehr böse«, sagte Dagobert. »Und obwohl du leider nur die Tochter einer einfachen Näherin bist, hast du einen adligen Vater und bist eine Schande für ihn.«
»*Du* bist eine Schande für ihn!« rief Liesel.
Dagobert wandte sich an mich. »Achten Sie nicht auf sie, Fräulein Trant«, sagte er, aber seine Augen maßen mich geringschätzig, und ich erkannte, daß ich mit ihm mehr Schwierigkeiten haben würde als mit der unartigen Liesel.
Fritz war still geblieben. Er betrachtete mich mit ernsten dunklen Augen. Vermutlich würde er am schwersten zu verstehen sein. Ich war bereits zu dem Schluß gekommen, daß Dagobert ein junger Prahlhans war und Liesel ein verzogenes Kind, aber jetzt mußte ich mir über Fritz eine Meinung bilden.
»Du bist also Fritz«, sagte ich.
Er nickte.
»Du darfst nicht nicken«, mahnte Dagobert. »Papa hat das schon oft gesagt. Du mußt sprechen und mit Ja oder Nein antworten.«
Ich sagte: »Ihr werdet also bei mir Englisch lernen. Wißt ihr bereits ein paar Worte in dieser Sprache?«
»Ich weiß: ›Good afternoon, Mister‹.«
»Good afternoon, Missis«, trällerte Liesel.
Dagobert krönte es mit einem ›Good afternoon, Ladies and Gentlemen!‹« und sah mich beifallheischend an.
»Das ist alles sehr gut«, sagte ich. »Aber ihr werdet nicht weit damit kommen. Was könnt ihr sonst noch?«
»God save the Queen!« sagte Dagobert. »Wir haben es gerufen, als die englische Königin zu uns kam. Wir hatten alle Fähnchen in der Hand und haben damit gewinkt.« Er schwenkte eine unsichtbare Flagge, dann fing er an im Zimmer herumzulaufen und schrie: »God save the Queen!«
Ich unterbrach ihn. »Bitte sei jetzt still, Dagobert. Die Queen ist

nicht hier; deshalb ist das unnötig. Du hast mir schon gezeigt, wie du ihr zugerufen hast, als sie hier war. Ich weiß es also bereits.«
Dagobert legte eine Pause ein. »Aber ich möchte es jetzt rufen!«
»Wir anderen wollen es aber vielleicht nicht hören.«
Liesel und Fritz machten erwartungsvolle Gesichter, und Dagobert erklärte schlau: »Aber Sie sind nur gekommen, um uns Englisch beizubringen und nicht, um uns zu sagen, wann wir ›God save the Queen‹ rufen dürfen.«
Die beiden anderen sahen Dagobert bewundernd an. Ich wußte nun Bescheid. Er gab im Kinderzimmer den Ton an, und da er das Vorbild seiner Geschwister war, mußte seine aufrührerische Art ansteckend wirken. Er war zu sehr von sich eingenommen. Ich beschloß, daß das so bald als möglich anders werden mußte.
So sagte ich: »Wenn ich euch unterichten soll, müßt ihr mir gehorchen. Es ist weder eine besonders großartige noch eine sehr kluge Sache, in einem Zimmer herumzulaufen und dabei ein Schlagwort zu rufen, auch wenn es ein Gefühl der Gastfreundschaft gegenüber der Königin von England ausdrücken soll. Und weil ich mit euch über unseren Unterricht sprechen wollte, wäre es mir lieber, wenn du damit aufhören würdest, Dagobert.«
Dagobert war überrascht. Ich wußte plötzlich, daß er nicht mit der nötigen Disziplin erzogen worden war und mehr als die anderen einer starken Hand bedurfte. Dagobert würde mir sicherlich zu schaffen machen.
»Mein Vater ist nach Sachsen-Coburg gefahren, um die Queen zu treffen«, erzählte mir Fritz scheu.
»Das ist schon lange her«, mischte sich Dagobert verächtlich ein.
»Prinz Albert ist tot, und die Queen ist eine Witwe, God save the Queen. God –«
»Nicht schon wieder, Dagobert!« mahnte ich.
»Aber wenn es mir gefällt, rufe ich es.«
»Gut, aber ohne uns. Ich werde Fritz und Liesel bitten, mir das Schloß zu zeigen. Dabei werde ich mit ihnen über unsere Englischstunden sprechen.«
Dagobert sah mich kalt und trotzig an; er stand mit gespreizten Beinen da, warf den Kopf zurück, und seine blauen Augen blitzten.
Ich wandte mich von ihm ab.

»Komm, Fritz – und du, Liesel.«
Dagobert befahl: »Nein, das tut ihr nicht!«
Ich hatte das Gefühl, als hinge mein zukünftiger Erfolg von den nächsten Sekunden ab; deshalb ergriff ich Liesels Hand. Sie versuchte sich zu befreien, doch ich hielt sie mit festem Griff. Ihre Augen waren in einer Art angstvoller Verwunderung auf mich gerichtet. Doch es war Fritz, der die Situation entschied.
»Ich zeige Ihnen alles, Fräulein«, sagte er.
»Vielen Dank, Fritz.«
Seine Augen waren groß und ausdrucksvoll. Ich wußte, daß er seit seinem Eintritt den Blick kaum von mir gewandt hatte. Ich lächelte ihm zu, und er erwiderte mein Lächeln schüchtern.
Dagobert fing wieder an durchs Zimmer zu laufen und »God save the Queen« zu schreien, doch ich schloß die Tür fest hinter mir und sagte: »Auf englisch heißt es nicht Fräulein, Fritz. Wir sagen ›Miss‹. Ich bin Miss Trant, weißt du.«
»Miss«, wiederholte Fritz.
Ich nickte. »Und jetzt du, Liesel; sag es ebenfalls.«
»Miss«, erwiderte Liesel lachend.
»Wir werden jeden Tag eine Stunde miteinander lernen«, erzählte ich ihnen, »und wenn wir beisammen sind, werden wir Englisch sprechen. Dann können wir euren Vater mit euren Fortschritten überraschen. Und jetzt erzählt mir etwas über das Schloß. In England sagen wir ›castle‹. Könnt ihr das nachsprechen?«
Sie wiederholten es beide zu meiner Zufriedenheit und zu ihrem eigenen Entzücken. Ich überlegte, daß es ohne Dagobert sehr leicht gewesen wäre, mit ihnen zurechtzukommen.
Sie zeigten mir die Räume in der Festung. Überall gab es Mauernischen mit schmalen, hohen Fenstern. Dann brachten sie mich hinauf in den Turm, und Fritz erzählte mir, er werde Katzenturm genannt, weil die hinabfallenden Wurfgeschosse, die den Angreifern galten, ein Geräusch verursacht hatten, das dem Geschrei von Katzen glich. Wir schauten auf die Stadt und über die Berge, und Fritz deutete auf das herzogliche Schloß hoch oben auf dem Abhang. Konnte ich die langgestreckten Gebäude auf der Ostseite erkennen? Das waren die Kasernen, in denen die herzogliche Wache untergebracht war. Sie sähen so lustig aus, meinte Fritz.

»Sie bewachen das Schloß immerzu«, sagte er. »Nicht wahr, Liesel?«
Liesel nickte. »Sie haben blaue Kleider an.«
»Dunkelblaue Uniformen mit Gold auf den Ärmeln und blitzende Helme. Manchmal sind auch Federn darauf. Sie stehen so still da, als wären sie gar nicht echt.«
»Ich würde sie gern sehen.«
»Wir führen Sie hin, nicht, Liesel?«
Liesel nickte wieder.
Ich hatte das Gefühl, sehr gut voranzukommen. Liesel war offensichtlich bereit, jedem zu folgen, der die Führung übernahm. Fritz hatte keine Ähnlichkeit mit Dagobert. Er war sehr viel kleiner, aber auch einige Jahre jünger. Seine Augen waren dunkel, die von Dagobert blau; sein Haar war braun und glatt, während Dagoberts Haare wie ein goldener Helm wirkten. Dagobert war hübsch, doch Fritz interessierte mich. Er hatte ein empfindsames Gesicht, und ich dachte unwillkürlich an Frau Grabens Bemerkung, daß er seine Mutter vermißte. Ich bezweifelte das nicht. Dagobert mochte sich selbst genügen, Fritz jedoch nicht. Trotzdem war ich sicher, daß Fritz der bessere Schüler sein würde.
Ich dachte: Mein eigenes Kind wäre jetzt ein Jahr jünger als er. Und flüchtig ging es mir wieder durch den Sinn, wie herrlich es doch gewesen wäre, wenn es gelebt hätte und alles so gekommen wäre, wie ich es in jenen verzauberten drei Tagen erwartete. Angenommen, dies wäre mein Heim; angenommen, ich würde hier nicht mit fremden Kindern, sondern mit meinem eigenen leben...
Ich riß mich gewaltsam aus meinen Träumen. Ich mußte mich der Wirklichkeit stellen und durfte nicht zulassen, daß die Wälder mich wieder in ihren Bann zogen.
»Wir werden zusammen in die Stadt gehen«, sagte ich, »und ich sage euch dann, wie alles auf englisch heißt. Das wird eine leichte und lustige Art zu lernen sein.«
»Wird Dagobert auch mitkommen?« fragte Liesel.
»Wenn er will.«
»Wird er ausgepeitscht, wenn er es nicht tut?« wollte Fritz wissen.
»Werden Sie ihn dann verhauen?«
Solche Züchtigungsmethoden lagen mir nicht; ich lächelte leicht

und erwiderte: »Ich werde ihn einfach übersehen. Wenn er nicht lernen will, bleibt er unwissend. Dann kommt der Graf und fragt, was ihr schon alles könnt. Du und Liesel, ihr beide werdet Englisch mit ihm sprechen, und das wird ihn freuen. Dagobert aber wird überhaupt nichts können.«

Liesel lachte. »Das geschieht ihm ganz recht!«

Sie führten mich hinunter in die Randhausburg. Dieses Bauwerk stammte aus einer jüngeren Stilepoche – meiner Meinung nach aus dem sechzehnten oder siebzehnten Jahrhundert. Die Randhausburg bestand aus mehreren mit Türmchen versehenen Gebäuden und stand auf dem Felsvorsprung, über dem sich die Festung erhob. Die Schlafräume der übrigen Schloßbewohner befanden sich hier; auch der Rittersaal, der bei festlichen Anlässen benutzt wurde. Nicht weit davon war die Küche mit dem Steinfußboden, den Bratspießen und dem riesigen Spülbecken. Auf unserem Gang durch das Schloß begegneten wir zwei Dienern, die sich vor mir verbeugten, als Fritz ihnen sagte, wer ich war.

Im Rittersaal tauchte Dagobert auf; ruhig stand er da und hörte auf das, was ich sagte. Er tat so, als wäre er die ganze Zeit über bei uns gewesen.

»Hier haben sich die Ritter versammelt«, erklärte mir Fritz.

Dagobert sagte: »Sehen Sie mal, all die Schwerter an der Wand!«

»Das dort gehört dem Grafen«, fügte Fritz hinzu.

»Nein, das«, widersprach Liesel. »Das größte.«

»Sie gehören alle dem Grafen, ihr Dummköpfe!« sagte Dagobert.

Liesel streckte ihm die Zunge heraus. »Wir werden Englisch sprechen und du wirst überhaupt nichts können. Das hat Fräulein Trant uns gesagt.«

»Nein, das stimmt nicht, Liesel«, verbesserte ich sie. »Ich habe gesagt, daß Dagobert nichts lernen wird, wenn er nicht bei uns sein mag, und daß sich euer Vater dann bestimmt wundert, weil er nicht wie du und Fritz Englisch sprechen kann.«

»Ich werde es am besten von allen können«, behauptete Dagobert.

Ich lächelte in mich hinein. Das war ein früher Sieg.

»Wird er das?« fragte Fritz beinahe angstvoll. Ich merkte, daß er auf eine Gelegenheit hoffte, den Halbbruder zu übertreffen, der ihm in fast allem überlegen war.

»Wer am fleißigsten lernt, wird der Beste sein«, sagte ich. »So einfach ist das.«
Wirklich – ich hatte einen Sieg errungen und Ehrgeiz in meinen Schülern geweckt.
Nachdem wir die Randhausburg besichtigt hatten, gingen wir zurück in die Festung, und die Kinder zeigten mir das Jagdzimmer. Die Decke dieses Raumes war mit Jagdszenen verziert, und zwischen ausgestopften Tierköpfen hingen allerlei Waffen an der Wand.
»Wir machen Schießübungen«, erzählte mir Dagobert. »Ich bin ein guter Schütze. Päng! Päng! Ich erschieße alle.«
»Das kannst du gar nicht«, wandte Fritz ein. »Es sind ja nur Platzpatronen drin.«
»Freilich kann ich es!« beharrte Dagobert. »Päng!«
»Wir lernen auch Bogenschießen«, fügte Fritz hinzu.
»Ja, drunten im Schloßgarten üben wir«, bestätigte Dagobert. »Ich treffe die Scheibe jedesmal.«
»Tust du nicht«, widersprach Fritz.
»Ich könnte aber, wenn ich wollte.«
»Nun ja, ich werde mir das selbst einmal ansehen«, sagte ich. »Und jetzt gehen wir ins Schulzimmer. Ich möchte den Pfarrer kennenlernen.«
»Der Pfarrer kommt heute nicht«, versetzte Dagobert, der wütend war, weil ich ihn so wenig beachtete.
»Dann werde ich euch sagen, wie wir unsere täglichen Englischstunden einteilen wollen. Die Zeit dafür kann ich mit dem Pfarrer festlegen, wenn er kommt.«
Wir stiegen die Treppe hinauf und kamen zu einem Gang, der in zwei Richtungen führte. Der eine Teil des Flurs endete vor meinem Zimmer; also ging ich in die entgegengesetzte Richtung und befand mich plötzlich am Fuß einer Wendeltreppe. Als ich nach oben steigen wollte, rief Fritz mir eindringlich nach: »Fräulein Trant!«
Ich wollte gerade sagen: ›Auf englisch heißt das Miss Trant‹, als ich mich umdrehte und seine angstvolle Miene sah. Er stand vor der Treppe.
»Was ist los, Fritz?« fragte ich.

»Sie dürfen nicht hinaufgehen!«
Die anderen Kinder kamen mir nach. Auf ihren Gesichern lag der gleiche aufgeregte und zugleich angstvolle Ausdruck.
»Warum nicht?« fragte ich.
»Dort oben ist das Spukzimmer«, wisperte Fritz.
»Spukzimmer? Wer sagt das?«
»Jeder«, erwiderte Dagobert. »Niemand geht hinein.«
»Die Diener gehen schon hinein, um Staub zu wischen«, verbesserte ihn Fritz.
»Aber keiner traut sich allein in dieses Zimmer. Wenn du allein hineingehst, passiert dir etwas Schreckliches. Du mußt sterben und für immer dort herumspuken.«
Fritz war sehr bleich geworden, und ich sagte scharf: »Das ist Unsinn. Was soll denn überhaupt in diesem Zimmer sein?«
»Der Geist«, sagte Fritz.
»Hat ihn schon jemand gesehen?« fragte ich.
Sie schwiegen. Ich ging zwei Treppen weiter, doch Fritz bat: »Kommen Sie zurück, Fräulein, Miss ...«
Ich erwiderte: »Ich weiß ganz bestimmt, daß es hier nichts gibt, wovor man sich fürchten müßte.«
Eine unwiderstehliche Macht zwang mich, weiterzugehen; außerdem wollte ich nicht, daß die Kinder, auf die ich bisher einen so guten Eindruck gemacht hatte, mich für furchtsam hielten. Das galt vor allem für Dagobert, der nun hinter mir herzuschleichen begann, als ich rascher vorwärtsging.
Alle Kinder beobachteten mich gespannt.
Die Treppe endete in einem kleinen Absatz vor einer Tür. Auf diese Tür ging ich zu und faßte nach der Klinke. Ich hörte, wie die Kinder hinter mir angstvoll atmeten.
Ich drückte die Klinke nieder. Die Tür war verschlossen.

Der Rest des Tages verging wie im Traum; immer wieder mußte ich mir in Erinnerung rufen, daß ich wirklich hier war. Ich nahm das Mittagessen zusammen mit Frau Graben in einem kleinen Raum der Randhausburg ein, den sie scherzhaft als ihr Heiligtum bezeichnete. Ihr Entzücken über meine Anwesenheit war erfreulich, aber ich fürchtete noch immer, den Erwartungen nicht voll entsprechen zu können. Ich hatte bisher nur wenig mit Kindern zu tun gehabt. Obwohl ich selbst nie auf den Einfall gekommen wäre, zu unterrichten, war mir der Gedanke daran doch nicht unmöglich erschienen, als ich ein Kind erwartete und Ilse mir vorschlug, im Damenstift als Lehrerin zu arbeiten. Seit ich wußte, daß ich wieder nach Deutschland kommen würde, hatte ich ziemlich oft an Ilse gedacht und mich immer wieder gewundert, daß sie so völlig aus meinem Leben verschwunden war, nachdem wir uns in den Monaten meiner Schwangerschaft so nahegestanden hatten.

Am Nachmittag dieses ersten Tages lernte ich Pfarrer Kratz kennen, einen mageren kleinen Mann mit sehr hellen, glänzenden Augen. Seiner Meinung nach war es eine ausgezeichnete Idee gewesen, mich herzuholen. Er selbst hätte bereits mit dem Gedanken gespielt, die Kinder in Englisch zu unterrichten, doch seine Aussprache sei nicht gut und seine Sprachkenntnisse nicht perfekt. Natürlich könne es niemand so gut lehren wie ein Engländer, und wenn der Lehrer überdies auch noch die Sprache seiner Schüler fließend beherrsche, könne man sich keine besseren Voraussetzungen wünschen.

Ich sollte also den Kindern jeden Vormittag eine halbe Stunde Unterricht geben und eine weitere halbe Stunde an den Nachmittagen; doch ich setzte meine größten Hoffnungen auf unsere gemeinsamen Unterhaltungen, aus denen sie bestimmt großen Nutzen ziehen würden.

»Der Graf wird erwarten, daß Sie schnelle Fortschritte erzielen«, sagte der Pfarrer augenzwinkernd. »Er ist ein sehr ungeduldiger Mann.«

Frau Graben bestätigte es mir. »So war er schon immer, schlimmer noch als sein Cousin.«

»Wer ist sein Cousin?« fragte ich.

»Der Prinz. Er ist der einzige Sohn und Erbe des Herzogs. Die beiden Vettern sind zusammen aufgewachsen. Das war eine Rasselbande, kann ich Ihnen sagen! Ich muß es wissen, denn ich war ihr Kindermädchen.«

Der Pfarrer lud mich ein, in die Kirche zu kommen, damit er mir das Prozessionskreuz zeigen konnte. Die Kirche wäre einen Besuch wert, meinte er. Die bunten Glasfenster seien in ganz

Europa berühmt. Ich müsse sie mir unbedingt ansehen. Das Kreuz selbst würde streng bewacht und in einem Eichenschrein aufbewahrt, der noch aus dem zwölften Jahrhundert stammte. Wenn man es sehen wolle, müsse man ihm Bescheid sagen, denn die Schlüssel zum Schrein würden an einem geheimen Platz verwahrt, den allein der jeweilige Pfarrer kannte, und dieses Geheimnis gäbe jeder Seelsorger an seinen Nachfolger weiter. Pfarrer Kratz erklärte, daß dieser Brauch weit in die Vergangenheit zurückreiche, denn das Kreuz mit seinen Verzierungen aus Lapislazuli, Halbedelsteinen, Rubinen, Perlen und Diamanten sei von unschätzbarem Wert.
Ich sagte, daß ich es mir sehr gern ansehen würde.
»Dann geben Sie mir rechtzeitig Bescheid, und ich hole es für Sie aus dem Schrein. Zwei Wachen des Herzogs werden in der Nähe sein, wenn wir es uns ansehen.«
»Ist es tatsächlich so ungeheuer wertvoll?«
»Ja, aber natürlich sind diese umständlichen Vorkehrungen auch ein alter Brauch. Die Kirche mußte immer unter Bewachung stehen, wenn das Prozessionskreuz herausgenommen wurde. Und alte Bräuche sterben in dieser Gegend nicht so leicht aus.«
Ich bedankte mich, überzeugt, daß ich gut mit ihm auskommen würde. Der kleine Mann schien meistens in höheren Gefilden zu schweben, doch gleichzeitig besaß er eine ausgeprägte Lebensfreude, und diese beiden Eigenschaften fand ich liebenswert.
Anschließend nahmen die Kinder mich auf einen Spaziergang um das Felsplateau mit, auf das das Schloß gebaut war. Die Aussicht war überwältigend. Wie immer faszinierten mich die großen, schlanken Tannen und Fichten und die kleinen Flüsse. Wir wanderten ein Stück bergab, und bald verschwand das Schloß zwischen den Wipfeln der Bäume. Ich schwärmte für diese Landschaft – das plötzliche Rauschen eines Wasserfalles, die stolzen Silber- und Rottannen, die Hütten der Holzfäller, der Blick auf das kleine Dorf zu unseren Füßen und der Klang der Kuhglocken. Während wir so gingen, sprach ich mit den Kindern und sagte ihnen die englischen Bezeichnungen für fast alles, was wir sahen. Sie hielten es offenkundig für ein aufregendes Spiel, und Dagobert gab sich große Mühe, zu zeigen, daß er dieses Spiel sehr viel besser als die anderen

beherrschte. Trotzdem schien Fritz alles leichter zu lernen, und ich freute mich insgeheim darüber. Ich fühlte mich schon jetzt stark zu dem stillen dunklen Jungen hingezogen.
Als wir zurückkamen, wartete Frau Graben schon besorgt auf uns. »Ich hatte Angst, die Kinder würden Sie zu weit in den Wald führen«, sagte sie. »Ihr drei verschwindet jetzt und laßt euch von Ida eure Milch geben. Miss Trant, kommen Sie mit mir? Ich habe eine Überraschung für Sie.«
Die Überraschung bestand in einer Kanne Tee. »Wir wissen ja, wie ihr Engländer auf Tee versessen seid«, sagte sie strahlend.
Es war angenehm, in Frau Grabens kleinem Zimmer zu sitzen, von dem man auf einen winzigen, gepflasterten Hof hinuntersah.
»Es hat alles wunderbar geklappt«, sagte sie.
»Ja«, erwiderte ich. »Seltsam, wenn ich an jenem Tag nicht im Laden gewesen wäre –«
»An so ein Mißgeschick wollen wir gar nicht denken!« rief sie. »Sie sind hier, und darüber bin ich sehr froh. Wie finden Sie die Kinder?«
»Sie sind sehr interessant«, sagte ich.
»Jedes von ihnen hat eine ungewöhnliche Geschichte. Dagoberts Mutter war eine Dame von Adel. Friedrich hätte sie geheiratet, aber Graf Ludwig, sein Vater, verweigerte die Zustimmung. Es war keine Verbindung, die er sich für ihn erhoffte. Und da die Möglichkeit bestand, daß Friedrich eines Tages den Herzogtitel erbte, mußte er sich solchen Anordnungen fügen. Deshalb heiratete er die richtige Frau und hat jetzt einen hübschen Sohn von acht Jahren. Natürlich setzt er große Hoffnungen in ihn. Ich weiß, daß er lange Zeit glaubte, sein Sohn würde einmal Herzog, da der Prinz einfach nicht heiraten wollte.«
»Er ist also der Erbe?«
»Nein, und das ist der wunde Punkt meines gräflichen Herrn. Der Herzog bestand darauf, daß sein Sohn, der Prinz, sich verheiratete. Natürlich konnte er nicht ewig Widerstand leisten. Die Eheschließung war aus politischen Gründen notwendig und entsprach einer Abmachung des Vertrages, den Rochenstein mit Klarenbock schloß. So nahm Prinz Karl Prinzessin Wilhelmina zur Frau. Das ist jetzt schon fünf Jahre her. Sie haben auch ein Kind – einen Jun-

gen. Er ist drei Jahre alt und der Erbe. Unser Prinz hat also seine Pflicht getan.«
»Ich nehme an, ich werde die politischen Hintergründe des Landes mit der Zeit begreifen lernen.«
»Es wird alles ganz offen erörtert. In einem kleinen Land wie dem unseren ist die Herrscherfamilie sehr volkstümlich.«
»Werde ich den Prinzen und die Prinzessin einmal sehen?«
Ihre Miene wurde plötzlich rätselhaft. Es war, als bemühte sie sich, eine geheime Freude zu verbergen.
»Oh, unsere Staatsoberhäupter kann man schon zu Gesicht bekommen«, meinte sie dann. »Das ist nicht wie bei englischen Majestäten, wissen Sie. Wir haben enge Verbindungen zum englischen Königshaus, seit die Queen einen unserer Prinzen geheiratet hat. Ich habe gehört, daß sie sich seit seinem Tod ganz von der Außenwelt abschließt. Sie läuft in ihrer Witwenkleidung herum und trauert noch immer, obwohl es schon so lange her ist.«
»Neun Jahre«, sagte ich. »Sie liebte ihn sehr.«
»Nun, unser Herzog darf sich nicht abschließen. Er kommt oft von seinem Schloß in die Stadt, um Veranstaltungen beizuwohnen, und außerdem geht er gern auf die Jagd. Der Prinz ist zur Zeit nicht hier. Er ist in Berlin und vertritt seinen Vater bei einer Tagung am preußischen Hof. Fürst Bismarck beordert die Staatsoberhäupter immer wieder nach Berlin. Wahrscheinlich betrachtet er uns alle als Gefolgsleute Preußens. Er vergißt gern, daß wir unabhängige Staaten sind, und genau das wird der Prinz ihm auch klarmachen.«
»Ich nehme an, Sie kennen den Prinzen gut?«
»Das will ich meinen – ich war seine Kinderfrau. Er und der Vater Ihrer Schüler wurden gemeinsam erzogen. Das war eine Heidenarbeit, die beiden zu beaufsichtigen! Man konnte sie kaum bändigen. Dauernd prügelten sie sich. Was für ein Paar! Der Prinz ist sehr selbstbewußt; er spielte beinahe schon im Kinderzimmer den Großherzog, und Graf Friedrich wollte seinem Cousin in nichts nachstehen. Seitdem hat sich ihr Benehmen kein bißchen geändert. Aber ich dulde keinen ihrer alten Wutausbrüche, das habe ich ihnen schon gesagt. Ich bin noch immer ihre Kinderfrau, und wie mächtig sie sich anderen gegenüber auch fühlen mögen, für mich werden sie immer zwei Lausejungen bleiben.«

Ich fragte sie, ob die Kinder ihrem Vater nachgeraten wären.
»Es gibt gewisse Ähnlichkeiten«, erwiderte sie. »Dagobert gleicht ihm. Diese Liebesgeschichte ging tiefer als die anderen. Liesel war die Tochter einer Näherin, an der der Graf Gefallen fand.«
»Und Fritz?« fragte ich.
»Fritz war zweieinhalb, als er hierherkam. Es wurde behauptet, seine Mutter wäre gestorben. Sie war eine vornehme Dame, und als sie Fritz erwartete, verschwand sie. Eine Zeitlang war der Graf ganz außer sich, aber Sie wissen ja, wie solche Männer sind. Er hat sich rasch mit einer anderen getröstet. Dann starb Fritz' Pflegemutter. Ich kannte sie; sie war eines von den Kindermädchen, die mir im herzoglichen Schloß unterstellt waren. Ich habe den Jungen hierhergebracht; er sollte mit Dagobert zusammen aufwachsen. Aber Fritz war alt genug, um sich daran zu erinnern, daß er nicht immer hier gelebt hat. Ich glaube, das verwirrte ihn ein bißchen. Die Frau, die für ihn sorgte, war wie eine Mutter zu ihm, und er vermißte sie sehr.«
»Der Graf scheint sehr sorglos Kinder in die Welt zu setzen.«
»Meine liebe Miss Trant, er folgt nur der Familientradition. Sie waren immer hinter Frauen her. Sie sehen ein Mädchen, es gefällt ihnen, und dann kann sie nichts mehr halten. Wenn die Liebschaft Folgen hat, macht es ihnen nichts aus, und den Frauen ebensowenig. Nehmen Sie Liesel – man kümmert sich um sie, sie bekommt eine gute Ausbildung und wird einmal eine gute Partie machen. Das wäre nicht so, wenn ihre Mutter beispielsweise einen Holzfäller geheiratet hätte. Das Kind würde im Wald herumlaufen und Holz sammeln und nicht wissen, woher es seine nächste Mahlzeit nehmen soll.«
Eine Zeitlang schwieg ich; dann sagte ich: »Ich glaube, die Kinder werden einiges von mir lernen. Ich möchte so viel wie möglich mit ihnen beisammen sein. Tatsächlich freue ich mich schon jetzt auf die Zeit, wenn wir uns englisch unterhalten können.«
»Das werden Sie bestimmt schaffen. Ich bin ganz sicher, daß der Graf zufrieden sein wird.«
»Wenn er es nicht ist«, erwiderte ich, »gehe ich wieder nach England zurück.«
Dann malte ich mir aus, wie es wäre, wieder zu Hause zu sein –

wie ich im Laden und für die Pfarrgemeinde arbeiten würde und mich langsam an den Trost gewöhnte, den Anthony mir gewährte. Doch augenblicklich lehnte ich mich gegen all das auf, denn ein Gefühl sagte mir, daß ich vor einer Entdeckung stand; daß mich ein aufregendes Leben erwartete, wenn es auch vielleicht nicht glücklich sein würde. Denn Glück und Erregung gehen nicht immer Hand in Hand.

Noch nicht, Anthony, dachte ich und erkannte plötzlich, daß ich ihn zwar in den Hintergrund meines Bewußtseins gedrängt hatte, aber doch gern an ihn dachte.

»Sagen Sie nicht so etwas, Sie sind doch gerade erst angekommen. Wie gefällt Ihnen Klocksburg?«

»Es ist überwältigend. Ich habe hier in Deutschland schon viele Schlösser gesehen, aber ich habe mir nie träumen lassen, daß ich jemals in einem davon leben würde.«

»Die Kinder haben Ihnen hoffentlich alles gezeigt?«

»Ja, alles, glaube ich – mit Ausnahme eines Zimmers. Es schien verschlossen zu sein.«

»Oh, das Spukzimmer. In fast jedem Schloß gibt es ein Gespenst, wissen Sie.«

»Und warum spukt es in diesem Zimmer?«

»Ach, es ist die übliche Geschichte – eine Liebe, die tragisch endete. Eine junge Frau stürzte sich vom Fenster dieses Zimmers in die Tiefe.«

»Weshalb?«

»Es ist schon viele Jahre her. Ich glaube, der Großvater unseres jetzigen Herzogs brachte sie ins Schloß. Sie hielt sich für seine Frau.«

»Und war sie es nicht?«

»Es war eine Scheinheirat. So etwas kam oft vor und geschieht auch heute noch. Das Mädchen wollte nicht auf seine Wünsche eingehen, deshalb wurde die Hochzeit festgesetzt. Der sogenannte Priester, der die Trauung vornahm, war überhaupt kein Geistlicher, sondern nur einer der Höflinge. Die Heirat war also nicht wirklich gültig; das Mädchen wurde getäuscht. Immerhin waren ihre Bedenken beseitigt, und die Flitterwochen folgten. Wenn in einem solchen Fall der Bräutigam seiner Liebschaft überdrüssig wird, sucht er sich eine neue Angebetete, und die »Ehefrau« muß die bittere Wahrheit erkennen. Das ist schon oft so gemacht worden.«

»Aha. Und jenes Mädchen?«

»Nun, er liebte sie wirklich sehr. Wahrscheinlich hätte er sie tatsächlich geheiratet, wenn er nicht schon verheiratet gewesen wäre, wie es seine Stellung verlangte.«

»Er hat sie also hintergangen?«

»Naive Mädchen zu hintergehen war schon immer ein bevorzugter Zeitvertreib der Männer dieser Familie. Es hat sie mehr interessiert als ihre Regierungsgeschäfte. Aber diese besondere Liebesgeschichte ging tiefer als die üblichen Affären. Der Graf brachte sie nach Klocksburg, und sie lebte hier und hielt sich für eine Gräfin. Anfangs kam er oft zu ihr; dann wurden seine Besuche seltener. Angeblich hielt sie immer vom Turmzimmer Ausschau nach ihm – so heißt der Raum hinter der verschlossenen Tür. Vom Fenster aus kann man die Straße bis hinunter zur Stadt übersehen. Tag für Tag saß sie dort am Fenster, sah hinaus und wartete auf ihn. Eines Morgens kam er auch, aber er brachte die Gräfin mit, die darauf bestanden hatte, ihn zu begleiten. Das arme Mädchen fragte sich, wer die Dame an seiner Seite sein mochte, und als der Graf das Schloß betrat, ging er sofort hinauf zu seiner Geliebten. Es heißt, daß sie ihm zuerst nicht glauben wollte, als er ihr die Wahrheit sagte. Er verlangte von ihr, sie müsse über ihre Verbindung mit ihm Schweigen bewahren. Sie sollte in die Randhausburg hinunterkommen und sich als Schloßkastellanin ausgeben. Als er sie wieder verließ, schloß sie sich im Turmzimmer ein, öffnete das Fenster und stürzte sich in die Tiefe. Jetzt kennen Sie also den Ursprung dieser Spukgeschichte.«

»Armes Mädchen«, sagte ich.

»Sie war töricht.« Frau Graben verzog den Mund. »Sie hätte ein angenehmes Leben haben können. Die Männer dieser Familie haben immer gut für ihre Mätressen gesorgt.«

»Ich kann mir gut vorstellen, welcher Schock es sein muß, sich für verheiratet zu halten und plötzlich herauszufinden, daß man es gar nicht ist.«

»Es heißt, daß sie hier umgeht. Manche Leute behaupten, sie gesehen zu haben. Wenn sie keine Ruhe findet, dann bestimmt deshalb, weil sie ihre Dummheit bereut. Sie hätte es so gut haben können.«

»Ich kann ihre Verzweiflung verstehen.«

»Nun, ich halte die Tür verschlossen. Ich will nicht, daß eines der Dienstmädchen hysterische Zustände bekommt. Einmal in der Woche gehe ich mit einer von ihnen hinein, um Staub zu wischen und sauberzumachen; dann sorge ich dafür, daß der Raum wieder verschlossen wird.«

Der Gedanke an das Mädchen, das täglich nach ihrem Liebsten Ausschau hielt und erfahren mußte, daß er sie betrogen hatte, ging mir nicht aus dem Sinn. Als Frau Graben mir die Geschichte erzählte, wirkte sie insgeheim belustigt, fast verschlagen. Zum erstenmal kam mir der Verdacht, daß sie vielleicht nicht die einfache, warmherzige Frau war, für die ich sie anfänglich gehalten hatte. Es schien albern, zu behaupten, es hafte ihr etwas Unheilvolles an – aber genau so kam es mir vor.

Rasch verwarf ich diesen Argwohn als absurd.

Ich träumte von jenem Mädchen im Turmzimmer. Ich konnte ihre Gefühle so gut verstehen. Mein Traum war wirr, wie Träume das oft zu sein pflegen: Ich war das Mädchen, und der Mann, den ich zum Schloß reiten sah, hatte Maximilians Züge.

Die Kinder befanden sich in großer Aufregung, weil Pfarrer Kratz mir das Prozessionskreuz zeigen wollte. Die Straße, die zur Stadt hinunterführte, war etwa eine Meile lang. Wenn man zu Fuß oder mit einem Pferd unterwegs war, konnte man jedoch auch einen schmalen Pfad als Abkürzung benutzen. Im Stall stand eine trittsichere kleine Stute, die man mir zur Verfügung gestellt hatte, und jedes der Kinder besaß ein eigenes Pony. Frau Graben sagte, Liesel sollte nicht den ganzen Weg zur Stadt hinunterreiten, da sie noch eine ziemlich ungeübte Reiterin war. Sofort brach das kleine Mädchen in Protestgeheul aus, weil sie fürchtete, nicht am Ausflug teilnehmen zu dürfen. Frau Graben versprach ihr, sie in der Kutsche zur Stadt zu fahren, während ich auf meiner Stute mit den Jungen ins Tal ritt.

Es war ein schönter Nachmittag; die Sonne glitzerte durch die Zweige der Bäume, und ab und zu erhaschte man einen Blick auf silberne Bäche, die zwischen den Felsen hervorsprudelten. Dagobert ritt voraus – es gefiel ihm, den Führer zu spielen. Fritz aber blieb an meiner Seite, als wollte er mich beschützen. Er hatte Dagobert im Englischunterricht bereits überflügelt und zeigte eine beachtliche Fähigkeit, sich Worte und Ausdrücke zu merken. Schon jetzt hatte er sich einen netten kleinen Wortschatz angeeignet.

Als die Bäume sich lichteten, konnte man die fernen Berge sehen, und meine Augen schweiften wie immer zum herzoglichen Schloß hinüber. Ich versuchte mir Frau Graben als junge Kinderfrau vorzustellen, und daneben die beiden Jungen, in die sie ganz offensichtlich noch jetzt vernarrt war.

Unter uns lag die Stadt; sie nahm immer deutlichere Umrisse an, je näher wir kamen – eine Märchenstadt mit Kuppeln und Türmen und roten Ziegeldächern vor dem grünen Hintergrund der Bäume. Der Kern der Stadt lag im Tal eingebettet, doch ein Teil breitete sich auch über die umliegenden Hügel aus, und als wir zuerst über den oberen Stadtplatz mit seinem Springbrunnen und den Bogengängen ritten, fühlte ich mich lebhaft an Lokenburg in der siebenten Vollmondnacht erinnert. Wir hatten jetzt Juni; sehr bald würde sich jene Nacht zum neuntenmal jähren. Ich nahm mir vor, Frau Graben zu fragen, ob dieses Ereignis auch hier gefeiert wurde.

Wir kamen durch schmale, abschüssige Gassen, die zum unteren Stadtplatz führten. Hier stand die Kirche mit ihrer barocken Kuppel und den gotischen Mauern.

Dagobert meinte, wir sollten unsere Pferde im Gasthof »Prinz Carl« nicht weit von der Kirche einstellen. Entzückt von seiner eigenen Weltgewandtheit, führte er uns dorthin. Der Gastwirt empfing uns mit Ehrerbietung, da er die Jungen kannte; Dagobert nahm seinen Gruß hochmütig entgegen. Unsere Pferde wurden weggeführt, und wir gingen zu Fuß zur Kirche, wo Frau Graben und Liesel uns schon erwarteten.

Pfarrer Kratz drückte seine Freude darüber aus, mir das Kreuz zeigen zu dürfen. Zwei Soldaten der herzoglichen Garde standen in der Gruft Wache, wo der Eichenschrein aufbewahrt wurde.

»Ich fürchte, ich mache Ihnen viel Mühe«, sagte ich.

»Nein, nein!« rief der Pfarrer. »Wir zeigen den Leuten das Kreuz sehr gern. Für gewöhnlich sammelt sich dazu eine Besichtigungsgruppe, aber Sie als Angehörige der gräflichen Hofhaltung müssen natürlich nicht eigens darauf warten. Ich wäre glücklich, wenn ich Sie zuerst durch die Kirche führen dürfte.«

Es war ein schönes altes Bauwerk, das aus dem zwölften Jahrhundert stammte. Die bunten Glasfenster seien der Stolz der ganzen Stadt, versicherte mir der Pfarrer fröhlich. Sie waren wirklich herrlich: die blauen roten und gelben Glasstücke fügten sich zu einem Bild der Kreuzigung zusammen und boten im Sonnenlicht einen überwältigenden Anblick. Gedenktafeln schmückten die Wände; ich las einige Inschriften. Sie waren den Abkömmlingen alter Familien gewidmet, die in dieser Gegend ihren Sitz hatten.

»Die herzogliche Familie scheint hier überhaupt nicht vertreten zu sein«, sagte ich.

»Sie hat eine eigene Schloßkapelle«, erwiderte Frau Graben.

»Aber bei feierlichen Anlässen kommen sie hierher«, warf der Pfarrer ein. »Krönungen, fürstliche Taufen und derartige Gelegenheiten.«

»Das ist für die Leute bestimmt jedesmal ein großes Ereignis«, meinte ich.

»Aber natürlich. Wie alle anderen feiern auch wir gern Feste.«

»›Die Familie‹, wie sie genannt wird«, erklärte Frau Graben, »hat ihre Gräber nicht hier. Sie hat einen eigenen Friedhof auf einer Insel.«

»Ich möchte Fräulein Trant die Gräberinsel zeigen!« verkündete Dagobert.

»Mir gefällt es dort nicht sehr«, sagte Fritz.

»Du hast Angst!« hielt Dagobert ihm vor.

»Nun, nun«, mischte sich Frau Graben beschwichtigend ein. »Natürlich muß niemand mit zur Gräberinsel gehen, der es nicht selbst will.«

»Was für ein seltsamer Name«, sagte ich.

»Lauft jetzt, Kinder«, mahnte Frau Graben. »Geht und seht euch die Grabsteine an.«

»Es ist nicht wie auf der Insel«, versetzte Dagobert.

»Das kann es auch nicht, weil das hier keine Insel ist.«

Die Jungen gingen zu einem steinernen Bildnis, und Dagobert

buchstabierte die Inschrift, während Frau Graben mich beiseite nahm.
Ich fragte: »Was ist mit dieser Gräberinsel?«
»Sie sollten sie einmal besuchen, es wird Sie sicher interessieren. Aber ich will nicht, daß Liesel mitgeht. Sie ist noch zu klein. Es ist ein ziemlich düsterer Ort. Dieser Friedhof ist nur für die Herrscherfamilie bestimmt. Die Insel liegt in der Mitte eines Sees, und ein Fährmann lebt dort, der die Leute zwischen dem Land und der Insel hin und her rudert. Er kümmert sich um die Gräber.«
»Dort liegen also die Mitglieder der herzoglichen Familie?«
»Ja, und auch jene, die mit ihnen verbunden waren.«
»Diener, meinen Sie?«
»Nein... nein. Menschen, die in engerer Beziehung zur Familie standen.«
»Enger?«
»Nun, die Herzöge und Grafen hatten – wie ich ihnen bereits erzählte – ihre Geliebten, und aus manchen dieser Verbindungen gingen auch »natürliche« Kinder hervor. Ein Teil der Insel ist für solche Leute bestimmt – Leute, die der Familie nahestanden und doch nicht zu ihr gehörten.«
Das blaue Licht des Glasfensters fiel auf ihr Gesicht, während sie sprach, und wieder bemerkte ich den leicht boshaften Ausdruck in ihren sonst so unbewegten und einfachen Zügen.
Sie fuhr fort: »Ja, Sie müssen die Gräberinsel besuchen. Ich werde Sie selbst hinbringen.«
Gleich darauf gingen wir hinunter in die Gruft, wo ich Zeugin eines beeindruckenden Zeremoniells werden sollte. Drunten im Gewölbe roch es modrig. Fritz ging dicht neben mir, und ich fragte mich, ob er es zu seinem oder meinem Schutz tat. Dagobert, der prahlerisch vor uns herstolzierte, wirkte nicht sehr überzeugend. Dieser Ort hatte wirklich etwas Schauriges; vielleicht kam es von dem dumpfen Geruch und dem trüben Licht. Unsere Schritte hallten auf den steinernen Bodenfliesen. Zwei Soldaten in der blaugoldenen Uniform der herzoglichen Garde flankierten einen großen Eichenschrein. Sie standen in Habachtstellung, während drei weitere Soldaten sich näherten. Einer von ihnen hielt den Schlüssel in der Hand.

Der Gedanke, daß all dieser Aufwand für mich sein sollte, erstaunte mich und machte mich ein wenig verlegen.
Pfarrer Kratz nahm den schweren Schlüsselbund entgegen. Es dauerte einige Zeit, bis er den Schrein geöffnet hatte, doch endlich war die feierliche Handlung vollzogen. Das große Gehäuse beherbergte den Kirchenschatz – ich sah silberne Kelche und Kreuze aus Gold und Silber, verziert mit Halbedelsteinen. Doch sie waren nicht mit dem Prozessionskreuz zu vergleichen, das in einer schweren hölzernen Lade aufbewahrt wurde. Auch sie mußte aufgeschlossen werden, und endlich lag das Kleinod offen vor uns.
Die Kinder hielten beim Anblick des in schwarzen Samt gebetteten Kreuzes den Atem an. Ein fast unheimlicher Glanz schien von ihm auszugehen. Ich starrte auf die vielfach verschlungenen goldenen Verzierungen, besetzt mit Emaille und Edelsteinen.
Pfarrer Kratz erklärte mir, daß jeder der großen Edelsteine, die den Mittelpunkt bildeten, seine eigene Geschichte hatte. Sie waren die Beute aus verschiedenen Kriegszügen. Einst war dieses Land wild und unsicher, und die Fürstentümer lagen dauernd in Fehde miteinander. Der mittlere Diamant und die zwei Rubine auf beiden Seiten waren als Zeichen der Unbesiegbarkeit des Herzogs von Rochenstein in das Kreuz eingefügt worden. Wenn das Kreuz je gestohlen würde, bedeute das auch das Ende dieses Geschlechts, hieß es. Aus diesem Grund wurde es wohl so streng bewacht.
Ich war ziemlich erleichtert, als das Kreuz wieder in die Lade zurückgelegt wurde und Pfarrer Kratz den Schrein verschloß. Die Soldaten schienen ebenfalls aufzuatmen. Sie entspannten sich und sahen nun nicht länger wie Standbilder aus. Auch die Kinder waren plötzlich wieder lebhaft wie sonst und unterhielten sich laut, statt wie vorher zu flüstern.
Sie schienen die Soldaten gut zu kennen. Einer von ihnen, den sie Wachtmeister Franck nannten, wirkte besonders sympathisch.
Wir verließen die Gruft und standen bald wieder im Sonnenschein.
»So«, sagte Frau Graben, »jetzt haben Sie das Prozessionskreuz gesehen. Die anderen Sehenswürdigkeiten werden wir Ihnen auch noch zur rechten Zeit zeigen.«
Irgend etwas schien sie zu belustigen, und wieder fragte ich mich, ob ich sie wirklich so gut kannte, wie ich geglaubt hatte.

3.

Die Jungen waren es, die mich zuerst zur Gräberinsel brachten. Während meiner ersten Woche auf Klocksburg ritten wir jeden Nachmittag in den Wald – die Kinder auf ihren Ponys, ich auf meiner Stute. Ich genoß diese Ausflüge sehr, denn dabei wurde ich mit den Kindern schneller vertraut. Ich war mehr denn je bezaubert vom Wald – immer wenn ich ihn betrat, hatte ich das Gefühl, an der Schwelle eines Abenteuers zu stehen. Es war Sommer; die Berge schienen von einem blauen und rosafarbenen Schleier überzogen zu sein, denn der Enzian und das Knabenkraut blühten um diese Jahreszeit verschwenderisch. Zwischen dem Grün der Bäume und der Wiesen boten die Blüten einen atemberaubenden Anblick.

An jenem Tag hatten die Jungen mich die steilen Hänge hinaufgeführt, und wir kamen zu einem kleinen Gehölz, in dem die Tannen so dicht standen, daß ihre Zweige sich in unseren Haaren verfingen, während wir ritten. Wir erreichten eine Lichtung, und dort erblickte ich zu meiner Überraschung einen See mit einer Insel in der Mitte. Am Ufer lagen zwei Ruderboote.

Die Jungen mußten sich vorgenommen haben, mich hierherzubringen, um mir etwas zu zeigen, worauf sie sehr stolz waren.

Wir banden die Zügel unserer Pferde an einen Baum, und beide Jungen begannen von den Blumen zu pflücken, die nahe am Wasser blühten. Dann wölbte Dagobert die Hände um den Mund und schrie: »Franz! Franz!«

Ich fragte ihn, nach wem er denn riefe, und die beiden wechselten geheimnisvolle Blicke. Dagobert sagte: »Warten Sie's ab, Miss!«

Ich erwiderte, daß ich gern wüßte, was sie vorhätten, und wandte mich dabei an Fritz. Da deutete er auf die Insel, und ich sah, wie dort ein Boot ins Wasser geschoben wurde.
»Das ist Franz«, erklärte mir Fritz.
Dagobert war entschlossen, das Geheimnis selbst zu enthüllen. »Franz«, sagte er, »lebt auf der Gräberinsel. Er wird uns hinüberfahren, damit wir Blumen auf die Gräber unserer Mütter legen können. Man darf zwar auch selber rudern, aber Franz hat es lieber, wenn man ihn ruft.«
Die Entfernung zwischen der Gräberinsel und dem Strand betrug meiner Schätzung nach kaum eine Viertelmeile. Der Mann im Boot war schon sehr alt und gebeugt. Graues Haar hing ihm in langen Strähnen um das Gesicht, das völlig von einem wild wuchernden Bart bedeckt war. Nur seine Augen leuchteten aus dem Bartgestrüpp; sie waren von unzähligen Runzeln umgeben.
»Franz«, rief Dagobert, »wir möchten Miss Trant die Insel zeigen!«
Der alte Franz legte mit seinem Boot am Ufer an.
»Nun, ihr zwei jungen Herren«, erwiderte er, »ich habe euch schon erwartet.« Seine Stimme hatte einen hohlen Klang. Er trug einen langen schwarzen Umhang, der wie eine Mönchskutte wirkte, und auf seinem Kopf saß ein schwarzes Käppchen. Nun richtet er seine kleinen Augen auf mich.
»Ich hab' schon gehört, daß Sie hier sind, Fräulein«, sagte er. »Sie müssen mit zur Insel kommen.«
»Sie will die Gräber sehen.«
Ich war mir nicht bewußt, einen solchen Wunsch geäußert zu haben, doch es schien mir unhöflich, das ausgerechnet vor dem Friedhofswächter zu sagen.
»Es war an der Zeit, daß ihr jungen Herren wieder einmal kamt«, sagte Franz.
Er nahm meine Hand, um mir ins Boot zu helfen. Sie fühlte sich trocken, rauh und kalt an. Irgend etwas an ihm machte mich schaudern. So wie ihn stellte ich mir Charon, den Fährmann der Unterwelt, vor. Fritz blieb dicht hinter mir; es war fast, als wollte er mich beschützen, dachte ich gerührt.
Nun sprang Dagobert ins Boot. »Fürchten Sie sich, Miss?« fragte er boshaft und beobachtete mich hoffnungsvoll.

»Warum fragst du das? Hast du erwartet, daß ich Angst haben würde?«
»Franz lebt ganz allein auf der Gräberinsel, stimmt's Franz? Die meisten Leute fürchten sich ein bißchen, wenn sie herkommen, weil hier niemand ist außer den Toten und natürlich Franz. Ich bin schon gespannt, ob Sie sich fürchten werden. Franz fürchtet sich nicht. Er lebt ganz allein mit den Toten auf der Insel, nicht wahr, Franz?«
»Siebzig Jahre«, bestätigte Franz. »Siebzig Jahre auf der Insel. Mein Vater war vor mir Friedhofswächter, und ich wußte, daß ich seine Nachfolge antreten würde.« Er schüttelte den Kopf. »Aber ich habe keinen Sohn, der mein Amt übernimmt.«
»Was tun sie, wenn du stirbst, Franz?« fragte Dagobert.
Der alte Mann schüttelte wieder den Kopf. »Sie werden einen anderen herholen. Früher wurde das Amt immer vom Vater auf den Sohn vererbt.«
»Ach Franz, die Toten werden das nicht mögen. Ich wette, sie werden herumspuken und deinen Nachfolger vertreiben.«
»Das ist ein unheimliches Gesprächsthema«, sagte ich. »Ich bin ganz sicher, daß Franz sich noch viele Jahre um die Gräber kümmern wird.«
Franz sah mich beifällig an. »Mein Großvater wurde neunzig, mein Vater dreiundneunzig. Es heißt, die Toten schenken ihren Wächtern ein langes Leben.«
»Oh, aber du hast keinen Sohn, der dein Amt übernehmen kann«, erinnerte ihn Dagobert. »Das wird den Toten nicht gefallen.«
»Warum gefällt dir das Thema eigentlich so gut, Dagobert?« fragte ich.
»Na ja, sie kommen aus ihren Gräbern und spuken herum und vertreiben seinen Nachfolger, deswegen.«
Mit leichtem Klatschen tauchten die Ruder ins Wasser. Ich konnte die Insel nun schon sehr deutlich sehen. Sie schien von vielen Wegen durchzogen zu sein, die von Bäumen und blühenden Büschen gesäumt waren. Zwischen den Bäumen stand ein Häuschen, das mich an das Pfefferkuchenhaus im Märchen von Hänsel und Gretel erinnerte. Wieder hatte ich das Gefühl, mich in einer Märchenwelt zu befinden.

Das Boot legte am Ufer an, und wir kletterten an Land.
»Zeig ihr zuerst die herzoglichen Gräber«, befahl Dagobert.
»Kommen Sie mit mir«, sagte Franz.
Die Jungen entfernten sich in entgegengesetzte Richtung, und ich folgte Franz auf einem Pfad unter den Bäumen entlang. Dort waren die Gräber – sie sahen wunderbar gepflegt aus und standen voller Blumen. Die marmornen Grabbildnisse leuchteten im Sonnenlicht, und dazwischen bewachten steinerne Engel die Gräber. Manche Grabsteine trugen vergoldete Schmuckkästchen, und viele waren mit Ornamenten aus Gold und Schmiedeeisen verziert.
»Das sind die Familiengräber«, erklärte mir Franz. »Nach den Totenmessen und den Trauerfeierlichkeiten werden die Toten zu mir herübergebracht, wo sie ihre letzte Ruhestätte finden. Ich beschneide die Büsche und halte die Gräber in Ordnung. Manchmal kommen Familienmitglieder hierher, aber meistens sind es nur die älteren. Die Jungen denken nicht an den Tod. Doch Dagobert und Fritz besuchen die Insel ab und zu, weil ihre Mütter hier begraben sind. Natürlich nicht hier in den Grabreihen der Familie. Wir haben zwei Friedhöfe – der eine ist den Herzögen und ihren Verwandten vorbehalten, und der andere denjenigen, die sie mit ihrer Aufmerksamkeit beehrt haben, wie sie sich ausdrücken. Manche würden es eher »entehrt« nennen. Die Jungen kommen gern hierher, weil der Ort ein Beweis für sie ist, daß sie mit der Familie verbunden sind. Ich werde Ihnen später auch die anderen Gräber zeigen. Sehen Sie sich erst einmal diese hier an. Das ist Ludwigs Grab. Er war Herzog Karls Bruder und ein Verräter. Er wurde von den Getreuen des Herzogs getötet. Wenn man ihn nicht getötet hätte, hätte er den Herzog ermorden lassen.«
»Ich habe schon einmal von ihm gehört.«
»Man wird ihn nicht so leicht vergessen. Und Graf Friedrich folgt dem Beispiel seines Vaters. Unfrieden und Leid – nichts als Unfrieden ...«
»Warum sollte es Unfrieden zwischen dem Herzog und Graf Friedrich geben?«
»Das gibt es oft in Familien, besonders in unseren alten deutschen Adelshäusern. Früher ließen die Söhne einen Strohhalm darüber

entscheiden, wer das Gut erbte, wenn es klein war. Ein geteilter Besitz hätte für jeden Sohn oft nur einen sehr geringen Anteil ergeben, wenn viele Brüder in einer Familie waren, und das kam oft vor. So blieb ihnen nichts anderes übrig, als das Erbe auszulosen und dem Gewinner zu überlassen. Das hat im Laufe der Zeit viel Unfrieden gestiftet. Jene, die nichts erbten, führen ihre schlechte Lage noch heute auf das einstige Pech ihrer Ahnen zurück. Viele versuchten durch Verrat das zurückzugewinnen, was das Glück ihnen versagt hat. Ludwig war einer von ihnen. Er wollte Karl absetzen und Rochenstein selbst regieren.«

»Und der Vater von Fritz und Dagobert ist sein Sohn?«

»Ja. Graf Friedrich wird sich in acht nehmen müssen. Der Prinz ist ein Mann, den man nicht unterschätzen darf. Aber Friedrich ist schlau. Er wird seine Zeit abwarten.«

Ich sah mich um. »Hier liegen also die Toten der Familie«, sagte ich. »Nun, wenn sie im Leben vielleicht auch einiges erdulden mußten, so werden sie doch wenigstens hier mit der nötigen Ehrerbietung behandelt. Die Gräber sind herrlich gepflegt.«

»Sie sind mein ganzer Stolz«, bestätigte er. Ein Lächeln erhellte sein Gesicht. »Ich könnte schwören, daß es in ganz Europa keine schöneren Gräber gibt als die meinen.«

Ich ging den Pfad zwischen den Grabreihen entlang und las die Inschriften. Hier lagen die Herzöge von Rochenstein und Dorrenig und die Grafen Lokenburg. »Alle vom gleichen Geschlecht«, murmelte Franz. Wie stets, wenn ich jenen Titel las, fühlte ich mich in das Jagdhaus zurückversetzt und sah den Moment vor mir, als Maximilian mir seinen Ring an den Finger steckte – den Ring, der so spurlos verschwand. Dann dachte ich an die Heiratsurkunde, die bezeugte, daß ich seine Frau war und die ebenfalls abhanden gekommen war.

Es gab mehrere Reihen von Gräbern; überall war das Gras gemäht und das Unkraut gejätet; Blumen blühten verschwenderisch.

Plötzlich sah ich die Jungen; sie riefen nach mir, und der alte Franz führte mich zu ihnen. Wir gingen durch die Pforte und gelangten in einen Friedhof, der von einer Mauer umgeben war. Hier bestanden die Gräber nur aus einfachen Erdhügeln mit schmalen grauen Gedenksteinen. Einige davon hatten nicht einmal einen Stein.

»Auf diesem Friedhof sind all jene begraben, die auf Anordnung eines Familienmitgliedes hier beerdigt wurden«, erklärte Franz.
»Ich zeige Ihnen, wo meine Mutter liegt«, sagte Dagobert.
Ich folgte ihm und ging vorsichtig zwischen den Hügeln zu einem Grab, dessen Gedenkstein sorgfältiger ausgearbeitet war als die meisten anderen. Ein Name stand darauf: Gräfin von Plinschen. Darunter war das Jahr ihres Todes eingemeißelt, 1858.
Dagobert sagte: »Sie starb, als ich geboren wurde. Sie ist bei meiner Geburt gestorben.«
»Das ist traurig«, murmelte ich und beobachtete gerührt, mit welcher Ehrerbietung er das Sträußchen Knabenkraut auf ihr Grab legte.
Nun wollte auch Fritz, daß ich mit ihm ging. »Meine Mutter ist ebenfalls tot«, sagte er. »Darf ich Ihnen zeigen, wo sie begraben liegt?«
Er nahm mich an der Hand, und wir ließen die anderen zurück. Ich spürte, daß Franz' Augen mir folgten, und es ging mir durch den Sinn, was für ein bedrückender Ort dies doch war. Warum hatte die Familie ihre Toten nicht wie gewöhnliche Sterbliche in einem richtigen Friedhof bestattet?
Tief bewegt sah ich zu, wie Fritz vor einem der Gräber niederkniete. Es stand nur ein Name darauf: Luisa Freundsberg.
»Sie hat mich sehr lieb gehabt«, sagte Fritz und fügte altklug hinzu: »Aber natürlich hat meine Geburt sie in ziemliche Verlegenheit gebracht.«
Ich schüttelte den Kopf. »Aber Kind«, erwiderte ich, »du warst bestimmt eine große Freude für sie.«
In seinen Augen stand plötzlich Schmerz, als er sagte: »Ich kann mich nicht an sie erinnern. Ich erinnere mich nur an Frau Lichen, und dann kam Frau Graben.«
»Sie alle waren dir von Herzen zugetan.«
»Ja«, stimmte er schüchtern zu, »aber es ist nicht dasselbe wie eine Mutter.«
»Es wird noch andere Menschen in deinem Leben geben, die dich lieb haben«, versicherte ich ihm, und das schien ihn zu freuen.
Dann gingen wir zu Franz und Dagobert zurück.
Franz bot uns eine Erfrischung an, und wir betraten sein Hexen-

haus. In einem Zimmer standen viele Töpfe mit blühenden Blumen, die einen betäubenden Duft ausströmten. Wir setzten uns um den Tisch; Franz füllte vier Krüge mit Flüssigkeit aus einem Fäßchen, die wie Bier schmeckte. Ich machte mir nicht viel daraus, aber die Jungen tranken es gern.

Franz erzählte, daß er das Bier selbst gebraut hätte. Er sorgte ganz allein für sich. Auf das Festland ging er nie; die Familie sandte ihm wöchentlich frische Vorräte. Die Jungen besuchten die Insel regelmäßig einmal im Monat, und manchmal, wenn ein Begräbnis stattfand, wurde ein Sarg bei Nacht über den See gerudert und ins Grab gesenkt.

Er war sowohl Gärtner als auch Steinmetz. Früher wäre es leichter gewesen, sagte er. Er hatte seinem Vater geholfen. Seine Mutter starb, als er noch ein Junge war. Frauen fanden keinen Gefallen an der Insel. Er hatte selbst einst geheiratet; ja, er war aufs Festland gegangen, um sich eine Frau zu suchen, erzählte er traurig. Dann brachte er sie hierher und wartete auf seinen Sohn. Doch es kam kein Kind. »Die Insel hat ihr Grauen eingeflößt«, sagte Franz. »Sie konnte hier nicht leben.« Eines Nachts, als er schlief, schlich sie aus dem Haus und ruderte zum Festland hinüber, und als er erwachte, war sie fort. Seitdem hat man nie wieder etwas von ihr gehört, und er mochte keine andere Frau – selbst wenn er eine gefunden hätte, die sein einsames Leben auf der Gräberinsel mit ihm teilen wollte.

Ich war froh, als wir wieder im Boot saßen. Etwas Unheimliches lag über dieser Insel, und ich konnte nicht aufhören, an den alten Franz als Charon, den Fährmann des Todes, zu denken, und ein Schauder durchlief mich.

In dieser Nacht schreckte ich plötzlich hoch. Ich hatte während der letzten acht Jahre eine Menge geträumt, aber nie lebhafter als seit meiner Ankunft auf Klocksburg – abgesehen natürlich von den Monaten nach der siebenten Vollmondnacht.

Diesmal war ich im Traum auf der Gräberinsel. Auf einem der Grabsteine fand ich den Namen Maximilian Graf Lokenburg. Während ich dort stand, öffnete sich die marmorne Grabplatte, und Maximilian stieg aus der Gruft. Er kam zu mir und nahm mich

in seine Arme, doch seine Umarmung war grauenhaft kalt. Ich rief: »Bist du tot?« und erwachte.
Ich hatte mein ganzes Bettzeug abgeschüttelt und lag zitternd vor Kälte da. Das Fenster stand weit offen; die kalte Bergluft strömte ins Zimmer. Ich zündete meine Kerze an, denn ich wußte, daß ich nicht so bald wieder einschlafen konnte.
Plötzlich sah ich alles wieder so deutlich vor mir wie nach jedem Traum, und die gleiche qualvolle Trauer überkam mich, die nun schon zu meinem Leben gehörte. In meinen Schmerz mischte sich das angstvolle Gefühl, einen unwiderbringlichen Verlust erlitten zu haben. Keinem Mann würde es je gelingen, Maximilians Platz einzunehmen.
Dann hörte ich Schritte auf dem Treppenabsatz vor meinem Zimmer. Ich sah auf die Uhr. Es war kurz nach eins. Wer konnte um diese Zeit durchs Schloß wandern? In der Festung schliefen außer mir nur die Kinder und zwei Dienstmädchen. Der Rest des Gesindes war in der Randhausburg untergebracht.
Es klang, als tastete sich jemand verstohlen zu meinem Zimmer vor. Dann verhielten die Schritte. Ich sah, wie die Türklinke sich langsam bewegte, doch ich hatte den Riegel vorgeschoben. Seit meinem Abenteuer im Nebel war es mir zur Gewohnheit geworden, nachts meine Tür zu verschließen, sogar zu Hause in England.
»Wer ist da?« fragte ich, aber es kam keine Antwort. Ich lauschte; dann hörte ich, wie sich die Schritte wieder entfernten. Nun bewegten sie sich allem Anschein nach über die Treppe in den Turm hinauf. Ich fühlte, wie mich eine Gänsehaut überlief. Wenn ich recht hatte und die Schritte wirklich auf der Wendeltreppe erklangen, konnten sie nur auf ein Ziel zusteuern: das Zimmer im Turm – das Spukzimmer.
Die beiden Dienstmädchen in der Festung und die Kinder fürchteten sich gleichermaßen vor dem Spukzimmer. Wer konnte also heimlich dort hinaufschleichen?
Meine Neugier war größer als meine Furcht. Seit meiner Ankunft auf Schloß Klocksburg hatte sich in mir die Überzeugung festgesetzt, daß ich eine große Entdeckung machen würde. Noch immer war ich mir selbst so fremd, denn ich wußte bis jetzt noch nicht, ob ich das größte Abenteuer meines Lebens nur geträumt oder

wirklich erlebt hatte. Ehe ich mir nicht Klarheit über die Ereignisse der siebenten Vollmondnacht verschafft hatte, würde ich nie wieder zu mir selbst finden und deshalb auch nicht zur Ruhe kommen.

Schnell schlüpfte ich in meinen Morgenmantel und griff nach dem Kerzenhalter. Ich schob den Riegel zurück, öffnete die Tür und spähte hinaus auf den Flur, der zur Wendeltreppe führte. Nun konnte ich die Schritte auf den Stufen deutlich hören.

Ich eilte zum Turmaufgang und hielt die Kerze umklammert, so fest ich es mit meinen zitternden Händen vermochte. Jemand war in meiner Nähe. Konnte es der Geist jener Frau sein, die von ihrem Liebsten betrogen wurde und sich vom Fenster des Turmzimmers in die Tiefe gestürzt hatte?

Das Licht der Kerze flackerte über die steinernen Stufen der Wendeltreppe. Sie waren vom jahrhundertelangen Gebrauch in der Mitte etwas abgetreten. Nun befand ich mich schon fast oben im Turm. Im Hintergrund sah ich die Tür. Mein Herz klopfte angstvoll; die Kerze neigte sich zur Seite und fiel beinahe aus dem Halter. Ein Schatten stand vor der Tür des Turmzimmers.

Ich sah, wie sich eine Hand nach der Türklinke ausstreckte.

Dann erkannte ich ihn. »Fritzi!« flüsterte ich und benutzte unwillkürlich seinen Kosenamen.

Er sah sich nicht um.

Nun war meine Furcht wie weggeblasen. Ich ging auf ihn zu.

»Mutter!« wisperte er. Er hatte sich zu mir umgedreht, schien jedoch durch mich hindurchzusehen. Dann kam mir die Erklärung für sein seltsames Benehmen. Fritz war ein Schlafwandler.

Ich nahm ihn fest an der Hand, führte ihn die Stufen hinunter und zurück in sein Zimmer. Dort brachte ich ihn zu Bett, deckte ihn zu und küßte ihn leicht auf die Stirn.

»Alles ist gut, Fritz«, flüsterte ich. »Ich bin hier bei dir.«

Er stammelte: »Mutter – Mutter!«

Ich setzte mich an sein Bett. Schließlich wurde er ruhiger und schien nach einer Weile friedlich zu schlafen. Ich ging wieder in mein eigenes Zimmer; mir war kalt. Schnell schlüpfte ich ins Bett, um mich aufzuwärmen.

Den Rest der Nacht wagte ich kaum zu schlafen; angestrengt

horchte ich auf den Klang von Schritten. Am Morgen entschloß ich mich, mit Frau Graben zu sprechen.

»Er war schon immer ein nervöses Kind«, sagte sie und lächelte mich an. In ihrem Wohnzimmer brannte wie gewöhnlich ein kleines Feuer, auf dem ein Wasserkessel summte. Sie hatte auch immer eine Schüssel mit Suppenextrakt vorrätig, der sie jederzeit mit einer köstlich duftenden Suppe versorgte.
Nun brühte sie Tee für mich auf. Das tat sie stets mit einer Art selbstzufriedener Begeisterung, als wollte sie sagen: Da sehen Sie, wie gut ich für Sie sorge!
Während wir das Gebräu tranken, erzählte ich ihr genau, was in der letzten Nacht vorgefallen war.
»Das war nicht das erstemal, daß er schlafwandelt«, sagte sie.
»Ich halte es für gefährlich.«
»Es heißt, daß Schlafwandler sich nur selten verletzen. Man behauptet, eines der Dienstmädchen wäre einmal aus dem Fenster gestiegen und an der Brüstung des Turmes entlangspaziert, ohne daß ihr etwas passierte.«
Ich schauderte.
»Nein, Fritz wird dabei bestimmt nichts zustoßen. Angeblich steigen Schlafwandler sicher über jedes Hindernis hinweg, das in ihrem Weg liegt.«
»Aber das beweist doch, daß er in ziemlich schlechter seelischer Verfassung ist, sonst würde er nachts ruhig schlafen.«
»Armer Fritz, er ist der empfindsamste von den dreien. Er nimmt sich alles viel mehr zu Herzen als Dagobert und Liesel.«
»Gestern haben sie mich zur Gräberinsel geführt.«
»Oh, das wird ihn wohl durcheinandergebracht haben. Ich bin nicht sehr froh darüber, daß sie immer hingehen, aber ich will es ihnen auch nicht verbieten. Immerhin ist es nur recht und billig, daß sie ihren toten Müttern Ehre erweisen.«
»Ich finde es nicht gut, daß so viel über das Spukzimmer gesprochen worden ist. Die Kinder vermuten hinter der verschlossenen Tür alle erdenklichen Greuel. Waren sie jemals in diesem Zimmer?«
»Nein.«

»Kein Wunder, daß sie solche Angst davor haben. Die Tatsache, daß Fritz hinaufgegangen ist, beweist, daß ihn das Zimmer beschäftigt. Wahrscheinlich bringt er es mit seiner toten Mutter in Verbindung, nachdem er gestern auf der Gräberinsel war.«

»Mir kommt es fast vor, als wäre er ausgeglichener geworden, seit Sie hier sind. Der Englischunterricht gefällt ihm. Oder vielleicht sind auch Sie es. Er scheint eine richtige Vorliebe für Sie zu haben – und Sie für ihn.« Sie warf mir einen ihrer listigen Blicke zu. »Vermutlich ist er ihr Liebling unter den Kindern. Das freut mich für Fritz.«

»Er interessiert mich. Er ist ein kluger Junge.«

»Da stimme ich Ihnen zu.«

»Meiner Meinung nach müßte er in einer großen, fröhlichen Familie aufwachsen.«

»Das wäre wohl für jedes Kind das beste.«

»Dieses Zimmer – wie sieht es aus?«

»Es ist ein ganz gewöhnlicher Raum. Nachdem er im Turm liegt, ist er natürlich rund. Er hat mehrere Fenster, die sich nach außen öffnen. Deshalb konnte sie sich so leicht hinunterstürzen.«

»Und das Zimmer wird seit Jahren verschlossen gehalten?«

»Ich glaube nicht. Die Festung wurde kaum benutzt, ehe Graf Friedrich die Kinder hierherbrachte. Dann kam plötzlich diese Spukgeschichte auf, und ich hielt es für besser, die Tür zu versperren.«

Ich wollte ihre Anordnungen nicht kritisieren und schwieg deshalb, doch sie ließ mir keine Ruhe. »Sie halten es also für falsch, den Raum abzuschließen?« fuhr sie fort.

»Wenn das Turmzimmer wie alle anderen Räume im Schloß behandelt würde, geriete die Geschichte bestimmt in Vergessenheit«, sagte ich. »Meiner Meinung nach sollte man über solche Schauermärchen am besten Gras wachsen lassen.«

Sie zuckte die Schultern. Dann erwiderte sie: »Möchten Sie, daß ich die Tür künftig nicht mehr verschließe?«

»Ich halte es fast für besser. Dann werde ich versuchen, der Sache ihren Schrecken zu nehmen und vielleicht ab und zu mit den Kindern hinaufgehen.«

»Kommen Sie mit mir, dann schließe ich gleich auf.«

Als gute Schloßkastellanin trug sie ihre Schlüssel immer bei sich; sie hingen an ihrem Gürtel. Wahrscheinlich war der Schlüsselbund für sie ein Symbol ihrer Würde.
Ich stellte meine Tasse ab, und wir stiegen zusammen in den Turm; dort sperrte sie die Tür auf. Ich muß gestehen, daß ich den Atem anhielt, als wir eintraten, obwohl ich selbst nicht wußte, warum. Nichts Schauerliches haftete diesem Raum an. Er war durch die vielen Fenster und die freie Lage des Turmes sogar besonders hell. Auf dem Holzfußboden lagen mehrere schöne Teppiche; ich sah einen Tisch, ein paar Stühle, ein kleines Sofa und einen Sekretär. Das Zimmer erweckte den Eindruck, als hätte es noch vor kurzem jemand bewohnt.
»Niemand hat es bewohnt, seit –«, begann Frau Graben.
»Es ist ein hübsches Zimmer«, sagte ich gleichzeitig.
»Sie können es benutzen, wenn Sie das möchten.«
Ich wußte nicht genau, ob ich das wirklich wollte. Da man es nur durch die schmale Wendeltreppe erreichen konnte, die in den Turm führte, war es sehr abgeschieden. Obwohl man sich hier tagsüber sicher wohl fühlen konnte, wenn man in Gesellschaft war, erinnerte ich mich doch noch gut an das Unbehagen, das ich während der letzten Nacht empfunden hatte, als ich Fritz in den Turm folgte.
»Vielleicht können wir es wirklich benutzen... eines Tages«, sagte ich. Und ich stellte mir vor, wie ich hier unterrichtete und die Kinder sich mit englischer Konversation abplagten – hier oben in diesem Zimmer, von dem man eine so herrliche Sicht über das Land hatte.
»Aus welchem Fenster ist die junge Frau gesprungen?«
Frau Graben führte mich durch den Raum.
»Aus diesem hier.«
Sie drehte den Griff und drückte die Fensterflügel nach außen auf. Ich lehnte mich hinaus. Von hier aus sah ich direkt hinunter auf den Steilhang, denn man hatte in dieser Gegend beim Bau der Festungen meist darauf geachtet, den Berg wie eine schützende Mauer auszunützen. Unter uns fielen die Felsen senkrecht zum Tal hin ab.
Frau Graben trat dicht an mich heran.

»Sie war ein törichtes Ding«, flüsterte sie.
»Sie muß schon tot gewesen sein, ehe sie das Tal erreichte«, murmelte ich.
»Törichtes Ding!« wiederholte Frau Graben. »Sie hätte ein angenehmes Leben führen können, aber sie hat den Tod gewählt.«
»Sie muß sehr unglücklich gewesen sein.«
»Dazu hatte sie keinen Grund. Das Schloß war ihr Zuhause. Sie hätte hierbleiben können – als Herrin auf Klocksburg.«
»Mit Ausnahme jener Tage, an denen der Schloßherr mit seiner Frau hierherkam.«
»Sie hätte klüger sein sollen. Er liebte sie doch, sonst hätte er sie nicht nach Klocksburg gebracht. Er hätte für sie gesorgt. Doch was tat sie? Sie mußte sich aus diesem Fenster stürzen – in den Tod.«
Ich fragte: »Liegt sie auf der Gräberinsel?«
»Sie müßte dort sein. Da ist ein Grab, auf dem nur ein Name steht: Girda. Angeblich ist es das ihre. Was für ein dummes Ding! Es hätte nicht so kommen müssen. Aber wenigstens wird es anderen Mädchen eine Lehre sein.«
»Eine Lehre, sich erst davon zu überzeugen, daß sie ihrem Liebsten vertrauen können.«
Sie lächelte ihr breites, behagliches Lächeln und gab mir einen kleinen Seitenstoß. »Nein – sich mit den Tatsachen abzufinden und das Beste daraus zu machen. Wenn ein Graf Sie genug lieben würde, um Sie in seinem Schloß aufzunehmen, wären Sie dann nicht zufrieden?«
Ich sagte: »Sie war jedenfalls nicht damit zufrieden. Mich wundert das nicht.«
»Andere haben mehr Verstand bewiesen«, äußerte sie.
Ich wandte mich vom Fenster ab. Plötzlich wollte ich nicht mehr an diese Frau denken, die entdeckt hatte, daß ihr Liebster ein falsches Spiel mit ihr trieb. Ich konnte ihre Gefühle nur zu gut verstehen.
Frau Graben merkte, was in mir vorging. »Dummes Mädchen«, betonte sie noch einmal. »Sie sollten nicht soviel Mitleid mit ihr haben. Sie an ihrer Stelle wären bestimmt vernünftiger gewesen.«
Wieder jener verschlagene Ausdruck in ihrem Gesicht. »Es ist ein hübsches Zimmer. Sie wollen also, daß ich es nicht mehr ver-

schließe, und vielleicht werden Sie ab und zu hierherkommen. Ich glaube, Sie haben recht. Ja, es ist ein guter Plan.«

Das Turmzimmer faszinierte mich. Bald schon drängte es mich, alleine hinaufzugehen. Ich muß zugeben, daß ich bei meinem ersten Gang in den Turm einen geheimen Widerstand zu überwinden hatte, aber als ich einmal im Zimmer war, wurde ich von plötzlicher Erregung ergriffen. Es war ein bezaubernder Raum – vielleicht der schönste in der ganzen Festung. Sogar die Aussicht schien mir von hier noch herrlicher zu sein. Ich öffnete das Fenster, aus dem jene Girda sich angeblich in die Tiefe gestürzt hatte. Es quietschte protestierend; und in dem Versuch, an etwas Harmloses zu denken, überlegte ich, daß die Angeln geölt werden mußten. Wie majestätisch das herzogliche Schloß wirkte – eine gewaltige, unbezwingliche Festung, die über die Stadt wachte. Nach den Erzählungen der Jungen, die das Schloß bei besonderen Anlässen besuchen durften, konnte ich mir ungefähr vorstellen, wie es aufgeteilt und ausgestattet war. Ich betrachtete die dicken, von Wehrtürmen unterbrochenen Mauern und den Torbau mit der Zugbrücke. Ein Teil des Schlosses, die Festung, stammte noch aus dem elften Jahrhundert; seitdem hatte es die Stadt beschützt, immer bereit zur Verteidigung gegen feindliche Heere und plündernde Horden. Was für ein unruhiges Leben mußten die Menschen damals geführt haben, als die Abwehr von Gewalt ihre größte Sorge war! Die Jungen hatten mir den prachtvollen Rittersaal beschrieben und die Gobelins, die die Wände schmückten. Es gab einen Schloßgarten mit Springbrunnen und Statuen darin. Ihr Vater hatte ihnen erzählt, daß er nach Versailler Vorbild angelegt sei, denn einst war es der Ehrgeiz jedes deutschen Fürsten, dem Vorbild des großen Sonnenkönigs nachzueifern und sich in seinem kleinen Land so mächtig wie der französische Monarch zu fühlen.
Als ich den Jungen erklären wollte, was aus dem französischen Königreich geworden war, hatte Dagobert mich unterbrochen: »O ja, das wissen wir, der alte Kratz hat uns schon alles gesagt.«
Ich schaute über das weite Tal mit der Stadt und dann wieder zum herzoglichen Schloß. Dort konnte ich die Kasernengebäude ausmachen. Kurz nach dem Morgengrauen hörte ich oft den Ruf der

Trompete, mit dem die Soldaten geweckt wurden; er brach sich an den Berghängen und erfüllte das ganze Tal. Manchmal, wenn die Militärkapelle im Schloßgarten spielte und der Wind günstig war, drang auch Musik zu uns herüber.

Doch plötzlich kam mir wieder die junge Frau in den Sinn, die hier so unglücklich gewesen war, daß sie beschloß, ihrem Leben ein Ende zu bereiten. Ich stellte sie mir hübsch vor, mit langem flachsblondem Haar wie eines der Mädchen, die im Märchenbuch meiner Mutter abgebildet waren. Ich malte mir aus, wie sie hier am Fenster saß und auf ihren Liebsten wartete und dann jene andere Frau an seiner Seite sah – seine Ehefrau, für die sie sich selbst gehalten hatte.

Verzweiflung, Jammer und Entsetzen mußten sie überwältigt haben. Wahrscheinlich war sie streng erzogen worden und hielt sich plötzlich für entehrt. So war ihr wohl der Tod als einziger Ausweg aus ihrem Elend erschienen.

Arme Girda! Vielleicht stimmte es wirklich, daß ein Mensch, der so tief unglücklich war wie sie, eine bestimmte Atmosphäre der Unruhe und Spannung hinterließ, die noch lange nach seinem Tod anhielt.

War es das, was die Leute dann als Spuk bezeichneten?

Was für ein Unsinn! Die Geschichte konnte ebensogut erfunden sein. Vielleicht war es nur ein Unglücksfall gewesen. Die Menschen liebten es, solche Begebenheiten dramatisch auszuschmükken.

Ich entschloß mich, diesen Spuk zu vertreiben, indem ich aus dem Turmzimmer einen ganz gewöhnlichen Raum machte. Vielleicht würde dann bald niemand mehr einen Unterschied zwischen ihm und den anderen Räumen der Festung machen.

Am nächsten Tag nahm ich die Kinder mit nach oben und hielt den Unterricht im Turmzimmer ab. Zuerst waren sie voller Angst; als sie jedoch sahen, daß diesem Ort nichts Unheimliches anhaftete, vergaßen Dagobert und Liesel ihre anfängliche Furcht. Ich merkte aber, daß Fritz sich immer wieder verstohlen umsah und kaum von meiner Seite wich.

Ich führte sie ans Fenster, deutete auf Hügel, Bäche und besonders hervorstechende Punkte in der Landschaft und sagte ihnen die

englischen Bezeichnungen dafür. Auf diese Art lernten sie immer sehr leicht, und ich konnte mit ihren Fortschritten wirklich zufrieden sein. Fritz war bei weitem der beste Schüler, was glücklicherweise auch sein Selbstvertrauen stärkte. Liesel hatte viel schauspielerisches Talent, und obwohl sie sich die Wörter nicht immer merken konnte, war ihre Aussprache gut. Dagobert blieb ein wenig hinter den anderen zurück, doch meiner Ansicht nach schadete ihm das nichts, denn er war wirklich ein kleiner Angeber.
Später gingen wir wieder ins Schulzimmer, und nach dem Unterricht bat ich Fritz, noch bei mir zu bleiben. Ich wollte mit ihm sprechen. »Fritz, im Turmzimmer ist nichts, wovor man sich fürchten müßte«, sagte ich.
Eine nachdenkliche Falte erschien zwischen seinen Augenbrauen. Er erwiderte: »Aber eine Dame ist dort aus dem Fenster gesprungen.«
»Das ist nur eine Geschichte.«
»Meinen Sie, daß es gar nicht wirklich passiert ist?«
»Es wäre möglich, aber man weiß es nicht sicher.«
Er schüttelte den Kopf. »Doch, sie hat sich aus dem Fenster gestürzt«, sagte er. Dann warf er mir einen prüfenden Blick zu, als wüßte er nicht, ob er mir trauen konnte.
»Nun, Fritz?« ermunterte ich ihn.
»Ich glaube, es war meine Mutter.«
»O nein. Wenn es wirklich geschehen ist, dann war es schon vor langer Zeit. Es hätte also gar nicht deine Mutter sein können.«
»Aber sie ist gestorben«, sagte er.
»Unglücklicherweise sterben manche Menschen jung. Sei nicht traurig, du hast noch einen Vater und Frau Graben, und jetzt bin auch ich für dich da.«
Es rührte mich tief, daß er plötzlich meine Hand ergriff, sie festhielt und nickte. Ich hatte also bereits seine Zuneigung gewonnen.
»Du brauchst keine Angst mehr zu haben«, sagte ich eindringlich. »Es ist nur eine Geschichte, weißt du. Natürlich könnte sie wahr sein, aber wenn es so ist, dann geschah das alles vor vielen, vielen Jahren.«
Mein Zuspruch tat ihm offensichtlich wohl. Trotzdem kam es mir so vor, als glaubte er mir nicht.

4.

Dagoberts Augen leuchteten vor Begeisterung. »Eine Hirschjagd wird abgehalten!« verkündete er. »Wir dürfen mitgehen. Mann, ist das aufregend. Päng, päng!«
»*Du* gehst auf eine Hirschjagd?«
»Es ist eine ganz besondere Jagd. Mein Vater wird auch dabei sein.«
Ich wandte mich an Fritz. »Gehst du ebenfalls mit?«
Fritz antwortete nicht, und Dagobert schrie: »Natürlich geht er mit. Liesel nicht, sie ist noch zu klein.«
Liesel brach in Wutgebrüll aus.
»Sie kann für mich hingehen«, sagte Fritz.
»Kann sie nicht!« rief Dagobert. »Ich weiß, daß du Angst hast, aber das macht Liesel noch lange nicht alt genug dafür.«
»Ich habe keine Angst«, erwiderte Fritz.
»Hast du doch!«
»Nein!«
»Hast du, hast du, hast du!« Dagobert tanzte wie ein heulender Derwisch um uns herum. Fritz schlug nach ihm.
»Bitte hört auf damit«, sagte ich. »Es ist ausgesprochen unhöflich, euch in Gegenwart eurer Englischlehrerin zu prügeln.«
Dagobert blieb stehen und sagte: »Wäre es unhöflich, wenn wir uns hinter Ihrem Rücken prügeln würden, Miss?«
»Du wirst ein bißchen frech, Dagobert«, erwiderte ich, »und das ist genauso unhöflich. Benehmt euch jetzt. Wo soll diese Hirschjagd abgehalten werden?«
»Im Wald, wo die Hirsche sind.«
»Im Wald von Klocksburg?«

»Nein, im herzoglichen Forst.«
»Willst du wirklich behaupten, daß ihr Jungen an der Jagd teilnehmen werdet?«
Dagobert kicherte, und Fritz erklärte: »Es ist nicht eine von den üblichen Jagden, Miss. Da sind eine ganze Menge von ihnen beisammen, und sie kommen herein, und dann werden sie totgeschossen, und ...«
»Päng, päng, päng!« brüllte Dagobert.
Ich merkte, daß aus ihnen nichts Vernünftiges herauszubekommen war und ging deshalb zu Frau Graben.
Sie saß im Lehnstuhl und hielt eine Schüssel in der Hand. Bei meinem Eintritt lächelte sie mir zu. Auf dem Tisch neben ihr lag ein Stück des Gewürzkuchens, den sie so besonders gern hatte. Sie bewahrte ihn in einer Zinndose zusammen mit verschiedenen anderen Vorräten in ihrem Schrank auf, um jederzeit etwas Eßbares zur Hand zu haben. Ich hatte schon bemerkt, daß sie nur selten eine richtige Mahlzeit einnahm, sondern den ganzen Tag über an irgendwelchen Leckerbissen knabberte.
Sie stellte die Schüssel weg, während ich näherkam, und unwillkürlich sah ich, was darin war: nicht die erwartete Suppe, sondern zwei Spinnen. Frau Graben bemerkte mein Erstaunen und lachte breit und selbstgefällig.
»Es gefällt mir, sie zusammen in eine Schüssel zu werfen und zu beobachten, wie sie reagieren«, erklärte sie. »Momentan suchen sie nach einem Ausweg, sie wissen nicht, was sie tun sollen. Da sind sie nun in dieser fremden, weißen Welt. Ich würde mich nicht wundern, wenn sie miteinander kämpfen würden. Die eine wird die andere umbringen.«
»Aber warum –«, begann ich.
Sie unterbrach mich. »Ich möchte sehen, was sie machen. Man bringt sie zusammen und beobachtet, wie sie sich verhalten. Spinnen sind interessante Tiere. Wie sie ihre Netze spinnen ... Spinnennetze sind etwas Hübsches. Einmal habe ich einen Kampf zwischen einer dicken Hummel und einer großen Spinne mitangesehen.« Ihre Augen glänzten vor Erregung. »Die Hummel hatte sich im Netz gefangen, und Sie hätten erleben müssen, wie die Spinne an die Arbeit ging: Sie wickelte ihren klebrigen Faden um die

Hummel, doch das Netz war zu schwach für die Beute. Die Hummel riß sich los, packte die Spinne und flog mit ihr davon. Ich frage mich noch oft, was aus den beiden geworden sein mag. Es ist wie mit den Menschen. Man bringt sie zusammen und sieht zu, was dann geschieht. – Aber ich benehme mich wie eine törichte alte Frau. Ich fürchte fast, so bin ich oft. Nun werden Sie höflich sein und mir versichern, daß es nicht so ist, aber Sie kennen mich nicht, meine Liebe, stimmt's? Nun, lassen wir das.« Sie lächelte jetzt freundlich. »Sehen Sie, Miss Trant, ich interessiere mich so für jeden – ja, für jeden! – sogar für Spinnen.«
Ich erwiderte: »Die Jungen behaupten, sie sollen auf eine Hirschjagd gehen. Ist das wahr?«
»Es ist eine Art Jagd. Sie werden es schon erleben; Sie gehen nämlich mit ihnen.«
»Ich soll an einer Jagd teilnehmen?«
»Man jagt nicht hinter den Hirschen her, warten Sie's nur ab. Der Graf möchte, daß die Jungen hingehen. Morgen ist der große Tag. Wir feiern alljährlich ein Schützenfest; schade, daß der Prinz nicht rechtzeitig zurück sein kann. Das Schützenfest hat ihm immer Spaß gemacht.«
»Und was erwartet man von mir?«
»Nichts. Sie sollen die Jungen einfach begleiten und auf sie aufpassen. Der Schützenzug wird Ihnen bestimmt gefallen, er ist sehr hübsch. Solche Veranstaltungen sind hier besonders beliebt.«
»Es ist also keine Hirschjagd?«
»Nein, es wird nicht gejagt. Diese Jungen übertreiben gern ein bißchen.«

Am nächsten Morgen machten wir uns auf zum Schützenfest. Ich konnte kaum eine vernünftige Erklärung aus den Jungen herausbekommen. Dagobert war zu aufgeregt; er rannte nur dauernd herum, schrie »Päng!« und tötete dabei vermutlich imaginäre Hirsche. Fritz dagegen war still und wirkte ein wenig ängstlich.
Da wir nicht im Schloß zu Mittag essen konnten, hatte Frau Graben uns geraten, in der Stadt einzukehren. Wir blieben in dem Gasthof, in dem wir unsere Pferde einstellten, und die bezaubernd hübsche Wirtstochter brachte uns Apfelmost und Schinkenbrote.

Während wir noch aßen, begann sich der obere Stadtplatz mit Menschen zu füllen. Blumengeschmückte Fuhrwerke, auf denen die Mädchen in ihren schwarzen Röcken und gelben Seidenschürzen saßen, kamen aus den umliegenden Dörfern. Die Männer gingen neben den Wagen her; sie trugen verschiedenartige, farbenprächtige Trachten und wechselten Scherzworte mit den Mädchen. Einige kamen auch zu Pferde; dazwischen sah man die Musikanten mit ihren Instrumenten, und manche Leute sangen.
Dagobert sagte, wir müßten uns nun unverzüglich auf dem Weg zum Schützenhaus machen, wenn wir es noch vor dem Schützenumzug erreichen wollten. Auf Anordnung seines Vaters wurden dort Plätze für uns freigehalten.
Dagobert führte uns zu einem Gebäude in der Nähe des Rathauses. Als wir durch die Tür traten, kam uns ein uniformierter Mann entgegen. Er kannte die Jungen offenbar bereits, denn er wies uns sofort drei Stühle in der Nähe des Podiums zu.
Schon hörten wir die Klänge der Musikkapelle, als der Zug sich dem Schützenhaus näherte. Dagobert beobachtete mich dauernd, um festzustellen, ob ich auch von allem gebührend beeindruckt war. Nun strömten die Menschen langsam in die große Festhalle. Mehrere hochgewachsene Männer mit Gewehren traten ein; einer von ihnen trug ein grünes Wams. Dagobert flüsterte mir zu, dies sei der Schützenkönig. Man wählte alljährlich den besten Schützen aus, und dieser Mann war dann für ein ganzes Jahr Schützenkönig. Die Medaillen, die am Wams des Meisterschützen steckten, stammten von den Schützenkönigen früherer Jahre. Nun marschierten nacheinander die Bürgermeister der umliegenden Dörfer in die Festhalle; jeder wollte dem Wettkampf zusehen. Obwohl immer mehr Männer und Frauen in farbenfrohen Kostümen hereinströmten, blieb die Saalmitte und der Platz gegenüber dem Podium frei. Dort stand ein Pfahl, an dem ein Gegenstand hing, der wie ein Vogel aussah.
Fritz erklärte mir flüsternd, daß es kein richtiger Vogel sei, sondern nur eine Attrappe aus Holz, die mit Federn beklebt war. Jedes Jahr wurde ein neuer Vogel für das Schützenfest angefertigt.
Die Trompeter bliesen einen kräftigen Tusch; man erwartete den

Herzog mit seinem Gefolge. Aufgeregt sah ich zur Tür. Endlich würde ich den Grafen zu Gesicht bekommen – den Vater meiner Schüler, der durch sie inzwischen fast zu einer legendären Gestalt für mich geworden war. Ich beobachtete auch, welche Wirkung dieses Zeichen auf die beiden Jungen hatte: Sie richteten sich plötzlich auf und machten erwartungsvolle Gesichter.
Dann wurde eine andere Tür aufgestoßen, die ich vorher nicht bemerkt hatte. Zwei Herolde traten in den Saal; etwa vierzehnjährige Jungen, in Blau und Gold gekleidet wie die herzogliche Garde. Auf ihren Fanfarenstoß hin erhoben sich alle Menschen im Saal. Der Herzog trat ein. Ich erkannte ihn sofort als den Mann wieder, dessen Bild ich vor vielen Jahren gesehen hatte. Er trug sogar den gleichen blauen, mit Feh verbrämten Samtmantel. Dicht hinter ihm folgten ein Mann und zwei Frauen.
Plötzlich begann mein Herz wild zu schlagen. Die Halle drehte sich um mich, und einen Moment lang fürchtete ich ohnmächtig zu werden. Für den Bruchteil einer Sekunde hatte ich geglaubt, Maximilian gefunden zu haben. Der Mann sah aus wie er – er hatte dieselbe Größe, den gleichen Körperbau. Doch er war es nicht. Ich hatte mich geirrt. Während jener drei Tage hatte sich meinem Gedächtnis jede Einzelheit seines Gesichtes unauslöschlich eingeprägt. Nichts davon würde ich je vergessen, und so konnte ich ihn nicht länger als einen Augenblick mit einem anderen verwechseln. Was mich getäuscht hatte, war nichts als eine gewisse Ähnlichkeit, die man allerdings nicht übersehen konnte. Und eine der Frauen, die ihn begleiteten, erinnerte mich an Ilse. Als ich jedoch genauer hinsah, merkte ich, daß ihre Ähnlichkeit mit Ilse keineswegs so auffallend war wie die zwischen Maximilian und diesem Mann.
Es war wie in einem meiner Träume – sicherlich würde ich gleich erwachen. Die Halle war plötzlich unerträglich heiß geworden, doch ich fror. Ich spürte, wie Fritz meine Hand ergriff, erwiderte den Druck und fühlte mich getröstet. Nein, ich träumte nicht.
Ich warf einen Blick auf die Jungen; ihre Augen hingen an dem Mann, den ich bei seinem Eintreten für Maximilian gehalten hatte. Nun wußte ich, daß er der Neffe des Herzogs war und der Vater meiner Schüler.

Dann dachte ich: Ich bilde mir das nur ein. Es besteht tatsächlich eine schwache Ähnlichkeit, doch nicht mehr. Und weil ich mir mehr als alles andere wünsche, Maximilian wiederzusehen, hat mir meine Phantasie einen Streich gespielt, nur weil der Graf dasselbe stolze Auftreten hat und ihm in Größe und Gestalt gleicht. Die herzogliche Gesellschaft nahm die Ehrenplätze auf der Tribüne ein. Noch immer starrte ich den Grafen an. Jetzt konnte ich die Unterschiede deutlich erkennen: Sein Haar war ein wenig dunkler als das Maximilians, und seine Hautfarbe rötlicher. Auch sein Gesichtsausdruck war anders. Er verriet eine Grausamkeit, die ich an Maximilian nie bemerkt hatte. War sie vielleicht doch vorhanden gewesen, hatte ich sie nur nicht sehen wollen? Doch dieser Mann hatte nicht den humorvollen Zug um den Mund, den ich an Maximilian so geliebt hatte. Seine Nase war länger, sein Mund schmaler.

Ja, die Ähnlichkeit verringerte sich, je länger ich den Grafen ansah. Und die Frau, die mit ihm gekommen war – sie glich Ilse entfernt, doch das war auch alles.

Dagobert warf mir einen flüchtigen Blick zu. Ich wußte, daß er ein Zeichen der Bewunderung für seinen Vater von mir erwartete. Ich flüsterte: »Wer ist die Dame, die jetzt neben dem Herzog sitzt?«

»Die Frau des Prinzen, Prinzessin Wilhelmina.«

»Wo ist der Prinz?«

»Am preußischen Hof. Mein Vater ist sein Cousin. Wenn der Prinz auf Reisen ist, vertritt er ihn.«

Ich nickte.

Nun begann das Fest nach altem Brauch: Der Schützenkönig des vergangenen Jahres führte die Wettbewerbsteilnehmer in die Saalmitte und stellte sie dem Herzog vor. Dann versuchte ein Schütze nach dem anderen sein Glück. Es galt, den hölzernen Vogel vom Pfahl zu schießen.

Kurz nacheinander erklangen Schüsse, doch nur zwei Männern gelang es, den Vogel abzuschießen, und ihre Leistung wurde mit Beifall belohnt. Dann mußten sich die beiden Schützen einer weiteren Prüfung unterziehen. Der Vogel wurde erneut am Pfahl befestigt. Wenig später war der Sieger ermittelt, und man rief ihn zum Schützenkönig für ein Jahr aus. Der Herzog und sein Gefolge gratulierten ihm, und das Schützenfest war vorüber. Doch dies schien offenbar erst der Beginn des Vergnügens zu sein. Das Beste sollte noch kommen, versicherte mir Dagobert.

Der Herzog und sein Gefolge erhoben sich, um den Saal zu verlassen. Als sie an uns vorüberkamen, sah der Graf in Richtung der Jungen, und sein Blick streifte mich in einer Art, die mich beunruhigte und meinen Unwillen erregte. Ich war in einer seltsamen Stimmung. Für einen kurzen Moment hatte ich geglaubt, das gefunden zu haben, wonach ich schon so lange suchte; und nun erfüllte mich bittere Enttäuschung. Vielleicht war ich deshalb so ungehalten und bildete mir ein, daß etwas Beleidigendes in dieser Musterung lag.

»Und jetzt gehen wir in den Wald, zur richtigen Jagd«, verkündete Dagobert.

»Mir ist nicht gut«, sagte Fritz.

Ich beobachtete ihn besorgt. »Sollten wir besser nach Hause reiten?«

»Nein!« schrie Dagobert. »Das würde meinen Vater sehr verärgern. Du mußt mitgehen, Fritz, das weißt du genau.«

»Ja«, stimmte Fritz zu. »Ich weiß.«

»Wenn du dich nicht wohlfühlst, reiten wir nach Klocksburg zurück«, sagte ich. »Ich komme mit euch und übernehme die Verantwortung dafür.«

»Ich will aber nicht zurück«, rief Dagobert.

»Ich auch nicht«, murmelte Fritz, doch ich merkte, wie erzwungen es klang.

Wir gingen zum Gasthaus, wo man die Pferde getränkt hatte, und ritten von dort aus auf den Wald zu. Viele Menschen bewegten sich in die gleiche Richtung. Nach etwa einer halben Meile kamen wir zu einer Lichtung, auf der sich viele Leute versammelt hatten. Einer der Jagdaufseher übernahm unsere Pferde. Die Jungen schienen hier bekannt zu sein, denn man ging überall zur Seite, um uns durchzulassen. Dann sah ich etwas zwischen den Bäumen, was einem großen Zelt glich. Ein geräumiger Platz war von vier Leinwandbahnen umschlossen, aber gegen den Himmel offen. Als wir näherkamen, hob ein Mann, der offenbar dort Wache hielt, eine Klappe im Zelt, und wir gingen ins Innere. Im Mittelpunkt befand

sich eine Art Pavillon, der mit Blumen und Blättern reich geschmückt war. Überall hingen Girlanden und Kränze. Im Pavillon stand eine Anzahl Stühle, von denen drei für uns bestimmt waren.
»Was soll hier stattfinden?« fragte ich.
Dagobert legte den Finger an die Lippen. Ich sah, daß Fritz bleich geworden war. Nun wußte ich, daß hier etwas geschehen sollte, wovor er Angst hatte.
Gerade als ich mich zu ihm wandte und mit ihm sprechen wollte, ertönte wieder ein Fanfarenstoß. Andere Festgäste betraten nun die Einfriedung. Der Herzog war diesmal nicht dabei, doch ich bemerkte den Vater der Jungen und die beiden Frauen, von denen mich die eine an Ilse erinnert hatte. Sie gingen an der Spitze der Jagdgesellschaft. Wieder streifte mich der Graf mit einem raschen, abschätzenden Blick, und ich wußte instinktiv, daß er jede Frau auf diese Art musterte. Ich dachte an die Mutter Dagoberts, Fritz' und Liesels, die bestimmt in der gleichen Weise betrachtet worden waren, und unwillkürlich faßte ich eine Abneigung gegen diesen Mann, der es gewagt hatte, Hoffnungen in mir zu erwecken und mich mit wilder Freude zu erfüllen, nur um mich dann in tiefe Enttäuschung zu stürzen.
Fritz war etwas dichter an mich herangerückt. Ich griff nach seiner Hand und drückte sie. Dagoberts Augen glänzten; er sah seinen Vater unverwandt an. Nun waren alle Plätze im Pavillon besetzt. Der Graf klatschte in die Hände, und die Anwesenden erhoben sich. Ich bemerkte, daß jeder ein Gewehr in der Hand hielt. Ein paar Männer, die in der Nähe der Leinwand standen, stießen durchdringende Schreie aus; die Zeltklappe wurde gehoben, und ein Rudel Hirsche und Rehe kam in die Einfriedung gestürzt. Ich hörte die Flinten krachen und sah, wie die schönen Tiere zusammenbrachen und sich im Todeskampf auf dem Rasen streckten. Dann konnte ich den Anblick nicht länger ertragen. Ich sah Fritz an, der die Augen fest geschlossen hatte.
Ich hörte mich zu meiner eigenen Überraschung sagen: »Das ist ja ein grauenvolles Gemetzel!« Und ohne zu überlegen, nahm ich Fritz an der Hand, ging nach hinten, streifte die Leinwand zur Seite und zog den Jungen mit mir fort, weg von diesem Blutbad.
Dagobert hatte ich völlig vergessen. Mein einziger Gedanke war

Fritz, der meine Empfindungen teilte. Ich war in meinem Leben kaum jemals so erschüttert gewesen wie in diesen Minuten, als ich die unschuldigen, schönen Geschöpfe in den Tod laufen sah.
Endlich fand ich unsere Pferde. Der Mann, der sie bewachte, sah mich verwundert an.
Ich sagte: »Wir reiten zurück nach Klocksburg. Würden Sie bitte ins Zelt gehen und Dagobert sagen, er möchte sofort zu uns kommen.«
Fritz zitterte merklich, als er auf sein Pony stieg. Ich war ebenso verstört wie er, hoffte jedoch, mich etwas besser in der Gewalt zu haben. Wenig später kam einer der Förster mit Dagobert aus dem Zelt. Der Junge wirkte völlig verdutzt. Während wir losritten, sagte er: »Mein Vater ist sehr wütend.«
Ich bemühte mich, meine Bestürzung zu verbergen, denn ich wußte sehr gut, daß die Jungen mich beobachteten. Fritz schien mich wohl für eine Art Retter zu halten, in dessen Macht er allerdings nur wenig Vertrauen setzte; Dagobert dagegen mochte ich eher wie eine Fremde vorkommen, die sich weniger aus Mut als aus Unwissenheit aufsässig zeigte.
Wir legten den Weg zum Schloß schweigend zurück.
Als wir ankamen, ging ich sofort auf mein Zimmer, und schon bald klopfte Frau Graben an meine Tür.
»Sie haben den Pavillon verlassen! Wie konnten Sie nur? Niemand verläßt das Zelt vor der herzoglichen Jagdgesellschaft!«
»Wir haben es aber getan«, sagte ich.
Obwohl ich mich in ihren Augen wohl eines unverzeihlichen Vergehens schuldig gemacht hatte, konnte sie eine heimliche Belustigung nicht ganz verbergen. Ihr Gesichtsausdruck war ähnlich wie damals, als ich sie mit den Spinnen in der Schüssel überraschte.
»Es ist ein Segen, daß der Herzog nicht anwesend war.«
»Dann würde man mich wohl der Majestätsbeleidigung beschuldigen?«
»Es wäre eine sehr ernste Sache gewesen.«
»Und was wäre in diesem Fall mit mir geschehen? Hätte man mich vor ein Exekutionskommando gestellt?«
Sie lächelte. »Ich weiß nicht, welche Folgen dieser Verstoß haben wird«, sagte sie. »Wir müssen es abwarten. Ich habe von Dagobert

gehört, daß sein Vater wie das leibhaftige Donnerwetter aussah. Als meine beiden Jungen noch klein waren, habe ich sie immer Donner und Blitz genannt. Noch nie habe ich einen Menschen solche Wutanfälle bekommen sehen wie Friedrich – es war wie ein Donnerwetter. Und der Prinz kam mir wie ein Blitz vor. Er stürzte sich blitzartig mit wilder Begeisterung auf eine Sache und verlor ebensoschnell wieder das Interesse an ihr. Ja, Donner und Blitz nannte ich die beiden.«

»Wahrscheinlich wird man mir nahelegen, meine Stellung aufzugeben und von hier fortzugehen.«

»Wir werden sehen«, erwiderte sie.

Dann sprach sie wieder über ihre beiden Schützlinge, Graf Friedrich und Prinz Karl. Ihrer Ansicht nach hatte es nie zwei solche Kinder gegeben. Dauernd steckten sie in irgendwelchen Klemmen, und man hatte alle Hände voll zu tun, um sie wieder daraus zu befreien. Ich schloß aus ihren Erzählungen, daß der Prinz ihr Liebling war. Der junge Blitz schien etwas liebenswerter gewesen zu sein als der junge Donner.

Aber ich schenkte ihr nur wenig Aufmerksamkeit, denn ich fragte mich, wie es nun weitergehen würde. Ich war fast sicher, daß ich meine Koffer packen und gehen mußte. Sicherlich wünschte der Graf nicht, daß seine Kinder von jemandem unterrichtet wurden, der sich so unehrerbietig gegen ihn gezeigt hatte.

Ich ging hinauf ins Turmzimmer – irgendwie kam es mir vor, als könnte ich dort ein wenig Trost finden. Ich schaute auf das Tal und die Stadt, in der wir noch vor wenigen Stunden am Schützenfest teilgenommen hatten. Dann schweifte mein Blick hinüber zum Wald, wo das abscheuliche Blutbad stattfand. Eine furchtbare Niedergeschlagenheit überkam mich. Wenn ich von hier fort mußte, würde ich das Geheimnis nie ergründen, um dessentwillen ich hergekommen war. Frau Grabens plötzliches Auftauchen in der Buchhandlung und später auch meine Ankunft auf Klocksburg hatte mich irgendwie an Ilses plötzliches Erscheinen erinnert. Etwas Unheimliches war an diesen Zufällen. Sie muteten wie eines jener phantastischen Abenteuer an, in die die Götter und Helden des Waldes verwickelt waren. Ich hatte mich verändert, seit ich hier lebte. Langsam wurde ich dem fröhlichen Mädchen wieder ähnlicher, das sich einst im Nebel verirrte. Ich war so sicher gewesen, hier das Rätsel zu lösen und die Wahrheit zu finden, die für meinen Seelenfrieden so unerläßlich war. Wenn man mich jetzt fortschickte, bedeutete das für mich das Ende aller Hoffnungen.

Vielleicht konnte ich zum Damenstift gehen und mich dort als Englischlehrerin anbieten, wie ich es schon einmal vorgehabt hatte. Doch viel lieber wäre ich hiergeblieben. Ich begann die Kinder gernzuhaben, vor allem Fritz. Das strenge Klosterleben reizte mich nicht. Es hatte nur den einen Vorteil, daß ich in der Nähe meines geliebten Waldes bleiben konnte, wo ich vor langer Zeit ein Traumland betreten hatte – oder war es Wirklichkeit gewesen?

Ich verbrachte eine schlaflose Nacht, und als ich am nächsten Morgen mit den Kindern im Turmzimmer am Fenster saß, um ihren englischen Wortschatz zu erweitern, sahen wir, wie sich ein kleiner Trupp Reiter näherte. Sie kamen die Bergstraße herauf, die nach Klocksburg führte.

Dagobert rief: »Mein Vater kommt!«

Mein Mut sank. Er hatte es wohl eilig mit meiner Bestrafung.

Ich sagte den Jungen, sie sollten hinuntergehen, um ihre Hände zu waschen und sich für seinen Empfang vorzubereiten. Dann ging ich in mein Zimmer. Auch ich mußte mich vorbereiten – auf das Schlimmste.

Ich erhielt Anweisung, in den Rittersaal zu kommen. So verließ ich die Festung, überquerte den Schloßhof und betrat die Randhausburg. Meine Knie zitterten, doch ich hielt den Kopf hoch und wußte, daß meine Wangen unnatürlich rot waren. Ich hoffte, daß es mir gelang, meine Aufregung zu verbergen und versuchte mich zu beruhigen, indem ich mir selbst Mut zusprach. Man würde mich entlassen, aber vielleicht konnte ich noch eine Weile in einem Bergdorf leben und später im Damenstift unterrichten.

Er saß ganz allein im Rittersaal und erhob sich bei meinem Eintritt. Wie die Jungen verbeugte er sich tief und schlug die Hacken zusammen. In der herzoglichen Uniform sah er wirklich glänzend aus. Ich fühlte mich wie ein farbloser kleiner Zaunkönig neben einem Pfau.

»Miss . . . . . . äh«, begann er.
»Trant«, ergänzte ich.
»Miss Trant, wir haben uns gestern zum erstenmal getroffen.«
Sein Englisch war gut; er sprach nur mit ganz schwachem Akzent. Ich merkte, daß seine Stimme mich aus der Fassung brachte, denn sie ähnelte der von Maximilian sehr.
»Sie sind hier, um meinen Kindern Englischunterricht zu erteilen«, fuhr er fort.
»Ja, ganz richtig.«
»Sie scheinen kaum Fortschritte zu machen.«
»Im Gegenteil. Ich würde sagen, sie machen sogar ausgezeichnete Fortschritte. Als ich hier ankam, konnten sie nur ein paar Worte in dieser Sprache. Ihre diesbezügliche Ausbildung hatte man völlig vernachlässigt.«
Ich sprach mit dem Mut der Verzweiflung. Ich hatte nichts zu verlieren. Er war entschlossen, mich loszuwerden. Weil ich seinen anmaßenden Blick beleidigend fand, konnte ich nicht verhindern, daß meine Stimme plötzlich eine Festigkeit verriet, die er bestimmt für unverschämt hielt.
Er nahm an dem langen Eßtisch Platz, auf dem ein paar Zinngefäße standen. »Sie können sich setzen«, sagte er.
Ich folgte seiner Aufforderung. Obwohl die Art mich verletzte, wie er mir dazu Erlaubnis erteilte, hielt ich es doch für unklug, stehenzubleiben.
»Die Kinder kamen Ihnen also unwissend vor?« fragte er.
»Soweit es ihre Englischkenntnisse betraf, gewiß.«
»Und seitdem Sie hier sind, haben sie derartige Fortschritte gemacht, daß sie völlig verstummten, als sie mir auf englisch sagen sollten, was sie von der gestrigen Vorstellung hielten.«
»Das dürfte wohl gegenwärtig noch ihre Fähigkeiten übersteigen.«
»Aber es überstieg zumindest nicht Ihre Fähigkeiten, uns zu zeigen, was Sie darüber dachten.«
»Ich habe es wohl deutlich zu erkennen gegeben.«
»Sie ließen uns nicht im Zweifel darüber, daß Sie uns für ein Volk von Barbaren halten.«
Er wartete auf meine Antwort, doch ich schwieg. Beharrlich sagte er: »War es nicht so?«

»Ich fand das Schauspiel empörend.«
»Tatsächlich?«
»Ist das so verwunderlich?«
»Oh, die englische Empfindsamkeit! Ihre Königin war genauso unbeeindruckt – oder vielleicht sollte man es beeindruckt nennen. Ich war dabei, als sie hier auf die gleiche Weise unterhalten wurde. »›Gemetzel!‹ sagte sie – genau wie Sie, Miss Trant.«
»Dann befinde ich mich ja in edler Gesellschaft.«
»Darauf scheinen Sie keinen besonderen Wert zu legen. Sie befanden sich gestern ebenfalls in edler Gesellschaft, aber Sie benahmen sich außerordentlich unhöflich. Wenn Sie nicht eine Fremde wären und sich mit Unwissenheit verteidigen könnten, müßte ich Ihnen einen sehr ernsten Verweis erteilen.«
»Ich weiß, daß ich gegen die Etikette verstoßen habe. Dafür entschuldige ich mich.«
»Das ist wirklich sehr gütig von Ihnen.«
»Hätte ich gewußt, welches Schauspiel mich erwartete, wäre ich nicht gekommen.«
»Man hatte Ihnen befohlen zu kommen.«
»Trotzdem hätte ich es abgelehnt.«
»Leute, die in meinen Diensten stehen, weigern sich niemals, meinen Befehlen zu gehorchen.«
»Wahrscheinlich nicht. Und wenn man einen Ihrer Befehle für unannehmbar hält, gibt es wohl nur die Möglichkeit, aus dem Dienst zu scheiden.«
»Beabsichtigen Sie das, Miss Trant?«
»Wenn Sie es wünschen, habe ich wohl keine andere Wahl.«
»Sie können wählen. Bitten Sie um Vergebung. Sie könnten sagen, daß Sie eine Fremde sind und unsere Hofsitte nicht kennen. Die Abbitte müßte der Prinzessin, der Gräfin und anderen Mitgliedern des Hofes gegenüber geleistet werden. Aufgrund Ihrer Unkenntnis könnte man Ihnen Ihr Verhalten vergeben; natürlich unter der Voraussetzung, daß Sie versprechen, sich keinen derartigen Affront mehr zuschulden kommen zu lassen.«
»Ich könnte ein solches Versprechen nicht geben. Wenn man mir befehlen würde, dieses abscheuliche Blutbad noch einmal mitanzusehen, würde ich mich wieder weigern.«

»Für Ihre eigene Person vielleicht. Aber Sie hatten meine Söhne bei sich. Sind Sie der Meinung, daß ich Ihnen erlauben darf, den beiden Ideen in den Kopf zu setzen, die ihrer Männlichkeit schaden könnten?«
Ich dachte an Fritz, den man zwang, solche Szenen über sich ergehen zu lassen, um dadurch ›einen Mann aus ihm zu machen‹, wie der Graf es wohl ausdrücken würde. Kein Wunder, daß das arme Kind so nervös war und schlafwandelte. Ich war bereit, für Fritz zu kämpfen, wie ich für mich selbst nicht gekämpft hatte.
Ich sagte ernst: »Fritz ist ein empfindsamer Junge.«
»Warum?« rief er. »Weil er von Frauen erzogen wurde?«
»Weil er ein zartes Gemüt hat.«
»Meine liebe Miss Trant, ich habe kein Verständnis für zartbesaitete Leute. Ich will einen Mann aus ihm machen.«
»Ist es männlich, sich daran zu weiden, wie Tiere abgeschlachtet werden?«
»Was für seltsame Ansichten Sie haben! Sie würden bestimmt gut in eine Schule für Höhere Töchter passen.«
»Vielleicht«, erwiderte ich. »Wollen Sie damit sagen, daß ich entlassen bin? Wenn ja, werde ich meine Vorbereitungen treffen, um Klocksburg umgehend zu verlassen.«
Er erhob sich und kam zu meinem Stuhl. Dann setzte er sich ganz in meiner Nähe auf die Tischplatte. »Sie haben ein hitziges Temperament, Miss Trant. Ich glaube nicht, daß ungestüme Menschen gute Lehrer abgeben.«
»Sehr gut. Ich werde gehen.«
»Aber ich persönlich habe nichts gegen diesen Charakterzug.«
»Ich bin froh, daß ich Ihnen nicht in jeder Hinsicht mißfalle.«
»Nicht Sie mißfallen mir, Miss Trant, sondern Ihr gestriges Benehmen.«
Ich erhob mich. Er war mir zu nahe; seine starke männliche Ausstrahlung beunruhigte mich – er glich Maximilian so sehr, und doch bestand ein feiner Unterschied zwischen beiden. Wäre ich mit ihm in jener Nacht im Jagdhaus gewesen, hätte er nie zugelassen, daß ich allein auf der anderen Seite der verriegelten Tür blieb; das wurde mir unwillkürlich klar.
»Ich sehe, daß ich Sie beleidigt habe«, sagte ich rasch. »Es hat kei-

nen Sinn, diese Unterredung fortzusetzen. Ich werde Klocksburg verlassen.«

»Sie machen eine Gewohnheit daraus, unerwartet aufzubrechen. Und es ist meine Gewohnheit, jenen die Erlaubnis zum Kommen und Gehen zu erteilen, die in meinen Diensten stehen.«

»Da ich vermute, daß ich nicht länger in Ihren Diensten stehe, läßt sich das wohl auf mich nicht anwenden.«

Ich wandte mich ab, doch er war schon neben mir. Ich konnte seinen warmen Atem auf meinem Nacken fühlen. Er umfaßte meinen Unterarm mit festem Griff.

»Sie werden bleiben«, sagte er. Dann lächelte er, und seine Augen verschleierten sich, als er mich musterte. »Ich habe mich entschlossen, Ihnen noch eine Chance zu geben.«

Ich sah ihm mutig ins Gesicht.

»Ich möchte Sie aber davor warnen, daß ich mich unter gleichen Umständen wieder so verhalten werde wie gestern.«

»Wir werden sehen«, sagte er.

Ich nahm seine Hand von meinem Arm und ließ sie hastig los. Er war so überrascht, daß er keinen Versuch machte, mich aufzuhalten.

Ruhig erklärte ich: »Wenn Sie wünschen sollten, daß ich aus Ihren Diensten ausscheide, sagen Sie mir bitte Bescheid.«

Und damit ging ich aus dem Rittersaal. Ich überquerte den Schloßhof und betrat die Festung. Obwohl ich zitterte, war ich stolz, als hätte ich eine Schlacht gewonnen. Und das stimmte wohl in gewisser Weise auch. Denn ich war immer noch Lehrerin auf Klocksburg.

Ich saß am Fenster, und der Wind kühlte meine heißen Wangen. Das Wortgefecht hatte mich erschüttert, denn der dreiste Ausdruck in den Augen des Grafen verriet mir, daß er mich als Opfer vorgemerkt hatte. Ich war erfahren genug, um seine Absichten zu erkennen. Eigentlich überraschte es mich, denn ich hatte aufgehört, mich für eine anziehende Frau zu halten. Ich wußte, daß ich einst durch mein Temperament, meine Flut dunklen Haares und vielleicht am allermeisten durch mein lebhaftes Mienenspiel reizvoll gewesen war. Doch seit ich mich für verheiratet hielt, ein Kind zur Welt brachte (wenigstens dessen konnte ich sicher sein) und es wieder verlor, hatte ich mich verändert. Ich wußte, wie auffallend diese Wandlung war, denn Mrs. Greville und Tante Mathilda hatten oft zu mir gesagt: »Ich habe noch nie einen Menschen gesehen, der sich so verändert hat wie du nach deinem Auslandsaufenthalt.«

Meine Fröhlichkeit war von einem ungeheuren Zweifel überschattet. Ich hatte einen Mann geliebt und sowohl meinen Gatten als auch mein Kind verloren – welcher Mensch wäre nach einem derartigen Schicksal der gleiche geblieben?

Anthony hatte mich gebeten, ihn zu heiraten, das stimmte. Ich erkannte plötzlich, daß ich seit meiner Abreise aus England nur selten an ihn gedacht hatte. Er hatte mir zweimal geschrieben; seine Briefe waren voller Einzelheiten über seine Arbeit in der Pfarrgemeinde. Früher hätte mich das interessiert, aber jetzt schweiften meine Gedanken schon während des Lesens ab.

Vom ersten Tag an, als ich nach Klocksburg gekommen war, erfüllte mich eine Erregung, wie ich sie nicht mehr verspürt hatte, seit ich in meinem Bett erwachte und erfuhr, daß meine Heirat nur ein Traum war, das Ergebnis von Dr. Carlsbergs Behandlung. Ich war fest davon überzeugt, daß ich – wenn überhaupt – die Lösung des Rätsels hier finden würde. Als ich den Grafen erblickte, hatte ich für den Bruchteil einer Sekunde geglaubt, am Ziel zu sein. Doch es war nur eine Täuschung gewesen. Und nun sollte eben dieser Mann mir im Wege stehen.

Ich ahnte, was geschehen würde. Mit dem Instinkt der Frau durchschaute ich, welche Art Mann er war. Weil er in seiner kleinen Welt große Macht besaß, hatte man ihm bis jetzt wohl noch nicht viel Widerstand entgegengesetzt. Er mochte mich amüsant finden, aber nur für kurze Zeit. Bald würde meine Auflehnung ihren Reiz für ihn verlieren.

Während ich so grübelte, hörte ich Stimmen zu mir heraufklingen; man konnte in der klaren Bergluft alles sehr deutlich vernehmen.

»Nun, Fredi, junger Herr, benehmen Sie sich! Ich erlaube nicht, daß Sie wieder einmal eines Ihrer Spielchen treiben.« Das war Frau Graben. Ein Lachen schwang in ihrer Stimme, und ich konnte mir ihren Gesichtsausdruck gut vorstellen.

»Was beabsichtigst du listiges altes Frauenzimmer? Warum hast du sie hergebracht?« Der Graf! Der arrogante, mächtige Mann erlaubte Frau Graben, so mit ihm zu sprechen! Aber natürlich hatte die alte Kinderfrau besondere Vorrechte.

»Es war höchste Zeit, daß einmal jemand kam, um Ihren kleinen Bastarden etwas Bildung beizubringen.«

»Dafür war bereits gesorgt, man mußte nicht erst eine zimperliche Engländerin dazu herholen.«

»So zimperlich ist sie gar nicht, Herr Fredi, das verspreche ich Ihnen.«

»Und wer bist du, um mir Versprechungen zu machen?«

»Vergessen Sie Ihre Manieren nicht, Herr Fredi. Das habe ich Ihnen schon hundertmal gesagt!«

»Guter Gott, wir sind nicht mehr im Kinderzimmer!«

»Für mich schon, und das gilt auch für Ihren großen und mächtigen Cousin.«

»Er war immer dein Liebling.«

»Ach, papperlapapp! Ich habe niemanden bevorzugt. Ihr wart beide meine Jungen, und ich habe euch keine Unverschämtheiten durchgehen lassen. Ich dulde es auch jetzt nicht.«

»Ich hätte dich schon längst von Klocksburg entfernen sollen.«

»Ha, und wer hätte sich dann um Ihre Bastarde gekümmert?«

»Ach was, du alte Hexe, es gibt hunderte, die auf eine solche Stellung versessen wären.«

»Aber Sie trauen Ihrer alten Nana, eh?«

»Nicht weiter als bis zum Tor der Randhausburg.«

»Hören Sie, Herr Fredi, lassen Sie die Finger von Miss Trant.«

»Du hast sie hierhergebracht.«

»Nicht zu Ihrem Vergnügen.«

»Ich entscheide selbst, wo und wann ich mich amüsiere.«

»Nicht hier, mein Junge.«

»Und wer will mich davon abhalten? Du?«

»Nein. Aber sie wird es tun. Sie ist nicht für Sie bestimmt.«

»Wer hat gesagt, daß sie mich interessiert?«

»Ein neues, frisches Gesicht hat Sie immer interessiert – euch beide. Kenne ich euch nicht besser als jeder andere? Die alte Nana freut sich, wenn ihr euren Spaß habt, aber Miss Trant gehört nicht dazu, Herr Fredi. Sie steht unter meinem Schutz. Wenden Sie sich also wieder Ihrer kleinen Wirtstochter zu.«

»Das hätte ich mir denken können, daß dir nichts entgeht.«

Sie brach in schrilles Gelächter aus.

Er sagte: »Wage es nicht, mir Vorschriften zu machen, du hinterlistige Person!«

Dann gingen sie in die Randhausburg, und ich hörte nichts mehr. Ich war aufgebracht darüber, wie sie sich über mich unterhalten hatten. Über die Absichten des Grafen machte ich mir keine Illusionen. Ganz bestimmt war ich nicht die erste und letzte Frau, die er mit seiner Aufmerksamkeit beehrte. Die vertrauliche Art, in der Frau Graben mit ihm gesprochen hatte, erstaunte mich. Mehr als das gab mir jedoch die Entdeckung zu denken, daß der Entschluß, mich als Englischlehrerin nach Klocksburg zu holen, von ihr ausgegangen war.

Als der Graf das Schloß verlassen hatte, ging ich zur Randhausburg und klopfte an Frau Grabens Tür. Sie war in freudiger Erregung und sah aus, als sei sie gerade von einer höchst vergnüglichen Zerstreuung zurückgekehrt.

»Kommen Sie nur, meine Liebe«, sagte sie.

Sie saß auf ihrem Schaukelstuhl und knabberte an einem Stück Gewürzkuchen.

»Setzen Sie sich. Hätten Sie gern eine Tasse Tee?«

Es war, als wollte sie mich besänftigen. Tee! Damit konnte man die Engländer wohl ihrer Meinung nach immer versöhnen.

»Nein, danke.«

»Ich weiß, Sie hätten sicher gern ein Glas Wein. Ich habe ein paar Flaschen von der Mosel geschickt bekommen. Es ist eine gute Sorte.«

»Nein, ich möchte gar nichts trinken, vielen Dank. Ich wollte mich ernsthaft mit Ihnen unterhalten.«

»Oh, Sie sind viel zu ernst, Miss Trant.«

»Einer Frau, die im Leben auf sich gestellt ist, bleibt nichts anderes übrig.«

»Aber Sie sind nicht allein. Sie haben eine nette Tante und die Leute im Buchladen, und was ist mit dem Herrn Vikar?«

Sie blickte mich listig und wissend an. Langsam kam es mir vor, als wüßte sie besser über mich Bescheid als ich vermutet hatte. Aber sie war immerhin in Oxford gewesen; während ihres Aufenthaltes hatte sie vielleicht mit Geschäftsleuten gesprochen, mit Angestellten ihres Hotels – mit irgend jemandem, der mich kannte. Doch wie hätte sie das tun können? Sie sprach nur sehr wenig Englisch.

Ich sagte: »Woher wußten Sie –?«

»Ach, solche Dinge hört man zufällig. Wahrscheinlich haben Sie es mir selbst bei einer unserer Plaudereien erzählt und es nur wieder vergessen.«

»Haben Sie selbst entschieden, daß ich hierherkommen sollte, um die Kinder zu unterrichten?« fragte ich. »Ich meine – war es allein Ihre Idee?«

»Ach, wir hatten ab und zu darüber gesprochen. Und als ich in England war, schienen Sie mir genau die richtige Person dafür zu sein.« Sie beugte sich zu mir herüber und nagte dabei an ihrem Kuchen. »Ja, Sie haben mir gleich gefallen. Ich wollte nicht, daß unsere Bekanntschaft so rasch wieder endete. Ich hätte Sie gern hier bei uns gehabt. Wir haben uns doch vom ersten Augenblick an großartig verstanden, nicht wahr?«

Jene mächtigen Männer, deren Kinderfrau sie war, schienen ihr wirklich viel Zuneigung entgegenzubringen, sonst hätte sie nicht soviel Einfluß besessen. Ich dachte daran, in welcher Art sie den hochmütigen Grafen behandelt hatte; nun sah es so aus, als hätte sie sich sogar die Freiheit genommen, eine Englischlehrerin nach Klocksburg zu holen, ohne ihn vorher zu fragen.

Offensichtlich hatte der Graf auch eine gute Seite, da er seiner alten Kinderfrau so herzlich zugetan war.

»Es steht Ihnen also frei, Personal einzustellen, wenn Sie das für richtig halten?«

»Ich war wie eine Mutter für die beiden. Leute dieses Standes haben nicht immer die Zeit oder die Neigung, sich um ihre Kinder zu kümmern. Deshalb vertritt die Kinderfrau oft Mutterstelle. Wir sind eine sentimentale Rasse, wissen Sie. Und unsere Mütter bedeuten uns sehr viel.«

Ich war überrascht. Zwar hatte ich immer gewußt, daß ich meinen

Aufenthalt auf Klocksburg Frau Graben verdankte, aber daß sie allein das alles veranlaßt hatte, wurde mir erst jetzt klar.
»Zerbrechen Sie sich nicht den Kopf«, sagte sie. »Ich werde mich schon um Sie kümmern.«
Die Worte waren beruhigend, aber wieder sah ich dieses Glitzern in ihren Augen, das ich nun schon kannte – das belustigte, erwartungsvolle Glitzern, mit dem sie die beiden Spinnen in der Schüssel beobachtet hatte.

Der Graf wartete nicht lange, um wieder nach Klocksburg zu kommen. Wir waren im Turmzimmer; ich hatte es mir inzwischen zur Gewohnheit gemacht, die Kinder dort zu unterrichten. Die schriftlichen Übungen erledigten wir im Schulzimmer, während wir uns hier nur unterhielten. Ich ließ sie vom herzoglichen Palast erzählen und übersetzte ihre Worte ins Englische. Da das Schloß und alles, was darin vorging, sie sehr interessierte, konnte ich ihrer ungeteilten Aufmerksamkeit sicher sein.
Er kam durch die Tür, und die Kinder standen auf. Die Jungen verbeugten sich; Liesel machte einen hübschen Knicks. Mit einer Handbewegung gab er ihnen zu verstehen, daß sie sich wieder setzen sollten.
»Bitte machen Sie weiter, Miss Trant«, sagte er. »Ich möchte gern Ihrem Unterricht beiwohnen.«
Ich war entschlossen, ihm nicht zu zeigen, wie sehr seine Anwesenheit mich störte. »Nun«, begann ich, »das ist also der Wachturm. Fritz, würdest du das bitte auf Englisch sagen?«
Er stotterte ein wenig, aber ich war mit dem Ergebnis nicht unzufrieden.
Dann bat ich Dagobert, auf die Kasernen zu deuten und mir in meiner Sprache zu erklären, wer dort lebte. Da er sich besonders für die Soldaten interessierte, fühlte ich mich auf diesem Gebiet einigermaßen sicher.
Liesel sollte mir die große Glocke zeigen und mir sagen, wann sie geläutet wurde.
Stammelnd brachten sie ihre Sätze hervor, und ich setzte den Unterricht fort. Man konnte kaum behaupten, daß die Kinder sich besonders auszeichneten. Dagobert versuchte sich bald in den

Vordergrund zu drängen, Fritz wurde nervös, und Liesel benahm sich ein wenig albern. Der Graf saß da und lächelte überlegen. Ich merkte, daß er von der Darbietung nicht sonderlich beeindruckt war.

»Ihr werdet es besser machen müssen, wenn ihr Ihrer Majestät Queen Victoria vorgestellt werden wollt, falls sie uns wieder mit einem Besuch beehrt«, sagte er.

Dagobert fragte: »Kommt sie wieder?«

»Wo denkst du hin? Sie war doch vor ein paar Jahren hier. Du darfst von einem so mächtigen Volk nicht zuviel erwarten. Zweifellos hat Miss Trant euch erzählt, daß sie aus einem Weltreich kommt, und daß wir im Vergleich dazu nur ein armer kleiner Staat sind.«

Dagobert starrte mich mit offenem Mund an, und Fritz stotterte: »M – Miss T – Trant hat uns das nicht gesagt. Sie ... sie liebt unser Land!«

Ich war gerührt, denn das war ein offenkundiger Versuch, mich zu verteidigen.

Scharf sagte ich: »Ich bin nicht hierhergekommen, um die Kinder in Politik zu unterrichten, Graf. Sie sollen von mir in der englischen Sprache ausgebildet werden.«

»Unter der selbstverständlichen Voraussetzung, daß die ganze Welt auch ohne die Beeinflussung britischer Bürger Großbritanniens Überlegenheit anerkennt.«

»Sie erweisen uns eine große Ehre«, sagte ich.

»Wahrscheinlich war man der Meinung, daß Ihr Volk uns die gleiche Ehre erwies, als es seiner Königin erlaubte, einen Mann aus einem unserer Herrscherhäuser zu heiraten.«

»Es hat unsere Länder miteinander verbunden«, erwiderte ich.

»Und man hat daraus großen Nutzen gezogen.«

»Vermutlich auf beiden Seiten.«

»Sie sind entschlossen, sich großzügig zu zeigen.«

»Es macht das Zusammenleben soviel angenehmer.«

»Sogar wenn man dabei nicht ganz aufrichtig ist?«

»Ich versuche aufrichtig zu sein.«

»Und Sie bemühen sich, Ausflüchte zu machen, wenn Sie es für ratsam halten. Mir scheint, das ist ein guter alter englischer Brauch.«

»Häufig betrachtet man es auch als eine diplomatische Gepflogenheit, glaube ich«, versetzte ich und sah auf meine Uhr. Dann wandte ich mich an die Kinder: »Pfarrer Kratz wird schon auf euch warten.«
Sie sahen mich überrascht an. Nun erst merkte ich, daß wir hierzubleiben hatten, bis der Graf uns entließ. Pfarrer Kratz konnte wenn nötig den ganzen Vormittag warten.
Ich erhob mich. Zu meiner Überraschung tat es mir der Graf nach. »Sie sprechen besser Deutsch als Sie Englisch lehren«, sagte er. »Es ist unklug, sich nach so kurzer Zeit schon ein Urteil zu bilden«, parierte ich. »Mein Deutsch könnte besser sein, und ich glaube, daß Ihre Kinder schon in wenigen Wochen eine gute Grundkenntnis der englischen Sprache haben werden.«
Ich nahm Liesel an der Hand und führte sie zur Tür. Der Graf folgte uns; also gingen auch die Jungen hinter ihm her.
Wir kamen zum Schulzimmer, wo Pfarrer Kratz wartete. Ich trat ein, um kurz mit ihm zu sprechen, und der Graf schickte mir die Kinder nach.
Als ich das Zimmer wieder verließ, war er gegangen.
Die Wortgefechte mit dem Grafen beunruhigten mich. Er war entschlossen, mich zu kritisieren und gleichzeitig interessierte ich ihn. Unser Wortgeplänkel schien ihn zu amüsieren. Ich war immer schon in der Lage gewesen, mich bei solchen Unterhaltungen zu behaupten, und wenn ich erregt war, steigerte sich diese Fähigkeit noch.
Ich wußte, wie es weitergehen würde. Ich gefiel ihm, denn ich war wohl nicht wie die anderen Frauen, die er kannte. Offenbar hatte ihn die Würde unserer Queen beeindruckt, als sie Sachsen-Coburg, Leiningen und die umliegenden Staaten besuchte – und wem wäre das nicht so gegangen? Ich war selbst ergriffen gewesen, als ich sie sah; allerdings hatte ich sie nur ein paarmal zu Gesicht bekommen, denn seit dem Tod ihres Prinzgemahls lebte sie äußerst zurückgezogen und zeigte sich ihren Untertanen kaum noch. Trotzdem wußte ich, daß sie Deutschland nach seinem Tod besucht hatte, und ich konnte mir vorstellen, welchen Eindruck diese unbefangene königliche Würde auf einen Mann wie den Grafen gemacht haben mußte. Überdies war sie eine große Königin und

herrschte über ein immer mächtiger werdendes Weltreich; er aber war nur der Neffe des Herzogs eines unbedeutenden Staates. Wie hätte er an ihrer Stelle in der Macht geschwelgt! Er sah wohl kaum, daß das natürliche Bewußtsein ihres Ranges ihr eine solche Ausstrahlung verlieh.
Woher wußte ich so gut über ihn Bescheid? Ach, er war leicht zu durchschauen. Eines war mir klar: Er hatte sich vorgenommen, mich zu verführen und konnte seine Absicht nur schlecht verbergen. Er war bereit, ein wenig mit mir zu tändeln, aber nur für kurze Zeit. Anfangs würde es ihm gefallen, abgewiesen zu werden; doch nicht lange. Ich dachte an die schönen Tiere im Zelt. Die Vernichtung des scheuesten und am schwersten zu fangenden Geschöpfs bereitete ihm wohl das größte Vergnügen. Aber er würde der Jagd bald müde werden und dann in Wut geraten. Er würde Fehler an mir suchen und mich schließlich entlassen.
Das war einer Freundin von mir passiert; einem der Mädchen, das mit mir im Damenstift erzogen wurde. Sie sah außerordentlich hübsch aus. Nach Abschluß der Schulausbildung trat sie eine Stellung als Gouvernante an. Der Hausherr stellte ihr nach, und als sie ihn abwies, steigerte das sein Interesse zunächst nur noch; doch sehr bald mußte sie sich nach einer anderen Arbeit umsehen und konnte nur ein sehr mittelmäßiges Zeugnis vorweisen.
Seit dem Auftauchen des Grafen war das Leben auf Klocksburg ziemlich unerfreulich für mich geworden.
In der Randhausburg war ein hübscher Garten, eingeschlossen von niedrigen Tannen. Auf der Rasenfläche standen mehrere weißgestrichene Stühle, und in der Mitte plätscherte ein Springbrunnen. Hier übten die Jungen wöchentlich einmal mit dem Gewehr und mit Pfeil und Bogen. Auf der einen Seite fiel das Plateau zum Tal hin steil ab, doch die Hecke aus buschigen Tannen bildete einen so festen Schutzwall, daß sogar die kleine Liesel hier allein spielen durfte. Der Garten war einer meiner Lieblingsplätze, und ich suchte ihn oft auf. An diesem Morgen kam ich mit einigen Büchern und dem Vorsatz hierher, meine nächste Unterrichtsstunde vorzubereiten. In Wirklichkeit wollte ich jedoch wohl nur über meine Lage nachdenken und überlegen, ob ich mich nicht schon jetzt mit dem Damenstift in Verbindung setzen sollte.

Ich saß mit dem Rücken zur kleinen Pforte, die in die Hecke eingefügt war, als ich hörte, wie die Klinke niedergedrückt wurde. Instinktiv wußte ich, wer da kam.
»Ach, Miss Trant!«
Er heuchelte Überraschung, doch ich vermutete, daß er mich hierhergehen sah.
»Haben Sie etwas dagegen, wenn ich mich zu Ihnen setze?«
Ich tat, als hätte ich die Ironie in seinen Worten nicht bemerkt.
»Bitte, nehmen Sie Platz, wenn Sie wünschen.«
»Das ist ein hübscher Garten«, fuhr er fort.
»Sehr hübsch.«
»Ich bin froh, daß er Ihnen gefällt. Und wie finden Sie unser kleines Klocksburg?«
»Ich würde das Schloß kaum als klein bezeichnen.«
»Oh, aber es läßt sich natürlich nicht mit Windsor Castle, dem Buckingham Palace und – Sandringham heißt es doch, nicht wahr? – vergleichen.«
»Ja, Schloß Sandringham gibt es. Natürlich kann man die englischen Adelssitze nicht mit Klocksburg vergleichen. Sie sind zu verschieden.«
»Und viel prächtiger, eh?«
»Es fällt mir schwer, solche Vergleiche zu ziehen. Ich selbst lebe in England in einem kleinen Haus neben einer Buchhandlung. Ich kann Ihnen versichern, daß keines von beidem Klocksburg auch nur im geringsten ähnelt.«
»Ein kleines Haus neben einer Buchhandlung«, wiederholte er. »Aber ein ganz besonderes Haus neben einer ganz besonderen Buchhandlung, darf ich wohl sagen.«
»Ich fand es schön, weil es mein Heim ist. Und es ist eine gute Buchhandlung.«
»Sehnen Sie sich nach Hause zurück, Miss Trant?«
»Noch nicht. Vielleicht bin ich nicht lange genug fortgewesen.«
»Ich glaube, Sie haben eine Vorliebe für unsere Berge.«
Ich versicherte ihm, daß das stimmte.
Die Unterhaltung verlief zu glatt.
Er sagte: »Ich habe mit Interesse festgestellt, daß Sie sich entschlossen haben, unser Spukzimmer zu öffnen.«

»Ich hielt es für klüger, den Raum nicht versperrt zu halten, und Frau Graben hat mir zugestimmt.«
»Er war Jahre hindurch verschlossen, doch Sie fegen unsere Traditionen mit Ihrer gebieterischen englischen Hand einfach beiseite.«
»Ich muß Ihnen die Sache mit dem Spukzimmer erklären.«
»Ich bin begierig, Ihre Erklärung zu hören, Miss Trant.«
»Daß der Raum abgesperrt war, weckte bald allerlei schauerliche Vorstellungen bei den Leuten. Ich nahm an, daß diese Spukgeschichten bald aufhören würden, wenn man das Zimmer wieder öffnete. Dann erst konnte es wieder zu einem Raum wie jeder andere werden. Und genau so ist es auch gekommen.«
»Bravo!« sagte er. »Sankt Georg und der Drache – nur daß wir es diesmal mit einer Sankt Georgiana zu tun haben. Mit dem Besen des gesunden Menschenverstandes hat sie unsere mittelalterlichen Spinnweben des Aberglaubens einfach weggefegt. So steht die Sache, nicht wahr?«
»Es war höchste Zeit, daß diese ganz besondere Spinnwebe weggefegt wurde.«
»Wir lieben unsere Gespenster, wissen Sie. Es heißt, wir wären eine phantasielose Rasse, aber sind wir das wirklich? Sagen Sie es mir, Miss Trant. Sie kennen uns doch so gut.«
»Das muß ich leider abstreiten«, sagte ich und erhob mich.
»Sie wollen doch nicht gehen?« Er ließ es wie eine Frage klingen, doch seine Augen machten einen Befehl daraus.
Dann ergriff er mein Handgelenk und hielt es so fest, daß ich mich nicht befreien konnte. Ich zog es vor, keinen derartigen Versuch zu machen und ihm durch meinen Mißerfolg Schwäche zu zeigen, sondern setzte mich wieder.
»Erzählen Sie mir doch bitte, wie Sie hierhergekommen sind«, sagte er.
Ich berichtete, wie Frau Graben eines Tages in der Buchhandlung erschienen war und wie wir deutsch miteinander sprachen, weil sie nur beschränkte Englischkenntnisse hatte. »Wir haben uns gut verstanden«, sagte ich. »Und sie schlug mir vor, nach Klocksburg zu kommen und die Kinder zu unterrichten. Deshalb bin ich hier.«
»Was mag sie nur aushecken?« murmelte er.
»Sie dachte wohl, es wäre gut für die Kinder, Englisch zu lernen.«

»Englischlehrer sind nicht schwer zu bekommen«, neckte er mich.
»Frau Graben meinte, ein Engländer wäre dafür am geeignetsten.«
Seine Augen verengten sich zu einem Spalt. »Nun«, sagte er schließlich, »ich bin froh, daß sie Sie hergeholt hat.«
»Ich hatte nicht den Eindruck, daß Sie meinen Fähigkeiten als Lehrerin sehr viel Bewunderung zollen.«
»Aber es gibt andere Dinge, die ich an Ihnen bewundere.«
»Danke.« Wieder machte ich Anstalten, aufzustehen. »Bitte entschuldigen Sie mich.«
»Nein«, sagte er. »Durchaus nicht. Ich habe Ihnen schon sehr deutlich zu verstehen gegeben, daß ich mich mit Ihnen unterhalten will.«
»Ich kann mir nicht vorstellen, worüber wir sprechen sollten, abgesehen von den Fortschritten der Kinder im Unterricht; und das haben wir doch bereits getan.«
»Das war kein besonders fesselndes Gesprächsthema«, erwiderte er. »Bestimmt gibt es reizvollere Dinge, über die wir plaudern könnten. Ich finde Sie amüsant.«
Ich hob die Augenbrauen.
»Das nenne ich geheuchelte Überraschung. Sie wissen genau, daß ich Sie amüsant finde, und ich kann mir keinen Grund vorstellen, weshalb wir nicht gute Freunde werden sollten.«
»Ich kenne viele Gründe.«
»Und die wären?«
»Zum einen Ihr hoher Rang. Sind Sie nicht der Neffe des Herzogs? Sie haben bereits bemerkt, daß ich mit der höfischen Etikette nicht vertraut bin.«
»Diese Kenntnis kann man sich rasch aneignen.«
»Für Leute in entsprechender Stellung trifft das ganz bestimmt zu. Als einfache Englischlehrerin erwarte ich jedoch kaum, daß die Hofsitte für mich von Wichtigkeit sein könnte – auch wenn ein Elternteil meiner Schüler von Adel ist.«
»Es könnte wichtig für Sie sein, wenn ich es wünsche.«
»Oh, aber das wäre sicher ein neuerlicher Verstoß gegen die gesellschaftlichen Regeln. Immerhin unterrichte ich ja nicht ihre legitimen Nachkommen.«

Er beugte sich zu mir herüber. »Wäre Ihnen mein legitimer Sohn lieber? Das ließe sich einrichten.«
»Ich bin sehr zufrieden mit meiner gegenwärtigen Stellung.«
»Ihre kühle englische Art gefällt mir. Sie behandeln mich, als wäre ich ein Käufer in Ihrer ... Buchhandlung, das war es doch, nicht wahr?«
»Unsere Beziehung ist in gewisser Weise ähnlich. Ich verkaufe Ihnen meine Dienste als Lehrerin, und Sie als mein Arbeitgeber kaufen sie.«
»Unsere Geschäftsverbindung ist doch sicherlich von engerer Art.«
»Sie würden überrascht sein, wie viele Kunden immer wieder in die Buchhandlung kommen.«
»Ich glaube, wir beide werden bald auf vertrauterem Fuß miteinander stehen, was meinen Sie? Oder haben Sie noch nicht darüber nachgedacht?«
»Da gibt es nicht viel zu überlegen. Ich weiß, daß unsere unterschiedlichen Stellungen und Charaktere eine nahe Bekanntschaft unmöglich machen.«
Er war leicht überrascht, und ich wußte, daß ich einen Sieg errungen hatte; besonders, da nun die Gartenpforte erneut quietschte, und Frau Graben sich lächelnd zu uns gesellte.
»Ich wußte, wo ich Sie finden würde«, sagte sie. »Miss Trant, Pfarrer Kratz möchte mit Ihnen sprechen. Es geht um die morgige Unterrichtsstunde; sie soll verlegt werden. Fredi, ich habe Ihnen etwas zu sagen.«
Er warf ihr einen finsteren Blick zu.
»Machen Sie nur ein böses Gesicht, Herr Donner«, sagte sie. »Sie wissen genau, daß ich keine Wutanfälle dulde.«
Als ich eilig durch die Pforte ging, sah ich ihr breites Lächeln, mit dem sie sich in den Kampf mit dem Grafen stürzte. Sie erinnerte mich plötzlich an Hildegard, meinen Schutzengel im Jagdhaus.

Für den Rest des Tages waren meine Gedanken in Aufruhr. Ich wußte, mit welch unerbittlicher Hartnäckigkeit Männer wie Graf Friedrich ihre Pläne verfolgten. Ich konnte mir vorstellen, wie er durch das Land ritt und sich ohne weiteres die Frauen auswählte, die ihm gefielen. Er hatte geglaubt, daß ich von seiner Bedeutung, seinem männlichen Charme so geblendet sein würde, daß ich zu seinem nächsten Opfer wurde. Wenn er trotz meiner abweisenden Haltung noch immer glaubte, meinen Widerstand überwinden zu können, täuschte er sich.

Wieder dachte ich an jenen Tag, als Maximilian aus dem Nebel auftauchte. Konnte es wirklich sein, daß er ein Mann wie der Graf war? Zehn Jahre trennten mich nun von dem Mädchen, das er so tief beeindruckt hatte, das sich so sehr in den Helden des Waldes verliebte, daß es ihn nie mehr vergessen konnte – nicht einmal in den Zeiten, da es fürchtete, er könnte nur ein frecher Abenteurer gewesen sein. Hatte ich ihn mit den Eigenschaften der sagenhaften Helden seines Landes ausgestattet? Entsprang das Bild, das ich mir so lange Zeit von ihm gemacht hatte, nur meiner eigenen Phantasie? Wenn der Graf vor zehn Jahren mein Gefährte in diesem Abenteuer gewesen wäre, hätte ich ihn dann mit den gleichen Vorzügen ausgestattet wie Maximilian?

Als ich ins Schulzimmer kam, nachdem der Graf das Schloß verlassen hatte, fand ich die Kinder aufgeregt schwatzend vor. Sie sollten am nächsten Tag gemeinsam mit ihrem Vater auf die Jagd gehen.

»Wer hat euch das gesagt?« fragte ich.

»Der Graf!« erwiderte Dagobert. »Er holt uns um punkt neun Uhr ab.«

Seine Augen leuchteten vor Begeisterung, doch ich entdeckte, daß er sich gleichzeitig auch etwas unsicher fühlte. Sogar er fürchtete, die Ansprüche seines Vaters nicht erfüllen zu können. Was Fritz betraf, so merkte ich, daß er entsetzliche Angst hatte. Nach den Vorgängen im Pavillon, als man die Tiere niedergemetzelt hatte, erwartete sein Vater nun wohl von ihm, daß er seine Männlichkeit bewies. Es hätte mich nicht überrascht, wenn das der wirkliche Zweck der Übung gewesen wäre. Wahrscheinlich spürte das Kind diese Absicht und war deshalb so verängstigt.

Natürlich sollte Liesel nicht mitkommen. Sie durfte nur zusehen, wie die Jungen losritten. Eine größere Jagdgesellschaft wollte sich zusammenfinden und auf Wildschweinjagd gehen. Dagobert erklärte mir, daß Keiler äußerst bösartig sein können.

»Mein Vater macht gern Jagd auf Keiler!«
»Sag es bitte auf Englisch, Dagobert«, mahnte ich automatisch.

In dieser Nacht weckte mich wieder das Geräusch von Schritten auf dem Flur. Verstohlen näherten sie sich meiner Tür. Ich dachte sofort an Fritz. Lauschend lag ich da – nein, diesmal bewegten sich die Schritte nicht zum Turmzimmer hinauf.
Hastig zündete ich eine Kerze an, schlüpfte in meine Pantoffel und legte den Morgenmantel um. Nun konnte ich die Schritte nicht mehr hören, doch ich wußte, in welche Richtung sie sich entfernt hatten. Ich stieg die Wendeltreppe hinab, durch den schmalen Treppenturm. Ein kalter Luftzug wehte durch die Festung und verriet mir, welche Tür offenstand.
Als ich die Pforte erreichte, sah ich, wie sich eine kleine Gestalt langsam auf die Ställe zu bewegte.
Ich rannte los.
Fritz war an der Stalltür; er versuchte sie zu öffnen.
Ich erreichte ihn und hielt ihn fest. Sein Gesicht trug den leeren Ausdruck des Schlafwandlers.
Sanft nahm ich ihn an der Hand und führte ihn zurück zur Festung. Obwohl wir Hochsommer hatten und die Tage warm waren, fiel die Temperatur nachts beträchtlich, und seine Finger fühlten sich eiskalt an. Behutsam brachte ich ihn in sein Zimmer zurück. Fritz zitterte, und seine Füße waren blau vor Kälte, denn er trug nichts am Leib als sein Nachthemd. Ich hörte, wie er etwas vor sich hinmurmelte: »Nein ... nein, bitte nicht!« Und in seiner Stimme war soviel Angst, daß mir sofort klar wurde, was ihn so bedrückte. Morgen mußte er mit seinem Vater auf Wildschweinjagd gehen, und davor fürchtete er sich. Das erklärte auch, weshalb er zu den Ställen gegangen war.
Wut gegen den gefühllosen Mann stieg in mir auf, der nicht begriff, daß er einen Sohn mit glänzenden Anlagen hatte. Mir waren Fritz' geistige Fähigkeiten sofort aufgefallen; aber gerade deshalb besaß er auch eine Einbildungskraft, die ein Mensch wie der Graf nicht verstehen konnte.
Ich beugte mich über den Jungen. »Alles ist gut, Fritz«, sagte ich. Er öffnete die Augen und wisperte: »Mutter ...« Dann: »Miss!«

»Ja, Fritz, ja, ich bin hier.«
»Bin ich wieder im Schlaf herumgegangen?«
»Ein bißchen.«
Er begann zu zittern.
Beruhigend sagte ich: »Keine Sorge, Fritz. Eine ganze Menge Leute tun das. Ich hörte dich und brachte dich in dein Bett zurück.«
»Das haben Sie letztesmal auch schon getan. Dagobert hat die Mädchen darüber reden hören.«
»Ich habe eben ein besonderes Paar Ohren für dich.«
Das brachte ihn zum Lachen.
»Morgen brauchst du nicht mit auf die Jagd zu gehen, Fritz.«
»Hat mein Vater gesagt –«
»*Ich* sage, daß du nicht mitkommen mußt.«
»Das können Sie nicht, Miss.«
»O doch, ich kann«, versicherte ich. »Du hast ganz eiskalte Füße. Ich werde dir noch eine zusätzliche Bettdecke geben. Und morgen früh mußt du im Bett bleiben. Du bist ein wenig erkältet. Und du wirst erst aufstehen, wenn es schon zu spät ist, um mit auf die Jagd zu gehen.«
»Darf ich das wirklich, Miss? Wer erlaubt es mir?«
»Ich erlaube es«, erklärte ich bestimmt.
Auf irgendeine Weise hatte ich sein Vertrauen gewonnen. Er glaubte mir. Ich blieb an seinem Bett sitzen, und er fiel rasch in friedlichen Schlaf.
Dann ging ich in mein Zimmer zurück und versuchte zu schlafen. Ich mußte mich für den Kampf wappnen, der mir am nächsten Morgen zweifellos bevorstand.

Ich stand am Fenster und beobachtete, wie der Graf und die übrigen Mitglieder der Jagdgesellschaft zum Schloß heraufritten. Dann stahl ich mich aus der Festung hinüber zur Randhausburg, wo Dagobert bereits im Reitdreß wartete.
Während er seinen Vater begrüßte, schlüpfte ich durch das Tor und betrat den Rittersaal. Meine Auseinandersetzung mit dem Grafen mußte unbeobachtet stattfinden; ich würde niemals gewinnen, wenn wir Zuschauer hatten, denn ein Mensch wie er konnte nicht vor anderen nachgeben.

Er hatte mich beobachtet und folgte mir, wie ich es vorausgesehen hatte.
»Guten Morgen, Miss Trant«, sagte er. »Wie gütig von Ihnen, zu meiner Begrüßung herbeizueilen.«
»Ich wollte mit Ihnen über Fritz sprechen.«
»Ich nehme an, der Junge ist längst fertig, mit uns loszureiten.«
»Nein. Ich habe ihm befohlen, heute vormittag im Bett zu bleiben. Er hat sich in der letzten Nacht erkältet.«
Er starrte mich überrascht an. »Erkältet!« rief er. »Im Bett! Miss Trant, was soll das heißen?«
»Genau das, was ich Ihnen gesagt habe. Letzte Nacht hat Fritz wieder geschlafwandelt! Mir ist aufgefallen, daß er es immer dann tut, wenn er verwirrt und beunruhigt ist. Er ist ein sehr feinfühliges Kind, und seine Stärke liegt mehr auf dem geistigen als auf dem körperlichen Gebiet.«
»Das scheint mir noch ein Grund mehr, seine Körperkräfte zu schulen. Bitte gehen Sie sofort zu ihm hinauf und sagen Sie ihm, daß ich sehr ärgerlich bin, weil er nicht voller Eifer war, mit uns auf die Jagd zu kommen.«
»Möchten Sie, daß er ein Gefühl heuchelt, das er nicht empfindet?«
»Ich möchte, daß er seine Feigheit unterdrückt und wenigstens so tut, als hätte er ein wenig Mut.«
»Er ist kein Feigling!« sagte ich leidenschaftlich.
»Nein? Obwohl er sich hinter dem Rock seiner Lehrerin versteckt?«
»Ich muß das klarstellen. Er ist heute morgen auf meine Anordnung hin im Bett geblieben.«
»Sie treffen hier also Anordnungen, Miss Trant?«
»Es gehört zu den Hauptaufgaben eines Lehrers, seinen Schülern zu sagen, was sie tun sollen.«
»Sogar wenn das zur Unfolgsamkeit gegenüber den Eltern führt?«
»Ich wäre nie auf den Gedanken gekommen, daß irgendein Vater oder eine Mutter den Wunsch haben könnten, ihr krankes Kind aus dem Bett zu holen.«
»Sie werden dramatisch, Miss Trant! Ich glaube nicht, daß das eine typisch englische Eigenschaft ist.«

»Wohl kaum, aber ich muß Ihnen verständlich machen, daß Fritz anders ist als Dagobert. Dagobert wird sicher mit Begeisterung auf die Jagd gehen und nicht von übertriebener Einbildungskraft gequält werden. Aus ihm können Sie genau die Art Mann machen, die Sie so bewundern – jemandem nach Ihrem Vorbild.«
»Vielen Dank für Ihre Einschätzung meines Charakters, Miss Trant.«
»Sie verstehen sicher vollkommen, daß ich es mir nicht erlauben würde, Ihren Charakter nach einer so kurzen Bekanntschaft zu beurteilen; es steht mir tatsächlich überhaupt nicht zu. Ich bin hierhergekommen, um Ihre Kinder in Englisch zu unterrichten, und –«
»– und ihren Vater darin, wie er seine Kinder zu behandeln hat. Meine Abneigungen gehen Sie nichts an, sagen Sie. Trotzdem tun Sie genau das Gegenteil, denn Sie haben mir eben zu verstehen gegeben, wie falsch ich mich meinem Sohn gegenüber verhalte.«
»Würden Sie es mir zuliebe tun?« fragte ich und beobachtete, wie sein Gesichtsausdruck plötzlich wechselte. Er kam näher, doch ich streckte wie zur Abwehr eine Hand aus und fuhr schnell fort: »Bestehen Sie nicht darauf, daß Fritz heute mit Ihnen auf die Jagd geht. Bitte geben Sie mir die Möglichkeit, ihm zu helfen. Er ist nervös, und diese Nervosität läßt sich nicht vertreiben, indem man sie noch verstärkt. Man muß den Jungen beruhigen und ihm zeigen, daß ein großer Teil seiner Ängste völlig unbegründet ist.«
»Sie reden wie einer dieser neumodischen Ärzte, von denen man heutzutage hört. Aber Sie sind ein guter Fürsprecher. Womit hat es Fritz eigentlich verdient, daß Sie sich so für ihn einsetzen?«
»Er ist ein Kind, das Verständnis braucht. Bitte, würden Sie mir in dieser Angelegenheit meinen Willen lassen?«
»Mir kommt es fast vor, als wären Sie eine junge Frau, die sehr oft ihren Willen durchsetzt, Miss Trant.«
»Da irren Sie sich.«
»Dann sollten Sie mir dankbar sein.«
Plötzlich war ich glücklich, als ich an Fritz' Erleichterung dachte, wenn er die Jagdgesellschaft in Richtung Wald davonreiten sah.
»Sie sind sehr charmant, wenn Sie lächeln«, sagte er. »Es freut mich, die Ursache für soviel Charme zu sein.«

»Ich bin Ihnen dankbar«, erwiderte ich.
Er verbeugte sich, nahm meine Hand und küßte sie. So rasch als möglich entzog ich mich seinem Griff, und er lachte, als er den Rittersaal verließ.
Ich ging hinauf in Fritz' Zimmer. Er schreckte hoch, als ich eintrat, doch ich sagte beruhigend: »Die Jagdgesellschaft bricht gerade auf. Möchtest du zusehen, wie sie losreiten? Wir können es vom Fenster aus beobachten.«
Er sah mich an, als wäre ich ein Zauberkünstler.
Dann stand er neben mir am Fenster und verfolgte, wie der Reiterzug sich entfernte – hinaus aus dem Schloßhof und den Abhang zum Wald hinunter.

Ich saß an Fritz' Bett und erteilte ihm Englischunterricht. Da er ein paarmal nieste, ging ich zu Frau Graben, um ihr zu sagen, daß der Junge sich meiner Meinung nach erkältet hatte. Kurz darauf kam sie mit ihrem Allheilmittel herauf; einem Stärkungstrank, den sie selbst gebraut hatte. Sie probierte einen Löffel davon und schmatzte zufrieden.
»Wunderbar!« sagte sie strahlend.
Fritz kannte die Medizin längst und nahm sie gern. Da er davon schläfrig wurde, verließ ich ihn und unternahm einen Spaziergang in den Wald, ohne mich jedoch weit vom Schloß zu entfernen. Ich hatte keine Lust, der Jagdgesellschaft zu begegnen.
Der Nachmittag war besonders schön. Als ich zurückkam, beschloß ich, mich noch ein wenig in den Garten zu setzen, um meine morgige Unterrichtsstunde vorzubereiten. Es war sehr friedlich dort; die dicken Tannen schienen den kleinen Platz von der Außenwelt abzuschließen.
Bald darauf kam Ella durch die Pforte; eines der beiden Mädchen, die in der Festung arbeiteten. Sie richtete mir aus, daß Frau Graben mich sprechen wollte.
Frau Graben wartete schon auf mich. Eine kleine Spirituslampe brannte in ihrem Wohnzimmer, die sie nur im Sommer benutzte, und das Wasser summte im Kessel.
»Tee«, sagte sie wieder einmal, als wäre ich ein kleines Kind, dem sie eine Leckerei versprach.

Plötzlich sah ich etwas Neues in ihrem Zimmer – einen vergoldeten Käfig, in dem ein Kanarienvogel saß.
»Sehen Sie sich meinen kleinen Engel an«, sagte sie. »Engel, das ist sein Name. Tschip, tschip! Ist er nicht ein kleiner Schatz? Ich habe ihn gestern im Laden am unteren Stadtplatz gesehen und mußte ihn einfach kaufen. Es heißt, daß manche von ihnen sogar sprechen lernen. Ach, ich würde ihn furchtbar gern sprechen hören. Komm, kleiner Engel, sag: ›Frau Graben‹! Sag: ›Hallo, Miss‹! Bist ein bißchen eigensinnig, was? Na, kleiner Mann, wir werden ja sehen.«
»Sie lieben Tiere?« fragte ich.
Ihre Augen glitzerten. »Ich beobachte gern, was sie tun. Man kann es nie im voraus wissen. Ich will es mit eigenen Augen sehen.«
»Und was wurde aus den Spinnen?«
»Die eine hat die andere umgebracht.«
»Und dann?«
»Die Siegerin habe ich freigelassen. Das schien mir nur gerecht. Ich vermutete schon, daß das passieren würde, aber man kann es nie genau wissen... Diese Lebewesen tun oft genau das Gegenteil von dem, was andere vor ihnen in der gleichen Lage getan haben. Tschip, tschip, kleiner Mann. Komm, sprich ein bißchen für Frau Graben!«
Der Kanarienvogel stieß ein paar Töne aus, die sie entzückten.
»Mehr!« rief sie. »Aber was ich von meinem Liebling wirklich will, ist, daß er redet.« Sie lächelte mir zu. »Nun, wenn er nicht mag, dann heißt das noch lange nicht, daß wir es nicht tun können. Da – das Wasser kocht. Ich brühe den Tee auf, und wir machen es uns gemütlich.«
Ein paar Minuten später sagte sie über ihre Tasse hinweg: »Fritz ist also nicht mitgeritten. Na, ich war sprachlos vor Staunen. Was hat Fredi zu Ihnen gesagt?«
»Ich habe ihm erklärt, daß Fritz ein feinfühliges Kind ist. Diese Schlafwandelei macht mir Sorgen. Es passiert immer dann, wenn ihn etwas beunruhigt. Letzte Nacht hat ihn die bevorstehende Jagd in große Angst versetzt, und deshalb ist er wieder durchs Schloß gegangen. Er ist ein sehr kluger Junge und muß verständnisvoll behandelt werden.«

»Und das alles haben Sie Fredi erklärt?«
»Ja.«
»Und er hat nachgegeben? Das ist ein schlechtes Zeichen. Es beweist, daß er Sie gern hat.«
»Ist es so schlecht, beim Grafen beliebt zu sein?«
»Wenn man eine junge Frau ist, kann es ziemlich gefährlich werden. Er ist ein Schürzenjäger ersten Ranges. Das ist bei den Männern dieser Familie eine Passion. Von Kind an haben sie von den Histörchen ihrer Väter und Großväter gehört. Wir sind ein munteres Volk, Miss Trant, und unser Land ist in Staaten geteilt, die Ihnen klein vorkommen mögen, deren regierende Familien jedoch große Macht besitzen. Das ist für junge Männer nicht besonders gut. In der Vergangenheit trafen sie ihre Auswahl unter den Dorfmädchen und hielten das für ihr gutes Recht. Für die Jungen war es eine Selbstverständlichkeit; sie sind so erzogen worden. Zur Geschichte unserer Herrscherfamilien gehören auch eine Anzahl höchst erfindungsreicher Verführungen. Die beliebteste Form war während des letzten Jahrhunderts die Scheinheirat. Nehmen Sie nur unsere Sage vom Spukzimmer, dessen Gespenst Sie ausgetrieben haben. Sie begreifen also, warum es gefährlich ist, wenn der Graf jemandem seine Zuneigung schenkt. In einem solchen Fall ist eine junge Frau nicht mehr sicher.«
»Ich bin keine ausgesprochen junge Frau mehr.«
»Nun, Miss Trant, Sie sind nicht alt. Und wenn man in den Zwanzigern ist, hat man bereits seine Erfahrungen gesammelt, aber ich muß Sie vor einigen unserer Männer warnen.«
»Ich glaube, ich weiß, wie ich mit ihnen umzugehen habe.«
»Fredi versteht seinen Willen durchzusetzen.«
»Und ich werde wissen, wie ich mich ihnen gegenüber benehmen muß.«
Frau Graben schien sich damit zufriedenzugeben. Sie strahlte und reichte mir ein Stück Gewürzkuchen.
»Na«, sagte sie, »er wird jedenfalls bald wieder im herzoglichen Schloß Dienst tun. Der Prinz kommt in Kürze nach Hause. Man wird eigens zu seiner Begrüßung einen Festzug zur Kirche abhalten. In einer Woche wird es soweit sein, nehme ich an.«
»Wo war er?« fragte ich.

»In Berlin auf einem Kongreß. Angeblich werden die Franzosen immer unverfrorener.«

»Und Rochenstein würde im Falle eines Krieges mit Preußen zusammen kämpfen?«

»Wenn die Franzosen uns angreifen, werden alle ehrlichen Deutschen zusammenstehen. Deshalb nimmt der Prinz an der Konferenz teil. Sie werden ihn sehen, wenn er zur Dankesmesse reitet. Das wird ein Tag!«

»Es wird nicht mehr lange dauern, nehme ich an?«

»Sobald er heimkommt, wird der Kämmerer alle Anordnungen für das Fest treffen. Sie werden staunen, welche Menschenmassen am Festzug teilnehmen. Sicherlich wollen Sie die Prozession vom Stadtpalast zur Kirche und wieder zurück sehen.«

»Ist der Prinz sehr beliebt?«

»Ach, Sie wissen ja, wie das mit hochgestellten Persönlichkeiten ist. Manchmal sind sie beliebt, manchmal nicht. Sie reiten durch die Straßen, die Leute jubeln ihnen zu, und schon am nächsten Tag wird ein Attentat auf sie verübt.«

»Kommt so etwas oft vor?«

»Sagen wir, es passiert. Sie sind nie völlig sicher. Ich hatte immer schreckliche Angst, wenn meine Jungen mit ihren Eltern das Schloß verließen. In der ersten Kutsche saßen stets der Herzog und die Herzogin mit ihrem Sohn, dem Prinzen. In der zweiten Kutsche folgten der Bruder des Herzogs, Ludwig, und Fredi. Natürlich war Ludwig ein Verräter; deshalb mußte er sterben. Fredi hat Treue geschworen, aber die meisten Leute bleiben nur einem treu – sich selbst. Sie müssen die Dankesmesse miterleben! Das Prozessionskreuz wird aus dem Schrein geholt, und Sie wissen ja, mit welchem Zeremoniell das verbunden ist.«

»Das ist es wirklich! Ich war sehr beeindruckt von der Mühe, die der Pfarrer und die Gardisten sich meinetwegen machten. Da war übrigens ein sehr sympathischer Soldat mit in der Kirche – Wachtmeister Franck hieß er, glaube ich. Jemand muß seinen Namen erwähnt haben.«

»O ja, ich weiß, Wachtmeister Franck. Ein netter Bursche. Er wurde schon Soldat, als er noch fast ein Junge war. Ich erinnere mich, wie stolz seine Familie war, weil er in die herzogliche Garde aufgenommen wurde. Dann hat er dieses Mädchen geheiratet. Sie hat sich sehr verändert. Es ist kaum zu glauben, was alles passieren kann – sie war ein armes, verängstigtes kleines Ding, als Franck sie heiratete. Ja, sie ist ein Mädchen mit Vergangenheit... Aber er hat sich um sie gekümmert, und jetzt ist sie Mutter von zwei Kindern und sehr zufrieden. Ach, wie die Menschen sich ändern – es bringt mich immer zum Lachen. Da sind sie, und dann greift das Schicksal ein, verschlägt sie an einen anderen Platz und bringt sie mit anderen Menschen zusammen, und dann kann man beobachten, was passiert.«

»Wie bei Spinnen«, sagte ich.

»Oh, Menschen sind viel interessanter!«

Ich stimmte ihr zu.

»Ich bin froh, daß er gerade jetzt kommt – der Prinz, meine ich«, fuhr sie fort. »Es ist der passende Zeitpunkt, wenn man es recht bedenkt. Ha, das ist mir so einer! Fredi hat immer schon behauptet, der Prinz wäre mein Liebling, und ich sagte jedesmal: ›Ich habe keinen von euch bevorzugt.‹ Ach, wie schön wäre es, wenn sie wieder klein wären – wie gern würde ich die Zeit zurückdrehen! Sie waren meine ganze Freude. Natürlich wünschte Ludwig, der jüngere Bruder des Herzogs, daß Fredi im Schloß aufwuchs. Insgeheim dachte er wohl, er hätte dort das gleiche Recht wie der Herzog. Und Fredi ist ganz wie sein Vater. Er wollte immer in allem an erster Stelle stehen, und wie Ludwig den Herzog überstrahlen wollte, so hatte auch Fredi stets den Wunsch, seinen Cousin zu überflügeln. Was dem Prinzen gehörte, mußte er haben – all seine Spielsachen, meine ich. Damals machte ich mir große Sorgen deshalb. ›Spielzeug, solange sie klein sind – und wenn sie groß sind, was dann?‹ fragte ich oft. ›Dann wird es mehr als nur Spielzeug sein!‹ – Aber heute vormittag haben Sie den Sieg davongetragen, nicht wahr? Sie haben Ihren Kopf durchgesetzt. Meiner Seel', Sie haben dem Kind wirklich geholfen! Ja, Sie haben Verständnis für Kinder. Das ist wirklich seltsam, wenn man bedenkt, daß Sie doch eine Jungfer sind.« Sie lächelte und wandte den Blick nicht von meinem Gesicht. »Und Sie haben nie ein eigenes Kind gehabt.« Ich fühlte, wie mir langsam das Blut in die Wangen stieg, ohne daß ich es verhindern konnte. Sie hatte das Bild des Krankenhauses so

deutlich wieder vor mir heraufbeschworen – die schwangeren Frauen, die auf der Rasenfläche miteinander plauderten; das arme Mädchen, das gestorben war – nun fiel mir auch der Name ein: Lisbeth, Lisbeth Schwarz.
Ich hatte eine Sekunde zu lange gezögert; bestimmt entging diesen Augen nur sehr wenig.
Rasch sagte ich: »Verständnis für Kinder ist vielleicht eine angeborene Fähigkeit.«
»O ja, natürlich, das stimmt. Aber wenn eine Frau ein Kind bekommt, geht eine Veränderung mit ihr vor. Ich habe das selbst schon beobachtet.«
»Vielleicht«, erwiderte ich kühl.
»Nun, der Prinz wird rechtzeitig zurück sein, um unsere große Nacht mitzuerleben. Ach, davon werden Sie nichts wissen. Wir feiern die Feste, wie sie fallen. Das hier ist Lokis Land – Sie kennen ja den Lokenwald. Und in zwei Wochen wird wieder Vollmond sein. Das ist die Nacht des Unheils. Loki ist der Gott des Bösen, und beim siebenten Vollmond ist er frei. Ich glaube, ich sollte Sie in dieser Nacht nicht ausgehen lassen, Miss Trant.«
Ich schauderte ein wenig; meine Erinnerungen überwältigten mich fast.
Sie lehnte sich zu mir herüber, und ich spürte ihre ziemlich feuchte und heiße Hand auf der meinen. »Nein, ich werde Sie nicht ausgehen lassen. Sie sind nicht sicher. In dieser Nacht fährt etwas Seltsames in die Menschen. Es ist Lokis Mond – der siebente des Jahres, und es gibt Leute, die das ganze Jahr hindurch gute Christen sind, mit Ausnahme der siebenten Vollmondnacht. Da werden sie wieder zu Heiden, wie ihre Ahnen es vor Jahrhunderten waren, ehe das Christentum sie zähmte. O Miss, ich glaube, ich habe Sie erschreckt.«
Ich versuchte zu lachen. »Ach, es ist mir nicht so ganz neu, wissen Sie. Ich habe viel über die Götter und Helden gelesen.«
»Sie wissen also doch etwas über die siebente Vollmondnacht?«
»Ja«, sagte ich. »Ich weiß etwas darüber.«

Der Nachmittag war heiß und sonnig.
»Wir fahren alle gemeinsam hinunter«, sagte Frau Graben. »Über-

all wird ein schreckliches Gewühl herrschen. Man muß aufpassen, daß keines der Kinder zu Tode getrampelt wird.«
»So schlimm wird es doch wohl nicht sein«, wandte ich ein. »Sie sind alle so aufgeregt, weil der Prinz zurückgekommen ist.«
Wir fuhren über die Bergstraße in die Stadt hinunter. Der Weg entzückte mich immer von neuem. Enzian und Knabenkraut standen auch jetzt noch in Blüte und färbten die Berghänge; manchmal kamen wir zu einer Hochebene, auf der ein kleines Bauernhaus stand, und hörten den vertrauten Klang der Kuhglocken. Drunten im Tal glänzte die Sonne auf den Giebeldächern; die Glocken läuteten, und als wir zum oberen Stadtplatz kamen, begrüßte uns der fröhliche Anblick vieler Fahnen, die von Fenstern, Hauswänden und Balkonen herabflatterten. Die Männer und Frauen trugen ihre heimatlichen Trachten; sie waren vermutlich zu hunderten aus den umliegenden Dörfern gekommen.
Ich war froh, daß wir Frau Graben bei uns hatten. Die Kinder waren sehr aufgeregt, und allein hätte ich bestimmt gefürchtet, daß sie sich losmachen und im Gedränge Schaden nehmen könnten.
Wir fuhren zum Gasthof, in dem wir schon früher unsere Pferde eingestellt hatten. Dort war ein Tisch an einem der Fenster mit Blick zum Kirchplatz für uns reserviert. Von hier aus konnten wir die Prozession ungestört beobachten.
Der Wirt behandelte Frau Graben mit großer Ehrerbietung. Sie kannte ihn offenbar gut, denn sie fragte nach seiner Tochter. Seine Augen leuchteten auf, als sie sie erwähnte; zweifellos hing er sehr an ihr. »Das hübscheste Mädchen von Rochenberg«, bemerkte Frau Graben, und ich fragte mich, was der wissende, erwartungsvolle Ausdruck in ihren Augen bedeuten mochte.
Man setzte uns Wein und kleine Gewürzkuchen vor, und jedes der Kinder bekam ein Glas Saft.
Frau Graben wirkte ebenso ungeduldig und erregt wie die Jungen und Liesel. Dagobert erklärte mir unablässig, was alles zu bedeuten hatte, und Fritz, der mir nun völlig ergeben war, hielt sich dicht in meiner Nähe. Sein Gesicht strahlte, denn das bevorstehende Schauspiel war ganz nach seinem Herzen. Liesel konnte sich nicht stillhalten, und Frau Graben schien völlig in eine rätselhafte Heiterkeit versunken zu sein. Ich hatte den Eindruck, als wäre sie im

Zweifel darüber, ob es ihr mehr Vergnügen bereiten würde, dieses Geheimnis mit uns zu teilen oder es für sich zu behalten.
Die ganze Stadt war von einer Atmosphäre der Erwartung erfüllt; die Leute riefen einander Scherzworte zu, die Fahnen flatterten lustig im Wind. Ich erkannte natürlich die Fahne von Rochenstein und auch die preußische Flagge. Nun begann eine Blaskapelle zu spielen. Auf dem oberen Stadtplatz sang ein Chor. Ich erkannte das Lied: »Unsern Ausgang segne Gott.« Meine Mutter hatte es mich gelehrt und mir erzählt, daß man es beim Einzug in ein neues Haus sang. Wahrscheinlich galt es nun dem Besuch des Prinzen am preußischen Hof und seiner Heimkehr nach Rochenstein.
In ziemlicher Entfernung spielte die Militärkapelle. »Sie kommen jetzt vom Schloß herunter ins Tal«, kicherte Frau Graben. »Nun werden Sie das Prozessionskreuz wiedersehen, Miss Trant.«
»Hoffentlich versucht niemand, es zu stehlen.«
Dagobert machte ein aufgeregtes Gesicht. »Wenn sie es tun, renne ich hinter ihnen her. Ich würde sie töten und das Kreuz zurückbringen!«
»Du ganz allein?« fragte ich.
»Ja, ich allein«, versicherte Dagobert. »Dann würde der Herzog nach mir schicken und zu mir sagen: ›Du bist mein wahrer Sohn, und du kommst noch vor Karl!‹«
»Armer Karl!« sagte ich leichthin. »Das wäre schlimm für ihn – einfach abgesetzt zu werden, nur weil er das Kreuz nicht zurückerobert hat. Ist das gerecht?«
»Nichts ist gerecht!« rief Dagobert. »Mein Vater könnte selbst Prinz sein –«
»Jetzt aber Schluß mit diesem Geschwätz, Dagobert«, sagte Frau Graben gemütlich. »Der Prinz ist der Sohn des Herzogs und sein Erbe, und der kleine Karl wird später seine Nachfolge antreten. So und nicht anders ist es bestimmt. Du wirst deinem Vater mit jedem Tag ähnlicher. So, es fängt an! Auf mein Wort, sehen die Soldaten in ihren Uniformen nicht schmuck aus?«
Das taten sie wirklich. Die Pferde mit ihrem glänzenden Geschirr und den wehenden Federbüschen, die blaugoldenen Uniformen und glitzernden Helme boten einen herrlichen Anblick. Die Kapelle spielte einen Marsch, und die Fahnen flatterten. Plötzlich

war alles still. Die Menge schien den Atem anzuhalten. Dann ertönten laute Hochrufe.
Ein prachtvoller Zug von Reitern näherte sich, und dahinter kamen Mitglieder der Kirche in ihren langen, schwarzweißen Gewändern. Ein Soldat zu Pferde trug das Prozessionskreuz. Es funkelte im Sonnenlicht – die Smaragde, Rubine und Saphire leuchteten, und die Diamanten erstrahlten in rotem und blauem Feuer. Hier im Freien entfaltete das Kreuz erst seine ganze Schönheit. Ich sah Wachtmeister Franck, der auf der rechten Seite des Kreuzes ritt; ein anderer breitschultriger Gardesoldat ritt zur Linken.
Die Menge versank in ehrfürchtiges Schweigen, als das Kreuz vorübergetragen wurde.
Den drei Reitern folgte die herzogliche Kutsche. Sie ähnelte den Bildern, die ich von der Karosse unserer Queen gesehen hatte – reich vergoldet und von acht weißen Pferden gezogen. In der Kutsche saß der Herzog, neben ihm der Prinz und die Frau, die mich damals im Pavillon an Ilse erinnert hatte.
Doch ich sah den Herzog und die Prinzessin kaum. Mir war, als würde ich wieder in einen wahnsinnigen, phantastischen Traum versinken. Ich konnte die Augen nicht von der Kutsche wenden – denn dort, zwischen dem Herzog und der Prinzessin, saß Maximilian.

5.

Frau Graben sagte: »Ist Ihnen nicht gut, Miss Trant? Du liebe Güte, sehen Sie aber schlecht aus! Vertragen Sie die Hitze nicht?«
»Ich – mir geht es gut«, murmelte ich.
Der Klang der Militärkapelle schien von weither zu kommen; mir war, als schwankte die Menschenmenge unter mir. Ich starrte auf die Soldaten, die im Gänsemarsch vorübergingen, ohne sie richtig wahrzunehmen.
Ich konnte ihn nicht verwechseln. Nein, ich kannte ihn zu gut. In der Uniform sah er prächtiger aus als damals in den Wäldern, doch ich hätte ihn in jeder Kleidung wiedererkannt.
Ich saß da, unter Frau Grabens besorgten Blicken, die irgendwie auch Spannung und begierige Erwartung ausdrückten. Sicher wußte sie genau, daß mich etwas anderes als die Hitze so aus der Fassung gebracht hatte.
Die Menge drängte weiter; die herzogliche Familie und ihr Gefolge waren nun in die Kirche eingezogen. Die Messe begann.
Frau Graben holte ein Fläschchen Riechsalz aus ihrer unergründlichen Rocktasche. »Riechen Sie daran, meine Liebe«, drängte sie. »Und du, Fritz, lauf und hole den Wirt.«
Ich wiederholte: »Es geht mir gut.« Doch meine Stimme klang seltsam schwankend.
»Ich glaube, Sie fühlen sich ein bißchen schwach. Sollen wir gleich zum Schloß zurückkehren, oder wollen Sie noch warten?«
Dagoberts Mund verzog sich protestierend, und Liesel begann zu jammern: »Ich mag nicht nach Hause!« Fritz sah mich nur angstvoll an.

»Ich möchte bleiben«, sagte ich.
Ich wollte tatsächlich bleiben. Ich mußte ihn wiedersehen. Ich wollte mich vergewissern, daß ich mich nicht getäuscht hatte. Immer wieder sagte ich zu mir selbst: Du hast den Grafen auf den ersten Blick für Maximilian gehalten. Jetzt hast du dich wieder geirrt. Doch nein – so war es nicht. Ich wußte, daß ich ihn immer und überall wiedererkannt hätte. Der Grund für die Ähnlichkeit zwischen ihm und dem Grafen lag in ihrer Verwandtschaft. Die beiden waren Vettern und zusammen aufgewachsen. Deshalb glichen sie sich wohl nicht nur äußerlich.
Der Wirt kam, und Frau Graben bat ihn um ein Glas Kognak. Als es gebracht wurde, sagte sie: »Hier, Miss Trant, trinken Sie das. Es wird Ihnen bestimmt guttun.«
»Mir fehlt nichts«, beteuerte ich.
»Ich glaube nicht, daß das stimmt, Liebe.«
Sie lächelte selbstzufrieden und wandte die Augen nicht von meinem Gesicht.
Ich wollte schreien: ›Es nützt nichts! Es ist nicht die Hitze. Ich habe Maximilian gesehen, und er ist euer Prinz von Rochenstein!‹
Die Kinder schwatzten: »Ich fand das Kreuz am schönsten.«
»Ich nicht. Die Soldaten waren viel schöner.«
»Mir haben die Trommeln gefallen.«
»Hast du Papa gesehen?«
»Papa sah am besten von allen aus.«
Und so weiter. Es wäre mir lieber gewesen, wenn Frau Graben sich weniger um mich gekümmert hätte.
»Vielleicht hätten wir doch gehen sollen«, flüsterte sie.
»Nein, nein. Es ist alles in Ordnung.«
»Jetzt ist es zu spät. Das Gedränge wird immer schlimmer. Die Leute werden die Straßen nicht räumen, bis sich der Festzug wieder zum Schloß zurückbewegt.«
Endlich war die Messe zu Ende. Sie ritten am Gasthof vorbei, und wieder sah ich ihn. Als er der Menge zuwinkte, dachte ich einen Augenblick lang, er würde zu unserem Fenster heraufsehen, doch er tat es nicht.
Ich fühlte mich benommen und verwirrt, aber mein Herz war voller Seligkeit. Ich hatte Maximilian wiedergefunden.

Ich schwieg die ganze Zeit, während Prinzstein, einer der Kutscher, uns nach Klocksburg zurückfuhr.
Als wir ankamen, sagte Frau Graben: »Ich würde mich an Ihrer Stelle ein wenig aufs Bett legen, meine Liebe. Das ist nach einem derartigen Schwindelanfall das beste.«
Ich wünschte mir nichts mehr, als jetzt allein zu sein. Meine Gedanken waren in Aufruhr. Ich mußte ihn sehen, ihn wissen lassen, daß ich hier war. Was auch immer in jenen drei Tagen geschehen war, die damals der siebenten Vollmondnacht folgten – ich wußte, daß der Prinz der Mann war, den ich im Nebel getroffen hatte. Er war der Vater meines Kindes.
Bruchstücke aus Gesprächen mit Frau Graben fielen mir ein. Ihre Jungen wären »hinter den Frauen her«; wenn sie Gefallen an einem Mädchen fanden, konnte nichts sie mehr von ihrem Vorhaben abbringen. Das hatte sie mir eingeprägt.
Plötzlich dachte ich an Prinzessin Wilhelmina – die Frau, die Ilse so ähnlich war. Seine Gattin! Doch wie konnte sie das sein? Er war doch mit mir verheiratet! Da erinnerte ich mich an etwas anderes, was Frau Graben gesagt hatte. Vor vier Jahren hatte der Prinz geheiratet... widerstrebend... eine Frau, die aus einem einflußreicheren Staat als Rochenstein kam. Deshalb war es eine gute Verbindung. Sie hatten ein Kind, das ihnen in einer der Kutschen gefolgt war. Ich hatte es nicht bemerkt, denn ich sah nichts als Maximilian und konnte an nichts anderes mehr denken.
Tiefe Verzweiflung überkam mich. Neun Jahre lag es nun zurück, daß wir uns begegnet waren. Welchen Platz konnte ich jetzt noch in seinem Leben einnehmen?
Doch ich mußte ihn sehen. Ich mußte wissen, was während jener sechs Tage mit mir geschehen war.
Wie traf man einen Prinzen? Man konnte wohl kaum zum Schloß oder in den Stadtpalast gehen und nach ihm fragen. Vielleicht war es möglich, um eine Audienz zu bitten. Wieder nahm mein Leben eine phantastische Wendung.
Frau Graben klopfte an die Tür.
»Oh, Sie haben sich hingelegt!« sagte sie. »Das ist recht. Hier bringe ich Ihnen ein Glas von meinem Spezialwein.«
»Sie sind wirklich rührend«, erwiderte ich.

»Unsinn und dummes Zeug!« Sie lachte, als sei sie insgeheim über etwas belustigt. »Das wird Ihnen guttun. Ich habe ihn selbst gebraut. Eine Mischung aus Löwenzahn und einer Spur Schlehensaft, aber mehr verrate ich nicht, nicht einmal Ihnen, meine liebe Miss Trant.

Der arme Fritz macht sich große Sorgen um Sie. Mein Gott, Sie haben wirklich sein Herz erobert, da gibt es keinen Zweifel. Und er gehört nicht zu denen, die ihre Zuneigung leicht verschenken. – Sie haben mich richtig erschreckt.«

Ich trank einen Schluck von ihrem Wein; prickelnd lief er mir durch die Kehle.

»Er wird Ihnen das Herz erwärmen, wie man so sagt. Spüren Sie es? Wie finden Sie übrigens unseren Prinzen?«

»Sehr gutaussehend ...«

»Nun, ich würde sagen, Fredi ist der hübschere von beiden, aber Maxi hat besonderen Charme.«

»Sie haben ihn also Maxi genannt?«

»Oh, er heißt natürlich Karl Ludwig Maximilian wie sein Vater – und der Kleine ebenfalls. Sie heißen alle Karl, wenn sie an die Macht kommen, aber sie haben ihre eigenen Familiennamen. Der Junge wird im Schloß und in der Öffentlichkeit Karl genannt, genau wie sein Großvater. Es war schön, Maxi zu sehen. Die Reise scheint ihm gut bekommen zu sein. Es heißt, die Berlinerinnen wären sehr elegant.«

»Ist er wegen der Frauen hingefahren?«

Sie lachte ihr lautes, unbeherrschtes Lachen. »Na, das würde er immer tun, aber natürlich ging es auch um diesen Kongreß. Er wird sich jetzt im Land zeigen müssen. Ich könnte wetten, daß er bald wieder unterwegs sein wird. Und er war ziemlich lange fort. Die Prozession gefiel Ihnen, nicht wahr? Nichts zieht die Massen so sehr an wie Könige und Herzöge. Und ein junger Prinz ist natürlich immer ein großer Anziehungspunkt für die Leute. Sie hätten gern einen jungen Herzog, und es heißt, Maxis Vater hätte nicht mehr lange zu leben. Im letzten Jahr war er schwer krank. Es war ein Wunder, daß er die Krankheit überstand. Mit Fredi ist es eine Plage. Er will nicht, daß sein Cousin den Titel erbt – der Junge, den ich mit ihm zusammen aufgezogen habe!«

Während sie sprach, lag ihr heller, humorvoller, aber eindringlicher Blick auf mir.
Am liebsten hätte ich zu ihr gesagt: ›Gehen Sie, ich muß allein sein und nachdenken!‹
Sie trat ans Fenster. »Seine Fahne weht vom Turm. Blau auf grünem Grund mit dem Adler in der Ecke. Das bedeutet, daß er hier ist. Die Fahne des Herzogs ist ebenfalls gehißt.«
Ich erhob mich, stellte mich neben sie und sah hinaus. Tatsächlich flatterten zwei Fahnen vom Schloß, wie Frau Graben gesagt hatte.
»Fredi hißt seine Flagge auf seinem Schloß. Sie ist der von Maxi sehr ähnlich. Fredi hat das Emblem leicht abgeändert; man kann den Unterschied zwischen beiden Fahnen kaum erkennen. Ein Galgenstrick!«
Ich stand da und starrte auf die flatternden Fahnen.
»Er ist rechtzeitig zur siebenten Vollmondnacht zurückgekehrt«, bemerkte sie.

Ich verbrachte eine schlaflose Nacht und war am nächsten Morgen entschlosssn, Maximilian so bald als möglich zu sehen. Wenn ich ihm schrieb, würde ihn mein Brief erreichen? Wahrscheinlich gab es im Schloß Sekretäre, die seine Korrespondenz überprüften. Angenommen, ich ging selbst ins Schloß und sagte: ›Ich muß den Prinzen sprechen. Ich bin eine alte Freundin von ihm.‹?
Es würde nicht leicht sein. Am Schloßeingang standen Wachen. Sie ließen mich vielleicht nicht passieren. Ich konnte Frau Graben um Hilfe bitten. Wenn sie mit Maximilian auf ebenso vertrautem Fuß stand wie mit dem Grafen, konnte sie mir bestimmt einen Rat geben. Das bedeutete aber auch, daß sie mir meine Geschichte entlocken würde, und ich wollte doch mit niemandem darüber sprechen.
Ich erinnerte mich noch, wie sehr es mich aus der Fassung gebracht hatte, als ich Anthony alles erzählte. Niemand hätte verständnisvoller sein können als er – vielleicht war er sogar zu verständnisvoll gewesen.
Frau Graben kam vor dem Frühstück zu mir, um sich nach meinem Befinden zu erkundigen. Sie schlug mir vor, einen Tag freizunehmen und vielleicht mit den Kindern in den Wald zu gehen.

Sicher täte es mir sehr gut, einmal auszuspannen, meinte ich.
Ich sagte: »Empfängt die herzogliche Familie?«
Sie sah mich verständnislos an.
»Ich meine, treffen sie mit den Leuten zusammen?«
»Sie treffen dauernd mit Leuten zusammen.«
»Ganz ungezwungen, meine ich. Sprechen die Leute bei ihnen vor?«
»Vorsprechen? Nun, nicht direkt. Sie müssen natürlich warten, bis sie vorgelassen werden.«
»Ich verstehe. Und wahrscheinlich gibt es eine Menge Sekretäre, die sie vor unliebsamen Besuchern schützen«?
»Nun, könnte irgend jemand so einfach bei ihrer Queen vorsprechen?«
Ich erwiderte, ich wäre sicher, daß man um eine Audienz bitten müsse.
Sie ging zum Fenster. »Oh, die Fahne des Prinzen weht nicht mehr vom Turm. Das bedeutet, daß er schon wieder unterwegs ist. Nun sehe ich ihn nicht, bis er zurückkommt. Ich werde ihm die Leviten lesen! Er weiß genau, daß ich ihn jedesmal sehen möchte, wenn er eine Zeitlang auf Reisen war.«
Ein Gefühl der Enttäuschung überkam mich. Ich war nahe daran, Frau Graben zu erzählen, daß ich ihn sehen mußte, und daß dieses Treffen von größter Wichtigkeit für mich war. Doch ich hielt es für klüger, zu schweigen. Bis zu seiner Rückkehr konnte ich sowieso nichts unternehmen. Vielleicht fiel mir in den nächsten Tagen eine Lösung ein.
So grübelte ich weiter und grämte mich und war trotzdem manchmal sehr glücklich. Meine Stimmung wechselte ständig. Ich schwankte zwischen Verzweiflung und einer wilden, unvernünftigen Hoffnung.

Die Kinder waren sehr aufgeregt. Die siebente Vollmondnacht stand kurz bevor. Sie hatten mir den Mond schon gezeigt, als er noch wie eine schmale Sichel am Himmel stand, direkt über dem herzoglichen Schloß. Wenn Vollmond war, würde man die große Nacht feiern.
Im Garten des herzoglichen Schlosses sollte ein Feuerwerk statt-

finden. Die ganze Stadt freute sich darauf. Frau Graben hatte vorgeschlagen, daß wir es vom Turmzimmer aus beobachten sollten, weil man dort die beste Sicht hatte.
»Die Kinder möchten gern in die Stadt«, sagte sie, »aber ich lasse es nicht zu. Was Sie betrifft, Miss Trant, so rate ich Ihnen gut, ebenfalls hierzubleiben. Es wäre mir unangenehm, Sie drunten im Gedränge zu wissen. Die Leute sind in dieser Nacht ganz verrückt. Sie würden es nicht verstehen.«
»Ich glaube doch«, sagte ich.
»Mein Gott, normale Christenmenschen benehmen sich wie Heiden! Seltsame Dinge geschehen bei Vollmond, heißt es. So muß es früher gewesen sein, ehe Christus zur Welt kam. Damals glaubte man hier an andere Götter, und dies ist Lokis Land – das Land des Unheils. Meiner Meinung nach wäre es an der Zeit, diesen Aberglauben abzuschaffen. Der Herzog hat es einmal versucht, wissen Sie, aber die Leute wollten nicht. Ob dieses Fest anerkannt wird oder nicht, die Menschen tauchen Jahr für Jahr mit ihren Masken und Kostümen auf. Viele Mädchen sind in dieser Nacht schon in ihr Verderben gelaufen.«
»Es genügt mir, wenn ich vom Turmzimmer aus hinuntersehen kann«, sagte ich.
Sie nickte lächelnd.
»Mir ist es lieber, wenn ich weiß, daß Sie hier sind.«

Der Tag war erfüllt von einer sich ständig steigernden Aufregung. Am vorhergehenden Nachmittag war der Prinz ins Schloß zurückgekehrt. Ehe ich zu Bett ging, sah ich seine Fahne wieder vom Turm wehen.
Ich konnte mir über meine Gefühle nicht klarwerden – sie schwankten zwischen Verzweiflung und Freude, Enttäuschung und Hoffnung. Dabei beherrschte mich nur ein Gedanke: daß ich ihn bald sehen mußte.
Am Nachmittag fuhr ich mit Frau Graben und den Kindern hinunter in die Stadt, um bei den Festvorbereitungen zuzusehen. Wieder hingen Fahnen aus vielen Fenstern, und ich hatte die Blumenkästen noch nie so farbenprächtig gesehen. Die Auslagen einiger Läden waren mit Brettern verschalt. Die Sonne brannte heiß vom

Himmel; die Leute lachten und scherzten und unterhielten sich über das bevorstehende Fest.
»Ich möchte heute abend hierherkommen und zusehen, wie sie tanzen!« erklärte Dagobert.
»Du wirst dir das Feuerwerk anschauen«, erwiderte Frau Graben.
»Ich möchte auch in die Stadt gehen!« sagte Liesel, die Dagoberts Beispiel in allem folgte.
»Aber, aber«, beschwichtigte Frau Graben. »Das Feuerwerk wird bestimmt wunderhübsch sein.«
»Ich verlasse das Schloß, setze eine Maske auf und reite hinunter!« rief Dagobert.
»Ja, mein Junge, aber nur im Geiste«, lachte Frau Graben. »Und wer möchte jetzt zum Prinzen gehen und ein paar Korinthenbrötchen essen?« Sie gab mir einen leichten Seitenstoß. »Das klingt komisch, nicht wahr? ›Zum Prinzen gehen und Korinthenbrötchen essen.‹ Ich meine natürlich das Gasthaus und nicht Seine Hoheit.«
Sie marschierte weiter und kicherte über ihren eigenen Witz. Ich beschloß, am nächsten Tag zum herzoglichen Schloß zu reiten, während die Kinder von Pfarrer Kratz unterrichtet wurden. Ich würde die Wachen einfach bitten, dem Prinzen Bescheid zu geben, daß Helena Trant ihn sprechen wollte. Falls ich es nicht schaffte, zu ihm vorgelassen zu werden, konnte ich auf diese Art vielleicht doch herausfinden, wie ich es anstellen mußte.
Die Kinder aßen ihre Korinthenbrötchen und unterhielten sich laut dabei, bis Frau Graben meinte, wir sollten nun besser nach Klocksburg zurückkehren. Die Leute strömten schon früh in die Stadt, und wir durften nicht ins Gedränge kommen.
Als der Nachmittag verging, mußte ich unablässig an jenen längst vergangenen Abend denken, als wir in die Stadt gegangen waren – eine andere Stadt. Aber erst vor einigen Stunden war mir die Ähnlichkeit zwischen beiden Kleinstädten aufgefallen und hatte mich auf einen anderen Vergleich gebracht: den Zusammenhang zwischen Ilses Verschwinden und meinem Sturz in eine Traumwelt.
Die Kinder durften etwas länger als sonst aufbleiben, um sich das Feuerwerk anzusehen. »Unter der Voraussetzung«, sagte Frau

Graben, »daß ihr euch nicht weigert, ins Bett zu gehen, sobald es vorüber ist.«

Als es dunkel wurde, gingen wir also ins Turmzimmer hinauf – die Kinder, ich und Frau Graben. Auf beiden Seiten des Kaminsimses brannten Kerzen in hohen Leuchtern, und auf dem polierten Tisch stand ein kleiner Kandelaber. Die Wirkung war bezaubernd.

Wir stellten uns ans Fenster, und das Schauspiel begann.

Das Feuerwerk fand im herzoglichen Schloßpark statt; so konnte man es von allen Seiten wunderbar beobachten. Die Kinder kreischten vor Entzücken, als die Leuchtraketen am Himmel aufflammten, und als alles vorüber war, seufzten sie enttäuscht. Frau Graben drängte sie jedoch rasch aus dem Zimmer und flüsterte mir dabei zu: »Bleiben Sie hier, ich komme zurück. Ich möchte Ihnen etwas zeigen!«

So blieb ich also und sah mich um. Wieder mußte ich an die unglückliche Frau denken, die sich hier der Überlieferung nach aus dem Fenster gestürzt hatte und seither in diesem Raum umgehen sollte. Im Kerzenlicht haftete dem Zimmer wirklich etwas Unheimliches an. Ich fragte mich, wie verzweifelt man sein mußte, um einen so furchtbaren Schritt zu tun. Gerade in diesen Augenblicken konnte ich die Gefühle jenes Mädchens so gut nachempfinden.

Plötzlich hatte ich den heftigen Wunsch, wieder in mein behagliches Zimmer zurückzukehren. Hier oben fühlte ich mich so abgeschnitten vom übrigen Teil der Festung, obwohl mich nur die Wendeltreppe davon trennte.

Ich wandte mich vom Fenster ab und setzte mich an den Tisch. Schritte kamen über die Treppe herauf ... zwei Menschen näherten sich. Mein Herz begann wild zu klopfen; warum, wußte ich nicht. Ich spürte, daß gleich etwas Ungeheuerliches passieren würde. Frau Graben war bei den Kindern – sie konnte noch nicht Zeit gefunden haben, sie alle zu Bett zu bringen. In der Festung wohnten sonst nur noch die beiden Dienstmädchen, doch die Schritte klangen nicht leicht genug. Sie konnten es also nicht sein.

Die Tür wurde aufgerissen. Es war Frau Graben. Sie strahlte; ihr Haar sah wirr aus, und ihre Wangen waren ungewöhnlich gerötet. Sie sagte: »Hier ist er.«

Und dann sah ich Maximilian.
Ich erhob mich; meine Hand suchte Halt an der Tischplatte. Er kam herein und starrte mich ungläubig an. Dann rief er: »Lenchen! Das kann doch nicht sein! Lenchen!«
Ich tat ein paar Schritte auf ihn zu, und er riß mich in seine Arme. Ich schmiegte mich an ihn, fühlte seine Lippen auf meinen Augenbrauen und meinen Wangen.
»Lenchen«, wiederholte er. »Lenchen – es kann nicht sein!«
Ich hörte Frau Graben kichern. »Da, bitte – ich habe sie für Sie hergebracht. Ich konnte es nicht mitansehen, wie mein Blitz sich grämte, und so bin ich losgefahren und habe sie geholt.«
Ihr Lachen konnte uns nicht aus unserer Verzauberung reißen. Wir achteten kaum auf das, was sie sagte. Dann wurde die Tür geschlossen, und wir waren allein.
Ich sagte: »Ich träume doch nicht, oder? Nein, ich träume nicht.«
Er hatte seine Hände auf mein Gesicht gelegt. Seine Finger streichelten mich, als wollte er sich jede Kontur genau einprägen.
»Wo warst du, Lenchen – in all der Zeit?«
»Ich dachte, ich würde dich nie wiedersehen!«
»Aber du bist doch umgekommen – du warst im Jagdhaus ...«
»Das Jagdhaus war ausgebrannt, als ich dorthin zurückkehrte. Wo bist du gewesen? Warum hast du mich nicht geholt?«
»Mir ist, als könntest du jeden Augenblick wieder verschwinden. Ich habe so oft von dir geträumt. Und wenn ich erwachte, waren meine Arme leer, und du warst fort. Sie sagten mir, du wärst tot. Du warst im Jagdhaus, als es passierte ...«
Ich schüttelte den Kopf. Jetzt wollte ich nichts anderes als mich an ihn schmiegen. Sprechen konnten wir später. »Ich kann nur an eines denken: Du bist hier bei mir.«
»Wir sind beisammen. Du lebst ... Mein geliebtes Lenchen – du lebst und bist hier! Verlaß mich nie wieder!«
»Ich – dich verlassen?« Ich lachte. So hatte ich seit Jahren nicht gelacht – ausgelassen, selig, verliebt in das Leben.
Und im Augenblick gab es für uns beide nichts als das Wunder unserer Wiedervereinigung. Wir waren beieinander, seine Arme umfingen mich, ich spürte seine Küsse auf meinen Lippen, und unsere Körper verlangten nach einander. Hunderterlei Erinnerungen

stürmten auf mich ein – ich hatte sie niemals wirklich aus dem Gedächtnis verloren, obwohl ich es all die Jahre nicht wagte, an dieses vollkommene Glück zurückzudenken, das ich für verloren hielt. Und jener unablässige Zweifel, ob dieses Glück wirklich existiert hatte, wäre unerträglich gewesen.

Doch noch immer standen so viele ungeklärte Fragen zwischen uns.

»Wo warst du all die Jahre?« fragte er.

»Was geschah in der siebenten Vollmondnacht?« wollte ich wissen.

Wir setzten uns nebeneinander auf das Sofa, dem geöffneten Fenster gegenüber. Der Geruch abgebrannter Feuerwerkskörper lag in der Luft, und der Wind trug die Rufe der Menschen aus der Stadt zu uns herauf.

Ich sagte: »Wir wollen mit dem Anfang beginnen. Ich muß alles wissen. Kannst du dir vorstellen, wie einem Menschen zumute ist, der fürchtet, sechs Tage seines Lebens verloren zu haben? Sechs Tage, von denen drei die glücklichsten waren, die er je verbrachte? Maximilian, was ist uns widerfahren? Laß uns zum Ausgangspunkt zurückkehren: Wir begegneten uns im Nebel. Du brachtest mich in dein Jagdhaus, und dort verbrachte ich eine Nacht. Du hast versucht, in mein Zimmer zu kommen, aber die Tür war verriegelt, und Hildegard bewachte mich. Daß das Wirklichkeit war, weiß ich. Doch dann kommt der zweite Teil: Meine Cousine Ilse und ihr Mann erschienen in Oxford und brachten mich in den Lokenwald zurück.«

»Sie war nicht deine Cousine, Lenchen. Ernst stand in meinen Diensten. Er war Gesandter am Hof von Klarenbock, der Heimat der Prinzessin.«

»Es heißt, sie wäre deine Frau. Wie kann das sein, da ich es bin?«

»Mein Lenchen«, rief er leidenschaftlich, »du bist meine Frau! Du, nur du allein!«

»Wir haben geheiratet, nicht wahr? Es ist wahr. Es muß wahr sein!«

Er ergriff meine beiden Hände und sah mich ernst an. »Ja«, sagte er. »Es ist wahr. Eingeweihte dachten damals, ich würde nur die Schliche meiner Vorfahren anwenden, die auch heute noch manchmal benutzt werden, fürchte ich. Aber in unserem Fall traf das nicht zu, Lenchen. Wir haben wirklich geheiratet. Du bist tatsächlich meine Frau. Ich bin dein Mann.«

»Ich wußte, daß ich mich nicht getäuscht hatte. Ich hätte nie etwas anderes von dir glauben können. Aber erzähle mir alles.«

»Du kamst mit ins Jagdhaus, und am nächsten Morgen brachte Hildegard dich zum Damenstift zurück. Das war das Ende unseres Abenteuers – jedenfalls glaubte ich es. Es verlief nicht alles so, wie ich es beabsichtigt hatte, denn ich sah, daß du sehr jung warst – noch ein Schulmädchen. Nicht nur Hildegard hat dich in jener Nacht beschützt. Aber du hast Gefühle in mir geweckt, die ich nie zuvor gekannt hatte. Als du fort warst, konnte ich nicht aufhören, an dich zu denken, und wollte dich wiedersehen. Versuche mich zu verstehen. Vielleicht hatte man mich zu sehr verwöhnt, vielleicht war ich nicht oft genug abgewiesen worden. Ich war wie besessen von dir. Dauernd sah ich dich vor mir; der Gedanke an dich ließ mich nicht los. Ich erzählte Ernst von dir. Als älterer Mann mit reicher Lebenserfahrung behauptete er, daß ich dich schon nach ein paar Wochen vergessen hätte, wenn unsere Begegnung so wie meine anderen Abenteuer verlaufen wäre. Deshalb beschlossen wir, dich nach Deutschland zurückzubringen, damit ich dich wiedersehen konnte.«

»Und Ilse?«

»Sie hatte Ernst geheiratet, als er als Gesandter an den Hof von Klarenbock kam. Ilse ist die Schwester der Prinzessin – allerdings eine uneheliche Schwester, so daß diese Heirat eine gute Verbindung für sie war. Ernst wurde krank; er brauchte ärztliche Hilfe, und der beste Spezialist lebte in London. So wettete er mit mir, daß er und Ilse dich zu mir bringen würden. Sie fuhren also nach Oxford, erzählten eine erfundene Geschichte über die Verwandtschaft zwischen Ilse und deiner Mutter und veranlaßten dich, mitzukommen.«

»Ein Komplott!« rief ich.

Er nickte. »Und kein besonders erfindungsreiches.«

»Ich habe es nicht durchschaut.«

»Wie hättest du das auch tun sollen? Die Tatsache, daß deine Mutter aus dieser Gegend stammte, machte alles sehr leicht. Aber ich

glaube, davon hat überhaupt alles seinen Ausgang genommen. Du hast unsere Wälder und Berge im Blut. Ich spürte das vom ersten Augenblick unserer Begegnung an. Es verband uns. Deshalb war es ganz einfach für Ilse, so zu tun, als wäre sie mit deiner Mutter verwandt. Sie konnte von ihrer Kindheit sprechen, die sie angeblich mit deiner Mutter verbracht hatte. Das Heim, in dem deine Mutter aufwuchs, war dem ihren ziemlich ähnlich. Dieser Teil der Geschichte bereitete ihr also keine Schwierigkeiten. So kamst du hierher zurück, und dann, in der siebenten Vollmondnacht –«
»– hast du auf mich gewartet, als sie mich zum Stadtplatz brachte. Und es gehörte wohl zu ihrer Rolle, mich dann alleinzulassen?«
»Ja, ich war da. Ich wollte mit dir zum Jagdhaus reiten und dort so lange mit dir bleiben, bis einer von uns des Abenteuers überdrüssig war. Ich hatte sogar den Plan, dich für immer dortzubehalten. Tatsächlich hoffte ich, daß es sich so ergeben würde.«
»Aber es kam anders.«
»Ja, es kam anders. So etwas war mir nie zuvor geschehen. Sobald ich dich wiedersah, spürte ich den Unterschied. Mir war alles gleich. Ich wußte, wie auch immer die Folgen sein würden, wir waren füreinander bestimmt. Lieber wollte ich allen Schwierigkeiten trotzen als dich verlieren. Natürlich war mir klar, daß uns meiner Stellung wegen fast unüberwindliche Hindernisse erwarteten, aber ich kümmerte mich nicht darum. Nur ein Gedanke erfüllte mich: Ich mußte dich zu meiner Frau machen.«
»Und du hast es getan! Du hast es wirklich getan. Sie haben mich belogen – Ilse, Ernst und der Arzt. Sie sagten ... ach, es war so schändlich! Sie sagten, daß ich von einem Verbrecher in den Wald geschleppt wurde und in einer derartigen Verfassung nach Hause zurückkehrte, daß sie mir Beruhigungsmittel geben mußten, damit ich nicht den Verstand verlor.«
»Aber sie kannten doch die Wahrheit!«
»Warum haben sie dann – oh, wie konnten sie nur ...?«
»Sie fürchteten wohl die Konsequenzen dieser Heirat. Aber wie war das möglich? Wie alle anderen glaubten sie doch, unsere Heirat wäre nur vorgetäuscht. Sie konnten sich nicht vorstellen, daß ich, der Erbe des Herzogtums, es wirklich gewagt hatte, zu heiraten, ohne dabei an die Staatsräson zu denken. Doch ich habe es ge-

tan, Lenchen. Ich tat es, weil ich dich so sehr liebte, daß mir alles andere unwichtig war. Ich konnte dich nicht betrügen. Wie hätte ich meine einzige wahre Liebe täuschen sollen? Ilse und Ernst wußten, daß mein Cousin einmal ein Mädchen hintergangen hatte. Sie dachte, er hätte sie geheiratet, doch der Mann, der die Trauung vornahm, war kein Priester. Und an eine solche Scheinheirat glaubten die Gleibergs auch in unserem Fall. Doch ich liebte dich, Lenchen, und konnte das nicht tun.«

»Ach, ich bin so glücklich!« rief ich. »So glücklich!« Dann fügte ich hinzu: »Aber warum hast du mir nie gesagt, wer du bist?«

»Ich mußte es sogar vor dir geheimhalten, bis ich meine Anordnungen getroffen hatte. Ich allein mußte es meinem Vater erklären, denn ich wußte, daß uns eine Menge Schwierigkeiten daraus erwachsen würden. Er hatte mich schon seit einiger Zeit zu einer Heirat gedrängt – natürlich aus politischen Gründen. Es war nicht der rechte Augenblick, ihm zu sagen, daß ich ohne seine Einwilligung und die Zustimmung seines Rates geheiratet hatte. Im Herzogtum herrschte gerade damals große Unruhe. Mein Onkel Ludwig wartete nur auf eine Gelegenheit, meinen Vater zu stürzen. Bestimmt wäre es seinen Plänen sehr zustatten gekommen, wenn er erfahren hätte, daß ich eine Mesalliance eingegangen war – zumindest in seinen Augen und denen der Öffentlichkeit. Dann wäre es ein leichtes für ihn gewesen, meinen Vater abzusetzen und meinen Cousin zum Nachfolger zu erklären. Zu diesem Zeitpunkt konnte ich es meinem Vater also nicht sagen. Und als ich es hätte tun können, hielt ich dich für tot.«

»Ich muß dir erzählen, was mir widerfahren ist, denn du scheinst von allem nichts zu wissen. Nachdem du weggeritten warst, kamen Ilse und Ernst zum Jagdsitz, um mich zu holen.«

»Und mir sagten sie, du wärst im Haus gewesen, als es abbrannte.«

»Wir müssen es Stück für Stück wieder aufrollen, wie es sich abgespielt hat, denn es mutet alles so unglaublich an. Ilse und Ernst brachten mich also in die Villa, die sie am Stadtrand gemietet hatten. Am nächsten Morgen erwachte ich in einem Zustand der Betäubung, und sie eröffneten mir, daß ich sechs Tage lang bewußtlos war, nachdem man mich im Wald überfallen hatte.«

»Unmöglich!«

»Doch, das haben sie mir einzureden versucht. Sie hatten auch einen Arzt zugezogen. Er sagte, er hätte mir Beruhigungsmittel gegeben, damit ich nicht den Verstand verlor. Sie alle behaupteten, daß ich die Tage, die ich mit dir verlebte, in Wirklichkeit in meinem Bett verbracht hätte.«

»Wie konnten sie annehmen, daß du ihnen glauben würdest?«

»Ich glaubte es nicht, aber sie hatten doch den Arzt zu ihrer Unterstützung. Und als wir zum Jagdhaus kamen, war es ausgebrannt.«

»Ja, es brannte noch am selben Tag, an dem ich wegritt. Hildegard und Hans waren in die Stadt gefahren, um Vorräte einzukaufen. Es geschah, während sie fort waren. Ich hielt es für einen Anschlag auf mein Leben. Ähnliche Attentate waren schon früher verübt worden; mein Onkel Ludwig steckte dahinter. Es wäre nicht das erstemal gewesen, daß ich und Mitglieder meiner Familie dem Tod nur mit knapper Not entgingen. Ernst kam, um mir mitzuteilen, daß man das Jagdhaus in Brand gesteckt hatte, und daß du um diese Zeit im Haus warst.«

»Ich kehrte dorthin zurück und fand nur noch eine Ruine vor«, sagte ich. »Es ist also absichtlich zerstört worden. Oh, du siehst, wie sie mich getäuscht haben!«

»Armes Lenchen – was mußtest du alles erdulden – wir beide! Wahrscheinlich hast du dir manchmal gewünscht, mir nie begegnet zu sein.«

»O nein, nein!« sagte ich leidenschaftlich. »Das habe ich mir nie gewünscht! Nicht einmal in den elendsten und verzweifeltsten Augenblicken.«

Er nahm meine Hand und küßte sie.

Ich fuhr fort: »So blieb ich bei ihnen, und sie kümmerten sich um mich, bis das Kind geboren wurde –«

»Das Kind?« rief er.

»O ja, wir hatten ein Kind, ein Mädchen. Es starb bei der Geburt. Ach, ich war nie so unglücklich wie damals, als sie es mir sagten. Ich dachte, ich hätte wenigstens unser Kind; ich wollte eine Stellung im Damenstift annehmen und machte Pläne für unsere gemeinsame Zukunft – seine und meine.«

»Wir hatten also ein Kind«, wiederholte er. »O Lenchen, mein armes, geliebtes Lenchen! Und Ilse und Ernst, warum haben sie das getan? Was hatten sie für ein Motiv? Ich muß herausfinden, was das alles bedeutet!«

»Wo sind sie jetzt?«

»Ernst ist tot. Er war krank, weißt du, sehr krank. Ilse ging nach Klarenbock zurück. Ich habe gehört, daß sie sich wieder verheiratet hat. Aus welchem Grund behaupteten sie, du wärst tot? Was veranlaßte sie zu dieser Lüge? Ich werde Ilse finden und die Wahrheit von ihr erfahren. Ja, ich werde jemanden nach Klarenbock schicken und sie herbringen lassen. Ich will wissen, was hinter diesem grausamen Täuschungsmanöver steckt.«

»Sie muß einen Beweggrund gehabt haben.«

»Wir werden ihn herausfinden«, sagte er.

Dann berührte er erneut meine Haare und mein Gesicht, als wollte er sich davon überzeugen, daß ich wirklich bei ihm war.

Ich war so selig, wieder mit ihm zusammen zu sein und konnte an nichts anderes denken als an das Glück unserer Wiedervereinigung. Zwar war ich verwirrt und tappte noch immer im dunkeln, aber Maximilian war an meiner Seite, und mehr wünschte ich mir im Augenblick nicht. Ich wußte nun, was einst in der siebenten Vollmondnacht wirklich geschehen war. Ich hatte die sechs Tage zurückgewonnen; sie waren wieder ein Teil meines Lebens. Man hatte mich böswillig getäuscht.

Welche Absichten mochten sie verfolgt haben – Ilse, Ernst und der Arzt? Warum hatten sie mich so sehr getäuscht, daß ich beinahe an meinem Verstand zweifelte, nur um mir die Ereignisse im gewünschten Licht erscheinen zu lassen?

Warum?

Doch Maximilian war bei mir, und wie damals konnte ich an nichts anderes denken. Während der Mond das Turmzimmer mit seinem bleichen Licht erfüllte, fühlte ich mich so glücklich, wie ich es seit den ersten drei Tagen meiner Ehe nicht mehr gewesen war.

Ein leichtes Klopfen an der Tür riß uns aus unserer Versunkenheit. Frau Graben kam herein. Sie trug ein Tablett, auf dem eine dicke Kerze brannte; daneben standen Wein und Gläser und eine Platte mit ihren geliebten Gewürzkuchen.

Ihre Augen leuchteten vor Begeisterung. »Hier, das ist für Sie«, sagte sie. »Ich dachte, Sie würden hungrig sein. Nun können Sie wohl nicht behaupten, Sie wären nicht der Liebling der alten Graben, Maxi!«

»Das habe ich nie behauptet«, erwiderte er.

Sie stellte das Tablett auf dem Tisch ab. Dann fuhr sie fort: »Oh, Miss Trant, ich wußte, wie sehr er sich Ihretwegen grämte. Früher war er so fröhlich, und plötzlich wirkte er wie ausgewechselt. ›Eine Frau steckt dahinter‹, sagte ich. Und dann erzählte mir die arme alte Hildegard Lichen alles. Sie zog mich ins Vertrauen. Früher war sie mir im Schloß als Kindermädchen unterstellt. Die beiden Jungen waren ihr ein und alles, vor allem unser Blitz. So hat sie mir anvertraut, wie die junge Engländerin eines Abends mit ihm zum Jagdhaus kam, und wie er sich von dieser Stunde an veränderte. Es war eine so romantische Geschichte; und dann wurde das Jagdhaus in Brand gesteckt, damit man glauben sollte, Sie wären dort umgekommen, Miss Trant.«

»Hildegard hat dir das erzählt?« rief Maximilian. »Warum hast du mir nichts gesagt? Warum nur?«

»Hildegard bestand darauf, es geheimzuhalten. Sie hat es mir auf dem Sterbebett erzählt. Und sie bat mich, es niemandem zu verraten; es sei denn, daß es für Ihr Glück unbedingt notwendig wäre. Hildegard meinte, es wäre besser für Sie, Ihre Liebste für tot zu halten.«

»Du hast deine Nase schon immer in alles stecken müssen!« sagte Maximilian. »Aber wie konntest du es nur wagen, mir das zu verheimlichen?«

»Nun, nun, machen Sie mir keine Vorwürfe. Ich habe sie doch zurückgebracht, stimmt's? Es war alles genau geplant. Ich bin nach Oxford gefahren und habe sie gefunden. Ich tat so, als wäre ich auf Reisen und wollte Bücher kaufen, so daß alles ganz natürlich wirkte. Und dauernd dachte ich, daß ich dann in der siebenten Vollmondnacht eine herrliche Überraschung für Sie hätte. Ich darf doch ein Glas Wein mit Ihnen trinken, nicht wahr?«

Sie wartete nicht lange auf unsere Zustimmung, sondern füllte drei Gläser, setzte sich an den Tisch, nippte am Wein und knabberte an einem Stück Gewürzkuchen.

Dann erzählte sie uns, welche Sorgen die arme Hildegard sich wegen der Vorgänge im Jagdhaus gemacht hat. Frau Graben hatte sie dazu gebracht, ihr anzuvertrauen, was sie wußte – und Hildegard wußte eine ganze Menge. Sie hatte die Augen und Ohren offengehalten, wußte, daß ich eine Schülerin des Damenstifts war, als ich zum erstenmal ins Jagdhaus kam, und daß ich beim zweiten Besuch von Ilse und Ernst dorthin gebracht worden war. Hildegard hatte auch irgendwie erfahren, daß mein Vater eine Buchhandlung in Oxford besaß, und als sie mich im Damenstift ablieferte, war ihr mein Name zu Ohren gekommen.
»Ich habe mir das alles gemerkt«, sagte Frau Graben. »Ich wollte immer wissen, was meine Jungen anstellten, und das schien mir keine von den üblichen Liebesgeschichten zu sein. Hildegard wußte von Anfang an, daß die Sache ernst war, sagte sie. Deshalb war sie so in Sorge. Es gefiel ihr nicht. Und am allerwenigsten gefiel ihr diese Trauung. Ihrer Meinung nach war es unrecht. ›Das Mädchen war so ein Unschuldslamm und glaubte an eine richtige Heirat‹, sagte sie.«
»Es war eine richtige Heirat«, erklärte Maximilian.
Frau Graben starrte zuerst ihn an und dann mich. »Mein Gott!« rief sie. »Das kann nicht wahr sein. Es ist einer von Ihren Späßen.«
»Liebe Graben«, erwiderte er ernst, »ich schwöre dir, daß ich Lenchen vor neun Jahren im Jagdhaus geheiratet habe.«
Sie schüttelte den Kopf, und dann beobachtete ich, wie sich ihre Lippen kräuselten. Sie hatte mich hierhergeholt; sie hatte uns wieder vereint. Das war ein dramatischer Höhepunkt nach ihrem Herzen, und sie hatte ihn ausgelöst. Doch daß wir wirklich verheiratet waren! Ich konnte mir die Begeisterung vorstellen, mit der sie sich die möglichen Konsequenzen ausmalte, und zum erstenmal, seit Maximilian das Turmzimmer betreten hatte, wurden mir die Schwierigkeiten voll bewußt, die uns erwarteten. Bis zu diesem Augenblick hatte ich kaum an etwas anderes gedacht, als daß er zu mir zurückgekehrt war. Ich wußte nun, daß ich nie an einer Geistesverwirrung gelitten hatte; ich war nur das Opfer eines gemeinen Komplotts geworden. All das, woran ich geglaubt hatte, war wirklich geschehen, und ich hatte meinen Ehemann wiedergefunden.

Frau Graben sagte: »Es ist also wirklich wahr?«
»Ja, es ist wahr«, antwortete Maximilian.
»Und Miss Trant ist Ihre Frau?«
»Sie ist meine Frau, Graben.«
»Und Prinzessin Wilhelmina?«
Ein Schatten ging über sein Gesicht. Ich glaube, er hatte ihre Existenz bis zu diesem Moment völlig vergessen.
»Sie kann nicht meine Frau sein, da ich doch vor neun Jahren mit Lenchen getraut worden bin.«
Frau Graben rief wieder: »Mein Gott!« Dann fügte sie hinzu: »Das wird das ganze Herzogtum in Aufruhr bringen. Was haben Sie getan, Maxi? Was wird jetzt aus uns allen werden?« Sie kicherte nicht ohne Vergnügen. »Aber es macht Ihnen nichts aus, stimmt's? Sie sind beide ganz berauscht. Sie haben nur Augen füreinander. O Maxi, Sie lieben sie, nicht wahr? Es tut mir gut, Sie beide zusammen zu sehen, ja, das tut es. Vergessen Sie nicht, daß ich Miss Trant gefunden habe – ich habe sie Ihnen wiedergebracht!«
»Du aufdringliches, hinterlistiges altes Frauenzimmer!« sagte er. »Ich werde nie vergessen, was du für uns getan hast.«
»Morgen«, sagte sie mit schlauem Lächeln, »werden Sie für alles einstehen müssen.« Sie lachte. »Aber heute ist die siebente Vollmondnacht. Das wollen wir nicht vergessen. Oh, Sie werden mir dankbar sein, Maxi ... und Sie, Miss Trant. Man stelle sich nur vor – all diese Jahre, und einer sehnte sich nach dem anderen! Ich sagte zu Hildegard: ›Erkläre mir, wie das Zimmer im Jagdhaus aussah‹, und sie hat es mir geschildert, denn sie kannte jedes Stück. Dann nahm ich mir vor, hier in Klocksburg ein Zimmer genau wie jenes herzurichten, und die Uhr zurückzudrehen. ›Ich werde die Liebenden wieder zusammenbringen‹, sagte ich zu mir. Das Brautgemach erwartet euch, meine Kinder. Ihr könnt nicht behaupten, daß die alte Graben nicht gut für euch sorgt.«
»Du hast mir Lenchen hergebracht, Graben«, sagte Maximilian, »und dafür werde ich dir immer dankbar sein. Aber jetzt wollen wir allein sein.«
»Natürlich wollen Sie das, und das sollen Sie auch. Ich habe das Brautgemach selbst vorbereitet.« Sie schnitt eine vielsagende Gri-

masse und ging auf Zehenspitzen zur Tür; dabei sah sie über die Schulter zurück, als fiele es ihr schwer, uns zu verlassen. »Wir haben uns immer prächtig verstanden, Miss Trant, nicht wahr? Wir werden noch oft miteinander plaudern ...«

Sie schloß die Tür hinter sich, und wir sanken uns in die Arme. Ich wußte, daß Maximilian sich genau wie ich an jene Tage im Jagdhaus erinnerte, und unser Verlangen war übermächtig.

»Morgen können wir alles besprechen«, sagte er. »Wir werden Pläne machen. Wir müssen sehr sorgfältig überlegen, was zu tun ist. Doch eines weiß ich ganz sicher: Wir werden uns nie wieder trennen, was auch immer geschehen mag. Aber das sparen wir uns für morgen auf.«

Frau Graben wartete mit einer Kerze auf dem Treppenabsatz. Wir folgten ihr die Wendeltreppe hinunter, und sie öffnete eine Tür. Der volle Mond, der durch das Fenster schien, beleuchtete das Himmelbett. Der Raum war eine getreue Nachbildung des Schlafzimmers, das wir während unserer Hochzeitstage im Jagdhaus geteilt hatten.

Nun waren wir wieder beisammen – nach neun langen, freudlosen Jahren.

Der volle Mond hing schwer am Himmel. Ich hatte nie geglaubt, daß ich jemals wieder so glücklich sein könnte wie in dieser Nacht.

Als der Morgen dämmerte, waren wir beide wach. Ich wußte, daß er ebenso empfand wie ich: Wir wünschten uns, daß der neue Tag nie anbrechen möge, da er so viele Probleme für uns bereithielt. Das kalte, stolze Gesicht der Frau, die sich für seine Gattin hielt, ging mir nicht aus dem Sinn.

Doch so sehr wir es uns auch wünschten, die zauberhafte Nacht war vorüber, und der Tag hatte begonnen.

»Lenchen«, sagte er, »ich werde ins Schloß meines Vaters zurückreiten müssen.«

»Ich weiß.«

»Aber heute abend bin ich wieder bei dir.«

Ich nickte.

»Wenn ich nicht zugelassen hätte, daß sie mich zu dieser Heirat mit Wilhelmina überredeten, wäre alles soviel leichter. Ich muß es ihr sagen.« Er runzelte die Stirn. »Sie wird es nie verstehen.«

»Du kannst es ihr beweisen«, sagte ich.

»Ich habe unsere Heiratsurkunde noch. Erinnerst du dich? Eine bekamst du, eine ich. Ich kann den Priester als Zeugen aufrufen.«

»Sie haben mir die Urkunde weggenommen«, sagte ich.

»Es wird nicht leicht sein, Lenchen. Mein Vater ist sehr krank. Ich glaube nicht, daß er noch lange zu leben hat, und das könnte seinen Tod beschleunigen.«

»Langsam sehe ich ein, welche Folgen das alles nach sich ziehen wird. Oh, ich wünschte, du wärst... ein Rechtsanwalt, ein Arzt oder ein Holzfäller in einer kleinen Hütte! Wie glücklich wäre ich dann gewesen!«

»Ach Lenchen, wie beneidenswert sind diese Leute! Man überwacht nicht jede ihrer Bewegungen. Ihre Handlungen können keine furchtbaren Konflikte hervorrufen. Und jetzt ist gerade der ungünstigste Zeitpunkt für eine solche Enthüllung. Klarenbock wird es als eine schwere Beleidigung seines Herrscherhauses betrachten. Sie könnten uns den Kampf ansagen – in einer Zeit, da die Franzosen Preußen mit Krieg drohen, in den die ganzen deutschen Staaten verwickelt würden. Ich muß das alles genau überdenken. Eines weiß ich sicher: Ich liebe dich, Lenchen! Du bist zu mir zurückgekommen, und wir werden nicht zulassen, daß man uns jemals wieder trennt.«

»Solange du mir das sagst, solange ich mit dir zusammen sein kann, bin ich zufrieden.«

»Es muß bald geregelt werden, Liebste. Ich kann die Ungewißheit nicht ertragen. Was auch immer geschieht, wir müssen zusammen sein, und nicht im geheimen. Aber jetzt muß ich gehen. Sie werden mich schon vermissen.«

Ich ging mit ihm hinaus in den frühen Morgen und sah ihm nach, wie er davonritt.

Als ich in die Festung zurückkehrte und die Treppe zu meinem Brautgemach hinaufstieg, hörte ich Schritte hinter mir und erriet sofort, wer da kam. Frau Grabens Haare waren unter der Nachthaube auf eiserne Lockenwickler gedreht; ihre Augen glitzerten, und sie lächelte in geheimem Einverständnis – zufrieden mit sich selbst, ihrem geliebten Maxi und mir. Ich dachte flüchtig, daß sie wohl immer nur durch ihre beiden Jungen gelebt hatte. So war dies sicherlich eines der aufregendsten Ereignisse in ihrem Leben.

Sie sagte: »Er ist also fort?«

Dann folgte sie mir in das Zimmer. Ich setzte mich auf das Bett, während sie sich bequem auf einem Stuhl niederließ. »Nun«, sagte sie, »er ist wieder glücklich – glücklicher, als er es neun Jahre lang war. Sie haben eine große Verantwortung, Miss Trant. Oh, so sollte ich Sie jetzt ja nicht mehr nennen, nicht wahr? Aber um alter Zeiten willen tue ich es, bis Ihr Titel offiziell bekannt ist. Ja, eine große Aufgabe erwartet Sie. Sie müssen dafür sorgen, daß er immer glücklich ist.« Sie lachte. »Meine Güte, stellen Sie sich vor – ich habe ihn noch nie so froh gesehen!«

»Und Sie wußten die ganze Zeit über mich Bescheid.«

Wieder schien sie jenes versteckte Vergnügen zu empfinden. »Sie müssen zugeben, daß ich meine Sache gut gemacht habe. ›Ich möchte ein kleines Buch, damit ich die englische Sprache besser verstehe.‹ – Und Sie hatten keine Ahnung. Sie bekamen es mit der Angst zu tun, als Sie dachten, daß ich Sie nicht bitten würde, herzukommen und die Kinder zu unterrichten, nicht wahr?«

»Ja«, gestand ich.

»Und als Sie hier waren, mußte ich schwer dagegen ankämpfen, es Ihnen nicht zu verraten. Maximilian aber war in Berlin! Ich konnte es kaum erwarten, bis er zurückkam. Allerdings – damit hatte ich nicht gerechnet: Hildegard glaubte an eine Scheinheirat, und das hätte die Sache natürlich sehr vereinfacht. Aber daß Sie mit dem Erben des Herzogs verheiratet sind... Dabei ist er eine Vernunftehe mit einer Prinzessin eingegangen, die uns mit Klarenbock verbunden hat; eine Verbindung, die sehr wichtig für unser Herzogtum ist. Nun, ich weiß nicht –« Dann sah sie mich an und lachte. »Aber Sie denken nicht an die Folgen, nicht wahr? Sie denken nur an ihn und daran, daß Sie wieder beisammen sind. Doch die Rechnung wird nicht lange auf sich warten lassen. Was für ein Mann unser Blitz doch ist! Man spricht noch heute über seinen Ur-Urgroßvater, Maximilian Karl. Er war ein großer Herzog und auch ein großer Liebhaber. Hier in dieser Gegend ist er fast zur Legende geworden. Oft, wenn Maxi in den Wald ritt oder im

Schloßhof Schießübungen machte, sagte ich zu Hildegard: ›Sieh ihn dir an, er ist ein zweiter Maximilian Karl!‹ Ja, nun wird er wohl ebenfalls zur Legende werden – als der Herzog, der ein Schulmädchen im Wald fand und es heiratete. Welch eine Geschichte! Und sie ist noch nicht zu Ende, wie? Wir müssen abwarten. Was wird als nächstes geschehen?« Ihre Augen funkelten erwartungsvoll.
»Wir werden es zur rechten Zeit erfahren. Aber auf mein Wort, es wird eine Menge Verwirrung stiften.«
Zweifellos schien sie den Gedanken an den zu erwartenden Aufruhr jedoch als reizvoll zu empfinden. Ich hatte sie nie so aufgeregt gesehen wie am vergangenen Abend.
»Sie werden nicht schlafen, nicht wahr?« fuhr sie fort. »Ebensowenig wie er oder ich. Immerhin ist der Tag schon angebrochen. Man wird ihn ins Schloß zurückreiten sehen. ›Oho‹, werden sie sagen, ›Seine Hoheit war heute nacht unterwegs!‹ Und sie werden lachen und sich heimlich anstoßen und flüstern: ›Er ist ein zweiter Herzog Maximilian Karl.‹ Dabei werden sie keine Ahnung haben, daß er mit seiner eigenen Frau zusammen war.«
Ich versuchte meine Stimme zur Ruhe zu zwingen. »Wir müssen abwarten. Maximilian wird wissen, was am besten zu geschehen hat.«
»Nun«, sagte sie, »es gäbe die Möglichkeit, die Sache weiterhin geheimzuhalten. Sie könnten hier oder in einem der anderen Schlösser leben, und er würde Sie besuchen. Das wäre sehr romantisch; keiner brauchte je zu erfahren, daß Sie die wirkliche Herzogin sind... denn das werden Sie sehr bald sein. Der alte Herzog siecht rasch dahin, und in Kürze wird Maxi an seine Stelle treten. Wie werden Sie sich dann verhalten, eh? Und was wird aus Wilhelmina?«
»Wir werden sehen«, sagte ich. »Ich glaube, ich versuche jetzt, noch ein wenig zu schlafen.«
Sie verstand den Wink und verließ mich. Natürlich schlief ich nicht. Ich lag wach auf meinem Bett und dachte an das Wunder der letzten Nacht und an unsere ungewisse Zukunft.

Sobald ich wieder aufgestanden war, klopfte Frau Graben an meine Tür. Ihre Haare waren nun nicht mehr auf Lockenwickler gerollt;

sie kräuselten sich um ihren Kopf, ihre rosigen Wangen glänzten, und sie war so lebhaft wie immer.
»Ich habe mir schon gedacht, daß Sie nicht lange schlafen würden«, sagte sie kichernd. »Hier habe ich etwas für Sie. Eine Botschaft von ihm. Bei meiner Seel', er ist wirklich voller Ungeduld. So war er schon immer, wenn er sich etwas wünschte.«
Sie übergab mir den Zettel, als wäre ich ein kleines Mädchen und sie eine gütige Kinderfrau, die mir eine besondere Leckerei anbot. Eifrig nahm ich ihn entgegen.
»Lesen Sie«, sagte sie unnötigerweise. Ich wußte, daß sie es bereits getan hatte.
»Mein liebstes Lenchen, ich werde um elf Uhr im Wald sein, im ersten Gehölz hinter Klocksburg, direkt am Fluß. M.«
Es war wie ein Befehl; doch dann überlegte ich voll Nachsicht, daß er es ja gewöhnt war, Befehle zu erteilen.
»Sie haben zwei Stunden Zeit«, erklärte Frau Graben großmütig.
»Und was wird aus dem Unterricht?«
Sie winkte ab. »Pah! Der alte Kratz wird mit den Kindern Geschichtsstunde abhalten.« Sie lachte wie eine Verschwörerin.
Der Gedanke, ihn schon so bald wiederzusehen, war berauschend. Mit großer Sorgfalt kleidete ich mich an. Dabei fiel mir ein, daß er mich nach neun Jahren zum erstenmal wieder bei Tageslicht sehen würde. Doch die Aussicht, ihn zu treffen, ließ mich vor Glück strahlen.
Ich sattelte meine Stute und ritt aus dem Schloß. Maximilian wartete schon an der vereinbarten Stelle. Als ich ihn auf einem weißen Pferd sitzen sah, erinnerte er mich wieder an jenen Herbstnachmittag, an dem er aus dem Nebel aufgetaucht war.
Ich sagte: »Du hast dich kaum verändert.«
»Und du bist noch reizvoller geworden«, erwiderte er.
»Ist das wirklich wahr?«
»Die Erfahrung hat dein Gesicht geprägt. Du wirkst fesselnder. Ich möchte so vieles an dir entdecken! Das junge Mädchen aus dem Damenstift war ein Versprechen ... jetzt hat sich dieses Versprechen erfüllt.«
Er sprang vom Pferd und hob mich von meiner Stute. Wir lagen uns in den Armen, und ich war so unsagbar glücklich, daß ich diesen

Augenblick für immer hätte festhalten mögen: den Duft des Waldes, das leichte Rauschen der Tannen, wenn der Wind durch sie strich, das ferne Muhen der Kühe und das Läuten der Glocken.

»Wir werden uns nie wieder trennen«, sagte er.

»Was sollen wir tun, Maximilian?«

»Ich weiß es nicht – noch nicht. Ungeheuer vieles muß berücksichtigt werden. Ich habe versucht, eine Lösung zu finden, doch in der letzten Nacht konnte ich an nichts anderes denken, als daß wir uns wiedergefunden haben.«

»Genauso ist es mir ergangen.«

Wir banden die Pferde an einen Baum, spazierten Arm in Arm durch den Wald und unterhielten uns.

Noch einmal erklärte er mir, wie alles gekommen war: Er hatte mich für tot gehalten, als er die rauchgeschwärzten Überreste des Jagdhauses sah. Ernst schilderte ihm den Hergang der Sache, und Maximilian hatte ihm Glauben geschenkt. Von diesem Tag an war ihm alles so gleichgültig gewesen; doch der Gedanke an eine Heirat mit einer anderen Frau flößte ihm Abscheu ein. Sein Vater versuchte ihn zu überreden, hatte ihn angefleht und ihm schließlich mit dem Verlust des Herzogtums gedroht, falls er sich weiterhin gegen eine Ehe sträubte. Klarenbock war damals noch ein feindlicher Staat gewesen, mächtiger als Rochenstein. Die Heirat mit Prinzessin Wilhelmina war eine der Klauseln im Vertrag zwischen den beiden Staaten, und vor einigen Jahren hatte er nachgegeben.

»Das ist die ganze Geschichte, Lenchen. Wenn ich nur gewußt hätte...«

»Und während ich in Oxford war und Tante Caroline pflegte, hast du an mich gedacht, dich nach mir gesehnt – ebensosehr wie ich mich nach dir.«

»Wäre ich nur nach England gefahren, um nach dir zu suchen, dann hätte ich dich gefunden. Der alten Graben ist es ja auch gelungen! Ich kann mir nicht verzeihen, daß ich es nicht versucht habe.«

»Aber es schien doch alles so klar zu sein. Du hast Ernst immer vertraut, und das ausgebrannte Jagdhaus schien Beweis genug. Auch ich hätte bestimmt etwas tun können. Aber es hat keinen Sinn, sich Vorwürfe zu machen; wir dürfen nicht zurückschauen. Jetzt kann ich das alles vergessen.«

»Wir werden es hinter uns lassen, Lenchen. Wichtig ist nur das, was vor uns liegt. Mein Vater ist sehr geschwächt. Zum gegenwärtigen Zeitpunkt wäre jeder Streit mit Klarenbock verhängnisvoll. Ich glaube, daß die Franzosen entschlossen sind, Preußen den Krieg zu erklären. Wenn sie es tun, werden alle deutschen Staaten in diesen Kampf verwickelt sein. Es heißt, Napoleon III. hätte die beste Armee in ganz Europa. Angeblich ist er entschlossen, unser Land zu erobern.«

»Bedeutete das, daß du kämpfen mußt, wenn wir Krieg bekommen?«

»Ich bin der Oberbefehlshaber unserer Truppen. Oh, Lenchen, ich habe dich erschreckt! Wer weiß, vielleicht läßt sich der Krieg abwenden; wir wollen es hoffen. Aber wir dürfen keine Zeit vergeuden. Wir waren zu lange getrennt. – Ich glaube, die Franzosen haben wirklich vor, uns anzugreifen. Du kennst unsere Leute. Sie sind fröhlich und lieben das Vergnügen, aber wir sind nicht typisch für unsere Rasse. Die Preußen haben sich unter Bismarck zu einem sehr kriegerischen Staat entwickelt. Sein Schlagwort von ›Blut und Eisen‹ spricht für sich. Wir werden uns verteidigen, wenn die Franzosen uns angreifen. Ganz Europa ist der Ansicht, daß Krieg bevorsteht. Wir haben einen Vertrag mit Preußen geschlossen. Wegen der Unterzeichnung dieses Abkommens mußte ich so lange in Berlin bleiben. Aber ich will dich nicht mit Politik langweilen.«

»Deine Angelegenheiten sind auch die meinen.«

»Ja«, sagte er ernst. »Nun, da wir uns wiedergefunden haben, wirst du mein Leben teilen. Du wirst mir helfen, meine Sorgen zu tragen, und ich werde alles mit dir besprechen. Aber jetzt müssen wir Pläne machen. Ich will dich bei mir haben, Lenchen – immer und in aller Öffentlichkeit. Aber ich fürchte, jetzt ist nicht der richtige Zeitpunkt, es bekanntzugeben. Ich hätte meinem Vater heute morgen beinahe alles gesagt, aber er ist so krank und schwach. Die Bürde seines Amtes erdrückt ihn fast. Er hat Angst vor Napoleon. Erst vor ein paar Stunden hat er Klarenbock erwähnt und geäußert, daß wir seit meiner Heirat mit Wilhelmina wenigstens von dort keine Schwierigkeiten mehr befürchten müßten. Ich bin in Sorge, daß mein Vater nicht mehr lange zu leben hat, Lenchen.«

Ich verstand sehr gut, welche Wirkung eine solche Eröffnung auf einen alternden Mann haben mußte, der soviel Verantwortung trug. Im Augenblick war ich damit zufrieden, wieder bei Maximilian zu sein.
Ich sagte: »Wir wollen noch ein wenig warten. Eine solche Angelegenheit läßt sich nicht in ein paar Minuten entscheiden. Aber die Prinzessin –«
»Eine Vernunftehe – nichts sonst.«
»Wie wird sie es aufnehmen?«
»Ich bin nicht sicher. Ich habe Wilhelmina niemals durchschaut. Auch sie hat mich nur aus Pflichtgefühl geheiratet; zweifellos wird sie sich erniedrigt fühlen, wenn sie erfährt, daß unsere Ehe ungültig ist. Das könnte fatale Folgen haben. Wir müssen den Tatsachen ins Auge sehen, Lenchen, und uns jeden Schritt sorgfältig überlegen.«
»Und versuchen, allen Beteiligten möglichst viel Kummer zu ersparen«, ergänzte ich. Ich sehnte mich danach, mit ihm zusammen zu sein, Maximilians Leben völlig zu teilen. Doch ich wußte auch, daß wir beide nicht glücklich sein konnten, wenn die Bekanntgabe der Wahrheit den Tod seines leidenden Vaters und die Schande der Prinzessin zur Folge hatte. Plötzlich spürte ich eine kurze, stechende Eifersucht auf diese stolze Frau, die als seine Gattin galt. Ich hatte sie ein paarmal flüchtig gesehen. Stolz, kühl und königlich wie sie war, mußte sie sich schwer getroffen fühlen, wenn man sie vor die Tatsache stellte, daß sie – eine Prinzessin – nicht die wirkliche Frau Maximilians war. O ja, wir mußten die Sache wirklich mit äußerster Vorsicht angehen!
»Für den Augenblick ist es wohl am besten, noch alles geheimzuhalten«, beschloß Maximilian. »Ich komme heute abend nach Klocksburg. Den ganzen Tag werde ich nur an dich denken und mir überlegen, wie wir unser gemeinsames Leben am besten einrichten können. Ich wünsche mir so sehr, bald für immer mit dir zusammen zu sein.«
»In der Zwischenzeit«, erwiderte ich, »müssen wir sehr vorsichtig sein. Es wäre schrecklich, wenn dein Vater oder die Prinzessin die Wahrheit von anderer Seite erfahren würden. Versprich, daß du mich regelmäßig besuchen wirst!«

»Ich schwöre es, und noch nie habe ich einen Schwur mit größerem Vergnügen geleistet.«
»Und wir müssen uns so benehmen wie bisher, als wäre nichts geschehen.«
»O Liebste, wenn ich an all die vergeudeten Jahre denke...«
»Vergiß es, sie sind vorüber. Die Zukunft liegt vor uns. Vielleicht waren die Jahre nicht völlig verschwendet. Wir haben etwas aus ihnen gelernt. Wieder bei dir zu sein, dich gefunden zu haben – alles andere ist unwichtig im Vergleich dazu.«
Wir klammerten uns aneinander und konnten den Gedanken an eine Trennung nicht ertragen. Maximilian wollte mit mir nach Klocksburg reiten, aber ich fürchtete, daß die Kinder uns zusammen sehen und sich darüber wundern könnten. Wieder wies ich ihn darauf hin, daß wir vorsichtig sein mußten. Die Zukunft lag verlockend vor uns – aber um unser Ziel zu erreichen, mußten wir andere Menschen verletzen. Doch wir beide wollten ihnen möglichst wenig Schmerz zufügen.
So verabschiedeten wir uns in der Zuversicht, wenigstens in dieser Nacht wieder vereint zu sein.

Ich schlug den Weg nach Klocksburg ein. Noch wollte ich den Wald nicht verlassen; ich grübelte über unser Problem nach und versuchte eine Lösung zu finden, als ein Rascheln im Unterholz mich erschreckte. Das Geräusch von Hufschlägen ganz in meiner Nähe war unverkennbar. Einen Moment dachte ich, Maximilian wäre noch einmal zurückgekommen. Doch der Mann, der zwischen den Bäumen auftauchte, war der Graf.
»Miss Trant!« rief er. »Bezaubernd, Sie zu treffen. Aber es überrascht mich, daß Sie Ihre Pflichten vernachlässigen, um zu dieser frühen Stunde durch den Wald zu reiten.«
Ich erwiderte: »Die Kinder werden gerade vom Pfarrer unterrichtet.«
»Hoffentlich leidet ihr Englisch nicht darunter.«
»Ich glaube, Sie werden große Fortschritte feststellen, wenn Sie sich der Mühe unterziehen, die Kinder in diesem Fach zu prüfen.«
»Eines muß man Ihnen lassen, Miss Trant: Sie haben großes Vertrauen in Ihre eigenen Fähigkeiten.«

»Selbstvertrauen ist notwendig, wenn man als Lehrer erfolgreich sein will.«
»Man braucht es in jeder Lebenslage, finden Sie nicht auch?«
»Ich glaube, Sie haben recht.«
»Sie sind heute morgen so gnädig, Miss Trant.«
»Ich hoffe, nie ungnädig zu sein.«
»Man könnte sagen, Sie haben ab und zu eine etwas schroffe Art.«
»Das ist mir nie aufgefallen.«
»Mir aber. Vielleicht kommt es daher, daß ich die Zielscheibe war. Ich frage mich, ob Sie auch meinen Cousin so behandelt haben. Nach allem, was ich beobachten konnte, war es nicht der Fall. O ja, ich habe Sie gesehen! Sie beide scheinen in kurzer Zeit sehr gut miteinander bekannt geworden zu sein – es sei denn, Sie kennen sich schon von früher her.«
»Ihr Cousin?« murmelte ich, um Zeit zu gewinnen.
»Seine Hoheit, der Prinz. Ich habe die Ehre, sein Cousin zu sein.«
»O – meinen Glückwunsch.«
»Ihr Beileid wäre angebrachter. Stellen Sie sich vor, ich wäre der Sohn des Herzogs und nicht der Sohn seines Bruders ...«
»Warum sollte ich mir das vorstellen?«
»Wenn ich in Ihrer Phantasie seinen Rang bekleiden würde, wären Sie zu mir vielleicht ebenso leutselig wie zu ihm.«
Ich fragte mich, wieviel er gesehen haben mochte und von wo aus er uns beobachtet hatte; dann dachte ich, daß es wohl immer jemanden geben würde, der jeden Schritt Maximilians überwachte. Ich sagte: »Der Prinz und ich haben festgestellt, daß wir uns schon vor einigen Jahren kennenlernten. Ich war Schülerin in einem Damenstift nicht weit von hier.«
»Und Sie sind zurückgekommen. Das ist sicher ein Kompliment, Miss Trant. Sie müssen unser Land sehr liebgewonnen haben.«
»Ich finde es äußerst interessant.«
»Ich würde Ihnen gern mein eigenes Schloß zeigen. Sie müssen eines Tages zu mir kommen und die Kinder mitbringen. Aber noch besser wäre es, Sie kämen allein.«
»Es ist freundlich von Ihnen, mir das anzubieten.«
»Aber Sie halten es für unklug, der Einladung Folge zu leisten?«
»Habe ich das gesagt?«

»Sie müssen nicht immer alles aussprechen, um mir Ihre Meinung verständlich zu machen. Ihre kühle englische Art spricht für sich.«

»Sicherlich erscheint Ihnen das außerordentlich reizlos. Deshalb will ich Sie nicht länger mit meiner Gegenwart belästigen.«

»Im Gegenteil, ich finde es ... bemerkenswert, und ich versichere Ihnen, daß ich Ihre Gesellschaft nicht suchen würde, wenn ich sie als Last empfände.«

»Haben Sie sie gesucht?«

»Darauf wissen Sie die Antwort doch sicherlich selbst?«

»Ich fürchte, ich weiß es nicht, Herr Graf.«

»Wir sollten einander besser kennenlernen. Ich sehe wirklich nicht ein, weshalb wir nicht auf so vertrautem Fuß miteinander stehen sollten wie Sie und der Prinz. Wir sind uns sehr ähnlich, das haben Sie bestimmt bemerkt.«

»Ja, es besteht eine äußere Ähnlichkeit.«

»Mehr als das. Es gibt Leute, die unsere Stimmen nicht auseinanderhalten können, und wir haben dieselbe arrogante Art, finden Sie nicht? Auch unsere Fehler sind die gleichen. Nun, er war immer etwas diplomatischer als ich. Das ist in seinem Fall natürlich sehr wichtig. Doch er muß Rücksichten nehmen, die ich außer acht lassen kann. In gewisser Hinsicht ist es besser, der Neffe des Herzogs zu sein als sein Sohn.«

»Da haben Sie wohl recht.«

Er war mit seinem Pferd nahe an das meine herangeritten und griff nach meinem Arm. »Ich habe mehr Freiheit, zu tun, was mir beliebt«, sagte er.

»Sicherlich finden Sie das sehr angenehm. Ich muß jetzt nach Klocksburg zurück.«

»Ich begleite Sie.«

Ich konnte mich nicht weigern, mit ihm zusammen zu reiten, und wir schlugen gemeinsam den Weg zum Schloß ein.

»Ich plane eine Überraschung für die Kinder«, äußerte er. »Ich werde sie auf einen Ausritt mitnehmen und feststellen, wie sie mit ihren Englischkenntnissen vorankommen. Wie geht es Ihrem ganz besonderen Schützling?«

»Wen meinen Sie damit?«

»Nun, Miss Trant, keine Ausflüchte. Sie wissen, daß ich von Fritz

spreche. Erinnern Sie sich, wie sehr es Ihnen am Herzen lag, ihn von der Teilnahme an der Jagd zu befreien, und wie ich Ihrem Wunsch entsprach, weil Sie mich so reizend baten?«
»Soviel ich weiß, hatten Sie erkannt, daß sich der Junge erkältet hatte und zu Hause besser aufgehoben war.«
»Ich habe nichts derartiges erkannt; und Jungen, die zu kräftigen Männern heranwachsen müssen, sollten nicht von hingebungsvollen, aber irregeleiteten Englischlehrern verweichlicht werden. Ich habe zugelassen, daß er der Jagd fernblieb, weil Sie mich darum baten. Sie können mir glauben, Miss Trant, daß mir sehr viel daran liegt, Ihnen zu Gefallen zu sein – aber wenn meine Bemühungen so falsch ausgelegt werden und so schnell in Vergessenheit geraten, werde ich vielleicht in Zukunft lieber darauf verzichten.«
Ein grausames Lächeln umspielte seine Lippen. Ich zitterte für Fritz. An diesem Mann war etwas Sadistisches, das mir Angst einflößte. Wollte er damit andeuten, daß er seine Enttäuschung und seinen Ärger an Fritz auslassen würde, falls ich ihm nicht genügend Entgegenkommen zeigte? Er mußte wissen, daß er mich damit am tiefsten treffen konnte.
Mir fiel keine Erwiderung ein. Es war mir jetzt nicht möglich, mich für Fritz einzusetzen; instinktiv wußte ich, daß er Bedingungen stellen würde, wenn ich es tat.
Ich war froh, als wir das Schloß endlich erreichten.
Die Kinder hatten unsere Ankunft beobachtet, und Dagobert kam aus der Festung gelaufen, um seinen Vater zu begrüßen.
»Miss, wo waren Sie denn?« fragte er.
»Die Miss hat die Einsamkeit des Waldes genossen«, erklärte der Graf.
Ich führte meine Stute in den Stall und ging ins Schloß. Ich mußte mit Fritz sprechen. Er war auf seinem Zimmer; rasch sagte ich: »Dein Vater ist hier. Er will mit dir und Dagobert ausreiten.«
Ich war froh, daß er bei weitem nicht so angstvoll reagierte wie früher. Das war mein Verdienst. Ich hatte ihm klargemacht, daß man sich von seiner Angst nicht überwältigen lassen darf, sondern den Dingen ins Auge sehen muß und versuchen sollte, die Furcht zu überwinden. Fritz war mit seinem Pony gut vertraut, und das Tier spürte genau, wenn der Junge Angst hatte. War er völlig ruhig, so

würde sich das auf sein Pony übertragen. Ich hatte ihm das immer wieder eingeschärft.

Eine halbe Stunde später stand ich im Schulzimmer und beobachtete, wie sie davonritten, als Frau Graben hereinkam.

»Sie reiten auf die Jagd, nehme ich an?« sagte sie. »Meiner Seel', Fritz sitzt gut auf seinem Pony. Er scheint sich nicht mehr so vor seinem Vater zu fürchten wie früher.«

Ich nickte lächelnd.

Sie warf mir einen besorgten Blick zu. »Ich sah Sie mit Fredi zurückkommen.«

»Ja, ich habe ihn im Wald getroffen.«

»Aber Sie wollten sich doch mit Maxi treffen?«

»Ja.«

»Und haben Sie ihn gesehen?«

Ich nickte.

»Nun, ich nehme an, Sie werden Klocksburg verlassen.«

»Ich habe noch keine Entschlüsse gefaßt.«

»Das werden Sie bestimmt«, sagte sie vertraulich. Dann verdüsterte sich ihre Miene. »Hat Fredi Sie mit Maxi gesehen?«

»Ja, das hat er.«

Sie schob die Unterlippe vor; eine Angewohnheit, die ihre Bestürzung ausdrückte.

»Sie müssen vorsichtig sein. Fredi wollte immer genau das haben, was Maxi gehörte. Alles, was Maxi gehörte, bekam in Fredis Augen besonderen Wert. Was hatte ich für Verdruß mit den Jungen! Einmal bekam Maxi ein entzückendes Pferdchen mit einer Kutsche. Seine Mutter schenkte es ihm zu Weihnachten. Zum Christfest hatte jeder von den beiden einen eigenen Tisch. Das war jedesmal ein großes Ereignis für sie. Wochenlang vorher redeten sie schon darüber. Und ihre Tische waren mit kleinen Tannenbäumen geschmückt, auf denen viele Kerzen brannten; ihre Geschenke aber lagen unter dem großen Christbaum. Einmal bekam Maxi also ein Pferd mit Kutsche. Es war ein hübsches Spielzeug, eine genaue Nachbildung der herzoglichen Karosse, bemalt mit einer Krone und dem Wappen des Herzogs. Fredi sah es und wollte es haben. In der Nacht hat er es an sich genommen und versteckt. Wir fanden das Spielzeug in seinem Schrank wieder, und Maxi bekam es zurück. Am nächsten Tag war es in viele Stücke zerbrochen. Der boshafte Junge hatte es lieber zerstört, als es Maxi zu überlassen. Ich habe das nie vergessen können, und ich glaube nicht, daß sich seitdem sehr viel geändert hat.«

Hinter dem freundlichen Lächeln stand Besorgnis. Sie hatte Angst. Sie wollte mir begreiflich machen, daß der Graf sich für mich interessierte und nun, da er entdeckt hatte, daß Maximilian und ich uns liebten, fest entschlossen war, mich für sich zu gewinnen.

Vielleicht hatte sie recht, mich zu warnen, doch ich nahm es nicht ernst. Wenn ich darauf achtete, nie mit dem Grafen allein zu bleiben, konnte er mir nichts anhaben. Ich war kein Spielzeug, das sich einfach zerstören ließ – obwohl es natürlich in seiner Macht stand, mir das Leben zu erschweren.

Ich war auf meinem Zimmer, als sie zurückkamen. Rasch ging ich ans Fenster und sah hinunter. Mein erster Blick galt Fritz; er saß glücklich auf seinem Pony und ritt völlig ruhig neben den anderen her.

Ich mußte ihm also nur immer wieder klarmachen, daß er keine Furcht zeigen durfte. Er schien bereits etwas daraus gelernt zu haben.

Doch bald darauf erfuhr ich von Frau Graben, daß der Graf beschlossen hatte, die Jungen von jetzt an auf Pferden reiten zu lassen. Er war in die Ställe gegangen und hatte zwei Tiere für sie ausgewählt. Ich wußte genug über die Pferde im gräflichen Stall, um zu erschrecken, als ich feststellte, welches davon er Fritz zugedacht hatte. Es war eines der ungebärdigsten Tiere.

Was für ein Mensch war das, der das Leben seines Sohnes aufs Spiel setzte unter dem Vorwand, einen Mann aus ihm machen zu wollen? Doch es gab wohl noch einen anderen Grund für seinen boshaften Entschluß: Ich sollte dafür bestraft werden, daß ich es gewagt hatte, ihn abzuweisen.

Ich mußte versuchen, die äußeren Umstände zu berücksichtigen; vielleicht hatte die ziemlich ungezügelte Erziehung ihn zu dem gemacht, was er heute war. Hier mochten ganz andere Ansichten herrschen als in einer friedlichen englischen Stadt. Deshalb kam mir ja alles ein wenig phantastisch und unwirklich vor. Diese

Männer nahmen sich, was sie begehrten, ohne sich darum zu kümmern, ob sie damit anderen Leid zufügten. Sie waren so unbarmherzig, daß sie sogar eine Frau, die sie liebten, mit einer Scheinheirat täuschen konnten. Wozu waren sie fähig, wenn sie nur von ihrer Begierde getrieben wurden?
Meine Angst um Fritz riß mich schließlich aus meinen Grübeleien und lenkte mich von meinen eigenen Sorgen ab.

Ich ging am Nachmittag des gleichen Tages in die Stadt, während die Kinder bei einem jungen Künstler Zeichenunterricht hatten, der wöchentlich einmal zu ihnen ins Schloß kam.
Ich sah den Hut in einer Auslage. Später dachte ich oft, daß es Schicksal, Instinkt oder etwas ähnliches war, was mich zu diesem Schaufenster führte.
Es war ein hellgrauer Jungenhut; er sah fast wie ein Bowler aus, und im Hutband steckte eine kleine graue Feder. Daneben stand auf einem Schild: DER SICHERHEITS-REITHUT.
Ich ging in den Laden. Ja, der Hut wäre so ausgestattet, daß er den Kopf des Reiters im Falle eines Sturzes besonders gut schütze. Der Hutmacher hätte gerade heute davon gehört, daß ein junger Bursche vom Pferd gestürzt war und einen schweren Unfall vermieden hätte, weil er den Sicherheits-Reithut trug.
Ich kaufte ihn.
Wenn ich ihn Fritz schenkte, mußte ich auch den anderen Kindern etwas mitbringen. Der Spielzeugladen löste stets Entzücken bei ihnen aus. Dort gab es Kuckucksuhren, Puppenstuben und Bären, die brummen konnten, Schaukelpferde und Reitgerten. Es war nicht schwer, für jeden etwas zu finden. Für Dagobert kaufte ich einen Wetteranzeiger. Er bestand aus einem kleinen Holzhaus mit zwei Figürchen; einem dunkel gekleideten Mann und einer Frau mit buntem Rock. Die Frau kam aus dem Häuschen, wenn die Sonne scheinen sollte, der Mann, wenn Regenwetter zu erwarten war. Ich nahm an, daß ihm das gefallen würde. Liesel sollte eine Gliederpuppe bekommen.
Als ich mich dem Schloß näherte, kehrten die Kinder gerade von ihrer Zeichenstunde zurück, die im Freien stattgefunden hatte. Voll Begeisterung nahmen sie ihre Geschenke entgegen.

Fritz setzte den Hut auf.
»Das ist ein Sicherheits-Reithut«, sagte ich.
»Ist er verzaubert?«
»Nun, wenn du ihn trägst, wirst du viel besser geschützt sein als ohne ihn.«
Er betrachtete ihn ehrfürchtig. Dagobert war entzückt über sein Wetterhäuschen, doch seine Augen hingen verlangend an dem Reithut. Ich war ehrlich erstaunt, da ich geglaubt hatte, daß ein Spielzeug viel anziehender für ihn sein würde als ein Kleidungsstück. Offensichtlich besaß dieser Hut in der Phantasie der Kinder bereits magische Kräfte.
Im Hutfutter war ein seidenes Etikett eingenäht, auf dem SICHERHEITSHUT stand. Sie buchstabierten es hingerissen. Wieder setzte Fritz ihn auf und wollte ihn gar nicht mehr abnehmen.
Ich bedauerte, daß ich nicht für beide einen Hut gekauft hatte.
»Warum ist heute ein Geschenktag?« fragte Liesel.
»Ach, weil mir eben danach zumute war«, erklärte ich ihr.
»Kann in England jeder Tag ein Geschenktag sein?« wollte Fritz wissen.
»Nun ja, Geschenke kann man dort jederzeit machen.«
»Ich will nach England!« verkündete Dagobert.

Ich saß am Fenster des Turmzimmers und hielt nach Maximilian Ausschau. Auf der anderen Seite des Tales konnte ich die Lichter des herzoglichen Schlosses sehen. Wieder dachte ich an die Frau, von der man sich erzählte, daß sie sich aus diesem Fenster gestürzt hatte, weil sie von ihrem Liebsten betrogen wurde und das Leben nicht mehr ertragen konnte. Wie sehr unterschied sich meine Lage von der ihren! Ich war voll Seligkeit, weil Maximilian mich so sehr liebte, daß er seine Zukunft meinetwegen aufs Spiel setzte. Ich hatte lange genug hier gelebt, um das Feudalsystem dieses Landes zu kennen. Die Herrscher gehörten ihren Untertanen. Sie waren mächtige Lehnsherren, doch sie verdankten ihre Macht dem Volk, das sie regierten.
Nein, ich durfte niemals zulassen, daß Maximilian um meinetwillen litt.

Als er mich heiratete – und ich schauderte bei dem Gedanken, wie leicht es für ihn gewesen wäre, dem Beispiel seiner Vorfahren zu folgen und mich mit einer Scheinheirat zu betrügen –, hatte er seine allumfassende Liebe für mich bewiesen. Nun war ich entschlossen, ihm auch die meine zu zeigen.

Endlich sah ich ihn. Er kam ohne Gefolge. Ich lehnte mich aus dem Fenster und hielt beim Anblick der steil abfallenden Felswände den Atem an; erneut mußte ich an die Verzweiflung jenes Mädchens denken, das soviel weniger Glück gehabt hatte als ich.

Ich konnte seine Schritte auf der Treppe hören. Schnell lief ich zur Tür, um ihn zu begrüßen, und wir hielten uns in den Armen.

Am frühen Morgen, ehe er mich verließ, sprachen wir wieder über unsere Zukunft.

Er hatte überlegt, ob er Wilhelmina alles sagen sollte, war jedoch zu dem Entschluß gekommen, daß sein Vater die Wahrheit als erster erfahren mußte.

»Immer wieder war ich versucht, es ihm zu erzählen. Ich möchte dich zu ihm bringen. Ich wünsche mir so, daß er alles erfährt, was geschehen ist. Doch ich fürchte, er könnte einen Schock erleiden, und die Folgen wären äußerst gefährlich.«

»Und Wilhelmina?« sagte ich. »Ich muß sehr oft an sie denken. Wie wird sie es aufnehmen?«

»Es war eine Vernunftheirat, Lenchen. Seit der Geburt des Kindes leben wir getrennt. Aus diesem Grund war ich so dankbar, als das Kind kam – und sie ebenfalls; denn es bedeutete, daß jeder von uns seine eigenen Wege gehen konnte.«

»Ich hatte das Kind vergessen.«

»Die Schwierigkeiten sind fast überwältigend«, fuhr Maximilian fort. »Es macht mich ganz krank, darüber nachzugrübeln. Alles hätte anders kommen können. Einmal, vor Jahren, war ich nahe daran, meinem Vater unsere Geschichte zu erzählen. Vielleicht hätte er dann verstanden, daß ich die einzige Frau getroffen hatte, die ich wirklich liebte. Damals hätte er es ertragen können. Doch es hätte eine Menge Verdruß bedeutet, und weil ich dich für tot hielt, schien es mir nutzlos, alles wieder aufzurühren. Diese Leute haben mich belogen! Ich werde keine Ruhe geben, bis ich den

Grund dafür kenne. Ich lasse Ilse herholen; sie muß eingestehen, weshalb sie und Ernst sich in mein Leben eingemengt haben.«
»Du hast ihnen ja anfangs befohlen, sich einzumischen.«
»Ich hatte ihnen befohlen, dich zu mir zu bringen. Sie waren unsere Trauzeugen. Aber sie haben dich und mich belogen. Warum? Ich werde es bald wissen, wenn sie in Rochenberg ist. Wir werden sie zur Rede stellen und die Wahrheit erfahren.«
»Glaubst du, daß sie kommen wird?«
»Mein Cousin muß in Regierungsgeschäften nach Klocksburg reisen. Ich habe ihm gesagt, daß er Ilse mit zurückbringen soll, wenn sie noch lebt.«
»Dein Cousin?«
»Graf Friedrich.«
Unbehagen erfüllte mich – ein Gefühl, das der Graf immer bei mir auslöste.
»Weiß er, weshalb du Ilse sprechen willst?«
»Lieber Gott, nein! In dieser Angelegenheit würde ich Friedrich niemals trauen. Der Himmel weiß, wie er es für seine Zwecke nutzen würde. Er wird eine ebensolche Last für mich sein wie es sein Vater für den meinen war.«
»Und gerade ihn hast du gebeten, Ilse hierher zu bringen?«
»Sie wird wissen, daß sie ihm zu gehorchen hat. Vielleicht glaubt sie gar, daß ihre Halbschwester Wilhelmina sie sehen will. Ich habe nicht direkt gesagt, daß ich ihre Anwesenheit wünsche.«
»Ach, ich wollte, sie wäre jetzt hier! Ich möchte ihr Auge in Auge gegenüberstehen. Es gibt so vieles, was ich sie fragen will. Sie schien immer so freundlich zu mir zu sein. Ich verstehe nicht, weshalb sie versuchte, mein Leben zu zerstören.«
»Wir werden es herausfinden«, sagte Maximilian.
Die Morgendämmerung brach an, und es war Zeit für ihn, zu gehen. Wie glücklich waren wir – obwohl wir der Lösung unserer Probleme noch nicht nähergekommen waren.

Am nächsten Tag brachte mir Frieda, die Frau des Kutschers Prinzstein, die nun den beiden Mädchen in der Festung half, Briefe aus England. Einer kam von Anthony, einer von Tante Mathilda und einer von Mrs. Greville.

Anthony wollte wissen, wie es mir erging; er hätte so lange nichts von mir gehört.

»Geht es Dir gut, Helena? Wenn nicht, gib Dein Vorhaben auf und komm zurück. Ich vermisse Dich sehr. Mit keinem Menschen kann ich so sprechen wie mit Dir. Die Eltern tun natürlich alles für mich, aber es ist eben doch nicht dasselbe. Jeden Tag warte ich auf einen Brief von Dir, in dem Du mir schreibst, daß Du es aufgeben willst. Komm nach Hause! Ich verstehe, daß Du ruhelos bist nach allem, was Dir einst widerfuhr. Aber glaubst Du, daß die Wunden je verheilen können, wenn Du Dich an die Vergangenheit klammerst? Wäre es nicht besser, alles zu vergessen? Komm zurück; ich werde alles tun, was in meinen Kräften steht, um Dich glücklich zu machen!

In Liebe, Dein Anthony«

Welch friedliches Bild ließen diese Zeilen vor mir erstehen: Das Pfarrhaus mit den herrlichen, vor mehr als zweihundert Jahren angelegten Rasenflächen; das reizende elisabethanische Haus, in der Form eines E gebaut wie so viele andere Gebäude unter der Regentschaft von Queen Elizabeth. Die alte Speisekammer und der Salon, der umfriedete Garten und die Obstbäume, die im Mai in weißen und rosaroten Blüten standen. Wie fern schien mir das alles von dem Schloß in den Bergen!
Angenommen, ich schrieb Anthony und ließ ihn wissen, daß ich Maximilian wiedergefunden hatte? Vielleicht war ich ihm das schuldig. Ich wollte nicht, daß er weiterhin hoffte, ich würde eines Tages zu ihm zurückkehren. Aber jetzt konnte ich es noch nicht tun. Maximilians Vater sollte der erste sein, der es erfuhr.
Der zweite Brief, den ich öffnete, war von Tante Mathilda:

»Wie geht es Dir, Helena? Hast Du endlich genug von deiner Arbeit als Lehrerin? Albert sagt, er rechne damit, daß Du noch vor Ende des Sommers zurückkommst. Der Winter ist wohl kaum sehr angenehm dort, wo Du bist. Paß auf Deine Lunge auf. Manche Leute behaupten, die Bergluft wäre gut für die Lungen, aber Lungen sind unberechenbar. Wir vermissen Dich in der Buchhandlung.

Wenn besonders viel Betrieb ist, sagt Albert immer: ›Mit Helena könnten wir es besser schaffen, vor allem in der fremdsprachlichen Abteilung.‹ Er arbeitet wie ein Sklave, obwohl er das mit seiner einen Niere wirklich nicht tun sollte...«

Wie sehr mir diese Briefe die Vergangenheit wieder ins Gedächtnis riefen!
Mrs. Greville schrieb:

»Wir vermissen Dich sehr. Wann kommst Du zurück? Der Frühling war herrlich hier. Du hättest die Sträucher im Pfarrgarten sehen sollen! Und nun steht der Lavendel in voller Blüte. Beim Fest ist der Rasen ein wenig zertrampelt worden von all den Gästen, aber es war ein großer Erfolg. Anthony ist sehr beliebt. Wir haben so viele freiwillige Helfer. Eine nette Dame, Mrs. Chartwell, ist in die Nachbarschaft gezogen. Sie hat eine sympathische Tochter, die sich in der Gemeinde sehr nützlich macht. Anthony meint auch, daß sie uns eine große Hilfe ist. Grace Chartwell sieht auch hübsch aus, hat ein vornehmes Wesen und kommt gut mit den Leuten zurecht...«

Ich lächelte. Mit anderen Worten, eine perfekte Vikarsgattin. Ich verstand sehr gut, was Mrs. Greville mir klarmachen wollte: Komm zurück, ehe es zu spät ist.

Bedrückende Stille senkte sich über die Stadt, das Schloß und die Berge. Der Herzog war sehr krank.
Ich bekam eine Nachricht von Maximilian; er schrieb mir, daß er jetzt nicht kommen könnte. Die Ärzte wichen nicht vom Bett seines Vaters, und man befürchte, daß es mit ihm zu Ende ginge.
Frau Graben konnte ihre Aufregung nicht verbergen.
»Unser Maxi wird bald Herzog sein«, wisperte sie mir zu.
Ich wich ihrem Blick aus.
Die Kinder ließen sich kurze Zeit von der allgemein herrschenden ernsten Stimmung anstecken, wurden jedoch bald wieder von anderen Dingen abgelenkt.
Man sah Fritz kaum mehr ohne seinen Hut, obwohl Dagobert schon längst müde geworden war, seiner Umwelt mitzuteilen, ob

es Regen oder Sonnenschein geben würde, und Liesels Puppe bereits ein Bein verloren hatte.
Ich hätte jedem von ihnen einen Hut mitbringen sollen.
In den folgenden Tagen siechte der Herzog dahin. Auf den Straßen ging es nicht so lebhaft zu wie sonst; die Leute standen in Gruppen beisammen und unterhielten sich im Flüsterton.
Er wäre ein guter Herrscher gewesen, sagten sie, aber lange Zeit leidend. Wie gut, daß ein starker Prinz die Nachfolge antreten konnte, da das Land und die umliegenden Staaten sich so in Aufruhr befanden.
Doch die sechs Tage der Angst um den todkranken Herzog konnten das Leben auf Klocksburg nicht aus seiner gewohnten Bahn bringen.
Im Schloßgarten übten sich die Kinder zweimal wöchentlich im Bogenschießen, wenn die Jungen anderer Adelsfamilien daran teilnahmen; oft waren zehn oder elf Jungen beisammen. Ich hatte schon vermutet, daß Fritz und Dagobert mit sehr viel mehr Eifer bei der Sache sein würden, wenn auch andere Jungen sich beteiligten, und wirklich gab es dabei immer viel Geschäftigkeit und Lärm im Garten.
Ich war in meinem Zimmer, als Fritz hereingerannt kam. Er trug seinen Hut, und ein Pfeil steckte darin.
»Er hat mich am Kopf getroffen«, sagte er atemlos, »aber er ist nur in den Hut eingedrungen. Man muß ihn vorsichtig herausziehen, damit der Hut nicht zerreißt. Herr Gronken meinte, ich soll zu Ihnen gehen. Ich habe ihm nämlich gesagt, Sie wüßten sicher am besten, wie man den Pfeil herausholt. O Miss, bitte gehen Sie vorsichtig mit dem Zauberhut um!«
Ich nahm ihn in die Hand; sofort kam mir der Gedanke, daß der Pfeil sich in Fritz' Kopf gebohrt hätte, wenn er den Hut nicht getragen hätte.
Ich holte ihn sehr behutsam wieder heraus und legte ihn auf den Tisch.
Gemeinsam untersuchten wir den Hut. Der Pfeil hatte ein Loch im Stoff hinterlassen.
»Mach dir nichts daraus«, tröstete ich Fritz. »Dadurch wird dein Hut noch interessanter. Jetzt ist er ganz unverwechselbar gewor-

den. Narben, die man aus einer Schlacht davonträgt, sind wie Orden.«
Das gefiel ihm. Er setzte den Hut wieder auf und stolzierte davon, um weiter mit Pfeil und Bogen zu üben.
Ich besah mir den Pfeil; die Spitze war scharf. Natürlich mußte sie das sein, wenn sie in der Zielscheibe steckenbleiben sollte. Doch was meine Aufmerksamkeit erregte, war eine schwache Verfärbung an der Spitze. Ich fragte mich, woher sie stammen mochte. Dann dachte ich nicht weiter darüber nach, denn ein paar Stunden später kam die Nachricht vom Tod des Herzogs
In der Stadt wehten die Fahnen auf Halbmast.
»Nun, es war nicht anders zu erwarten«, sagte Frau Graben. »Das wird für unseren Prinzen große Veränderungen mit sich bringen. Mein Himmel, er wird ein paar Tage lang bestimmt alle Hände voll zu tun haben! Und dann findet natürlich auch die Beerdigung statt. Das wird ein Ereignis!«

Am folgenden Nachmittag ereignete sich ein beunruhigender Zwischenfall. Dagobert war auf seinem neuen Pferd in den Wald geritten. Wir machten uns anfangs keine Sorgen über sein langes Ausbleiben, doch als er auch bei Anbruch der Dunkelheit noch nicht zurückgekehrt war, wurden wir ängstlich.
Frau Graben beauftragte die Diener, nach ihm zu suchen. Herr Prinzstein, der Kutscher, stellte eine Suchmannschaft auf, die er in zwei Gruppen teilte und in verschiedene Richtungen aussandte. Wir saßen in Frau Grabens kleinem Wohnzimmer beisammen und unterhielten uns besorgt darüber, was dem Jungen zugestoßen sein mochte.
Fritz kam herein und sagte: »Mein Hut ist verschwunden. Mein Zauberhut! Ich habe überall nachgesehen.«
»Wie kannst du um einen Hut jammern, wenn dein Bruder verschwunden ist!« rief Frau Graben.
»Das kann ich schon«, erwiderte Fritz. »Ich glaube, er hat ihn mir genommen.«
»O Fritz, warum sagst du so etwas?« fragte ich.
»Er versucht ihn mir doch dauernd wegzunehmen«, sagte er trotzig.

»Kümmere dich jetzt nicht darum«, sagte ich. »Wir müssen an Dagobert denken. Hast du eine Ahnung, wo er sein könnte?«
»Er reitet gern zur Gräberinsel hinauf.«
Während wir uns noch den Kopf über Dagoberts Verbleib zerbrachen, hörten wir Rufe aus dem Schloßhof: »Er ist da!«
Wir eilten hinunter, und da stand Dagobert, ohne Hut und mit ziemlich einfältigem Gesicht. Er erzählte uns eine wilde Geschichte von einer Entführung.
Frau Graben sagte: »Darüber reden wir später. Deine Kleider sind ja ganz feucht.«
»Es war neblig im Wald«, erklärte Dagobert.
»Dann ziehst du dich jetzt aus und nimmst ein heißes Senfbad. Es gibt nichts Besseres als Senf zur Verhütung von Erkältungen. Und dazu bekommst du etwas von meiner Suppe und meinem Stärkungsmittel.«
Dagobert platzte fast vor Verlangen, uns seine Abenteuer zu erzählen, aber er zitterte vor Kälte; deshalb ließ er es zu, daß man ihn in das Senfbad steckte. Erst später, als er einen Teller heiße Suppe gelöffelt hatte und in einen warmen Morgenmantel gewikkelt war, berichtete er von seinen Erlebnissen.
»Es war im Wald«, sagte er, »und zwei Männer sind auf mich zugekommen. Sie hatten Masken vor dem Gesicht. Der eine kam von rechts, der andere von links, und sie ergriffen die Zügel meines Pferdes. Ich hatte überhaupt keine Angst. Ich rief: ›Wer seid ihr? Wagt nicht, mich zu berühren, oder ich töte euch!‹ Dann habe ich mein Schwert gezogen –«
»Dagobert!« mahnte Frau Graben. »Erzähle uns keine Märchen, bitte. Was ist wirklich passiert?«
»Es war eine Art Schwert –«
»Du weißt, daß es nichts dergleichen war. Sag uns jetzt, was tatsächlich geschah.«
»Ich mußte vom Pferd steigen, und dann verlor ich … meinen Hut, und ich sagte, ich müßte meinen Hut wiederfinden –«
»Dein Vater wird wissen wollen, was wirklich vorgefallen ist«, unterbrach ihn Frau Graben. »Es wäre also besser, wenn du dich an alles genau erinnern würdest. Und erzähle keine Geschichten über Schwerter, denn du hast keines.«

Dagobert sah uns ernst an. »Sie führten mein Pferd fort, direkt in den Wald, wo er am dichtesten ist. Es war in der Nähe des Sees, und ich habe gedacht, jetzt töten sie mich – ehrlich, Miss, wirklich, Frau Graben! Und ich hatte Angst, weil ich den Hut verloren hatte, und der Zauber war ja ebenfalls weg.«
Ich sagte: »Hast du Fritz' Hut getragen?«
»Na ja, ich dachte, es macht ihm nichts aus, wenn ich ihn nur einmal mitnehme – und ich sagte: ›Ich habe Fritz' Hut verloren. Die Miss hat ihm den Hut gekauft. Ich muß ihn finden, weil er mir nicht gehört. Ich habe ihn nur geliehen.‹ Und sie erwiderten: ›Du bist doch Fritz, und es war dein Hut!‹ Darauf sagte ich: ›Nein, ich bin Dagobert.‹ Dann flüsterten sie miteinander, und etwas später ließen sie mich frei.«
»Du liebe Güte«, sagte Frau Graben. »Da muß sich irgend jemand einen Scherz erlaubt haben. Es gibt Leute, die so etwas komisch finden. Sie sollten geteert und gefedert werden! Einem solche Angst einzujagen!«
»Oh, ich hatte keine Angst«, versicherte Dagobert. »Ich hätte sie beide getötet. Ich bin ihnen schnell entkommen. Nur der Nebel war schuld daran, daß ich so spät nach Hause gekommen bin.«
Wir ließen ihn weiter prahlen. Ich war still, und Frau Graben schwieg ebenfalls.
Eine plötzliche Furcht hatte mich ergriffen.

Als die Kinder im Bett lagen, ging ich wieder in Frau Grabens Wohnzimmer.
Sie saß nachdenklich in ihrem Sessel und starrte ins Feuer.
»Oh, Miss Trant«, sagte sie mit jenem Schmunzeln, das immer auf ihrem Gesicht erschien, wenn sie meinen Namen nannte. »Ich habe gerade überlegt, ob ich nicht zu Ihnen kommen soll.«
»Wie denken Sie über die Sache?« fragte ich.
»Bei Dagobert muß man vorsichtig sein. Er wollte vielleicht nicht rechtzeitig nach Hause zurückkehren, hat nicht auf die Zeit geachtet und versucht jetzt, sich mit maskierten Männern auszureden.«
»Das glaube ich eigentlich nicht.«
»Sie halten es tatsächlich für wahr, daß zwei maskierte Männer

ihn wegbrachten? Und aus welchem Grund sollen sie das getan haben?«

»Weil sie ihn für Fritz hielten.«

Sie warf mir einen völlig überraschten Blick zu. »Aber weshalb Fritz?«

»Ich weiß es nicht. Dagobert trug Fritz' Hut. Man hat Fritz ja kaum mehr ohne den Hut gesehen, seit er ihn von mir geschenkt bekam. Es ist durchaus möglich, daß diese Männer Dagobert mit dem Hut durch den Wald reiten sahen und ihn für Fritz hielten.«

»Das klingt ziemlich einleuchtend, aber weshalb sollten sie Fritz entführen wollen?«

»Ich habe keine Ahnung. Frau Graben, würden Sie bitte mit in mein Zimmer kommen? Ich möchte Ihnen etwas zeigen.«

Ein paar Minuten später holte ich den Pfeil aus einer Schublade und legte ihn auf mein Bett.

»Was ist das, meine Liebe?«

»Ein Pfeil, der auf Fritz abgeschossen wurde. Er bohrte sich glücklicherweise nur in den Reithut.«

»Ach ja, es ist einer der Pfeile, die die Jungen bei ihren Übungsstunden benutzen.«

»Und er wurde auf Fritz abgeschossen, während die Kinder im Schloßgarten übten.«

»Von wem?«

»Ich weiß es nicht – ich wollte, ich wüßte es.«

»So ein Pfeil könnte doch sicher nicht viel Unheil anrichten.«

»Unter gewissen Umständen schon.«

»Sie sprechen in Rätseln, Miss Trant.«

»Sehen Sie sich die Spitze genau an. Sie hat Fritz' Hut durchbohrt. Fällt Ihnen etwas auf?«

Sie beugte sich darüber, und als sie zu mir aufsah, war die übliche Gelassenheit aus ihrem Gesicht verschwunden.

»Ach«, sagte sie langsam. »Der Pfeil wurde in etwas getaucht.«

»Wissen Sie, was es gewesen sein könnte?«

»Ich habe so eine Ahnung. Soviel ich mich erinnern kann, hat man früher die Wildschweine und Hirsche mit Pfeilen gejagt. Sie tauchten die Pfeilspitzen in eine bestimmte Lösung...«

»Gift«, sagte ich.

Sie nickte. So etwas habe ich schon einmal gesehen. Es läßt eine ähnliche Verfärbung zurück.«

Ich war nun äußerst beunruhigt. »Wenn jemand mit Absicht einen vergifteten Pfeil auf Fritz abschoß, wenn zwei Männer versucht haben, ihn zu entführen, was hat das zu bedeuten?«

»Sagen Sie es mir, Miss Trant; ich weiß es leider nicht.«

»Ich wollte, ich könnte es Ihnen sagen.«

»Vielleicht irren wir uns bezüglich der Verfärbung. Sie könnte andere Ursachen haben. Die Kinder schießen oft sehr wild durch die Gegend. Möglicherweise hat einer der Jungen Fritz unabsichtlich getroffen.«

»Und ihn dann zu entführen versucht?«

»Aber es war Dagobert.«

»Ja, weil man ihn mit Fritz verwechselt hatte.«

»Nun, Miss, das klingt doch alles ein bißchen unwahrscheinlich.«

»Meiner Meinung nach sind diese beiden Ereignisse zusammen etwas zuviel des Zufalls.«

»Was sollen wir tun?«

»Wir müssen auf Fritz achtgeben. Es kann sein, daß man versucht, einen weiteren Anschlag auf ihn zu verüben, und das müssen wir verhindern. Der Hut hat ihn zweimal gerettet. Das sollte eine Warnung für uns sein; wenigstens scheint es so. Und wenn wir uns irren, wenn der Pfeil ihn durch Zufall traf und die Verfärbung nicht durch Gift entstand, falls es nur zwei Banditen waren, die einen der Söhne des Herzogs entführen wollten und sich dann eines Besseren besonnen haben – nun, dann wird nichts weiter geschehen.«

»Ich merke schon, daß Sie wirklich in Sorge sind, Miss Trant. Natürlich werde ich alles tun, was in meiner Macht steht, um mit Ihnen über Fritz zu wachen.«

Ich bekam einen Brief von Maximilian. Er wollte, daß ich zu ihm ins herzogliche Schloß kam, und Frau Graben sollte mich begleiten. Er hoffte, daß es weniger Argwohn erregen würde, wenn wir dort gemeinsam erschienen.

Frau Graben strahlte vor Zufriedenheit, als sie mein Zimmer betrat.

»Ein Befehl vom Herzog«, kicherte sie. »Ich dachte mir schon, daß es nicht lange dauern würde. Wir fahren in einer halben Stunde. Pfarrer Kratz wird den ganzen Vormittag über bei den Kindern bleiben, und Frieda ist eine brave Person. Ich habe ihr den Auftrag gegeben, die Kinder im Auge zu behalten. Auf Frieda kann man sich verlassen. Es ist immer gut, wenn zwei Eheleute im gleichen Haushalt Dienst tun. Das garantiert eine gewisse Beständigkeit, wenigstens nach meiner Erfahrung.«

Sie erzählte mir, wie der Kutscher Prinzstein angefragt hätte, ob sie nicht auch seine Frau auf Klocksburg beschäftigen könne, und wie sie zu dem Entschluß gekommen sei, daß in der Festung genug Arbeit für eine weitere Bedienstete war. Denn Ella beschränkte sich in letzter Zeit auf das Brauen von Obstwein und Stärkungsmitteln, für das sie ein unerwartetes Talent entwickelt hatte. Wahrscheinlich ließ sie sich nur deshalb so lange darüber aus, um mich ein wenig zu ärgern. Sie wußte genau, wie ungeduldig ich darauf wartete, mich für die Fahrt zurechtzumachen.

Wir fuhren am Stadtrand entlang und schlugen die Straße zum herzoglichen Schloß ein. Ich war ihm noch nie zuvor so nahe gekommen; bisher hatte ich es immer nur von Klocksburg oder von der Stadt aus gesehen.

Als wir den Berggipfel erreichten, erkannte ich erst richtig, wie prächtig das Schloß war. Es erhob sich aus einem bewaldeten Park, und eine Mauer der Festung schien direkt aus dem Felsen herauszuwachsen. Über uns ragten der Bergfried, die Pulver- und Wehrtürme auf. Sie wirkten unüberwindlich; der graue Stein hatte Jahrhunderten getrotzt. Ich sah zum Katzenturm hinauf und stellte mir vor, wie das siedende Öl sich über die Angreifer ergoß.

Am Schloßtor standen die Soldaten in ihren Uniformen Wache. Sie hatten unsere Ankunft schon bemerkt. Als Frau Graben einen von ihnen mit »Hallo, Wachtmeister!« anrief, sah ich, wie sie sich entspannten.

»Wir sind herbefohlen worden«, sagte sie, und man ließ uns durch die Tore in den Schloßhof gehen.

»Du liebe Güte!« meinte Frau Graben. »Das erinnert mich an alte Zeiten. Sehen Sie das Fenster dort? Dahinter lagen meine Kinderzimmer.«

Ich dachte: Dort oben ist jetzt wieder ein Kind. Sein Kind! Vielleicht beobachtet es uns. Nun ist der Junge Erbe des Titels geworden.
Frau Graben ging mit der Sicherheit eines Menschen voraus, der seinen Weg kennt. Noch mehr Soldaten standen in Habachtstellung vor dem großen Eichenportal. Sie sahen uns durchdringend an. Frau Graben nickte und lachte ihnen zu, und ich beobachtete, wie ihre Begrüßung erwidert wurde. Ihre frühere Stellung im Schloß schien ihr besondere Vorrechte einzuräumen.
»Wir haben Befehl, herzukommen«, verkündete sie auch hier.
Ein Soldat kam auf uns zu. Ich erkannte ihn wieder – es war Wachtmeister Franck, der in der Kirche Dienst getan hatte, als man mir das Prozessionskreuz zeigte.
Er verbeugte sich vor uns.
»Würden Sie bitte mitkommen, meine Damen?«
Frau Graben nickte. »Wie geht es Ihren Kindern?« fragte sie. »Und dem Baby?«
»Alle sind wohlauf.«
»Und Frau Franck?«
»Es geht ihr sehr gut, danke.«
»Wie war die Niederkunft?«
»Ziemlich leicht. Diesmal fürchtete sie sich nicht so davor.«
Frau Graben wandte sich an mich. »Das ist das Jagdzimmer«, sagte sie.
Ich hatte es bereits selbst bemerkt. An den Wänden hingen alte Jagdwaffen – Gewehre und Speere, und dazwischen ausgestopfte Tierköpfe. Das Jagdzimmer in der Randhausburg von Klocksburg war eine Kopie dieses Raumes. Wir durchschritten zwei weitere Gemächer. Die Zimmerdecken beeindruckten mich besonders. Überall war noch die alte gotische Täfelung erhalten geblieben, und Rundbogenfenster gaben den Blick auf das Tal mit der Stadt bis hinüber nach Klocksburg frei.
Im Rittersaal stand eine riesige Säule, die wie ein Baum bemalt war. Die Bemalung wirkte so täuschend echt, daß man einen Augenblick wirklich das Gefühl hatte, ein Baum stünde mitten im Saal. Ich bemerkte in der Malerei Schriftzüge in roter und grüner Farbe, die man offensichtlich später hinzugefügt hatte.

Frau Graben war meinem Blick gefolgt und erklärte: »Das ist der Stammbaum der Familie. Die weibliche Linie wird rot eingezeichnet, die männliche grün.«
Wäre ich nicht voller Ungeduld gewesen, Maximilian zu sehen, hätte ich mir diesen Stammbaum gern näher betrachtet. Ich sagte mir jedoch, daß ich sicher bald Gelegenheit dazu bekam, und daß man wohl auch meinen Namen eines Tages hier eintragen würde.
Wir stiegen über eine Treppe und kamen vor eine Tür, die mit dem herzoglichen Wappen und der Fahne des Landes verziert war. Wachtmeister Franck öffnete sie. Nun betraten wir einen Flur, der mit dicken Teppichen ausgelegt war. Frau Graben wurde gebeten, in eines der Zimmer zu gehen, was sie mit einer kleinen Grimasse tat, und ich blieb mit dem Wachtmeister allein zurück.
Er führte mich weiter den Flur entlang. Wieder standen wir vor einer Tür. Er klopfte an, und ich hörte Maximilians Stimme »Herein!« rufen. Die Tür wurde geöffnet; Wachtmeister Franck salutierte und meldete mich an.
Alleingelassen, waren wir mit ein paar Schritten beieinander und hielten uns in den Armen. Wieder spürten wir jene Seligkeit, die uns bei jedem Wiedersehen erfüllte.
»Ich mußte dich sehen!« sagte er schließlich. »Deshalb dieses ganze Zeremoniell. Ich kann es nun leider nicht mehr umgehen.«
Seine Gegenwart bannte die leichte Niedergeschlagenheit, die mich auf dem Weg durch das Schloß befallen hatte. Als ich an den Wachen am Tor vorüberging und die großen Gemächer betrat, fühlte ich, wie eine jahrhundertealte Tradition mich beklemmte. Erst jetzt wurde mir völlig klar, wie ungeheuer schwierig es für Maximilian werden würde, sich offen zu mir zu bekennen, da doch alle an seine Ehe mit Wilhelmina glaubten, und ich verstand, wie wichtig es gerade zum jetzigen Zeitpunkt war, unser Geheimnis zu bewahren.
Er hielt mich an sich gepreßt. »Es kommt mir vor, als hätte ich dich ewig nicht gesehen, Lenchen! Aber es wird nicht mehr lange dauern. Wenn die Trauerfeierlichkeiten vorüber sind, muß ich handeln.«
»Sei vorsichtig, Liebster. Denk daran, daß du jetzt der Herrscher dieses Landes bist.«

»Es ist ein sehr kleines Land, Lenchen; nicht wie Frankreich. Es ist nicht einmal so groß wie Preußen.«
»Aber für die Menschen hier ist es wichtig – so wichtig wie Frankreich für die Franzosen und Preußen für seine Untertanen.«
»Ich habe zur Zeit das Gefühl, auf einem Pulverfaß zu sitzen. Das ist immer so, wenn ein Herrscher stirbt und ein neuer seine Nachfolge antritt. Veränderungen sind unvermeidlich, und die Leute betrachten jede Neuerung mit Argwohn. Sie mißtrauen einem jungen Regenten, bis er bewiesen hat, daß er seinem Vorgänger ebenbürtig ist. Mein Vater war sehr beliebt. Du weißt ja, daß mein Onkel eine Verschwörung gegen ihn anzettelte und ihn abzusetzen versuchte. Das war damals, als wir heirateten.«
Von plötzlicher Furcht gepackt, umklammerte ich seinen Arm.
»Paß auf dich auf«, sagte ich.
»Wie nie zuvor!« versicherte er mir. »Es gibt jetzt so vieles, wofür ich leben möchte. Mein Cousin ist übrigens zurückgekommen. Er konnte Ilse nicht finden. Sie scheint spurlos verschwunden zu sein. Keiner konnte ihm sagen, wo sie geblieben ist.«
»Ist sie vielleicht tot?«
»Das hätten wir erfahren. Sobald ich mich hier freimachen kann, werde ich selbst nach Klarenbock fahren. Ich muß herausfinden, was aus ihr geworden ist. Und wenn sie lebt, muß sie die Wahrheit gestehen.«
»Vielleicht ist es jetzt gar nicht mehr so wichtig. Wir sind ja wieder beieinander.«
»Ach Lenchen, ich sehne mich so danach, dich bei mir zu haben! Wenn ich ausreite, möchte ich, daß du neben mir reitest. Du wirst alles schrecklich steif und förmlich finden. Es ist kein leichtes Leben.«
»Wenn wir zusammen sind, ist alles andere unwichtig.«
Unser Beisammensein ging viel zu schnell vorüber, da es nur eine bestimmte Zeit dauern durfte. Ich merkte, daß sich seine Stellung bereits verändert hatte. Er war nicht mehr so frei wie vor dem Tod seines Vaters.
Es fiel uns schwer, uns zu trennen. Maximilian sagte, er würde noch in dieser Nacht nach Klocksburg kommen, wenn er es möglich machen konnte; andernfalls mußten wir es so einrichten, daß

Frau Graben mich wieder ins herzogliche Schloß brachte. Natürlich bestand die Gefahr, daß zu häufige Besuche Aufmerksamkeit erregten, und er wollte unbedingt vermeiden, daß die Leute bestimmte Schlüsse daraus zogen. Maximilian hatte den Wunsch, jedermann wissen zu lassen, daß ich seine Frau war; alles andere widerstrebte ihm. Selbstverständlich wünschte ich mir das gleiche, doch mir war genau wie ihm klar, daß wir mit äußerster Vorsicht vorgehen mußten. Frau Graben wartete schon ein wenig ungeduldig auf mich, und Wachtmeister Franck begleitete uns zurück zur Kutsche.

»Bestellen Sie Ihrer Frau Grüße. Ich freue mich, daß es ihr so gut geht. Ich habe eine Flasche Stärkungsmittel für sie und werde dafür sorgen, daß sie es in den nächsten Tagen bekommt.«

Wachtmeister Franck bedankte sich bei Frau Graben. Wir stiegen in die Kutsche und holperten den steilen Abhang zur Stadt hinunter. Dann ging es zurück nach Klocksburg.

In der Kirche lag der Herzog aufgebahrt. Ich ging mit den Kindern in die Stadt, um seinen Sarg zu sehen, der im Kirchenschiff zur Schau gestellt wurde. Schwarzer Samt verhüllte ihn, auf den das Wappen des Herzogs mit goldenem Faden gestickt war. An jedem Ende des Sarges brannten Kerzen. Die Kirche war von Blumenduft erfüllt.

Das Licht sickerte durch die bunten Glasfenster, und im Halbdunkel zogen die Menschen in einer langen Reihe am Sarg vorbei.

Die Kinder betrugen sich geziemend ruhig und feierlich und waren offensichtlich sehr erleichtert, als wir wieder in den Sonnenschein traten.

Die Leute flüsterten miteinander.

»Oh, wie eindrucksvoll!«

»Armer Herzog Karl, er starb nicht leicht.«

»Der Prinz wird ein wenig gesetzter werden müssen, nachdem er jetzt Herzog geworden ist.«

»Ach, so leichtsinnig war er gar nicht. Man muß ihm ein bißchen Vergnügen gönnen, solange er jung ist. Pflichten kommen ja noch genügend auf ihn zu.«

»Frauen! Ihr findet immer Entschuldigungen für ihn. O ja, jetzt fängt der Ernst des Lebens für ihn an. Wenn wir Krieg bekommen...«

Der Gedanke an Krieg ließ meinen Herzschlag stocken. Maximilian würde an der Spitze seiner Armee kämpfen müssen. Ich schauderte – nein, ich konnte es nicht ertragen, ihn an den Krieg zu verlieren!

Die Kinder erholten sich rasch wieder von der düsteren Atmosphäre in der Kirche.

»Wir sehen uns die Läden an«, schlug Dagobert vor.

»Ist heute in England ein Tag zum Schenken?« wollte Liesel wissen.

Ich erwiderte, daß Geburtstage und Weihnachtsfeste die richtige Zeit für Geschenke seien, und natürlich gäbe es zu Ostern gefärbte Eier.

»Jetzt ist aber nicht Ostern«, sagte Fritz.

Ich versprach, für jeden einen Sicherheits-Hut zu kaufen; ob sie sich darüber freuen würden?

»Den Zauberhut gab es nur einmal«, meinte Fritz traurig. »Und Dagobert hat ihn verloren.«

»Ich habe ihn nicht richtig verloren. Ein Troll ist gekommen und hat ihn mir vom Kopf gerissen.«

Fritz wandte sich an mich. »Es gibt doch hier keine Trolle, Miss, oder?«

»O nein, sie sind schon vor langer Zeit verschwunden.«

»Dagobert hat meinen Hut einfach verloren.«

»Ich möchte einen Zauberhut!« jammerte Liesel.

»Jeder von euch soll einen bekommen«, sagte ich. »Und vielleicht stellt es sich dann heraus, daß alle drei Hüte Zauberkraft haben.«

So gingen wir also zum Hutmacher und kauften die Hüte. Sogar die kleine Liesel bekam einen, und die Kinder fanden es herrlich, mit den Hüten auf dem Kopf durch die Straßen zu stolzieren und sich in Schaufensterscheiben zu bewundern. Sie lachten sich gegenseitig aus, bis ich sie daran erinnerte, daß die Stadt um den toten Herzog trauerte.

»Es ist keine richtige Trauer«, sagte mir Dagobert, »weil wir schon wieder einen neuen Herzog haben. Er ist in gewisser Weise mein Onkel.«

»Und meiner!« erklärte Liesel mit Nachdruck.
»Allerdings«, flüsterte Dagobert, »müßte eigentlich mein Vater Herzog sein.«
»Sag das nicht, Dagobert«, verwies ich ihn. »So etwas ist Verrat.«
Fritz machte ein erschrockenes Gesicht, aber Dagobert schien entzückt über die Vorstellung, ein Verräter zu sein. Ich fragte mich, woher er die Überzeugung hatte, daß Maximilians Rang eigentlich seinem Vater zustand.
Als wir das Schloß erreichten, hatten sie ein neues Spiel gefunden. Sie spielten Aufbahrung. Dagobert wollte zuerst den Herzog im Sarg darstellen, aber das kam ihm bald langweilig vor – er sah sich viel lieber als Räuber im Wald.

Den ganzen Vormittag lang läuteten die Glocken. Von meinem Zimmer aus sah ich die Fahnen am herzoglichen Schloß auf Halbmast wehen, genau wie die auf Klocksburg.
Die Kinder waren aufgeregt, verhielten sich aber still. Die allgemeine Feierlichkeit hatte sie angesteckt. Frau Graben und ich wollten mit ihnen in die Stadt fahren, um den Trauerzug anzusehen.
»Wir machen uns schon früh auf den Weg«, sagte sie. »In ein paar Stunden wird man sich in der Stadt nicht mehr bewegen können.«
Es war so vereinbart worden, daß wir den Trauerzug vom Fenster der Gastwirtschaft aus beobachten sollten, wo wir auch gestanden hatten, als Maximilians Rückkehr von Berlin gefeiert wurde.
Wir trugen alle schwarze Kleidung, und man hatte dem Pferd, das unseren Wagen zog, eine schwarze Rosette ins Geschirr gesteckt. Als wir die Straße hinunterrollten, begann Liesel zu singen, doch Fritz verwies es ihr.
»Bei Beerdigungen singt man nicht«, sagte er, und diesmal gab ihm sogar Dagobert recht.
Durch Frau Graben bekam das traurige Ereignis fast einen festlichen Anstrich. Sie konnte ihre Erregung nicht verbergen; ihre Blicke huschten unruhig hin und her, doch sie lenkte das Pferd mit verblüffend sicherer Hand.
Der obere Stadtplatz war bereits voller Menschen; sie hatten sich hauptsächlich auf den Treppenstufen zum Springbrunnen

postiert. Schwarze Bänder aus Kreppapier flatterten von den Fenstern und waren zusammen mit den auf Halbmast wehenden Fahnen ein Symbol für die Trauer der Stadt.
»Wir fahren gleich zum Gasthof, solange es noch geht« sagte Frau Graben. Ich war ziemlich erleichtert, als wir dort ankamen. Pferd und Wagen wurden von einem Hausdiener übernommen, und wir gingen hinauf zu unseren Plätzen am Fenster.
Kurze Zeit später kam der Wirt, um mit uns zu plaudern. Er sprach über den gütigen Herzog Karl, der nun tot war, und seinen Sohn, der an seine Stelle treten sollte.
»Wir leben in einer unruhigen Zeit«, murmelte er. »Ja, die guten alten Zeiten sind leider vorbei. Hoffen wir, daß eine lange und friedliche Regierungszeit vor dem jungen Herzog liegt, obwohl ich leider sagen muß, daß alle Anzeichen dagegen sprechen.«
Besorgt fragte ich: »Gibt es schlechte Nachrichten?«
»Napoleon soll immer angriffslustiger werden.«
»Und Sie glauben, er wird uns den Krieg erklären?«
»So sieht es aus.«
Dagobert spannte ein unsichtbares Gewehr. »Päng! Päng!« schrie er. »Sie sind tot!«
»Wir wollen hoffen, daß es nicht soweit kommt«, sagte der Wirt.
Dagobert begann auf und ab zu marschieren, sang die Nationalhymne und salutierte, als er an uns vorüberkam. Fritz tat es ihm nach, und Liesel ebenfalls.
»Aber Kinder«, sagte Frau Graben besänftigend, »wir sind jetzt nicht im Krieg, daß wißt ihr doch.«
»Ich werde in den Kampf ziehen!« versicherte Dagobert. »Päng! Ich führe euch alle in den Krieg. Mein Vater wird ebenfalls kämpfen.«
»Aber er ist nicht der Oberbefehlshaber«, sagte Fritz.
»Freilich, das ist er schon.«
»Nein, ist er nicht, sondern der Herzog.«
»Ach, er läßt den Herzog doch nur so tun. Wenn er nur wollte, könnte er selbst Herzog sein.«
»Hört jetzt auf mit dem Unsinn«, mahnte Frau Graben.
»Es ist kein Unsinn, Graben. Mein Vater –«
»Schluß jetzt mit den Gewehren und Schlachten und Herzögen,

oder ihr dürft den Trauerzug nicht sehen. So, Liesel, du kommst jetzt besser hierher zu mir, wenn du etwas sehen willst.«

Wir stellten uns am Fenster auf. Der Wirt brachte Wein für Frau Graben und mich; die Kinder bekamen ihren Fruchtsaft.

Böllerschüsse vom Turm des herzoglichen Schlosses verkündeten, daß die Prozession begann. Langsam bewegten sich Reiter und Kutschen über die Bergstraße hinunter zur Stadt. Ihr Ziel war die Kirche, wo der Herzog aufgebahrt lag.

Dort fuhr die Karosse, die den Sarg aufnehmen und zum Ufer des Sees fahren sollte, wo Charon ihn überholen würde. Nur die nächsten Verwandten durften zur Insel hinüberrudern, angeführt von Maximilian und Graf Friedrich.

Nun wurde das Prozessionskreuz vorübergetragen; wie damals glitzerte es in der Sonne. Und da kam Maximilian, unwirklich wie ein Held des Waldes. Er saß in seiner Kutsche und trug seine Staatsrobe aus purpurrotem Samt, mit Hermelin verbrämt. Während ich ihn ansah, fragte ich mich unwillkürlich: Ist das wirklich mein Mann? Doch er wußte, daß ich am Fenster stehen würde, sah auf und lächelte – da war er mir nicht länger fern; und weder die bedrückenden Klänge des Trauermarsches noch die Soldaten der Garde, die schwarze statt der üblichen blauen Federn auf den Helmen trugen, konnten meine Freude beeinträchtigen. Langsam zogen sie vorüber.

»Dort ist mein Vater!« wisperte Dagobert ehrfürchtig.

Ja, er war es, der Graf in höchsteigener Person. Er trug seine Uniform; Orden blinkten auf seiner Brust, und ein schwarzer Federbusch wehte von seinem Helm.

Auch er sah zum Fenster herauf, und es kam mir vor, als spielte ein anmaßendes Lächeln um seine Lippen.

Die Totenmesse schien den Kindern endlos lange zu dauern. Sie wurden unruhig, und Dagobert wollte auf Fritz' Platz, weil er ihn für besser hielt als seinen eigenen. Als Ältester war er der Meinung, ein Recht darauf zu haben. Schließlich versuchte er Fritz durch Püffe von seinem Stuhl zu verdrängen, aber Frau Graben schaffte es mit ihrer bestimmten Art, den Streit zu schlichten.

Endlich war die Messe vorüber. Der Sarg wurde in die Kutsche gehoben, um seine letzte Reise zur Insel anzutreten. Die Kapelle

stimmte einen Trauermarsch an. Langsam begannen die mit schwarzem Samt aufgeputzten Pferde die Karosse durch die Straßen zu ziehen. Auch auf ihren Köpfen nickten schwarze Federbüsche. Zu beiden Seiten des Gefährts marschierten Gardesoldaten. Die Menschenmenge schien den Atem anzuhalten, als der Zug sich durch die Stadt auf den Wald zu bewegte. Bald würde er mit leerer Kutsche und ohne die Hauptleidtragenden zurückkehren; man würde das Prozessionskreuz wieder in die Kirche tragen und in seinem Schrein in der Gruft verschließen.
Dagobert verkündete, daß er zur Insel gehen wollte, um das Grab seiner Mutter zu besuchen.
»Du weißt doch, daß heute keiner auf die Insel darf«, sagte Frau Graben. »Wenn ihr sehr brav seid, nehme ich euch mit ans Grab des Herzogs.«
»Wann?« wollte Dagobert wissen.
»Heute nicht, weil es verboten ist. Heute findet ja die Beerdigung statt.«
»Wenn mein Vater stirbt, bekommt er ein besseres Begräbnis«, sagte Dagobert.
»Du lieber Himmel, was redest du denn da?«
»Ich will gar nicht, daß er stirbt«, murmelte Dagobert beschämt. »Ich habe mir nur gewünscht, daß er ein schöneres Begräbnis bekommt.«
»Es gibt kein besseres Begräbnis als das des Herzogs«, sagte Fritz.
»Freilich!« behauptete Dagobert.
»Jetzt wird nicht mehr von Beerdigungen gesprochen, oder gewisse Leute werden keinen Ausflug zum Grab des Herzogs machen.«
Das brachte sie zum Schweigen, aber sie waren weiterhin aufsässig.
Ich schlug ein Ratespiel vor, dem wir uns mit mäßiger Aufmerksamkeit widmeten, bis das Prozessionskreuz zurückgebracht wurde und die Menge sich langsam zu zerstreuen begann.
Frau Graben meinte, wir sollten bald nach Hause fahren. Als wir jedoch die Treppe zum großen Gastzimmer hinunterstiegen, stellte es sich heraus, daß noch immer so viele Leute unterwegs waren, daß wir uns kaum bewegen konnten.

»Wir versuchen zum Stall durchzukommen«, sagte Frau Graben. »Bis wir fertig zum Aufbruch sind, wird es nicht mehr so überfüllt sein.«
Dagobert schlüpfte aus dem Hof des Gasthauses, um sich die Menschenmenge anzusehen. Besorgt sah ich mich nach ihm um, denn ich hatte noch nicht vergessen, was ihm im Wald zugestoßen war. Ich versuchte ihm zu folgen und rief nach ihm.
Dann sah ich Wachtmeister Franck. Er hatte Dagobert am Arm genommen, drehte sich um und zeigte auf mich.
Ich ging auf sie zu. Wachtmeister Franck schlug die Hacken zusammen und verbeugte sich.
»Die Straßen sind überfüllt«, sagte er. »Warten Sie noch zehn Minuten, dann wird es bedeutend besser sein. Sie müssen achtgeben, daß Ihnen in diesem Gedränge keiner etwas stiehlt. Die Bettler und Diebe sind von meilenweit hergekommen. Heute ist ein Festtag für sie.«
Frau Graben tauchte hinter uns auf.
Wieder schlug er die Hacken zusammen und verbeugte sich. »Ich habe dem Fräulein gerade gesagt, daß es besser wäre, wenn Sie noch ein paar Minuten warten würden. Warum schauen Sie nicht auf einen Sprung bei Lisbeth und den Kindern vorbei? Sie würde sich sicher freuen.«
Frau Graben fand den Vorschlag gut und bedauerte nur, daß sie das versprochene Stärkungsmittel nicht bei sich hatte.
»Macht nichts – sie wird sich über Ihren Besuch mehr freuen als über alle Stärkungsmittel von ganz Rochenstein.«
»Ich glaube nicht, daß das eine besondere Ehre für meine Stärkungsmittel ist«, erwiderte Frau Graben schmunzelnd.
»Aber dafür ein großes Kompliment für Sie«, sagte ich.
Wachtmeister Franck bahnte uns einen Weg durch die Menge. Wir verließen die Hauptstraße und kamen auf einen schmalen Seitenweg, dessen Häuser mit blühenden Fensterkästen geschmückt waren. Die Gasse wirkte wie ein großer Garten.
Frau Graben erklärte mir, daß die verheirateten Gardesoldaten in eigenen kleinen Stadtvierteln wohnten; nur die alleinstehenden Männer lebten droben in der Schloßkaserne.
Die Tür zu einem der Häuser stand offen; wir traten direkt in ein

Wohnzimmer. Zwei Kinder saßen auf dem Boden. Das eine war etwa sechs Jahre alt und malte gerade, das andere, ungefähr vierjährig, spielte mit Bauklötzen.
»Besuch, Lisbeth!« rief Wachtmeister Franck. »Und jetzt muß ich wieder zum Dienst. Sie werden Fräulein Trant und meine Frau sicher miteinander bekanntmachen, Frau Graben.«
»Darauf können Sie sich verlassen«, erwiderte Frau Graben. Und dann sagte sie etwas, was ich nicht verstand, denn ich starrte in bestürzter Überraschung auf Lisbeth Franck. Ich erkannte sie sofort wieder: Vor mir stand Lisbeth Schwarz, der ich in Dr. Kleines Klinik begegnet war – damals, als ich mein Kind zur Welt brachte. Jene junge Frau, die so verzweifelt gewesen war, und von der man mir gesagt hatte, sie sei tot!

Sie verbeugte sich vor mir, doch ich sah den verwunderten Ausdruck in ihrem Gesicht und wußte, daß auch sie mich erkannt hatte.
Frau Graben stand strahlend daneben und beobachtete uns, fast als wären wir zwei Spinnen in einer Schüssel.
Dann sagte sie: »Und wie geht's dem Baby?«
»Es schläft«, erwiderte Lisbeth.
»Wie ich höre, soll es seinem Vater wie aus dem Gesicht geschnitten sein. Sie haben sich ja den Trauerzug nicht angesehen, Lisbeth.«
»Ich konnte die Kinder nicht gut mitnehmen«, erwiderte Lisbeth und ließ mich noch immer nicht aus den Augen.
»Sie hätten mit uns vom Fenster des Gasthofes aus zusehen können. Es war genügend Platz. Wenn ich gewußt hätte, daß wir Sie besuchen, hätte ich das Stärkungsmittel mitgebracht. Sie sehen ein bißchen –«
»Mir geht es gut«, unterbrach sie Lisbeth schnell. »Und Frau ...?«
»Fräulein Trant«, sagte Frau Graben.
»Fräulein Trant.« Ihr Blick hielt den meinen fest. »Hätten Sie gern eine Erfrischung?«
»Wir haben im Gasthof Wein getrunken. Ich glaube aber, daß die Kinder bestimmt etwas möchten.«
»Ja, schon«, sagte Dagobert.

Während Lisbeth in die Küche ging, dachte ich: Ich muß allein mit ihr sprechen!
Sie kam zurück, stellte ein Tablett auf den Tisch und goß Wein für uns ein. Wieder kreuzte ihr Blick den meinen, als sie mir das Glas reichte. Ich wußte, was sie zu verstehen geben wollte – daß sie mich zwar erkannt hatte, es aber nicht sagte, um mich nicht in Verlegenheit zu bringen.
Die Kinder bekamen Limonade und den unvermeidlichen Gewürzkuchen. Dagobert erzählte den beiden Kleinen sofort, daß er zwei Banditen in die Flucht geschlagen hätte, als sie versuchten, ihn zu entführen. Mit offenem Mund lauschten sie der wilden Geschichte von seinem Abenteuer im Wald.
»Er trug meinen Zauberhut und hat ihn verloren«, sagte Fritz.
Dann unterhielten sie sich über den Zauberhut.
Frau Graben saß da und hörte zu; nach einer Weile sagte sie: »Wie gedeihen Ihre Rosen, Lisbeth?«
»Sehr gut«, erwiderte diese.
»Ich werd' sie mir mal ansehen«, sagte Frau Graben. »Nein, Sie brauchen nicht mitzukommen. Ich kenne den Weg.«
Lisbeth sah mich an. Sie ging durch die offene Tür in die Küche, und ich folgte ihr.
»Ich habe Sie sofort wiedererkannt«, sagte sie mit gedämpfter Stimme.
»Und ich Sie ebenfalls. Aber ich konnte es kaum glauben. Man hat mir gesagt, Sie wären gestorben, und Ihre Großmutter hätte Ihren kleinen Sohn zu sich genommen...«
Sie schüttelte den Kopf. »Nein, mein Baby wurde tot geboren. Es war ein Mädchen.«
»Aber warum –?«
Wieder schüttelte sie den Kopf.
»Ich verstehe nicht, was Dr. Kleine dazu veranlaßt haben sollte, mich absichtlich zu belügen.«
Sie machte ein verwirrtes Gesicht. »Und Sie?« fragte sie. »Wie ist es Ihnen ergangen?«
»Mein Baby starb. Ein Mädchen – ich sah, wie es im Sarg lag: Ein kleines, bleiches Gesicht unter einem weißen Häubchen.«
Sie nickte. »Wie mein Kind. Ich habe von ihm geträumt.«

»Und was geschah wirklich?«
»Meine Großmutter hat mich schließlich doch wieder zu sich genommen. Hans war der beste Freund von Rudolf, und er holte mich nach Hause. Er sagte, Rudolf hätte bestimmt gewollt, daß er sich um mich kümmert. Er war Rudolf immer von Herzen zugetan gewesen, und mir ebenfalls. So haben wir geheiratet. Meine Großmutter freute sich, weil Hans ebenfalls in der herzoglichen Garde dient; ich vergaß mit der Zeit meinen Kummer und wurde wieder glücklich. Was haben Sie getan?«
»Ich bin nach England zurückgekehrt.«
»Haben Sie nicht wieder geheiratet?«
Ich schüttelte den Kopf.
»Das ist schade. Als unser erstes Baby kam, hörte ich endlich auf, von dem kleinen Gesicht unter dem weißen Häubchen zu träumen. Ich habe Hans alles erzählt – daß ich mich töten wollte, und daß ein fremdes Mädchen aus England mir Mut zusprach. Ich habe Sie nie vergessen. Wie seltsam, daß wir uns auf diese Art wiedersehen!«
»Ich bin hierher zurückgekommen«, sagte ich, »um die Kinder des Grafen in Englisch zu unterrichten. Frau Graben war auf einer Reise durch England. Wir lernten uns kennen, und sie bot mir diese Stellung an.«
»Merkwürdig, wie das Leben spielt«, murmelte sie.
»Es ist alles so verwirrend.«
Sanft berührte sie meine Hand. »Ich werde nie vergessen, was Sie für mich getan haben. Ohne Sie wäre ich damals aus dem Fenster gesprungen. Ich weiß nicht, was mich an Ihnen so tief beeindruckte. Ich spürte, daß Sie ebenfalls viel gelitten hatten, obwohl Sie nicht darüber sprachen. Sie wirkten so gelassen. Es hat mir Mut gemacht – Ihnen verdanke ich das glückliche Leben, das ich jetzt führe. Ich habe Hans oft von Ihnen erzählt. Aber fürchten Sie nichts, ich werde mit niemandem über unser Wiedersehen sprechen, nicht einmal mit Hans. Bestimmt ist es Ihnen lieber, wenn ich darüber Stillschweigen bewahre?«
Ich nickte.
»Dann wird keiner etwas von mir erfahren. Sie können sich ganz auf mich verlassen.«

Ich sagte: »Ich muß herausfinden, weshalb Dr. Kleine behauptet hat, Sie wären tot.«
»Vielleicht hat er mich mit einer anderen verwechselt. Es waren so viele Frauen in der Klinik.«
»Nein, das glaube ich nicht. Ein Irrtum war ausgeschlossen. Er hat mir deutlich versichert, Sie seien gestorben, und Ihre Großmutter hätte das Baby zu sich genommen. Dabei war es gerade umgekehrt. Warum nur?«
»Ist das wichtig?«
»Ich weiß es nicht genau, aber ich habe so eine Ahnung, als könnte es ... sehr wichtig sein.«
Frau Graben stand auf der Türschwelle.
»Ach, Sie halten einen gemütlichen Plausch. Ich wußte ja, daß Sie beide sich gut verstehen würden. Ja, Lisbeth, die Rosen gedeihen prächtig. Aber passen Sie auf, daß die Stöcke keinen Mehltau bekommen.« Sie lächelte verschmitzt; und ich fragte mich, wie lange sie schon dort gestanden hatte.

Ungeduldig wartete ich auf Maximilian, um ihm zu erzählen, was ich in Erfahrung gebracht hatte. Dies war eine neue, seltsame Seite des Geheimnisses, das mein Leben überschattete.
Ich stand am Turmfenster, und als ich ihn um eine Wegbiegung reiten sah, wurde mir leichter ums Herz.
Er kam über die Stufen heraufgeeilt und fing mich in seinen Armen auf. Leider konnte er nicht bleiben. Er war in aller Eile vom herzoglichen Schloß herübergeritten, um mir zu sagen, daß er unverzüglich mit einigen Ministern nach Klarenbock reisen mußte. Die Lage war äußerst gespannt, denn der Krieg mit den Franzosen schien unvermeidlich. Der Vertrag mit Klarenbock enthielt einige Klauseln für den Kriegsfall, die noch geklärt werden mußten und diese Reise erforderlich machten.
Der Gedanke an seine Abwesenheit erschreckte mich. Ich hatte ihn schon einmal verloren; das mochte der Grund für meine Angst sein.
Maximilian versicherte mir, daß er schon in wenigen Tagen zurück sein werde, spätestens in einer Woche. Sobald er wieder hier war, würde er zu mir kommen.

Als ich ihn davonreiten sah, überkam mich ein entsetzliches Gefühl der Verlassenheit und Schutzlosigkeit. So würde es wohl immer sein, wenn er von mir fortging – auch wenn es nur für kurze Zeit war.

Erst später fiel mir ein, daß ich ihm nicht erzählt hatte, was ich am Vormittag durch Lisbeth Franck erfahren hatte. Um mich von Maximilians Abreise abzulenken, überlegte ich, ob ich nicht nach Klarengen fahren sollte, um Dr. Kleine zu sprechen. Vielleicht konnte er Licht in diese mysteriöse Angelegenheit bringen.

Je länger ich darüber nachdachte, desto besser schien mir die Idee. Ich würde Frau Graben von meiner Fahrt unterrichten müssen, aber ich mochte ihr den Grund dafür nicht nennen. Sie war viel zu neugierig, und ich hätte es nicht ertragen, von ihr ausgefragt zu werden.

So erzählte ich ihr, ich hätte Bekannte in Klarengen. »Ich frage mich, wie es ihnen gehen mag«, sagte ich.

»Haben Sie ihnen geschrieben?« fragte Frau Graben.

»Nein, aber ich würde sie gern wiedersehen.«

»Mit dem Zug wären Sie in etwa einer Stunde dort. Doch ich möchte nicht, daß Sie allein reisen. Meiner Seel', wenn Ihnen irgend etwas zustoßen würde, müßte ich Seiner Hoheit Rede und Antwort stehen! Nein, ich bin dagegen, daß Sie alleine fahren.«

»Ich könnte Lisbeth Franck bitten, mitzukommen.«

»Lisbeth Franck? Weshalb gerade sie?«

»Ein wenig Ablenkung würde ihr bestimmt guttun. Diese dauernden Gerüchte über den bevorstehenden Krieg scheinen sie zu ängstigen. Sie fürchtet, daß ihr Mann mit an die Front muß.«

Frau Graben nickte nachdenklich. »Ja, sie käme auf andere Gedanken. Ich bin froh, daß Sie sie so gern haben. Ich werde Lisbeths Kinder inzwischen zu mir nehmen und mich um sie kümmern, während Sie beide unterwegs sind.«

»Das Baby ist aber noch sehr klein.«

»Glauben Sie, ich wüßte nicht, wie man mit einem Baby umgeht?«

Lisbeth zeigte sich zuerst sehr erstaunt über meinen Vorschlag. Sie war jedoch schnell einverstanden, mich zu begleiten, als Frau Graben sich erbot, die Kinder zu versorgen.

Sie verstand nicht, weshalb ich wieder nach Klarengen wollte, und ich konnte es ihr nicht erklären. Ich sagte nur, ich würde gern das Grab meines Kindes besuchen, und sie beschloß, ihrerseits das gleiche zu tun.

Wir nahmen den 10-Uhr-Zug. Prinzstein fuhr mich in die Stadt, und dort holten wir Lisbeth ab. Die Bahnreise führte durch herrliches Bergland, und wäre ich nicht so vertieft in meine Probleme gewesen, hätte ich sie wahrscheinlich sehr genossen.

Wir gingen sofort ins Gasthaus, um zu Mittag zu essen. Genau wie in Rochenberg war auch hier der drohende Krieg allgemeines Tagesgespräch.

Als wir zur Klinik kamen, sah Lisbeth schaudernd zu einem der Fenster empor. Ich erriet, daß sie an jenen Tag dachte, als sie sich hinunterstürzen wollte. Hier war die Stelle, an der ich die Schwestern Elkington getroffen hatte.

Ich sagte: »Wir gehen hinein und besuchen Dr. Kleine.«

»Aber warum?« fragte Lisbeth.

»Ich will ihn fragen, wo mein Baby begraben liegt.«

Sie machte keine Einwände, und wir stiegen die Stufen zum Portal hinauf. Ein Dienstmädchen öffnete auf unser Klingeln. Ich fragte nach Dr. Kleine.

Ich erwartete fast, zu erfahren, daß er nicht mehr hier war; in diesem Fall wäre meine Reise ergebnislos verlaufen. Aber zu meiner Erleichterung wurden wir in das Wartezimmer geführt.

»Bitte bleiben Sie hier, Lisbeth«, sagte ich, »während ich mich mit Dr. Kleine unterhalte.«

Nach etwa zehn Minuten wurde ich in sein Sprechzimmer geführt. Ich erinnerte mich noch so gut daran; in diesen Raum hatte Dr. Carlsberg mich gebracht, als ich zum erstenmal in die Klinik gekommen war.

»Bitte nehmen Sie Platz«, sagte er mild.

Ich setzte mich. »Sie werden sich nicht an mich erinnern, Dr. Kleine. Ich bin Helena Trant.«

Es gelang ihm nicht, sein Erschrecken zu verbergen. Ich hatte ihn völlig überrascht. Während meines Eintritts hatte er mir kaum einen Blick zugeworfen, und es war ja schon so lange her, seit er mich zuletzt gesehen hatte.

Er runzelte die Stirn und wiederholte meinen Namen. Doch instinktiv wußte ich, daß er sich sehr gut an mich erinnerte.
»Frau Helena Trant«, sagte er.
»Fräulein«, verbesserte ich.
»Oh, es tut mir leid...«
»Ich brachte hier bei Ihnen ein Kind zur Welt«, sagte ich.
»Nun, Fräulein Trant, ich habe so viele Patienten. Wie lange ist das her?«
»Neun Jahre.«
Er seufzte. »Das ist eine sehr lange Zeit. Und Sie sind wieder...?«
»Nein, keineswegs.«
»Sie haben also einen anderen Grund für Ihren Besuch?«
»Ja. Ich möchte das Grab meines Kindes sehen. Ich will mich überzeugen, daß es gepflegt wird.«
»Zum erstenmal seit – neun Jahren? Sie sagten doch, daß es neun Jahre zurückliegt?«
»Ich bin erst vor kurzem wieder nach Deutschland gekommen.«
»Ach so.«
»Erinnern Sie sich jetzt an mich, Dr. Kleine?«
»Ich glaube schon.«
»Zu jener Zeit war auch ein Fräulein Schwarz in Ihrer Klinik.«
»O ja, jetzt weiß ich es wieder.«
»Sie haben mir erzählt, Fräulein Schwarz wäre gestorben, und ihre Großmutter hätte sich des Kindes angenommen.«
»Ja, ich entsinne mich. Die Sache verursachte ziemliche Aufregung. Das Mädchen war in einer schlimmen Verfassung.«
»Sie versuchte Selbstmord zu begehen«, sagte ich.
»Ja, richtig. Seltsam, daß sie die Entbindung nicht überstand. Soviel ich mich erinnern kann, waren wir erstaunt, daß ihr Kind lebte.«
»Aber Fräulein Schwarz überlebte die Entbindung, Dr. Kleine. Nicht sie starb, sondern ihr Baby.«
»Nein, ich bin sicher, daß Sie sich irren.«
»Könnten Sie sich vergewissern?«
»Fräulein Trant, ich wüßte gern, was Sie dazu veranlaßt hat, zu mir zu kommen.«
»Ich habe es Ihnen bereits gesagt. Ich möchte das Grab meines

Kindes besuchen und feststellen, was aus Lisbeth Schwarz geworden ist. Sie lebte in dieser Gegend, und –«
»– und Sie wollten sie gern wiedersehen. Aber sie ist tot.«
»Könnten Sie Ihre Aufzeichnungen durchsehen, damit kein Zweifel besteht? Ich möchte ganz sicher sein.«
Mein Herz schlug wild – ich wußte nicht, weshalb. Ich spürte, daß ich vorsichtig sein mußte. Vielleicht konnte ich durch Dr. Kleine erfahren, was aus Ilse geworden war. Ilse war für mich der Schlüssel zu jenem Geheimnis, das meine Vergangenheit noch immer verdunkelte. Eines aber war sicher: Dr. Kleine sprach nicht die Wahrheit. Er hatte mich gleich erkannt und war beunruhigt über mein Erscheinen.
»Es verstößt gegen die Regeln, Auskünfte über Patienten zu erteilen«, sagte er.
»Aber wenn ein Patient tot ist, macht es doch nichts aus, nicht wahr?«
»Doch wie können Sie hoffen, Fräulein Schwarz wiederzusehen, da sie doch gestorben ist? Es hat auch keinen Sinn, ihre Großmutter zu besuchen. Soviel ich gehört habe, ist sie ebenfalls tot, und das Kind wurde von Leuten adoptiert, die das Land verlassen haben.«
Er verwickelte sich mehr und mehr in ein Lügengespinst und wurde immer aufgeregter.
Ich gab nicht nach. »Wenn Sie mir beweisen, daß Lisbeth Schwarz gestorben ist, werde ich mich zufriedengeben.«
Er seufzte und zögerte einen Augenblick. Dann ging er zum Klingelzug. Eine Krankenschwester trat ins Zimmer. Er gab ihr den Auftrag, einen bestimmten Aktenordner zu holen.
Während wir warteten, fragte er mich, was ich während der vergangenen Jahre getan hätte. Ich erzählte ihm, daß ich wieder heim nach England gefahren war und dann eine Gelegenheit ergriffen hatte, hier als Englischlehrerin zu arbeiten.
»Und dann haben Sie sich entschlossen, das Grab Ihres Kindes zu besuchen?«
»Ja«, erwiderte ich.
»Solche Gräber, die nie besucht werden, sind natürlich nicht leicht zu finden. Auf dem Friedhof sind viele kleine Hügel, die im Laufe

der Zeit durch die Witterung wieder völlig eingeebnet werden.«
Nun wurde die Akte hereingebracht. Das Datum … Er blätterte darin. »Ach ja, Lisbeth Schwarz starb im Kindbett. Das Kind wurde adoptiert.«
»Ihre Eintragungen sind falsch, Dr. Kleine«, sagte ich.
»Wie meinen Sie das?«
»Lisbeth Schwarz ist nicht gestorben.«
»Woher wollen Sie das wissen?«
»Ich weiß es sehr gut. Ich habe sie getroffen.«
»Sie haben sie getroffen?«
»Ja. Sie ist jetzt mit einem Wachtmeister Franck verheiratet und lebt in Rochenberg.«
Er schluckte; sekundenlang herrschte völlige Stille. Dann stammelte er: »Das ist unmöglich!«
Ich erhob mich: »Nein«, sagte ich, »es ist wahr. Ich frage mich, weshalb Sie Lisbeth Schwarz' Tod und die Adoption ihres Kindes in Ihren Akten vermerkt haben. Was war Ihr Motiv?«
»Motiv? Ich verstehe Sie nicht. Möglicherweise ist uns ein Fehler unterlaufen.«
»Es *ist* Ihnen ein Fehler unterlaufen«, versetzte ich. »Entschuldigen Sie mich bitte einen Augenblick. Ich habe jemanden mitgebracht, den ich Ihnen vorstellen möchte.«
Ehe er widersprechen konnte, war ich schon in sein Wartezimmer gegangen und kam mit Lisbeth zurück.
Er starrte sie an. »Wer«, begann er. »Was …?«
»Das ist Frau Franck«, sagte ich. »Sie kennen sie als Lisbeth Schwarz. Aber Sie hielten sie für tot – oder zumindest behaupten Sie das. Wie Sie sehen, lebt sie.«
»Aber ich verstehe das nicht. Sie beide – hier beisammen? Haben Sie das … geplant?«
»Wir haben beide in Ihrer Klinik entbunden, Dr. Kleine.«
»O ja, ja!«
»Ihren Angaben nach lebte Lisbeths Kind und wurde adoptiert.«
»Hier muß ein Mißverständnis vorliegen. Sie haben mir nicht gesagt, daß Fräulein Schwarz hier ist.«
»Sie ist jetzt Frau Franck, aber Sie waren so sicher, daß sie nicht mehr lebt. Ihre Eintragungen haben es bestätigt.«

»Es handelt sich offenbar um einen Schreibfehler. Ich bin natürlich froh, daß Fräulein Schwarz nicht gestorben ist. Aber wie gesagt, es ist schon so lange her.«

»Wie kamen Sie dazu, einen solchen Krankenbericht zu schreiben?«

Er hob die Schultern und hatte seine Fassung schon fast zurückgewonnen. »Fehler kommen manchmal vor, Miss Trant, wie Sie wohl wissen. Leider kann ich nicht mehr für Sie tun.«

»Vielleicht doch«, sagte ich. »Können Sie mir die Adresse von Frau Gleiberg geben?«

Er hob die Brauen, doch ich ließ mich nicht täuschen. »War das nicht Ihre Freundin?« fragte er.

»Ich habe die Verbindung mit ihr verloren.«

»Ich ebenfalls. Fräulein Trant, Sie werden verstehen, daß ich ein vielbeschäftigter Mann bin. Es tut mir leid, daß ich Ihnen nicht behilflich sein kann.«

Er beeilte sich, uns hinauszukomplimentieren. Ich konnte meine Erregung kaum verbergen, denn plötzlich war mir ein Verdacht gekommen: Wenn Dr. Kleine mich wegen Lisbeths Kind belogen hatte, konnte es dann nicht sein, daß auch seine Behauptung, mein Baby wäre gestorben, nur eine Lüge war?

Er hatte mir nicht sagen können, wo mein Kind begraben lag.

Wie sehr wünschte ich mir, daß Maximilian zurückkäme! Es gab so vieles mit ihm zu besprechen.

Ich erhielt einen Brief von Anthony:

»Zur Zeit scheint die politische Lage in Deutschland ziemlich unsicher zu sein. Die Vorstellung, daß Du dort bist, gefällt mir nicht. Leider sind die Franzosen sehr kampflustig, und zwischen ihnen und den Preußen besteht eine alte Feindschaft. Wenn es Krieg gibt – und es sieht ganz danach aus –, bist du in England besser aufgehoben. Ich warte nur auf eine Nachricht von dir, um nach Deutschland zu kommen und dich heimzuholen...«

Es schien mir unfair, ihm zu verschweigen, daß ich Maximilian gefunden hatte. Ich war Anthony aufrichtig zugetan, und es wäre mir lieber gewesen, wenn er nicht mehr an mich gedacht hätte.

Hoffentlich war das Mädchen, von dem seine Mutter mir geschrieben hatte, die richtige Frau für ihn. Ich wünschte ihm von ganzem Herzen, daß er sich in sie verliebte und mich vergaß.
So bald als möglich wollte ich ihm alles schreiben.

Frau Graben kam in höchster Aufregung ins Schulzimmer gestürzt. Ich hielt gerade Unterricht und gab mir alle Mühe, mich zu konzentrieren. Es war nicht leicht; dauernd mußte ich an meinen Besuch bei Dr. Kleine denken und fragte mich, was das alles bedeuten mochte. Mehr und mehr kam es mir vor, als wäre auch der Tod meines kleinen Mädchens von einem Geheimnis umgeben. Jedesmal, wenn ich im Schloßhof Hufschlag hörte, schreckte ich in der verzweifelten Hoffnung hoch, es könnte Maximilian sein. Ich sehnte mich danach, mit ihm zusammen nach dem Grund für Dr. Kleines seltsames Benehmen zu forschen.
Frau Graben sprudelte hervor: »Die Herzogin ist da – Wilhelmina!«
Ich hörte mich selbst mit einer Stimme antworten, die vor Nervosität hochmütig klang: »Was wünscht sie?«
»Sie will Sie sprechen.«
»Mich?«
»Ja, das hat sie gesagt. Sie ist drüben im Rittersaal.«
Dagobert fragte: »Ist der Herzog bei ihr?«
»Nein«, antwortete Frau Graben. »Sie ist ganz allein – zumindest sitzt sie allein im Rittersaal. Zwei ihrer Hofdamen warten draußen in der Kutsche.«
»Ich gehe sofort zu ihr«, sagte ich. »Ich kann mir nicht vorstellen, weshalb sie mich sprechen will.«
Ich wies die Kinder an, weiter in dem Märchenbuch zu lesen, mit dem wir uns gerade beschäftigten.
Als sich die Tür hinter uns geschlossen hatte, sah Frau Graben mich an. Ihre Augen funkelten vor Erregung; sie hob die Schultern.
»Ich frage mich, was das zu bedeuten hat«, flüsterte sie.
»Hat sie tatsächlich gesagt, daß sie *mich* zu sprechen wünscht?«
»Ja, wirklich. Und in ihren Augen lag so ein Ausdruck...«
»Was für ein Ausdruck?«
»Er erinnerte mich an einen Eisberg«, sagte Frau Graben. »Nicht

daß ich schon jemals einen Eisberg gesehen hätte. Kalt. Sehr kalt. Man bekommt das Frösteln davon, würde ich sagen. Und ich habe gehört, daß sich an der Oberfläche immer nur ein kleiner Teil von so einem Eisberg zeigt.«

»Ich frage mich, ob –«

»Ob sie etwas weiß? Ich habe keine Ahnung. Neuigkeiten breiten sich gewöhnlich wie Lauffeuer aus, besonders schlechte. Und für Wilhelmina könnten es schlechte Neuigkeiten sein. Nun ja, Sie werden es bald wissen. Gehen Sie einfach hinein und nennen Sie sie Euer Gnaden und erweisen Sie ihr die gebührende Achtung, dann kann nichts schiefgehen.«

Ich merkte, daß ich zitterte. Ich hatte diese Frau schon bei einigen festlichen Anlässen gesehen, doch nur von ferne. Die Tatsache, daß sie sich für Maximilians Frau hielt, ließ sie mir – gelinde gesagt – in einem beunruhigenden Licht erscheinen. Ich fühlte mich schuldig ihr gegenüber. Und doch, es war weder ihre Schuld noch die meine, daß wir uns in einer solchen Lage befanden.

Sie saß am Tisch, als Frau Graben die Tür öffnete.

»Hier ist Miss Trant, Euer Gnaden«, sagte sie, und ich trat in den Rittersaal. Dabei merkte ich, daß Frau Graben die Tür nicht schloß. Wahrscheinlich stand sie draußen auf dem Flur und lauschte. In diesem besonderen Fall war mir der Horcher an der Wand jedoch ein richtiger Trost.

»Sie sind Miss Trant?« Die kältesten blauen Augen, die ich je gesehen hatte, musterten mich abschätzend. Sie waren ausdruckslos und verrieten nicht, ob sie etwas wußte. In einer Aufwallung von Eifersucht sah ich, daß sie auf ihre Art schön war. Wie dumm von mir! Er liebte mich und hatte sie nie geliebt. Sie war schön wie eine Statue – kühl und ohne Leben. Ihr bleiches Gesicht unter dem hochgesteckten blonden Haar wirkte ziemlich lang; ihre Nase war gebogen und aristokratisch, und ihr Mund paßte zu ihren Augen – er lächelte nicht. Ihr Samtumhang war aufgeschlagen und gab die Spitzenkrausen an Hals und Handgelenken frei. Diamanten blitzten an ihren Fingern und im Spitzengefältel um ihre Kehle. Sie wirkten ebenso kalt wie sie. Ich konnte mir nicht vorstellen, daß sie jemals vor Leidenschaft glühte; doch obgleich sie so gefühllos wirkte, ging etwas Lähmendes von ihr aus wie von einer Schlange.

Ich spürte, daß sie mir mehr Interesse entgegenbrachte, als es normalerweise eine kleine Englischlehrerin von ihr erwarten konnte. Sie weiß etwas, dachte ich – wenn nicht alles.
»Wie ich höre, unterrichten Sie die Kinder in Englisch?«
»Ja, das stimmt.«
»Und sind sie gute Schüler?«
Ich erwiderte, daß ich mit ihnen zufrieden sei.
Sie sagte: »Sie können sich setzen.« Dann deutete sie auf einen Stuhl, der ganz in ihrer Nähe stand, und fügte hinzu: »Hier.«
»Wie lange sind Sie schon auf Klocksburg?« fuhr sie fort.
Ich sagte es ihr.
»Warum sind Sie hergekommen?«
»Frau Graben unternahm eine Reise nach England, und wir lernten uns kennen. Sie hielt es für gut, die Kinder in Englisch auszubilden.«
»Frau Graben? Wie kommt sie dazu, zu entscheiden, daß die Kinder in Englisch unterrichtet werden sollen?«
»Vielleicht kann sie Ihnen das sagen.«
Ihre Augenbrauen hoben sich fast unmerklich. Hoffentlich war meine Erwiderung nicht ungehörig; das hatte ich nicht beabsichtigt. Ich war nur entsetzlich nervös, weil sie eine Stellung einnahm, die eigentlich mir zustand; weil sie sich für Maximilians Frau hielt und es nicht war. Ich konnte mir nicht vorstellen, wie sie die Wahrheit aufnehmen würde. Sie war hochmütig und dünkelhaft und würde sich wohl sehr gedemütigt fühlen. Bestimmt konnte sie es nur schwer ertragen, wenn man ihren Stolz verletzte.
»Wir leben in einer schweren Zeit, Miss Trant«, sagte sie. »Vielleicht wäre es gut, wenn Sie in Ihre Heimat zurückkehren würden.«
Ich war sicher, daß ihre Augen nun sogar noch kälter glitzerten. Sie weiß es, dachte ich. Sie will mir zu verstehen geben, daß ich mich zurückziehen soll. Ich hatte den Eindruck, daß sie mich vor die Entscheidung stellte, zu fliehen oder die Folgen für mein Hierbleiben zu tragen.
Nach Hause zurückkehren – Maximilian verlassen! Als hätte ich das gekonnt! War er nicht mein Mann? Doch ich empfand Mitleid mit ihr. Jede Frau in ihrer Lage hätte mir leid getan, ob sie eine

stolze Prinzessin oder die einfache Tochter eines Holzfällers war. In diesem Augenblick wußte ich, daß ich für das kämpfen würde, was mein war. Weil ich den Besuch bei Dr. Kleine noch so frisch in Erinnerung hatte, dachte ich an die Kinder, die ich haben würde; es mußte mein Sohn sein, der Erbe seines Vaters wurde, nicht der ihre. Für mich selbst wünschte ich mir keine großen Reichtümer. Ich wäre glücklicher gewesen, wenn mein Mann einen weniger hohen Rang bekleidet hätte, doch für meine Kinder würde ich kämpfen wie jede andere Mutter auch.

»Ich habe nicht den Wunsch, nach England zurückzukehren«, sagte ich. »Ich beabsichtige hierzubleiben.«

Sie neigte den Kopf. Welches Geheimnis verbargen diese Augen? Sie war wirklich wie eine Schlange. Ihr Blick verriet nichts, ihr Mund war streng und kalt. Ich hatte das Gefühl, als wäre die unsichtbare Waffe schon gezückt; bereit, mich zu vernichten.

»Der Krieg kann jeden Augenblick ausbrechen. Mein Mann, der Herzog, ist sehr in Sorge.«

Ich spürte, wie Farbe in meine Wangen stieg, wollte sagen: ›Nein – mein Mann! Und denken Sie nicht, ich wüßte nichts von seinen Sorgen.‹

Natürlich war das unvernünftig; ich benahm mich töricht. Sie hatte keine Ahnung, daß ich Maximilians Frau war. So kalt und herablassend benahm sie sich wohl jedem gegenüber, den sie für weit unter ihrem Stand hielt.

»Ich würde allen Ausländern zur Abreise raten«, sagte sie. »Aber Sie möchten nicht gehen. Ihre Arbeit scheint Sie ganz auszufüllen.«

»Ich ziehe es vor, hierzubleiben. Es ist freundlich von Euer Gnaden, sich meinetwegen zu beunruhigen.«

Das war Heuchelei, denn ich wußte sehr gut, daß an ihrer Unruhe nichts Freundliches war. Sie sorgte sich nicht im geringsten um mein Wohlergehen. Sie war mit einer bestimmten Absicht hergekommen.

»Nachdem Sie bleiben werden«, sagte sie, »will ich Sie um Ihre Hilfe bitten. Ich hoffe, Sie werden mir meine Bitte nicht abschlagen.«

Ja, sie trieb ihr Spiel mit mir – wollte mich vielleicht sogar quälen.

In diesem Augenblick war ich überzeugt, daß sie alles wußte; doch im nächsten Moment sagte ich mir, daß meine Phantasie mit mir durchging.
»Es wird Krieg geben«, fuhr sie fort. »Daran besteht kein Zweifel. Ich habe vor, eines der kleineren Schlösser als Lazarett einzurichten. Wir werden jede nur mögliche Hilfe brauchen. Sind Sie bereit, sich uns anzuschließen, Miss Trant?«
Überrascht hob ich den Kopf. Welch lächerliche Einbildungskraft ich doch besaß! Sie war ja nur gekommen, um mich zu bitten, ihr im Lazarett zu helfen. Und ich hatte vermutet, daß sie plante, mich umzubringen!
Ich war ungeheuer erleichtert und zeigte es wohl auch. »Ich will alles tun, um zu helfen«, sagte ich. »Allerdings muß ich vorausschicken, daß ich in der Pflege von Verwundeten nur wenig Erfahrung habe.«
»Die wenigsten von uns sind ausgebildete Pflegerinnen. Wir werden es lernen müssen. Ich kann also auf Ihre Hilfe rechnen, Miss Trant?«
»Wenn es wirklich zum Krieg kommen sollte, werde ich gern meine Kräfte zur Verfügung stellen.«
»Ich danke Ihnen, Miss Trant; das ist freundlich von Ihnen. Ich habe ein Schloß dafür ausgewählt, das wir ›Landhaus‹ nennen; die Regierung hatte dort vor Jahren ihren Sitz. Haben Sie es schon einmal gesehen?«
Ich verneinte.
»Es steht auf der anderen Seite des Berges und ist leicht zugänglich. Ich hoffe, daß wir es nicht brauchen werden, aber wir müssen vorbereitet sein.« Die kalten Augen blickten direkt in die meinen. »Es hat keinen Sinn, sich von den Ereignissen überraschen zu lassen. Man muß darauf gefaßt sein, ihnen zu begegnen, wenn sie eintreffen. Ich bin sicher, daß Sie meiner Meinung sind.«
»Ja, das bin ich.«
Sie machte eine sehr gebieterische Handbewegung, um anzuzeigen, daß das Gespräch beendet war. Ich erhob mich und ging zur Tür.
Als ich dort ankam, sagte sie: »Ich werde Ihre Hilfe in Anspruch nehmen ... bald.«

Ich erwiderte, daß ich zu ihrer Verfügung stünde.
Als ich aus dem Rittersaal ging, stieß ich fast gegen Frau Graben.
»Kommen Sie mit in mein Wohnzimmer«, sagte sie. »Ich mache Ihnen eine Tasse Tee.«
Ich folgte ihr; das Wasser im Kessel kochte bereits.
»Hier«, sagte Frau Graben während des Eingießens. »Wie denken Sie über die Sache?«
Es war unnötig, zu fragen, woher sie den Inhalt des Gespräches kannte. Ich wußte – und sie wußte, daß ich es wußte –, daß sie die ganze Zeit gelauscht hatte.
»Ich nehme an, es ist wirklich gut, auf alles vorbereitet zu sein. Wenn wir Krieg bekommen, wird es Verletzte geben. Wir werden Lazarette bitter nötig haben.«
»Warum mag sie wohl hergekommen sein?«
»Sie braucht so viele Hilfskräfte wie nur irgend möglich.«
»Ich weiß, ich weiß. Aber warum wollte sie mit *Ihnen* sprechen? Will Ihre Hochwohlgeboren jeden einzelnen persönlich auffordern, mitzuhelfen?«
»Vielleicht ist es nur, weil ich Ausländerin bin. Sie haben ja gehört, daß sie mir geraten hat, das Land zu verlassen.«
Frau Graben verengte die Augen zu einem Spalt. »Ich frage mich, wieviel sie weiß. Sie haben überall ihre Spitzel. Sie können sich darauf verlassen, daß Maximilians Besuche auf Klocksburg nicht unbemerkt geblieben sind – warum sollte er hierherkommen, werden sie sich fragen. Nun, auf eine solche Frage gibt es für sie nur eine Antwort: Es geht um eine Frau!«
»Sie machte keinerlei Andeutungen, daß sie etwas weiß.«
»Ach, als ob sie das tun würde! Verschlossen ist sie, und an der Oberfläche kalt wie Eis. Aber was verbirgt sich darunter? Ich bin neugierig, was sie unternehmen wird. Menschen – sie sind interessant zu beobachten. Wenn die Prinzessin in Ihnen nichts als eine Nebenbuhlerin sieht, wird sie Ihnen das Leben vielleicht nur ein wenig schwer machen. Aber wenn sie erfahren hat, daß Sie seine wirkliche und gesetzmäßig angetraute Ehefrau sind ...« Frau Graben lachte so, daß ich dachte, sie würde ersticken.
»Es scheint Sie zu amüsieren«, sagte ich kühl. »Manchmal glaube ich fast, Sie sind eine boshafte Frau.«

»Ich habe meine Eigenarten wie jeder andere. Menschen – was weiß man schon von ihnen?«
Wie recht sie hatte! Man ahnt nicht, was in einem anderen vorgeht. Nur bei dem Menschen, der einem am nächsten steht, gibt es keine Ungewißheit.
O Maximilian, betete ich, komm bald zurück!

Am nächsten Tag erschien ein Bote des Grafen. Er kam in einer Kutsche, dessen aufgemaltes Wappen dem des Herzogs so ähnlich war, daß ich zuerst glaubte, Maximilian wäre wieder hier. Meine Enttäuschung war groß, als ich den Irrtum bemerkte.
Frau Graben hatte die Kutsche natürlich ebenfalls gesehen und festgestellt, weshalb sie hergeschickt worden war.
»Eine Nachricht von Fredi«, sagte sie. »Sie müssen zu ihm in sein Schloß kommen. Er möchte Sie wegen der Englischstunden für die Kinder sprechen.«
Ich starrte sie bestürzt an. Sie nickte grimmig.
»Wir können einen Befehl des Grafen nicht mißachten – nicht, ehe man Sie öffentlich als Herzogin anerkannt hat. Aber er hat nicht gesagt, daß Sie allein kommen sollen, obwohl ich nicht daran zweifle, daß er genau das erwartet. Ich kenne Fredi! Ich werde mit Ihnen fahren.«
Ich war froh über ihre Begleitung; sie brachte stets einen Anflug von Leichtigkeit in jedes Ereignis. Ihr starkes Interesse an allen Vorgängen und ihre Entschlossenheit, ihnen das größtmögliche Vergnügen abzugewinnen, waren ansteckend.
»Fredi wird nicht besonders begeistert sein, mich zu sehen«, kicherte sie. »Aber Maxi hat Sie meiner Obhut anvertraut, und ich denke nicht daran, meine Pflichten zu vernachlässigen.«
Ihre Augen blitzten vor Erregung. Sicherlich war ihr ein tragisches Ereignis lieber als überhaupt keines.
Endlich erreichten wir das Schloß des Grafen. Es ähnelte dem des Herzogs und wirkte kaum weniger großartig.
»Fredi liebt es, sich vorzustellen, er wäre der Herzog«, brummte Frau Graben. »Aber wie ich früher schon mehr als einmal zu ihm sagte: Solange er sich mit der bloßen Vorstellung begnügt, habe ich nichts dagegen einzuwenden.«

Wir passierten die Schildwachen, die Frau Graben alle kannten, und gingen in den Rittersaal. Dort erwartete uns ein Diener in prächtiger Livree – ebenso prächtig wie die traditionelle Livree der herzoglichen Lakaien und kaum abgewandelt – und führte uns in ein Vorzimmer.
Der Graf selbst empfing uns. Er sah mißmutig drein, als er Frau Graben entdeckte.
»Du! Du lästiges altes Frauenzimmer«, sagte er.
»Nun, Fredi, vergessen Sie nicht, mit wem Sie sprechen!«
»Ich habe nicht nach dir geschickt.«
»Natürlich bin ich mitgekommen. Ich kann nicht zulassen, daß junge Damen meines Haushalts unbegleitet Besuche machen.«
Obwohl er verärgert war, merkte ich, daß sie es noch immer verstand, sich bei ihm Respekt zu verschaffen. Sie konnte sowohl den Grafen als auch Maximilian mit einem Wort oder einem Blick in ihre Kinderzeit zurückversetzen. Sie mußte einst als ihre Kinderfrau große Macht auf sie ausgeübt haben, und diese Macht hatte sie noch nicht völlig verloren. Sie rief Gereiztheit bei ihnen hervor, besaß aber noch immer ihre Zuneigung. Das bestätigte unzweifelhaft Frau Grabens Beobachtungen über menschliches Verhalten. Jeder Mensch hat so viele verschiedene Wesenszüge; selbst der Graf, der doch unleugbar ein skrupelloser Mann war, empfand noch jetzt eine gewisse Anhänglichkeit für seine ehemalige Kinderfrau.
»Sie wollten Miss Trant sprechen. Nun, ich habe sie Ihnen gebracht.«
»Du wartest hier«, sagte er zu ihr. »Miss Trant, kommen Sie bitte mit mir.«
Dagegen konnte sie nichts einwenden. Ich mußte mit ihm gehen, doch die Gewißheit, daß Frau Graben hier auf mich wartete, erleichterte mich sehr.
Er schloß die Tür fest hinter ihr, und ich folgte ihm über eine breite Treppe hinauf in ein kleines, holzgetäfeltes Zimmer. Vom Fenster in der Nische hatte man einen herrlichen Blick auf die umliegenden Berge, doch solche Ausblicke waren nun beinahe schon zur Gewohnheit für mich geworden.
»Wenn Sie bitte Platz nehmen wollen, Miss Trant«, sagte er,

brachte mir einen Stuhl und stellte ihn so, daß das helle Licht vom Fenster direkt auf mein Gesicht fallen mußte. Er selbst setzte sich auf die Fensterbank, mit dem Rücken zur Sonne. Er verschränkte die Arme und musterte mich eindringlich.

»Machen die Kinder Fortschritte?«

Ich wußte, daß er mich nicht herholen ließ, um auf diese Frage eine Antwort zu bekommen. Ruhig erwiderte ich, daß sie zu meiner Zufriedenheit lernten.

»Ich interessiere mich sehr für ihren Unterricht – seit Sie hier sind.« Ein Schimmer von Humor erschien in seinen Augen. Er wollte mir damit natürlich zu verstehen geben, daß er sich für mich interessierte.

»Es ist weit von hier bis nach Klocksburg, und ich bin sehr beschäftigt. Ich würde die Kinder gern öfter sehen. Deshalb kam ich auf die Idee, sie hierher aufs Schloß zu holen.«

»Ich glaube, es wäre falsch, sie in eine neue Umgebung zu bringen«, sagte ich rasch.

»Tatsächlich? Und weshalb?«

»Klocksburg war immer ihr Zuhause. Sie sind mit der Dienerschaft vertraut.«

»Sie können Klocksburg immer besuchen, und ich wünsche nicht, daß sie sich mit den Dienern anfreunden.«

»Sie fühlen sich unter Frau Grabens Obhut sehr wohl.«

»Das bezweifle ich nicht«, sagte er grimmig. »Aber ich will, daß aus den Jungen einmal Männer werden. Sie sollen sich nicht wie kleine Küken unter den Flügeln der alten Glucke verstecken. Überdies würde ich es sehr begrüßen, Sie öfter zu sehen, Miss Trant. Sie sind eine faszinierende Frau.«

»Danke.«

»Danken Sie mir nicht. Danken Sie den himmlischen Mächten, die Sie so geschaffen haben.«

Ich erhob mich. »Ich glaube, ich werde jetzt gehen.«

»Gesprochen wie eine ... Herzogin. Mein Gott, Sie haben genau die richtigen Allüren! Das scheinen Sie sich auf Klocksburg angewöhnt zu haben. Natürlich waren Sie schon immer in der Lage, Ihrer Mißbilligung Ausdruck zu verleihen. Erinnern Sie sich an unser erstes Zusammentreffen? Aber seitdem haben Sie sich ver-

ändert – um genauer zu sein, seit mein Cousin zurückgekommen ist.«
Ich machte ein paar Schritte auf die Tür zu, doch er war schon neben mir und griff nach meinem Arm.
»Ich wäre froh, wenn Sie Ihre Hand wegnehmen würden.«
»Aber Miss Trant, das ist doch nicht das erstemal, daß man Sie berührt.«
»Sie sind unverschämt.«
»Verzeihen Sie mir – Herzogin!« Sein Gesicht war nun dicht vor mir. »Wie Sie sehen, weiß ich eine ganze Menge über Sie.« Er ließ meinen Arm nicht los, und seine brutale Männlichkeit erschreckte mich. Dankbar dachte ich an Frau Graben.
»Wenn Sie mich nicht sofort freigeben –«
»Was werden Sie dann tun?«
»Ich werde dafür sorgen, daß der Herzog –«
»Mein edler Cousin ist weit weg. Wenn er zurückkehrt, werden Sie ihm berichten, daß ich es gewagt habe, sein Eigentum anzufassen, nicht wahr?« Sein grausames Gesicht war mir so nahe, daß sein Atem mich streifte. »Ich weiß sehr viel von Ihnen, meine falsche Herzogin. Sie haben Maximilian vor neun Jahren kennengelernt, stimmt's? Sie sind hierhergekommen, um ihn zu suchen. Sie wollten diese interessante Liebschaft wieder aufnehmen. Für Sie mag es eine ungewöhnliche Geschichte sein, aber für uns ist sie recht alltäglich; ich habe das alles sogar selbst schon durchgespielt: Ein naives Mädchen vom Land, das die Welt noch nicht kennt. Sie bewahrt ihre Tugend wie ein Heiligtum, und deshalb ist eine Scheinheirat erforderlich.«
»Sie irren sich.« Er hatte mich zu dieser Antwort herausgefordert. »Es hat keine Scheinheirat stattgefunden.«
»Sie lassen sich noch immer täuschen, Miss Trant?«
»Woher wissen Sie das eigentlich alles?«
»Meine liebe Miss Trant, ich habe Mittel und Wege, das zu erfahren, was ich wissen möchte. Meine Spione arbeiten sehr gut. Sie werden doch nicht wirklich glauben, daß mein Cousin mit Ihnen verheiratet ist?« Ich erwiderte nichts, und er fuhr fort: »Ach, ich sehe schon, daß Sie es tun. Sie glauben es tatsächlich. Nicht einmal er wäre ein solcher Narr. Es ist so leicht – Sie können sich

nicht vorstellen, wie leicht! Eine einfache kleine Feier, ein Freund, der sich zuvorkommenderweise als Priester ausgibt. Das ist in der Vergangenheit schon tausendmal so gemacht worden und wird zweifellos noch tausendmal geschehen.«

»Ich kann diese Angelegenheit nicht mit Ihnen besprechen.«

»So gern ich Ihnen auch entgegenkomme, können wir doch nicht immer nur über Themen sprechen, die Ihnen angenehm sind.«

»Warum haben Sie mich herholen lassen? Um mir das zu sagen?«

»Das war nur en passant. Ich habe Sie rufen lassen, um Sie davon zu unterrichten, daß die Kinder künftig hier wohnen sollen, und Sie als ihre Lehrerin werden sie natürlich begleiten. Ich kann Ihnen versprechen, daß Ihr Aufenthalt hier ebenso angenehm sein wird wie auf Klocksburg. Was haben Sie dazu zu sagen?«

»Ich habe nichts zu sagen.«

»Das heißt also, daß Sie sich unverzüglich darauf vorbereiten werden, Klocksburg zu verlassen.«

»Ich werde Klocksburg nicht verlassen.«

»Soll das bedeuten, daß Sie Ihre Stellung aufgeben wollen?«

»Ich werde es tun, wenn Sie auf der Übersiedelung der Kinder bestehen.«

»Und was wird dann aus Fritz, Ihrem ganz besonderen Schützling?«

Unwillkürlich erschrak ich, denn mit einemmal hatte ich ein entsetzliches Bild vor Augen, wie er den Jungen durch seinen Sadismus quälen konnte. Hatte ich Fritz in der Seligkeit über Maximilians Rückkehr ein wenig vernachlässigt?

Ich fürchtete nicht für mich. Maximilian würde mich vor diesem Mann beschützen, doch selbst wenn wir unsere Heirat nicht länger geheimhalten mußten, würde Fritz noch immer in seiner Gewalt sein. Der Junge war mir ans Herz gewachsen; er brauchte mich, und ich wußte, daß ich schon viel für ihn getan hatte.

Der Graf beobachtete mich tückisch. Er schien meine Gedanken lesen zu können. Wieder war sein Gesicht dicht vor dem meinen. »Sie fühlen sich sehr zu meinem Sohn hingezogen, Miss Trant«, sagte er. »Das gefällt mir. Es zeigt mir, daß Sie eine warmherzige Frau sind. Und es verstärkt meine Bewunderung für Sie. Sie werden hierherkommen und sich weiter um ihn kümmern. Ich sehe

keinen Grund, weshalb wir beide nicht gute Freunde werden sollten. Sie können mit mir darüber sprechen, wenn Sie glauben, daß ich zu streng mit dem Jungen bin. Sie könnten Ihren Mutterinstinkten freien Lauf lassen. Oh, Miss Trant, Sie sind eine wunderbare Frau. Ich will es Ihnen ganz offen sagen: Ich verehre Sie!«
»Ich möchte jetzt gehen.«
»Und Sie werden meinen Vorschlag in Erwägung ziehen. Denken Sie nicht zuviel an jenen längst vergangenen Zwischenfall. Max und ich, wir beide sind uns sehr ähnlich, waren es schon immer. Wir sind zusammen aufgewachsen und haben den gleichen Geschmack entwickelt. Diese teuflische Graben wird Ihnen das bestätigen. Was die Angelegenheit im Jagdhaus betrifft, seien Sie vernünftig. Ich möchte nicht, daß Sie ihr zu große Bedeutung beimessen. Solche »Kriegslisten« waren früher an der Tagesordnung, und auch in der Gegenwart sind sie nichts Außergewöhnliches. Und stellen Sie sich einmal vor, es wäre keine Scheinheirat gewesen! Wie denken Sie sich die Folgen? Verdruß! Eine Menge Verdruß! Und Klarenbock – glauben Sie, die Bürger dieses Staates würden ruhig danebenstehen und die Demütigung ihrer Prinzessin hinnehmen? Und selbst wenn sie es täten, wie wäre die Reaktion unserer Untertanen? Sie würden Sie niemals anerkennen – eine Ausländerin ohne Rang und Namen, wie anziehend Sie auch immer sein mögen. Wissen Sie, was dann passieren würde? Für Maximilian wäre es das Ende. Im günstigsten Fall würde er abgesetzt. Sie würden ihn doch nicht so ins Unglück stürzen wollen – ihn und unser kleines Rochenstein! Aber Gott sei's gelobt, es ist nicht so. Die Zeremonie im Jagdhaus war wie so viele andere vorher, die das Herzogtum nie in seinen Grundfesten erschüttert haben. Warum sollte es also diesmal der Fall sein?«
Es war nicht länger unser Geheimnis. Der Mann, den ich instinktiv für unseren gefährlichsten Feind hielt, kannte es.
Ich mußte von hier fort und über alles nachdenken.
Ich hörte ihn sagen: »Wenn es soweit ist, wird man Sie und die Kinder in einer Kutsche abholen. Ich freue mich schon, Sie hier willkommen zu heißen. Wir werden unsere interessante Freundschaft dann leichter fortsetzen können – und das wird mir das größte Vergnügen bereiten.«

Ich erzählte Frau Graben alles, während die Kutsche uns nach Klocksburg zurückbrachte.
»Er will die Kinder zu sich nehmen? Davon ist mir nichts bekannt.«
»Er behauptet, er würde es tun. Und er weiß von unserer Trauung im Jagdhaus! Er sagt, es war eine Scheinheirat.«
»Er lügt. Maxi war nie ein Lügner, aber Fredi würde sich aus jeder Schwierigkeit herauslügen. Ich kenne ihn gut.«
»Er benahm sich mir gegenüber sehr beleidigend. Ich fürchte für Fritz.«
»Er begehrt Sie, weil Maxi Sie liebt. Aber Sie werden nicht in sein Schloß gehen.«
»Nein«, stimmte ich ihr zu. »Doch was wird aus Fritz?«
Frau Graben runzelte die Stirn. »Er kann die Kinder gar nicht zu sich nehmen. Die Gräfin wäre damit nie einverstanden. Sie ist der einzige Mensch, vor dem er Angst hat. Sie würde die unehelichen Kinder ihres Mannes nicht in ihrem Schloß dulden, davon bin ich überzeugt. Er will uns nur hinters Licht führen, unser Fredi.«
»Er weiß von der Trauung – wie kann er das herausgefunden haben?«
»Spitzel ... überall. Er ist genauso heimtückisch wie sein Vater. Ich habe ihn nicht streng genug erzogen.«
»Er bringt Ihnen mehr Achtung entgegen als irgendeinem anderen Menschen.«
Sie nickte lächelnd.
»Und er sagt«, fuhr ich fort, »daß die Leute sich gegen Maximilian erheben würden, wenn bekannt wird, daß ich seine Frau bin. Er behauptet, sie würden mich nie anerkennen, und Maximilian würde abgesetzt.«
»In der Tat! Und der liebe Fredi könnte für ihn einspringen und das Herzogtum übernehmen, wie?«
»Nun, ausgesprochen hat er das nicht.«
»Aber er stellt es sich so vor. Das hat immer schon an ihm genagt. Genau das beabsichtigt er, und er würde vor nichts zurückschrekken, um sein Ziel zu erreichen. Alles, was Maxi gehört, will er haben. Wie ich höre, ist er der Wirtstochter überdrüssig geworden. Das war eine seiner längsten Liebschaften. Ihr Vater ist gar nicht

glücklich darüber, der bedauernswerte Mann. Er war ganz vernarrt in sie; sie ist sein einziges Kind. Aber Fredi kommt einfach daher und muß seinen Willen haben. Armes Mädchen! Oh, wir müssen Fredi gut im Auge behalten!«

»Ich warte so sehnsüchtig auf Maximilians Rückkehr!«

»Nun, das ist nicht anders als recht und billig, wenn man bedenkt, daß er Ihr rechtmäßiger Gatte ist. Wir können nichts tun als abwarten. Es wird bald etwas geschehen, ich fühle es in meinen Knochen – und es wird etwas ganz Außerordentliches sein!«

Ich hatte sie kaum jemals so aufgeregt gesehen.

Ich war sehr darauf bedacht, den Kindern zu verheimlichen, daß der Graf sie von Klocksburg holen wollte. Je länger ich darüber nachdachte, desto mehr war ich geneigt, Frau Graben zuzustimmen. Die Gräfin, die ich flüchtig gesehen hatte, wirkte sehr energisch. Wahrscheinlich hatte Frau Graben recht, wenn sie meinte, daß die Gräfin die illegitimen Sprößlinge ihres Mannes nie im Schloß dulden würde, wo ihr eigener Sohn aufwuchs. Ja, er hatte mich nur zu erschrecken versucht. Doch es gab keinen Zweifel, daß er über meine Trauung mit Maximilian im Jagdhaus unterrichtet war.

Die Jungen hörten nicht auf zu quengeln; sie wollten das herzogliche Grab besuchen, und einen Tag nachdem ich ins Schloß des Grafen beordert worden war, gingen wir zur Gräberinsel. Liesel kam nicht mit uns, sondern blieb bei Frau Graben zurück.

Ein Boot lag am Ankerplatz, und die Jungen erklärten, sie wollten lieber selbst rudern statt auf den alten Charon zu warten. Sie zankten sich ein bißchen, wer die Ruder übernehmen durfte.

Ich schlug vor, eine Münze zu werfen und den Zufall darüber entscheiden zu lassen, wer von ihnen uns auf die Insel rudern sollte und wer wieder zurück ans Land. Das erschien ihnen gerecht. Dagobert durfte uns schließlich über den See rudern. Fritz beobachtete ihn genau, um festzustellen, ob seine Ruderschläge auch wirklich vorschriftsmäßig ausfielen.

Als wir an Land kletterten, kam Charon aus seinem Haus, um uns zu begrüßen. Seine Augen, tief in das runzlige Fleisch eingebettet, blickten uns an.

»Traurige Dinge sind geschehen, seit Sie zum letztenmal hier waren«, sagte er.
Er gab mir seine Hand; sie war kalt und trocken, wie ich sie in Erinnerung gehabt hatte.
»Und jetzt sind Sie gekommen, um das herzogliche Grab zu besuchen.«
Der hohle Klang seiner Stimme war mir nun schon vertraut. »Wir haben in den letzten Tagen mehrere Besucher hier gehabt; das ist immer so, wenn einer aus der Familie zur letzten Ruhe getragen wird.«
Ich war nun ein Mitglied der Familie, und vielleicht würden auch meine sterblichen Überreste einst auf dieser Insel begraben liegen.
»Kommen Sie mit«, sagte Charon. »Kommt, ihr beiden. Ich zeige Ihnen, wo der alte Herzog liegt. Möge Gott seiner Seele gnädig sein.«
Ich ging neben ihm, und die Jungen folgten uns. Sie waren ungewöhnlich ernst. Sicher hatten sie genau wie ich das Gefühl, daß der Tod hier gegenwärtig war.
Dagobert fragte: »Hast du schon jemanden gefunden, den du anlernen kannst, damit er einmal deinen Platz einnimmt, Franz?«
»Ich bin noch immer allein auf der Insel, wie ich es so viele Jahre hindurch war«, antwortete dieser.
»Ich frage mich, wer sich um all die toten Leute kümmern wird, wenn du gestorben bist.«
»Es wird sich finden«, sagte Charon.
»All die toten Leute«, grübelte Dagobert. »Sie brauchen jemanden, der ihre Gräber betreut. Bestimmt hätte jeder Angst, hier zu leben – nur du nicht, Franz. Fürchtest du dich manchmal?«
»Die Toten waren zu lange meine Gefährten, als daß ich sie fürchten könnte.«
»Möchtest du hier allein sein, wenn es dunkel ist, Fritz?« fragte Dagobert.
Fritz zögerte, und Dagobert beschuldigte ihn: »Du hättest Angst! Du würdest schreien, wenn die Toten aus ihren Gräbern steigen…«
»Du weißt genau, daß du auch nicht gern hier alleinbleiben würdest, wenn es dunkel ist, Dagobert«, mischte ich mich ein. »Und

nachdem keiner von uns in diese Lage kommen wird, ist es sinnlos, darüber zu sprechen.«
»Mir würde es nichts ausmachen!« prahlte Dagobert. »Ich würde mich auf die Grabsteine setzen und sagen: ›Kommt heraus zu mir, ich habe keine Angst vor euch!‹«
»Du wärst auch nicht mutiger als alle anderen«, erwiderte ich.
»Vielleicht fürchten sie sich selbst auch«, meinte Fritz. »Ich möchte nicht in einer Grube liegen, unter einer ganzen Masse Erde.«
»Redet nicht so«, mahnte ich.
Wir waren zu der breiten Allee gekommen, und dort sah ich das neue Grab, über und über voll Blumen. Die großen Steinbildnisse und Statuen waren noch nicht aufgestellt worden.
»Diese Blumen sind wirklich schön.«
»Ich habe sie gleich ein paar Stunden nach der Beisetzung Seiner Gnaden gepflanzt«, sagte Franz.
Die Jungen blieben stehen und betrachteten die Stätte mit feierlichen Gesichtern.
»Gibt es auch Leute, die begraben werden, ehe sie tot sind?« wollte Dagobert wissen.
»Was für eine Frage! Warum sollte man so etwas tun?« erwiderte ich leichthin.
»Manchmal sind schon Leute lebendig begraben worden. In den Klöstern hat man sie eingemauert.«
»Jetzt habt ihr das Grab des Herzogs gesehen. Wollt ihr noch zu euren Müttern gehen?«
Natürlich wollten sie das; wir verließen also den großen Friedhof und traten durch die Pforte. Franz begleitete uns. Wieder erinnerte er mich an den Fährmann über den Styx, den Fluß der Unterwelt – mit seinen schwarzen Gewändern, die ihm um die Knöchel flatterten, und den grauen Locken, die unter seinem Käppchen hervorquollen. Er war wie ein Bote des Todes.
»Seid vorsichtig bei dem neuen Grab«, sagte er.
»Ein neues Grab?« Dagoberts Augen funkelten. »Wessen Grab?«
»Ich habe es gerade heute morgen ausgehoben«, murmelte Charon.
»Dürfen wir es sehen?« fragte Fritz.

Franz streckte die Hand aus. »Es ist ganz in der Nähe. Ich habe es mit Holzbrettern abgedeckt.«
»Ich möchte hinunterschauen«, sagte Fritz.
»Seid vorsichtig, fallt nicht hinein. Ihr könntet euch sonst ein Bein brechen.«
Sie waren begierig, es zu sehen. Ich ging mit ihnen auf das Grab zu, und wir schauten hinunter in die tiefe, schwarze Grube.
Ich spürte, wie ich eine Gänsehaut bekam. Ich schauderte bei der Vorstellung, daß hier bald ein Sarg in die Erde gesenkt würde. Wieder war ein Leben zu Ende gegangen.
»Wer soll hier begraben werden?« fragte ich.
»Eine junge Frau«, erwiderte Charon und schüttelte den Kopf. »Zu jung, um zu sterben. Sie ist die Tochter des Wirtes von Rochenberg.«
Auch sie! Ich wußte, daß sie sich das Leben genommen hatte. Die Gunst des Grafen hatte sie schließlich wie andere vor ihr zur Gräberinsel geführt.
Ich sehnte mich danach, diesem Ort den Rücken zu kehren.

Während des Tages erfüllte mich eine sich ständig steigernde Spannung. Ich wartete auf etwas und wußte nicht, worauf. Doch eines war mir klar: Dieser Zustand konnte nicht mehr lange anhalten. Ich lauschte auf den Klang von Hufschlägen von der Straße her. Vielleicht kam Maximilian. Wie sehr wünschte ich ihn herbei – nicht allein wegen der Seligkeit, die seine Gegenwart immer für mich bedeutete, sondern auch aus dem verzweifelten Wunsch, ihm von meinen wachsenden Befürchtungen zu erzählen. Und wenn ich aus dem Schloßhof die Geräusche einer Kutsche vernahm, die den Befehl des Grafen brachte, die Kinder zur Abreise fertigzumachen – was sollte ich dann tun? Ich würde nicht mitkommen, doch wie konnte ich zulassen, daß Fritz ohne mich fuhr? In meinem Kopf formten sich wilde Pläne, wie ich Fritz hierbehalten konnte. Vielleicht konnte ich behaupten, er sei krank. Aber nein, das würde diesmal nichts nützen. Ich mußte einen Ausweg finden!
»Mein Gott«, sagte Frau Graben, »Sie sind ja ganz durcheinander.«
»Ich fürchte, der Graf könnte die Kinder holen lassen.«

»Ich sage Ihnen doch, er wagt es nicht. Die Gräfin würde es nie dulden – gerade jetzt, wo der Skandal noch ganz frisch ist. Dieses Mädchen, die Wirtstochter, erwartete ein Kind von Fredi und hat sich das Leben genommen.«
»Ich habe das Grab gesehen, das Franz für sie ausgehoben hat.«
»Die arme Seele! Was für eine Todesart! Sie hat sich vom höchsten Dachfenster des Gasthauses in den Hof ihres Vaters gestürzt. Es heißt, er hätte sie dort gefunden. Er wurde fast wahnsinnig. Sie war sein einziges Kind.«
»Eine furchtbare Tragödie!«
»Diese Närrin! Fredi hätte für sie und das Kind gesorgt, obwohl er ihrer überdrüssig war. Dann hätte man uns eben noch ein viertes kleines Ziehkind gebracht. Armes, törichtes Mädchen! Es fängt immer so romantisch an, und dann müssen sie für alles bezahlen.«
»Nur er nicht«, sagte ich grimmig.
»Fredi hält es für sein gutes Recht. Und sie wußte von Anfang an Bescheid. Es ist schon anderen vor ihr widerfahren. Es konnte nicht von Dauer sein. Fredi kann keiner Frau lange treu bleiben. Aber jetzt ist es vorüber und soll jungen Mädchen zur Warnung dienen. Machen Sie sich keine Gedanken mehr! Ich versichere Ihnen, er wird die Kinder nicht holen lassen! Wie könnte er das tun? Die Gräfin würde sie nie unter dem gleichen Dach mit dem zukünftigen Grafen dulden. Nein, sie bleiben hier, verlassen Sie sich darauf. Und jetzt können wir nur auf Maxi warten.«
Wie ich den Tag seiner Rückkehr herbeiwünschte!

Es muß kurz nach Mitternacht gewesen sein. Ich war zur üblichen Zeit zu Bett gegangen und hatte längst fest geschlafen, als ich davon erwachte, daß Frieda vor meinem Bett stand. Sie hielt eine brennende Kerze in der Hand.
»Miss Trant!« rief sie. »Wachen Sie auf! Fritz liegt nicht in seinem Bett!«
Ich schreckte hoch, fuhr hastig in meine Pantoffel und warf den Schlafmantel über.
»Er scheint wieder zu schlafwandeln, Miss Trant. Ich ging in sein Zimmer, weil ich ein Geräusch zu hören glaubte, aber er war nicht da. Sein Bett war leer.«

Frieda zitterte so, daß die Streichholzschachtel aus dem tellerartig geformten Kerzenhalter fiel und auf meinem Bett landete. Mit bebenden Fingern griff sie danach.
»Wir müssen ihn suchen«, sagte ich.
»Ja, Miss.«
Ich lief aus meinem Zimmer, und sie folgte mir mit der Kerze in der erhobenen Hand.
Als ich in Fritz' Zimmer kam, war sein Bett noch immer leer.
»Er kann nicht weit sein«, sagte ich.
»Miss«, flüsterte Frieda, »ich habe im Treppenturm einen starken Luftzug bemerkt und konnte mir nicht erklären –«
»Einen Luftzug? Aber das bedeutet doch, daß irgendwo ein Fenster offensteht!«
Ich rannte zur Wendeltreppe, denn mir war sofort klargeworden, was Frieda meinte. Angst überkam mich. Fritz, der im Schlaf durch das Schloß ging, hinauf in das Turmzimmer, ans Fenster – jenes Fenster, aus dem sich vor langer Zeit die arme Girda gestürzt hatte! Girdas Geschichte ließ den Jungen nicht los. Ich hatte geglaubt, die Kinder von ihrer krankhaften Furcht vor Gespenstern geheilt zu haben, doch wer konnte wissen, was in ihrem Innersten vorging? Und wenn Fritz schlafwandelte...
Ich lief die Treppe hinauf. Die Tür stand offen. Es gab keinen Zweifel, daß der Luftzug vom geöffneten Fenster kam.
Frieda war mir dicht auf den Fersen; gut, daß sie mir mit der Kerze leuchtete, denn es war eine dunkle, neblige Nacht. Der flackernde Schein erhellte das Zimmer mit dem offenen Fenster – dem Fenster, aus dem sich Girda gestürzt hatte, und von dem die Burgfelsen steil bis hinunter zum Tal abfielen.
Mit ein paar Schritten war ich dort und lehnte mich hinaus, konnte jedoch nichts als den schattenhaften Umriß der Berge sehen. Plötzlich spürte ich, daß jemand hinter mir stand. Ein warmer Atem schien meinen Nacken zu streifen. In diesem Augenblick dachte ich: Jemand will mich aus dem Fenster stoßen!
Ein Schrei erklang. Plötzlich war das Zimmer in Licht getaucht. Ich wandte mich um und sah Frieda an der Wand kauern. Sie hielt die Kerze nicht mehr in der Hand, sondern starrte entsetzt auf die samtene Tischdecke, die in Flammen stand.

Die Angst der letzten Sekunden war vergessen; in fliegender Hast ergriff ich einen Teppich und begann damit das Feuer zu ersticken. Frau Graben erschien mit hochgehaltener Kerze im Türrahmen. Ihre Haare waren unter der Nachthaube auf eiserne Lockenwickler gedreht.

»Mein Gott!« schrie sie. »Was geht hier vor?«

Ich schlug noch immer auf die qualmenden Überreste des Tischtuches ein. Mein Mund war wie ausgetrocknet; einen Moment lang brachte ich keinen Laut hervor. Dann sagte ich: »Frieda hat die Kerze fallenlassen, und ich glaube, ein Dritter war hier im Zimmer. Frieda, haben Sie jemanden gesehen?«

Sie schüttelte den Kopf. »Die Kerze ist umgefallen – die Flamme hat auf die Zündhölzer übergegriffen – die ganze Schachtel ging in Flammen auf ...«

»Wo waren Sie, Frau Graben?« fragte ich. »Haben Sie jemanden bemerkt?«

»Auf der Treppe ist mir kein Mensch begegnet.«

Frieda jammerte: »Es muß das Gespenst gewesen sein!«

»Sie zittern ja wie Espenlaub«, sagte Frau Graben zu mir. »Aber warum sind Sie eigentlich hier heraufgekommen?«

»Fritz!« stieß ich hervor. »Ich habe Fritz vergessen! Ich wollte nach ihm suchen. Er schlafwandelt wieder.«

»Nun, hier ist er jedenfalls nicht«, sagte Frau Graben.

Ich starrte angstvoll zum Fenster. »Wir müssen ihn suchen... überall!« rief ich wie von Sinnen.

»Kommen Sie mit«, sagte Frau Graben. »Frieda, stecken sie dieses Tischtuch vorsichtshalber ins Wasser. Wir dürfen kein Risiko eingehen.«

Wir stiegen die Wendeltreppe wieder hinunter und gingen zu Fritz' Zimmer. Die Tür stand offen. Zu meiner ungeheuren Erleichterung lag der Junge in seinem Bett.

Ich beugte mich über ihn und rief: »Fritz! Geht es dir gut?«

»Hallo, Miss Trant«, sagte er schlaftrunken.

Ich küßte ihn, und er lächelte selig. Ich nahm seine Hand in die meine; sie war warm. Verwundert dachte ich daran, wie eiskalt seine Hände und Füße sich damals angefühlt hatten, als ich ihn nachts auf dem Weg zum Stall fand.

»Ich habe ein Pferd gesehen«, murmelte er. »Es war glatt und glänzend, und ein Mann saß darauf mit einer goldenen Krone auf dem Kopf.«
»Du hast geträumt, Fritz«, sagte ich.
»Ja«, flüsterte er und schloß die Augen.
Frau Graben sagte: »Nun, wir gehen jetzt wohl am besten wieder zu Bett.«
Sie begleitete mich in mein Zimmer.
»Sie haben einen schlimmen Schock erlitten, Miss«, sagte sie. »Ich wollte in Friedas Gegenwart nicht darüber sprechen. Sie stand kurz vor einem hysterischen Anfall. Sie hatten also das Gefühl, daß jemand hinter Ihnen stand?«
»Ja«
»Aber Frieda hat nichts gesehen.«
»Ich verstehe das nicht. Aber es passierte alles gleichzeitig. Sie ließ die Kerze fallen, und die Streichhölzer fingen Feuer. Ich glaube, das hat mir das Leben gerettet.«
»Manche würden behaupten, es war das Gespenst. Deshalb hielten wir den Raum verschlossen. Es heißt, wer sich aus dem Fenster lehnt, würde von dem Zwang ergriffen, sich in die Tiefe zu stürzen.«
»Das ist Unsinn. Da war jemand – direkt hinter mir!«
»Sind Sie wirklich sicher? Obwohl Frieda keinen Menschen gesehen hat?«
»Glauben Sie, ich hätte es mir nur eingebildet?«
»Ich weiß nicht, was ich davon halten soll. Aber meiner Meinung nach wäre es besser, wenn Sie sich jetzt nicht den Kopf darüber zerbrechen würden. Ich bringe Ihnen einen heißen Schlaftrunk. Wenn Sie Ihre Tür verschließen, werden Sie sich sicher fühlen. Morgen sind Sie dann ausgeruht und können noch lange genug darüber nachdenken, was eigentlich vorgefallen ist.«
Sie schlüpfte hinaus und kam bald darauf mit der Arznei zurück. Sie war wirklich heiß und erwärmte mich schnell wieder. Frau Graben verschwand mit dem leeren Glas, und ich verriegelte die Tür hinter ihr. Zu meiner Überraschung war ich tatsächlich bald darauf fest eingeschlafen.
Ihr Schlaftrunk mußte sehr stark gewesen sein.

Am nächsten Morgen erwachte ich mit schwerem Kopf. Eilig wusch ich mich und zog mich an. Wieder und wieder überdachte ich den beängstigenden Vorfall der letzten Nacht. Bei Tageslicht verlor er ein wenig von seinem Schrecken. Eine unruhige Zeit lag hinter mir, und ich hatte mir vielleicht nur eingebildet, daß jemand hinter mir stand und mich aus dem Fenster stoßen wollte. Meine Phantasie hatte mir einen Streich gespielt – das schien die einzig logische Schlußfolgerung. Der Tod der Wirtstochter spukte mir wohl noch immer im Kopf herum. Wurde ich langsam wunderlich? Es schien nicht zu mir zu passen, aber ich hielt es nicht für unmöglich.

Ich mahnte mich selbst zur Ruhe; ich mußte mich genauso benehmen wie immer. So ging ich ins Schulzimmer und fand nur Fritz und Liesel dort vor. Sie sagten mir, Dagobert sei noch nicht aufgestanden.

»Er ist faul«, erklärte Fritz.

»Nein, ist er nicht!« Liesel verteidigte Dagobert wie immer. »Heute ist er nur eine alte Schlafmütze.«

Ich sagte, ich würde zu ihm gehen und ihn wecken.

»Wir haben schon gefrühstückt«, berichtete Liesel. »Fritz war unartig.«

»Nein, das war ich nicht!« erwiderte Fritz.

»Freilich. Er hat seine halbe Milch stehenlassen.«

»Das mache ich immer so. Du weißt, daß Dagobert die andere Hälfte austrinkt.«

»Er trinkt sie für dich.«

»Nein, das tut er nicht. Er trinkt sie, weil sie ihm schmeckt.«

Ich ließ sie weiter streiten und ging in Dagoberts Zimmer. Der Junge lag flach auf dem Rücken in seinem Bett. Ich beugte mich über ihn; eine entsetzliche Furcht packte mich. »Dagobert!« rief ich. »Wach auf, Dagobert!«

Er öffnete die Augen nicht. Ich betrachtete ihn genauer. Das war kein natürlicher Schlaf!

So schnell ich konnte lief ich in Frau Grabens Wohnzimmer.

Sie aß gerade ein Stück Pumpernickel, mit einem Kümmelgewürz bestreut, das sie besonders gern mochte. Was auch immer geschah, nichts konnte ihren Appetit beeinträchtigen.

»Frau Graben«, sagte ich, »ich sorge mich um Dagobert. Bitte kommen Sie mit mir und sehen Sie ihn sich an.«

»Ist er noch nicht aufgestanden?«

»Nein. Er schläft. Es kommt mir sehr eigenartig vor.«

Sie ließ ihren Pumpernickel zurück und folgte mir.

Dann warf sie einen Blick auf Dagobert und fühlte seinen Puls.

»Lieber Himmel!« rief sie. »Was geht hier vor? Man hat ihm ein Schlafmittel gegeben.«

»Dagobert? Ein Schlafmittel?« erwiderte ich atemlos.

Sie schüttelte den Kopf und machte ein ernstes Gesicht.

»Seltsame Dinge geschehen hier«, sagte sie. »Das gefällt mir nicht. Ich wüßte gern, wer dafür verantwortlich ist.«

»Was sollen wir tun?«

»Wir lassen ihn schlafen. Wir sagen den Kindern, daß Dagobert sich nicht wohl fühlt und noch ein paar Stunden im Bett bleiben muß, und daß sie ihn nicht stören dürfen.«

»Ich frage mich, ob zwischen diesem Vorfall und den Ereignissen der vergangenen Nacht ein Zusammenhang besteht?«

»In welcher Hinsicht, Miss Trant? Haben Sie eine Ahnung?«

»Nein. Ich bin nur noch immer davon überzeugt, daß heute nacht jemand im Turmzimmer wartete, um mich zu töten.«

»Haben Sie einen Verdacht, wer es gewesen sein könnte?«

»Nein, ich weiß es nicht. Aber es hängt mit meiner Verbindung zu Maximilian zusammen.«

»Ach«, sagte sie. »Wir sollten uns aber nichts vorstellen oder einbilden, ehe wir nicht ganz sicher sind, habe ich recht?«

»Ich bin sehr in Unruhe.«

»Das ist gut, denn dann werden Sie auf der Hut sein.«

»So seltsame Dinge sind passiert. Fritz, der schlafwandelte ...«

»Das hat er schon oft getan.«

»Und was ist mit Dagobert?«

»Der junge Dachs hat die Laudanumflasche von irgend jemandem erwischt und einen tüchtigen Schluck daraus genommen. So etwas würde mich gar nicht wundern. Wir kennen ihn ja. Er muß seine Nase in alles stecken.«

»Das ist eine zu einfache Erklärung«, sagte ich, »wenn man bedenkt, was mir widerfahren ist.«

»Wir lassen ihn ausschlafen. Er wird wieder ganz der alte sein, ehe der Tag vorüber ist.«
Wir gingen ins Schulzimmer zurück.
Fritz erzählte Liesel gerade: »Ich habe geträumt, daß jemand hereinkam und mich hochhob, und ich wurde weggetragen, ganz weit fort... Und ich war in einem anderen Land; da war ein Pferd – ein Pferd, auf dem ein Mann saß, und der Mann hatte eine Krone auf dem Kopf, die glänzte über und über.«

Am Nachmittag saß ich in meinem Zimmer, als an die Tür geklopft wurde. Ich rief »Herein!« und Prinzstein erschien.
»Die Kutsche steht bereit, Miss Trant«, sagte er. »Von der Herzogin kam eine Nachricht, daß ich Sie zum Landhaus bringen soll. Dort findet ein Treffen der Damen statt, die im Lazarett helfen wollen.«
»Ich habe keine Nachricht bekommen«, sagte ich.
»Sie wurde vor einiger Zeit gebracht. Meine Frau sollte es Ihnen sagen, aber ich glaube, Frau Graben hat ihr irgendeinen Auftrag gegeben. Sie muß es vergessen haben. Ich hoffe, Sie sind ihr nicht böse. Frieda ist ein ziemliches Nervenbündel, und das Feuer im Turmzimmer hat sie völlig durcheinandergebracht.«
»Das verstehe ich natürlich, aber so kann ich nicht fahren.«
»Vielleicht könnten Sie sich beeilen, so gut es geht, Miss Trant. Wir dürfen Ihre Gnaden nicht warten lassen.«
Die Vorstellung, dieser Frau wieder zu begegnen, beunruhigte mich. Doch diesmal würden wenigstens noch andere Menschen anwesend sein – freiwillige Helfer. Ich wußte, daß der Krieg wirklich jeden Tag ausbrechen konnte. Er schien unvermeidlich, und natürlich sollte das Lazarett so bald als möglich einsatzbereit sein. Ich wechselte das Kleid und kämmte mein Haar, denn ich wollte möglichst vorteilhaft aussehen. Das würde mir in Gegenwart der Frau Mut verleihen, die sich für Maximilians Gattin hielt.
Eine Viertelstunde nachdem Prinzstein an meine Tür geklopft hatte, fuhren wir los. Die Kutsche holperte die Straße zur Stadt hinunter und brachte uns durch das Tal zur anderen Seite des Berges. Da lag es schon vor uns – ein Schloß mit lichtgelben Mauern, kleiner als Klocksburg, aber in herrlicher Lage am Hang erbaut,

umgeben von Tannenwäldern. Wir fuhren durch das Gewölbe des Torturmes in den Schloßhof hinein.
Prinzstein führte mich in ein kleines Zimmer, in dem ein Tisch und Stühle standen. Auf dem Tisch sah ich eine Flasche Wein und mehrere Gläser; daneben lag Kuchen auf einer Platte.
»Es sieht so aus, als wäre ich doch nicht zu spät gekommen«, sagte ich.
»Ihre Gnaden und die anderen Damen sind wohl noch nicht eingetroffen. Vielleicht besichtigen sie auch gerade einen anderen Flügel des Schlosses. Täglich werden Arznei und Verbandszeug geliefert. Ihre Gnaden hat mir Weisung gegeben, Ihnen gleich nach Ihrem Eintreffen eine Erfrischung anzubieten.«
»Nein danke. Ich warte lieber erst auf die übrigen Damen.«
»Ihre Gnaden sagte, sofort nach Ihrem Eintreffen. Sie wird nicht erfreut sein, wenn Sie die Erfrischung ablehnen. Dieser Wein kommt aus Klarenbock. Sie hält große Stücke auf ihn; ich muß Sie darauf aufmerksam machen, daß sie Wert darauf legt, von jedem ein Lob über seine Qualität zu hören. Sie wird Sie zweifellos nach Ihrer Meinung fragen. Ihre Gnaden sagt, er wäre besser als alles, was aus den französischen Weinbaugebieten oder aus der Moselgegend kommt.«
»Trotzdem warte ich lieber.«
Er schenkte mir ein Glas voll. »Versuchen Sie ihn wenigstens einmal«, sagte er. »Und sobald Sie Ihre Gnaden sehen, versichern Sie ihr, wie herrlich sein Bukett ist.«
Ich nippte daran. Ich konnte nichts Besonderes an dem Wein finden. Dann bot mir Prinzstein die Platte mit dem Gewürzkuchen an. Er war genau wie jener, den Frau Graben in solchen Mengen aß, und ich lehnte ab.
Prinzstein fuhr fort auf mich einzureden; er meinte, es könnte nicht mehr lange dauern, bis der Krieg erklärt wurde. Dann müßte er wohl auch ins Feld ziehen. Es würde große Veränderungen geben. Kriege waren schrecklich.
Er ließ mich bei meinem Wein zurück, um nachzusehen, ob inzwischen jemand angekommen war. Nach kurzer Zeit kam er mit der Nachricht wieder, daß Ihre Gnaden eingetroffen sei und sich sofort in die obersten Räume des Schlosses begeben hätte, in denen

die leichter Verwundeten untergebracht werden sollten. Dort erwartete sie mich und die anderen Damen.
Prinzstein ging voraus. Wir kamen über breite Stufen zu einem Podest und stiegen von dort aus eine Wendeltreppe hinauf. Die ganze Umgebung erinnerte mich stark an Klocksburg, und auch der Raum, in den ich geführt wurde, hatte eine gewisse Ähnlichkeit mit dem Turmzimmer in der Festung.
Die Prinzessin wartete bereits und war zu meiner Überraschung allein. Sie wirkte irgendwie verändert. Ihr Gesicht trug einen ebenso kalten Ausdruck wie bei unserem ersten Zusammentreffen, doch diesmal verbarg sich Erregung dahinter. Sie schien eine starke Gemütsbewegung zu unterdrücken.
»Ach, Miss Trant«, sagte sie, »es war freundlich von Ihnen, so rasch zu kommen.«
»Ich fürchtete schon, ich hätte Sie warten lassen. Wie man mir sagte, wollten Sie mehrere Damen zusammenrufen, die Ihnen im Lazarett helfen sollen?«
»Es ist schon jemand hier. Sie wird bald heraufkommen. Vielleicht möchten Sie die Aussicht genießen, während wir warten? Diese Tür führt in einen kleinen Turm. Man nennt ihn den Katzenturm. Sie haben sicher schon davon gehört. Man pflegte die Angreifer von diesen Türmen aus mit kochendem Öl und Wurfgeschossen abzuwehren. Der Lärm, der dabei entstand, erinnerte an Katzengeschrei. Bestimmt können Sie sich das vorstellen, Miss Trant.«
»Ja«, sagte ich.
»Die Aussicht ist prachtvoll, nicht wahr? Der Steilhang erstreckt sich bis ins Tal. Vielleicht fragen Sie sich, wie es sein müßte, hinabzustürzen ... in den Tod.«
»Ein solcher Gedanke ist mir noch nie gekommen.«
»Nicht? Es ist keine ungewöhnliche Todesart. Sicher ist Ihnen die Sage von Klocksburg bekannt: Dort ist eine junge Frau vor langer Zeit aus dem Fenster gesprungen. Es heißt, ihr Geist ginge noch immer in jenem Zimmer um.«
»Ja, ich habe davon gehört.«
»Nun, Sie kennen Klocksburg gut. Doch Sie sind nicht abergläubisch. Sie sind praktisch veranlagt – und genau solche Leute brauche ich in meinem Lazarett. Diese Frau nahm sich das Leben, weil

sie betrogen worden war. Einer der Grafen ging eine Scheinehe mit ihr ein. Man kann sie in gewisser Weise verstehen. Können Sie es, Miss Trant?«

Sie war mir sehr nahe; ich sah in ihre unergründlichen Augen, und zum zweitenmal hatte ich das Gefühl, mich in großer Gefahr zu befinden. Ich klammerte mich fest an die steinerne Brüstung und merkte, wie ihr Blick auf meine verkrampften Hände fiel.

»Ein seltsamer Nachmittag«, sagte sie. »Spüren Sie es? Die Luft ist so feucht und schwül. Macht Sie das nicht schläfrig?«

Ich erwiderte, daß ich mich ganz im Gegenteil sehr wach fühle.

»Wir wollen einen Augenblick hineingehen«, schlug sie vor. »Ich habe mit Ihnen zu reden.«

Ich war erleichtert, den Turm verlassen zu können. Sie setzte sich und gab mir durch eine Handbewegung zu verstehen, daß ich ebenfalls Platz nehmen sollte.

Dann sagte sie: »Es wird Ihnen sicher bekannt sein, Miss Trant, daß ich eine ganze Menge über Sie weiß.«

»Ich habe keine Ahnung, was Sie über mich wissen.«

»Über Sie und meinen Mann. Es ist mir zu Ohren gekommen, daß im Jagdhaus eine Trauung stattgefunden hat. Sind Sie wirklich davon überzeugt, daß es eine gültige Heirat war?«

Ich wußte, daß ich jetzt sprechen mußte. »Es war eine gültige Heirat«, sagte ich. »Ich bin Maximilians Frau.«

»Und was wäre in diesem Fall ich?«

»Sie sind nicht seine Frau.«

»Für eine Prinzessin von Klarenbock ist es unmöglich, sich in einer Lage zu befinden, wie Sie sie mir unterstellen.«

»Es ist möglich. Mehr noch, es ist eine Tatsache.«

Sie sah mich scharf an. »Ich meine damit, daß unser Haus einen solchen Schandfleck nicht dulden kann. Ist Ihnen klar, daß Sie sich in höchster Gefahr befinden?«

Ich erhob mich. »Ich glaube, wir sollten uns darüber unterhalten, wenn Maximilian wieder hier ist.«

»Wir werden es jetzt ins reine bringen.«

»Wie können wir das ohne ihn? Er wollte es Ihnen längst sagen. Es ist weder seine Schuld noch die Ihre oder die meine, daß wir in einer solchen Lage sind.«

»Wessen Schuld es ist, interessiert mich nicht. Ich sage Ihnen nur, daß es nicht sein kann.«

»Aber wenn es so ist?«

»Jetzt vielleicht, aber morgen kann schon alles anders sein. Wie fanden sie den Wein? In Klarenbock sind wir sehr stolz auf ihn.« Sie sah mich unverwandt an, und ein entsetzlicher Verdacht stieg in mir auf.

»Ja«, sagte sie, »man hat etwas in Ihren Wein gemischt. Glauben Sie nicht, wir hätten Sie vergiftet – durchaus nicht. Sie sind nur schläfrig, sonst nichts. Wenn Sie einen Zustand erreicht haben, in dem sie nicht mehr wissen, was um Sie her vorgeht, wird man Sie in den Katzenturm tragen. Sie werden ganz vorsichtig über die Brüstung gehoben und stürzen ins Tal hinunter.«

Ich rief: »Das ist ja Wahnsinn!«

»Es wäre Wahnsinn, Sie am Leben zu lassen, Miss Trant.«

Ich vermochte den Blick nicht von ihr zu wenden, obwohl mein stärkster Impuls der war, die Wendeltreppe hinunterzulaufen, so schnell ich konnte – hinaus zu Prinzstein und der wartenden Kutsche.

»Es wird die alte Geschichte sein«, sagte sie ruhig. »Die betrogene Frau, der Sturz in den Tod. Es ist nichts Außergewöhnliches mehr. Sogar Wirtstöchter tun es jetzt.«

Ihr Lachen klang seltsam. Dann sah sie zu mir auf und fuhr fort: »Der Wein tut schon seine Wirkung.«

»Ich habe ihn kaum angerührt«, erwiderte ich.

»Ein kleiner Schluck genügt. Sie werden nichts spüren. Es ist ein leichtes Ende – leichter, als es in der vergangenen Nacht gewesen wäre, denn diesmal werden Sie nichts davon merken. Man hätte meinen Auftrag besser ausführen sollen. Es war so einfach. Frieda ist sehr dumm.«

»Sie meinen, Frieda wußte –«

»Die Leute wissen manchmal mehr, als man annimmt, Miss Trant. Warum setzen Sie sich nicht? Sie fühlen sich bestimmt ein wenig matt.« Sie strich sich mit der Hand über die Augen und murmelte: »Diese Narren. Sie haben ihre Sache schlecht gemacht. – Wohin gehen Sie, Miss Trant?« Ich war an der Tür und wollte sie schon öffnen, als sie hinzufügte: »Es hat keinen Sinn. Prinzstein wird Sie nicht durchlassen. Er hat im Turmzimmer von Klocksburg versagt. Diesmal wird er nicht versagen.«

»Prinzstein!« stammelte ich. »O nein, er ist ein guter Diener!«

»*Mir* ist er ein guter Diener. Er hat mir gut gedient und hätte es auch letzte Nacht getan, wenn seine törichte Frau nicht gewesen wäre.«

Meine Hand lag auf dem Türgriff. Ich versuchte ihn zu drehen, doch es ging nicht. Entsetzt dachte ich: Man hat mich eingeschlossen! Doch ich täuschte mich. Die Tür ließ sich deshalb nicht öffnen, weil jemand von draußen den Griff drehte, um ins Zimmer zu kommen.

»Wer ist da?« rief ich.

Die Tür öffnete sich, und Ilse trat ein.

»Ilse!« Sie hinkte mit Hilfe eines Stockes auf mich zu. Ich starrte sie in tiefem Erstaunen an, denn ein paar Sekunden lang konnte ich nicht glauben, daß sie es wirklich war.

»Ja«, sagte sie. »Ich bin es, Ilse. Du hast recht, Helena.«

»Was tust du hier? Ich habe dir so viel zu sagen!«

»Ja, natürlich, Helena. Du siehst, daß ich leidend geworden bin, seit wir uns zum letztenmal sahen. Das Gehen bereitet mir Schwierigkeiten.«

Sie setzte sich in den Stuhl, aus dem ich vor kurzem aufgestanden war.

»Ich habe mir so gewünscht, dich zu finden!« rief ich.

Sie warf einen Blick auf die Herzogin, die auf sonderbare Weise in die Luft starrte. Ich beobachtete, wie sie ihr zärtlich zulächelte, doch Wilhelmina schien sie nicht zu sehen. »Sie ist meine Schwester«, sagte Ilse. »Meine Halbschwester. Ich bin das, was man ein ›Kind der Liebe‹ nennt – solche leichten Liebschaften sind weit verbreitet in höheren Kreisen. Ich wuchs im Schatten des Schlosses auf, aber ich gehörte nie wirklich dazu. Trotzdem habe ich meine kleine Schwester immer geliebt. Sie ist fünfzehn Jahre jünger als ich.«

»Ich glaube, die Herzogin ist krank«, sagte ich.

»Sie steht unter einem starken Betäubungsmittel. Sie selbst hat den Wein getrunken, der für dich bestimmt war. Eigentlich müßtest du dort sitzen, Helena; so war es geplant. Du solltest bewußtlos, völlig betäubt sein, und dann wollten wir dich in den Turm bringen und dich in die Tiefe stoßen. Prinzstein hätte es schon im Turmzimmer von Klocksburg tun sollen – dort wäre es weniger auffällig gewesen. Aber die beiden haben ihre Sache stümperhaft gemacht. Ihre Gnaden war sehr wütend auf sie.«

»Ich verstehe das nicht«, sagte ich. »Hat man mich hierhergebracht, um mich umzubringen?«

»Du hast richtig geraten, Helena. Du wurdest ins Landhaus gelockt, weil man dich aus dem Wege räumen wollte. Aber ich bin keine Mörderin. Gewisse Leute würden mich wohl charakterschwach nennen.«

»Du sprichst in Rätseln«, sagte ich. »Erkläre mir alles. Deine Schwester wünscht meinen Tod, weil ich Maximilians Frau bin, das ist wahr; ich weiß es. Sie hat mich herbringen lassen, um mich zu ermorden.«

»Du darfst nicht so streng über sie urteilen. Für sie wäre es kein Mord. In ihren Augen ist dies ein unhaltbarer Zustand. Sie – die Mätresse des Herzogs! Das ist unmöglich. Es kann nicht geduldet werden, daß er vor seiner Heirat mit ihr bereits eine Frau hatte. Sie würde es eine Staatslist nennen. So manches Mal mußten Leute schon unter seltsamen Umständen aus politischen Gründen sterben. Wilhelmina hat vor, sich mit dem Herzog heimlich trauen zu lassen, wenn du tot bist, und nur wenige würden wissen, was geschah. Ich bin strenger erzogen worden. Für mich ist die vorsätzliche Tötung eines Menschen durch einen anderen Mord. Deshalb bin ich hier, um auf euch beide aufzupassen. Ich habe dich schon früher beschützt; du weißt nicht, was ich für dich getan habe. Ich hätte dich damals leicht... loswerden können. Aber ich tat es nicht. Ich habe dich beschützt und dir alles erleichtert.«

»Erleichtert! Erleichtert nennst du das? Ilse, ich will genau wissen, was geschah, und zwar von Anfang an!«

»Ich werde es dir erzählen. Man wählte einen Mann für mich aus, Ernst – er war Botschafter von Rochenstein. Ich heiratete ihn und überredete ihn, für mein Land, Klarenbock, zu arbeiten. Das bedeutete, daß er manchmal gegen Rochensteins Interessen handeln mußte. Ernst war mit Prinz Maximilian befreundet, ehe er nach Klarenbock kam, und als er mit mir nach Rochenstein zurückkehrte, trat er seinen Dienst im Gefolge des Prinzen an. Maximilian vertraute ihm alles an: seine Begegnung mit dir und seine Leidenschaft für dich. Ernst mußte nach London fahren und einen Herzspezialisten aufsuchen, und er machte dem Prinzen den Vorschlag, dich zurückzubringen.«

»Und deshalb hast du dich als Cousine meiner Mutter ausgegeben.«

»Die Tatsache, daß deine Mutter Deutsche war und aus dieser Gegend stammte, erleichterte mir alles. Wir nahmen dich mit und richteten es so ein, daß ihr euch in der siebenten Vollmondnacht wiedersaht. Dann kam die Hochzeit. Wir dachten, es wäre eine Scheinheirat vor einem falschen Priester. Als wir jedoch herausfanden, daß Maximilian so von dir betört war, daß er dich wirklich geheiratet hatte, erschraken wir. Diese Heirat hätte den Vertrag zunichte gemacht, der zwischen Rochenstein und Klarenbock geschlossen werden sollte, das wußten wir. Ich arbeitete für meine Heimat und war mir darüber im klaren, daß ich rasch handeln mußte. Der Prinz verließ dich schon wenige Tage nach der Trauung, weil ein Aufstand drohte; er mußte seinem Vater zu Hilfe eilen. Ich hätte dich im Jagdhaus zurücklassen sollen, dann wärst du dort verbrannt. Aber ich brachte es nicht fertig. Meine Schwester sagt, das sei der größte Fehler meines Lebens gewesen. Von ihrer Warte aus stimmt das wohl, aber ich hatte wirklich begonnen, dich als meine kleine Cousine anzusehen. Ich hatte dich gern. Ich beabsichtigte, dich nach England zurückzubringen, und keiner hätte etwas erfahren. So vernichtete ich die Beweise für deine Eheschließung – den Ring und die Heiratsurkunde. Mit Hilfe Dr. Carlsbergs, der mit uns im Bunde stand, versuchten wir dich davon zu überzeugen, daß du sechs Tage lang bewußtlos warst, nachdem du deine Unschuld verloren hattest. Ich weiß nicht, ob es uns gelang.«

»Es ist euch nicht gelungen«, sagte ich. »Ihr habt mich nie überzeugen können.«

»Das befürchtete ich schon. Und dann stellte es sich heraus, daß du ein Kind erwartetest – ein Kind, das der rechtmäßige Erbe des Herzogtums gewesen wäre! Ernst nannte mich eine Närrin. Seiner Meinung nach hättest du im Jagdhaus sein sollen, als wir es in

Brand steckten – denn es mußte den Flammen zum Opfer fallen, damit wir Maximilian davon überzeugen konnten, daß du tot warst. Ernst war der Meinung, du hättest wirklich sterben müssen. Aber ich konnte es nicht zulassen. Ich zog es vor, einen anderen Ausweg zu suchen und baute dieses Lügengespinst auf, wie du es nennst. Doch als das Kind kam und all die fürchterlichen Schwierigkeiten mit ihm, wurde selbst ich wankend. Trotzdem habe ich dich gerettet, Helena. Damals hätten wir uns deiner leicht entledigen können. Aber ich duldete nicht, daß dir etwas geschah. Im ganzen Land standen uns Leute zur Verfügung, die jederzeit bereit waren, für Klarenbock zu arbeiten; so hielt ich es für möglich, dich zu täuschen und dein Leben zu retten.«

»Du warst gut zu mir, Ilse.«

»Du kannst wohl kaum ermessen, wie gut ich zu dir war. Meine Schwester wird es mir nie verzeihen. Ich habe zugelassen, daß sie heiratete, obwohl ich von deiner Existenz wußte. Ich werde nicht dulden, daß sie dich jetzt tötet. Maximilian und du, ihr müßt die Wahrheit unverzüglich bekanntgeben, gleichgültig wie die Folgen auch immer sein mögen. Um deinet- und des Jungen willen ...«

»Des Jungen?«

»Deines Sohnes.«

»Meines Sohnes? Ich habe keinen Sohn. Ihr habt mir gesagt, daß meine Tochter gestorben ist.«

»Jetzt weißt du, daß es eine Lüge war. Du hast inzwischen Dr. Kleine aufgesucht. Er hat es mir sofort mitgeteilt, und ich merkte, daß die Ereignisse sich zuspitzten. Meine Schwester hatte die Wahrheit herausgefunden. Friedrich weiß alles. Du bist in höchster Gefahr, Helena, und dein Junge ebenfalls! Heute habe ich dich gerettet, und ein gütiges Geschick hat euch beide schon früher vor Unheil bewahrt. Doch es wird nicht immer so sein.«

»Mein Sohn –«, wiederholte ich.

»Fritz.«

»Fritz – mein Sohn? Aber mein Kind war ein Mädchen! Es wäre noch nicht in Fritz' Alter.«

»Er ist dein Kind. Wir mußten den Anschein erwecken, als wäre er älter, damit man ihn mit den Geschehnissen in Dr. Kleines Klinik nicht in Verbindung brachte. Ach, wenn du in England geblieben wärst, wäre das alles nie geschehen. Der Sohn meiner Schwester wäre der Erbe gewesen; die Trauung im Jagdhaus hätte keinerlei Bedeutung gehabt. Aber weil ich eine sentimentale Frau bin, habe ich dich liebgewonnen; weil ich zwar eine Spionin bin, aber niemals jemanden töten konnte und es auch jetzt nicht kann, habe ich das Leben meiner Schwester zerstört.«

»Was wird jetzt geschehen?« fragte ich.

»Wenn du klug bist, wirst du sehr vorsichtig sein. Du mußt über dein Leben wachen wie nie zuvor. Und du darfst deinen Sohn nicht aus den Augen lassen, denn er schwebt in noch größerer Gefahr als du.«

»Es sind bereits Anschläge auf Fritz' Leben versucht worden.«

»Sie werden nicht immer mißlingen. Meine Schwester war entschlossen, dich zu beseitigen. Aber es gibt eine stärkere Macht, die deinen Sohn bedroht.«

Ich starrte sie nur in wortlosem Entsetzen an.

»Graf Friedrich!« sagte sie. »Er kennt die Wahrheit. Er hat den Priester ausfindig gemacht, der die Trauung vollzog. Genau wie wir hat er überall seine Spitzel. Er war schon seit einiger Zeit argwöhnisch. Nun wird er versuchen, Maximilian vielleicht mit Hilfe meines Vaters in Verruf zu bringen. Ich weiß nicht, ob ihm das gelingen wird. Mein Vater ist ein ehrenhafter Mann, aber die Demütigung seiner Tochter könnte seinen Zorn erregen. Sicherlich hält Friedrich es für sinnlos, Maximilian abzusetzen, solange dieser einen Erben hat, der seine Nachfolge antreten kann. Friedrich will das Herzogtum für sich allein. Genau wie sein Vater wollte er es schon immer an sich reißen. Es ist durchaus möglich, daß die Bürger von Rochenstein Maximilian nach einem solchen Skandal, der wohl unvermeidlich ist, stürzen werden. Doch dann wäre Fritz Herzog, denn er ist sein unmittelbarer Nachfolger. Das würde nicht in Friedrichs Pläne passen. Wenn Fritz nicht wäre, fiele das Herzogtum im Fall von Maximilians Absetzung mit ziemlicher Sicherheit an Friedrich. Du mußt die Bedeutung dieser Tatsachen erkennen, weil du in sie verstrickt bist – und dein Kind ist noch mehr als du in das alles verwickelt. Bewache ihn um Himmels willen gut! Ihm droht höchste Gefahr vom unbarmherzigsten Mann in ganz Rochenstein.«

»Ich muß nach Klocksburg zurück«, sagte ich. »Ich muß Fritz sagen, daß ich seine Mutter bin!«
Sie nickte. »Ich gebe Prinzstein den Auftrag, dich sofort zurückzufahren.«
Ich warf einen Blick auf die Herzogin. »Ich kümmere mich um sie«, sagte Ilse, und ihr Gesicht nahm einen weicheren Ausdruck an. »Ach Helena, wie viele Schwierigkeiten, wieviel Leid wäre uns erspart geblieben, wenn du dich damals beim Schulausflug nicht im Nebel verirrt hättest!«
Sie ließ Prinzstein kommen. Er machte ein verblüfftes Gesicht. Zweifellos überraschte es ihn, daß man ihm befahl, mich nach Hause zu bringen, statt mich über die Brüstung des Katzenturmes in die Tiefe zu stürzen.

Als die Kutsche in den Schloßhof holperte, kam uns Frau Graben entgegengelaufen.
»Sie sind es! Wo waren Sie? Er ist wieder da!«
Mein Herz tat einen Freudensprung.
»Wo ist er?« rief ich.
»Kommen Sie herein«, erwiderte Frau Graben, »und beruhigen Sie sich. Er ist wieder da, habe ich gesagt; hier in Rochenberg. Ich habe nicht behauptet, daß er auf Klocksburg ist. Er war hier und ist weggeritten, um Sie zu suchen.«
»Wohin ist er geritten?«
»Nun, nun, seien Sie ganz ruhig! Es sieht Ihnen gar nicht ähnlich, Miss Trant, so unbeherrscht zu sein. Maxi kam ins Schloß, kurz nachdem Sie weggefahren waren. Er ist eben erst eingetroffen, und seine erste Handlung war, zu Ihnen zu kommen.«
»Aber wo ist er jetzt?«
»Dagobert hat behauptet, er hätte Prinzstein sagen hören, daß er Sie ins Landhaus bringen wollte, um die Herzogin dort zu treffen. Mein Gott! Maxi war plötzlich entsetzlich aufgeregt, genau wie Sie jetzt. Er wollte keinen Augenblick länger bleiben. Im Handumdrehen war er fort.«
»Er wäre zu spät gekommen, wenn ...«
Sie sah mich seltsam an. »Sie sollten sich setzen. Ich mache Ihnen eine Tasse Tee.«

»Jetzt nicht! Ich kann nichts trinken.«
Ich mußte mein Herz ausschütten, ich mußte jemandem erzählen, daß ich einen Sohn hatte, der lebte, und daß ich ihn schon jetzt von Herzen liebte. Natürlich hätte ich diese Neuigkeit tausendmal lieber mit Maximilian geteilt, aber für den Augenblick mußte ich mit Frau Graben vorliebnehmen.
So sprudelte ich hervor: »Ich habe gerade erfahren, daß Fritz mein Sohn ist!«
»Aha«, sagte sie strahlend. »Das habe ich schon vermutet. Es paßt alles so gut zusammen, nicht wahr? Ich weiß eine ganze Menge, aber in manchem war ich nicht sicher. Bleiben Sie eine Minute ruhig sitzen. Sie sehen aus, als hätten Sie einen Schock erlitten. Was ist im Landhaus passiert? Die Prinzessin hat also nach Ihnen geschickt. Ich war in Sorge, und Maximilians Gesicht nach zu urteilen ging es ihm ebenso. Er blieb keinen Augenblick länger hier. Ohne eine Erklärung ritt er davon. Ja, ich habe das mit Fritz schon vermutet. Hildegard hat sich vieles zusammengereimt. Sie wußte, daß die Heirat gültig war, nehme ich an, und hielt es für die einzig richtige Lösung, daß Sie wieder nach England verschwanden und in Vergessenheit gerieten. Wahrscheinlich dachte sie, es wäre für Maximilian am besten so. Und sie hat ja immer das Beste für ihn gewollt.«
Ich hörte ihr kaum zu. Ich stellte mir Maximilians Ankunft im Landhaus vor. Er würde Wilhelmina betäubt und hilflos vorfinden ... und Ilse. Sie würde ihm alles erklären und ihn wieder nach Klocksburg schicken. Es blieb mir also nichts anderes übrig, als auf seine Rückkehr zu warten. Doch ich mußte Fritz sehen, ihm sagen, daß er doch eine Mutter hatte. Vielleicht sollte er es von Maximilian und mir gemeinsam erfahren. Dann konnten wir alle diesen wunderbaren Augenblick teilen.
Frau Graben sprach immer weiter: »Hildegard nahm Fritz kurz nach seiner Geburt zu sich. Sie wußte wohl, wer er war, und liebte ihn von Herzen. Die Brandstiftung muß mit ihrer Einwilligung geschehen sein. Sie hat mir auf dem Totenbett vieles gestanden; damals nahm ich Fritz in meine Obhut. Was für eine Geschichte!« Sie kicherte.
Wieder einmal wurde mir klar, wie sehr es ihr gefiel, sich in das

Leben anderer Menschen einzumengen, dramatische Effekte hervorzurufen und die Reaktionen der Beteiligten zu beobachten.
»Sie waren für Maxi bestimmt, daran ist nicht zu rütteln. Er veränderte sich, nachdem er Sie verloren hatte. Eines nachts war er krank und sprach in seinen Fieberphantasien von Ihnen. Er nannte Ihren Namen, erwähnte die Buchhandlung und die Stadt, in der Sie lebten. Nach und nach fand ich alles heraus und dachte: Mein Maxi wird ohne dieses Mädchen nie wieder der alte sein. Und deshalb habe ich Sie zu ihm gebracht – mein Geschenk für Maxi in der siebenten Vollmondnacht! Natürlich glaubte ich damals nur, Sie würden mit ihm in irgendeinem kleinen Schloß glücklich sein, und keiner außer mir wüßte davon. Sie wären seine wahre Liebe gewesen. Prinzen führen ihr offizielles Leben mit den dafür vorgesehenen Ehefrauen, und ihre Liebsten leben im verborgenen. Warum also nicht auch Maxi, dachte ich.«
»Ach, Frau Graben, wie sehr haben Sie in unser Leben eingegriffen!« rief ich.
»Aber es war doch nur zu Ihrem Besten, nicht wahr? Und was wird jetzt geschehen? Es könnte Verdruß mit Klarenbock geben. Sie werden sagen, wir hätten ihre Prinzessin beleidigt. Aber Maxi hat nie etwas für sie empfunden. Kalt wie ein Eiszapfen ist diese Person. Sie war keine Frau für ihn. Ich dachte, wir würden alle miteinander glücklich sein, und es würden Kinder kommen, und keiner außer mir würde Bescheid wissen – ach, das hätte mir Spaß gemacht! Und oben im Schloß hätte die Herzogin mit ihrem Sohn, dem Erben, gesessen, und niemand hätte etwas geahnt. So hatte ich es geplant. Und dann jagte ein Ereignis das andere. Da war der Pfeil in Fritz' Hut, und die Banditen, die Dagobert versehentlich entführen wollten. Dann kam dieser törichte Anschlag im Turmzimmer, mit dem die beiden sich verrieten. Sie haben Fritz ein Schlafmittel in die Milch gemischt, und er hat nur wenig davon getrunken, so daß er nicht tief genug schlief. Dagobert trank den Rest und war kaum mehr aufzuwecken. Dann hat Fritz von einem Pferd und einem Mann mit einer Krone erzählt. Ich weiß, daß eine solche holzgeschnitzte kleine Gruppe im Zimmer der beiden steht. Prinzstein hat sie selbst angefertigt und poliert; er ist sehr stolz auf sie. Es war Prinzstein, der dort im Turmzimmer auf Sie

wartete, um Sie zu beseitigen, und Frieda sollte Sie hinauflocken. Glücklicherweise ließ das dumme Ding jedoch die Kerze fallen, und die Zündhölzer fingen Feuer. Wenn Sie sich umgedreht und Prinzstein gesehen hätten, wäre das Spiel durchschaut gewesen. Deshalb verbarg er sich hinter der Tür, als ich kam, und schlich dann die Treppe hinunter, während wir uns unterhielten. Aber ich wußte, was vorgefallen war. Ich hatte ihn schon lange in Verdacht, für Klarenbock zu arbeiten, und diese dumme Frieda hätte alles getan, was er von ihr verlangte.«

»Sie wollten mich umbringen«, sagte ich. »Und heute hat Wilhelmina es noch einmal versucht. Oh, ich wünschte, Maximilian käme endlich!«

»Er wird sofort zurückreiten, wenn er feststellt, daß Sie das Landhaus verlassen haben.«

»Ich muß Fritz suchen! Ich kann es kaum erwarten, ihm alles zu sagen. Wie glücklich wird es ihn machen!«

»Er liebt Sie. Wenn er sich eine Mutter aussuchen dürfte, würde seine Wahl auf Sie fallen. Hier ist wirklich einmal ein Traum in Erfüllung gegangen. Sie hatten ihn von Anfang an besonders gern, nicht wahr? Ich frage mich, ob es wirklich stimmt, daß Mütter ihre Kinder immer wiedererkennen würden, ganz gleich, wie lange sie von ihnen getrennt waren.«

»Ich fühlte mich zu ihm hingezogen, und er sich zu mir. Ich werde jetzt sofort zu ihm gehen.«

Ich verließ Frau Grabens Wohnzimmer, und sie folgte mir durch die Randhausburg, über den Hof und in die Festung. Ich stieg die Treppe zu Fritz' Zimmer hinauf, doch er war nicht da. In der ganzen Festung konnte ich ihn nicht finden.

Als wir wieder in den Hof hinaustraten, stand Dagobert da. Er wirkte sehr stolz.

»Hast du Fritz gesehen?« rief ich ihm zu.

»Ja. Er ist unterwegs, aber nicht weit von hier.«

»Nicht weit? Was meinst du damit?«

»Mein Vater ist mit uns in den Wald geritten und hat mich dann wieder nach Hause geschickt.«

Mir war, als erstarrte das Blut in meinen Adern.

»Er hat dich nach Hause geschickt«, wiederholte ich.

»Ja, und Fritz muß allein auf die Gräberinsel gehen, zum leeren Grab mit den Brettern darüber.«
»Warum?« stammelte ich.
»Weil er ein Feigling ist. Er soll endlich lernen, mutig zu sein. Er muß selbst hinüberrudern und dort bleiben, bis es dunkel ist.«
Ich wartete nicht länger, sondern rannte zum Stall.
Frau Graben war mir dicht auf den Fersen. »Wohin wollen Sie?« fragte sie.
»Ich reite zur Gräberinsel. Sagen Sie Maximilian Bescheid. Ich darf keine Minute verlieren. Fritz ist in Gefahr!«

Ich ritt durch den Wald und sah nur immer Fritz vor mir – eine verlorene kleine Gestalt auf der Gräberinsel, allein mit dem Mann, der ihn töten wollte. Ich selbst hatte dem Tod zweimal innerhalb sehr kurzer Zeit ins Auge gesehen; wer weiß, vielleicht würde ich ihm bald wieder gegenüberstehen. Es kümmerte mich nicht. Ich dachte nur an meinen Sohn.
»Auf der Gräberinsel – allein!« Dauernd klangen mir diese Worte in den Ohren.
O Fritz, mein Kind! Ich flehte: Laß mich nicht zu spät kommen! Ich muß ihn retten!
Wie ich es schaffen sollte, ihn aus der Gewalt des Mannes zu befreien, der ihm ans Leben wollte, überlegte ich nicht. Ich wußte nur, daß ich zu ihm mußte. Wäre Maximilian nicht zum Landhaus geritten ... Hätte er nur gewartet! Doch wie konnte er warten, da er mich in Gefahr wähnte?
Endlich hatte ich den See erreicht. Kein Boot lag am Strand. Verzweifelt starrte ich zur Insel hinüber. Dann sah ich, wie Charon aus seinem Haus trat.
»Franz!« rief ich. »Franz!«
Er hörte mich, beschattete die Augen mit der Hand und sah zu mir herüber. Ich winkte wie verrückt. Er stieg ins Boot und ruderte – unendlich langsam kam es mir vor – auf mich zu.
»Ach«, sagte er. »Sie sind es, Fräulein.«
»Ich muß rasch auf die Insel!« sagte ich.
Er nickte und murmelte dann: »Wo sind die Boote? Eines liegt doch immer am Ufer. Sie sind wohl alle drüben. Ja, ein Boot müßte

hier vertäut sein. Aber nur wenige haben es eilig, zu den Gräbern zu kommen.«
Oh, beeile dich, Charon! dachte ich. Er saß da, über die Ruder gebeugt, in seine schwarzen Gewänder gehüllt, und seine Augen spähten unter den grauen, wuchernden Brauen hervor.
»Warum sind Sie so ungeduldig, Fräulein?« fragte er.
Ich erwiderte nur: »Haben Sie Fritz gesehen?«
Er schüttelte den Kopf. »Heute sind Menschen auf der Insel. Ich habe sie nicht kommen sehen, aber ich spüre ihre Gegenwart. Manchmal herrscht dort der Friede – die Ruhe des Todes –, und dann ist plötzlich alles wie verwandelt. Selbst wenn ich keinen Menschen sehe, weiß ich doch immer, wenn jemand auf der Insel ist. Heute herrscht kein Friede. Vielleicht kommt es daher, daß morgen das Begräbnis der Wirtstochter stattfindet.«
»Armes Mädchen«, sagte ich.
»Nun hat sie alles irdische Leid hinter sich. Sie wird in ihrem Grab ruhen, und ich werde Blumen für sie auf den Hügel pflanzen – einen Rosmarinstrauch, weil jemand sich an sie erinnern wird.«
Wir hatten die Insel erreicht. Ich sprang aus dem Boot.
»Ich muß nach Fritz suchen«, erklärte ich; dann lief ich zum Friedhof, so rasch ich konnte – hin zu dem Platz, wo das neue Grab ausgehoben war. Die Bretter lagen noch immer über der Grube.
Ich rief: »Fritz! Wo bist du, Fritz? Ich komme, um dich zu holen!«
Ich bekam keine Antwort. War es möglich, daß er den Befehl des Grafen mißachtet hatte und nicht hergekommen war? Nein, das würde er nicht wagen. Außerdem wollte er sicher seinen Mut beweisen.
»Fritz, wo bist du? Fritz!«
Kein Laut war zu hören. Ich konnte Charon nicht mehr sehen; er war wohl wieder in sein kleines Haus zurückgekehrt. Ich hatte das Gefühl, allein auf der Insel des Todes zu sein.
Ich wußte nicht, in welche Richtung ich mich wenden sollte. Einige Sekunden lang blieb ich unschlüssig stehen und starrte auf das Grab nieder, in dem morgen ein junges Mädchen zur letzten Ruhe gebettet werden sollte.
Dann spürte ich, daß ich nicht allein war. Jäh drehte ich mich um. Der Graf stand nur wenige Schritte von mir entfernt. Blitzartig

ging mir der Gedanke durch den Kopf, daß er hinter einem der größeren Grabsteine gestanden und mich beobachtet haben mußte.
»Wo ist Fritz?« fragte ich.
»Erwarten Sie, daß ich das weiß?«
»Er müßte hier sein.«
»Wer hat Ihnen das gesagt?«
»Dagobert. Sie haben Fritz befohlen, allein hierherzukommen. Ich will wissen, wo er ist!«
»Da geht es Ihnen genau wie mir. Der kleine Feigling ist nicht gekommen. Natürlich hat er es nicht gewagt. Er hatte Angst.«
»Er fürchtet Sie mehr als den Tod. Ich bin überzeugt, daß er hier irgendwo ist.«
»Wo? Sagen Sie es mir bitte.«
»Ich glaube, Sie wissen das besser als ich.«
»Warum sollten wir uns mit dem Gedanken an das langweilige Kind belasten? Hier sind wir beide zusammen – Sie und ich. Wie still es ist! Niemand sonst ist auf der Insel mit Ausnahme des alten Mannes, doch er zählt nicht. Ein seltsamer Treffpunkt, aber wenigstens werden wir ungestört sein. Der alte Franz ist schon mehr tot als lebendig.«
»Ich bin hergekommen, um nach Fritz zu suchen.«
»Und Sie haben mich gefunden. Das ist viel interessanter, glauben Sie mir.«
»Für mich nicht. Ich frage Sie noch einmal: Wo ist das Kind?«
»Und ich sage Ihnen noch einmal, ich habe keine Ahnung. Es ist mir auch gleichgültig. Ich wollte ihm eine Lehre erteilen, aber viel lieber halte ich mich an Sie.«
Ich wandte mich zum Gehen, doch er war schon neben mir und ergriff meinen Arm.
»Ich bin der Jagd müde geworden«, sagte er. »Sie endet hier.«
Ich versuchte ihm meinen Arm zu entwinden, aber es gelang mir nicht. Sein böses, lachendes Gesicht war dicht vor dem meinen. Ich sagte: »Ich weiß, daß Sie mein Kind auf die Insel gelockt haben!«
Sein Gesichtsausdruck wechselte. In die Begierde mischte sich plötzlich eine gewisse Unruhe.
Rasch fuhr ich fort: »Ich habe heute erfahren, wer Fritz ist. Ja, ich

weiß, was Sie planen: Sie möchten Maximilians Platz einnehmen. Sie wollen seine Heirat mit mir zum Vorwand nehmen, um ihn in Verruf zu bringen. Aber seinen Sohn können Sie dadurch nicht ausschalten. Sie haben ihn auf die Insel gelockt; was haben Sie ihm angetan? Ich bin gekommen, um ihn in Sicherheit zu bringen. Ich bin seine Mutter!«

»Sie sind hysterisch«, sagte er.

»Ich will meinen Sohn!«

»Und ich will Sie. Ich frage mich, wer von uns beiden das Gewünschte erhalten wird. Für mich besteht kaum ein Zweifel. Ist Ihnen klar, meine liebe Herzogin, daß Sie allein mit mir auf dieser Insel sind? Denn wie ich schon sagte, der schwache alte Mann zählt nicht. Ich würde ihn in den See schleudern, wenn er es wagen sollte, sich einzumischen.«

»Ich verabscheue Sie!« sagte ich.

»Das bedeutet nichts. Sie sind gefangen. Es gibt kein Entrinnen für Sie, und Sie sind klug genug, um das zu wissen.«

»Kommen Sie mir nicht zu nahe!«

»Warum? Ich bin gern in Ihrer Nähe.«

»Sie sind ein Teufel. Wissen Sie, für wen man dieses Grab ausgehoben hat? Für ein Mädchen, das Ihnen vertraute, das Sie verraten haben. Ein Mädchen, das sich tötete, weil Sie ihr das Leben unerträglich machten. Wie wagen Sie es – wie können Sie hier, neben ihrem Grab ...«

»Merken Sie nicht, daß es der Sache einen gewissen Reiz verleiht?«

»Sie widern mich an!«

»Das finde ich ebenfalls amüsant.«

Ich zitterte. Schnell warf ich einen Blick zum Strand. Niemand war zu sehen. Ich wußte, daß er mich einholen würde, falls ich den Versuch machte, ihm zu entfliehen. Es würde ein Handgemenge geben, und selbst wenn ich all meine Kräfte aufbot, würde er mich zweifellos überwältigen.

Wieder rief ich: »Ich will zu Fritz! Wo ist er? Was haben Sie ihm angetan?«

»Sie wiederholen sich.«

»Ich bestehe darauf –«

»Sie bestehen darauf? Sie sind nicht in der Lage, etwas zu fordern. Wir wollen uns doch miteinander vertragen, ehe Sie sterben.«
»Ehe ... ich sterbe?«
»Sie sind heute nicht so klug wie sonst. Sie haben mich des Hochverrats beschuldigt. Auf Hochverrat steht der Tod. Ich will nicht sterben. Deshalb kann ich Sie nicht am Leben lassen, nachdem Sie eine solche Anschuldigung gegen mich erhoben haben.«
»Sie sind verrückt«, sagte ich und stieß dann in plötzlicher Angst hervor: »Sie haben meinen Sohn getötet!«
»Und jetzt zwingen Sie mich dazu, Sie zu töten. Das wird mir überhaupt kein Vergnügen bereiten. Ich finde es nicht angenehm, eine Frau umzubringen, die ich bewundere; vor allem, wenn ich sie noch nicht richtig kennengelernt habe und ihrer nicht überdrüssig geworden bin.«
»Ich sehe schon, daß Sie den Tod jener Menschen nicht bedauern, die Sie langweilen. Sagen Sie mir die Wahrheit: Haben Sie Fritz getötet?«
Er verstärkte den Griff um mein Handgelenk und zerrte mich zum Grab. »Sie sind doch eine Närrin«, sagte er. »Wahrscheinlich wäre ich Ihrer sehr schnell müde geworden. Wenn Sie vernünftiger gewesen wären, müßte ich Sie nicht töten. Max hätte in den Ruhestand treten und zurückgezogen mit Ihnen leben können. Das hätte ich gestattet.«
»Sie sind wirklich wahnsinnig«, sagte ich.
Ja, ich sah, daß er es war. Er war wahnsinnig vor Ehrgeiz, Machthunger und dem brennenden Verlangen, seinem Cousin alles zu entreißen, was er je besessen hatte.
»Sie werden nicht lange genug leben, um mich als Herrscher von Rochenstein zu sehen. Doch ehe Sie sterben, werde ich Ihnen zeigen, was für einen Liebhaber Sie abgewiesen haben. Dann werde ich Sie töten, und Sie können neben Ihrem Sohn liegen.«
»Wo ist Fritz?« rief ich.
Er hielt mich noch immer fest und stieß mit dem Fuß eines der Bretter zur Seite. Ich schaute in die Grube. Fritz lag auf dem Grund des Grabes.
»O Gott!« schrie ich und kämpfte, um mich aus seiner Umklammerung zu befreien. Ich wollte ihn heraufholen – meinen Sohn, der

mir bei seiner Geburt genommen wurde und der jetzt, da ich ihn wiederhatte, im Grab lag.
Plötzlich hörte ich einen Ruf vom Ufer: »Lenchen! Lenchen!«
»Hilf mir, Maximilian!« schrie ich verzweifelt.
»Zu spät, Max. Wenn du hier bist, werde ich deine Frau bereits entehrt und getötet haben. Dann kommst du an die Reihe. Ein dreifaches Begräbnis in Ehren – und in der herzoglichen Allee, nehme ich an.«
Er hatte mich gepackt. Ich wehrte mich mit aller Kraft gegen ihn. Mit einemmal krachte ein Schuß. Ich spürte, wie der Griff des Grafen sich lockerte; er wankte für kurze Zeit wie ein Betrunkener und fiel dann hin. Blut färbte den Rasen rot.
»Maximilian«, flüsterte ich, »du hast ihn getötet.«
So rasch ich konnte, lief ich zum Strand. Maximilian stieg aus dem Boot. Ich stürzte in seine Arme, und er drückte mich fest an sich. Nur eine Sekunde blieb ich so stehen und hörte mich dabei etwas von Fritz stammeln, unserem Sohn, der im Grab lag.

Es fällt mir schwer, mich genau an alles zu erinnern, was dann folgte. Vermutlich war ich von den schrecklichen Ereignissen wie betäubt, so daß ich die Vorgänge um mich her nicht mehr klar erkennen konnte. Maximilian war in das Grab gestiegen und hielt mir Fritz entgegen, als plötzlich ein anderer Mann zwischen den Grabsteinen auftauchte. Er trug ein Gewehr in der Hand und legte es ins Gras. Dann hob er Fritz aus der Grube.
Plötzlich wurde mir klar, wer der Mann mit dem Gewehr war: Der Wirt von Rochenberg.
Sanft legte er Fritz auf den Rasen. »Er ist nicht tot«, sagte Maximilian. »Wir müssen ihn unverzüglich nach Klocksburg zurückbringen.«
»Wir machen eine Tragbahre für ihn«, schlug der Wirt vor. »Ich bin froh, daß ich zur rechten Zeit hier war.«
»Sie haben ihn ins Herz getroffen«, sagte Maximilian.
»Und ich würde es wieder tun!« entgegnete der Wirt. »Ich wollte ihn zur Strecke bringen, und ich habe mein Vorhaben ausgeführt.«
Wir trugen Fritz zurück. Glücklicherweise hatte der Graf nicht beabsichtigt, den Jungen sofort zu töten; es wäre nicht schwer für ihn

gewesen. Er hatte ihm nur einen Schlag auf den Kopf versetzt, der ihn bewußtlos machte, und Fritz dann ins Grab geworfen, wo man ihn am nächsten Tag entdecken sollte, wenn der Sarg der Wirtstochter in die Erde gesenkt wurde. Zu diesem Zeitpunkt wäre Fritz wahrscheinlich schon an seinen Verletzungen, vor Kälte oder vor Angst gestorben – und hätte er dann noch gelebt, hätten die Helfershelfer des Grafen sein schmutziges Werk vollendet. Er hatte es schlau eingefädelt, denn es sollte so aussehen, als wäre der Junge versehentlich ins Grab gefallen und hätte sich beim Sturz verletzt.

Ich wachte an seinem Bett, bis er wieder zum Bewußtsein kam. So war ich die erste, die er sah, als er die Augen öffnete. Ich streichelte ihn und flüsterte: »Fritz, ich bin bei dir! Wir werden immer zusammenbleiben.« Als er mich verwundert anblickte, fügte ich hinzu: »Du hast dir doch immer eine Mutter gewünscht, Fritz. Jetzt ist dein Wunsch in Erfüllung gegangen. Ich bin deine Mutter!«

Ich glaube nicht, daß er mich verstand, aber meine Worte übten eine beruhigende und tröstliche Wirkung auf ihn aus. Ich sehnte den Tag herbei, an dem er sich wieder wohl genug fühlen würde, um zu verstehen, welches Glück uns widerfahren war.

Am Tag nachdem der Graf erschossen wurde, erklärten die Franzosen den Preußen den Krieg, und alle deutschen Staaten waren darin verwickelt.

Diese Ereignisse ließen alles andere bedeutungslos erscheinen. Als Oberbefehlshaber der Truppen mußte Maximilian mit seinen Soldaten unverzüglich an die Front. Ich blieb zurück, und die Pflege meines Sohnes lenkte mich während dieser dunklen Tage ein wenig ab. Fritz war selig, als er erfuhr, daß ich seine Mutter war; ich glaube, diese Neuigkeit beschleunigte seine Genesung.

Der Herzog von Klarenbock, dem Maximilian während seines Staatsbesuches alles erzählt hatte, nahm die Eröffnung mit wahrer Großmut auf. Er gab seiner Tochter den Befehl, nach Klarenbock zurückzukehren, und Ilse begleitete sie. Später hörte ich, daß Wilhelmina in ein Kloster eingetreten war, in dem sie für ihren Mordversuch büßten wollte.

Kurz nach Kriegsausbruch wurde der Wirt wegen der Erschießung des Grafen vor Gericht gestellt. Maximilian hatte um besondere Milde für ihn gebeten, denn als Vater eines Mädchens, das vom Graf verführt und verlassen worden war und das sich deshalb das Leben genommen hatte, war er zu der Tat getrieben worden. Überdies war Krieg, und alle guten Männer wurden an der Front gebraucht, sagte Maximilian. Er verbürgte sich persönlich für den Wirt.

Während ich Fritz gesundpflegte, erzählte ich ihm von dem glücklichen Leben, das uns erwartete, wenn der Krieg zu Ende sein würde und wir wieder mit Maximilian vereint waren.

Wir benutzten das Landhaus wirklich als Lazarett, und in jenen trüben Tagen voller Sorge war es gut, eine Aufgabe zu erfüllen. Als jedoch die Schwerverletzten eingeliefert wurden, hatte ich entsetzliche Angst, daß man mir auch Maximilian eines Tages so bringen könnte. Ich weiß nicht, was ich damals ohne Frau Graben getan hätte. Inzwischen ist mir klargeworden, wieviel ich dieser Frau zu verdanken habe.

Endlich kam die Nachricht vom großen Sieg, und die Glocken läuteten vom Turm der Pfarrkirche. Die Franzosen hatten den Rückzug angetreten; Kaiser Napoleon III. wurde bei Sedan vernichtend geschlagen.

Welch ein Jubel empfing Maximilian, als er an der Spitze seiner Truppen zurückkehrte!

Wir waren wieder beieinander. Nun durfte ich ihn als erste in aller Öffentlichkeit begrüßen. Wir brauchten uns nicht mehr zu verstecken. Die Geschichte unserer Heirat, die Ermordung des Grafen, Wilhelminas Eintritt in ein Koster, die Entdeckung unseres Sohnes – das alles gehörte nun der Vergangenheit an. Es war in den Wirren des Krieges untergegangen.

Maximilian war wieder zu Hause! Ich konnte es kaum erwarten, ihn und Fritz zu vereinen. Mein Sohn hatte nicht nur eine Mutter, sondern auch einen Vater, den er lieben und achten konnte.

Endlich durfte ich zu ihm sagen: »Fritz, das ist dein Vater!« und dann rief ich aus: »Das ist der glücklichste Tag meines Lebens.«

»Das ist erst der Anfang«, fügte Maximilian hinzu.

1901

Was der Schlacht bei Sedan folgte, ist in die Geschichte eingegangen. Die Franzosen hatten eine völlige Niederlage erlitten. Die Folge des gemeinsamen Kampfes war ein Zusammenschluß der deutschen Staaten zum deutschen Kaiserreich unter der Herrschaft des Königs von Preußen. Er war nur einige Monate Kaiser; dann übernahm sein Sohn Wilhelm die Regierung. Die kleinen Herzog- und Fürstentümer waren nun zu einem einzigen großen Kaiserreich vereint. Es gab keine Herrscher über kleine Gebiete mehr – ein Herzog in seinem Schloß hatte nun fast ebensowenig Macht wie ein englischer Landedelmann.

Diese Änderung betraf auch Rochenstein und damit Maximilian.

Viele Jahre sind seitdem vergangen.

Während ich dies schreibe, betrauern wir den Tod Queen Victorias, denn wir haben enge Bindungen zu England. Die Schlacht von Sedan liegt nun schon über drei Jahrzehnte zurück, und ich bin keine junge Frau mehr. Ich lebe inmitten meiner Familie – mein Sohn Fritz ist nahezu zwölf Jahre älter als Max. Ich habe auch noch zwei Töchter und einen weiteren Sohn; also eine große Familie, die mich ganz ausfüllt.

Fritz ist ein ruhiger, feinfühliger Mann geworden; er hält Vorlesungen an der Bonner Universität. Die anderen sind mit Ausnahme Williams, des Jüngsten, verheiratet. Dagobert und Liesel lebten ebenfalls bei uns, und als die Prinzessin Wilhelmina nach Klarenbock zurückkehrte, nahmen wir auch ihren und Maximilians Sohn auf. Dagobert machte rasch Karriere beim Militär, und Liesel ist inzwischen glücklich verheiratet.

Natürlich blieb auch Frau Graben bei uns. Sie beherrschte uns, wachte über uns und versuchte uns ab und zu auch in jene dramatischen Situationen zu verwickeln, die sie so liebte. Sie wurde so sehr zu einem Mitglied unserer Familie, daß uns war, als verlören wir ein Stück von uns selbst, als sie im Alter von achtzig Jahren starb. Es war ein reiches, erfülltes Leben.
Einige Jahre nach Maximilians Rückkehr von der Front besuchte uns Anthony Greville mit seiner Frau Grace – einer sympathischen, sanften Dame; genau das, was man sich unter einer Vikarsgattin vorstellt. Sie war Anthony sehr ergeben; kein Wunder, da er sich allen Menschen gegenüber so gütig und rücksichtsvoll verhielt. Als ich die beiden zusammen sah, fragte ich mich, ob ich an Anthonys Seite wohl ebenso wie Grace geworden wäre. Hätte mich dieses angenehme Leben zufriedengestellt, dessen größte Entscheidungen darin bestanden, ob das Müttertreffen montags oder mittwochs abgehalten werden sollte und wer welchen Stand auf dem Wohltätigkeitsfest zugewiesen bekam?
Anthony sah mich ein wenig sehnsüchtig an, als ich ihn durch den Schloßpark führte.
»Bist du glücklich, Helena?« fragte er.
Und ich antwortete ihm leidenschaftlich: »Ein anderes Leben hätte mich nie so vollkommen glücklich machen können.«
Wenn ich zurückblicke, weiß ich, daß das wahr ist. Sorgen und Kümmernisse blieben mir nicht erspart; wir waren nicht immer einer Meinung und mußten große Schwierigkeiten überwinden. Maximilian hatte das Gefühl der Macht kennengelernt; es hatte für immer Spuren in seinem Wesen hinterlassen. Er war dazu geboren, andere Menschen zu beherrschen, und ich war wohl kaum dazu geschaffen, mich beherrschen zu lassen. Aber was auch immer geschah, wir wußten, daß wir zusammengehörten – daß der eine ohne den anderen nicht wirklich glücklich sein konnte. Ja, es stimmte, was ich Anthony gesagt hatte: daß ich solche Augenblicke ungetrübten Glücks in keinem anderen Leben kennengelernt hätte. Mir waren Momente wirklicher Erfüllung beschieden, für die sich alle Schwierigkeiten, alles Leid gelohnt hatten.
Obwohl ich jetzt eine alte Frau bin, ist mir jener entsetzliche Tag auf der Insel noch immer frisch im Gedächtnis, an dem ich

dem Tod ins Auge sah und begriff, wie kostbar das Leben ist. Ich befasse mich mit den Angelegenheiten der Pächter und Bauern, die auf unserem Gut leben; mit politischen Schwierigkeiten müssen wir uns nicht mehr belasten. Ich habe meine Familie, ich habe Maximilian – an Frau Grabens Kosenamen für ihn konnte ich mich nie gewöhnen, denn für mich ist er immer der Held des Waldes geblieben und hat seinen Zauber nie verloren, der mich bei unserer ersten Begegnung gefangennahm.

Im Januar dieses Jahres starb Queen Victoria, und wieder ist die siebente Vollmondnacht gekommen. Seit dem Zusammenschluß der deutschen Staaten vor mehr als dreißig Jahren ist dieses Fest nicht mehr gefeiert worden, obwohl sich noch viele daran erinnern und ihren Kindern davon erzählen. So mancher hat noch jetzt Angst, in dieser Nacht sein Haus zu verlassen, in der Loki, der Gott des Unheils, sein Unwesen treibt.

Welch herrliche Nacht! Der Vollmond steht am Himmel, läßt die Sterne verblassen und überglänzt die Berge mit seinem milden Licht.

Ich stand an meinem Fenster und sah hinaus, als Maximilian ins Zimmer kam und an meine Seite trat. Wir beide werden die siebente Vollmondnacht nie vergessen und sie jedes Jahr aufs neue feiern, so lange wir leben.

ENDE